Rechtsextremismus - Herausforderung für das neue Millennium

Wirklichkeiten eines Jugendphänomens

von

Marc Coester und Uwe Gossner

Tectum Verlag
Marburg 2002

Die Deutsche Bibliothek - CIP-Einheitsaufnahme

Coester, Marc / Gossner, Uwe:
Rechtsextremismus - Herausforderung für das neue Millennium.
Wirklichkeiten eines Jugendphänomens.
/ von Marc Coester und Uwe Gossner
- Marburg : Tectum Verlag, 2002
ISBN 978-3-8288-8405-2

Tectum Verlag
Marburg 2002

Geleitwort

Rechtsextreme Jugendliche nehmen im öffentlichen Bewusstsein seit nunmehr etlichen Jahren einen prominenten Platz ein. Natürlich haben, wie dies auch sonst bei gesellschaftlichen bzw. gesellschaftspolitischen 'Issues' der Fall ist, die Medien eine herausgehobene Position als Mitgestalter dieses öffentlichen Bewusstseins. Rechtsextremismus ist gewiss kein reines 'Jugendphänomen', was hier nicht im Einzelnen entfaltet zu werden braucht. Aber einem verbreiteten Muster der öffentlichen Wahrnehmung folgend werden eben bestimmte Ereignisse, Verhaltensmuster und insbesondere negative/negativ bewertete Auffälligkeiten mit besonderer Sorge betrachtet, wenn sich junge Menschen dabei hervortun. 'Wenn das am grünen Holz geschieht' war die als Redensart verbreitete Formel, mit der man früher das Problem auf den Punkt zu bringen suchte. Will sagen: Die junge Generation verkörpert die Zukunft, im guten wie im schlechten. Ihr wird ein bestimmtes Maß an Freiheit, Wagemut, Unordentlichkeit, Übermut, Bedenkenlosigkeit etc. sozusagen als notwendiger Teil des Entwicklungsprozesses zum Erwachsenen bzw. des Hineinwachsens in die 'normale Alltagswelt' bzw., wissenschaftlicher gesprochen, der Enkulturation und Sozialisation eingeräumt. Gerade bei männlichen Adoleszenten herrscht(e) eine Attitüde bei auch ansonsten integrierten männlichen Erwachsenen vor, die mit dem ebenfalls alten Spruch von der Notwendigkeit, sich die 'Hörner abstoßen' zu müssen, recht anschaulich umschrieben ist. Aber alles hat seine Grenzen, so auch die Toleranz mit dem Über-die-Stränge-Schlagen, wenn zentrale Überzeugungen vom Guten und Richtigen zu oft und zu heftig nicht beachtet oder sogar offen missachtet, schließlich fast buchstäblich mit Füßen getreten werden, um das (auch) bei jungen Rechtsextremen geläufige und als Beweis der Zugehörigkeit geschätzte 'Stiefeln' von Gegnern oder Zufallsopfern auf den symbolischen Begriff zu bringen. Liberal bis links eingestellte Beobachter der Szenen und der Gesamtentwicklung haben darüber hinaus häufigen Anlass zur moralischen Empörung, wenn offener Rassismus sich, jedenfalls zunächst und auf einige Strekken, ungestraft breit machen kann. Alles zusammen genommen: Wenn sich bei 'der Jugend' ein bestimmtes neues (oder wiederkehrendes) Phänomen hartnäckig festzusetzen scheint, gilt dies als 'Zeichen'. Das Zeichen deutet an, oder ist für manche schon ein sicherer Beleg dafür, dass demnächst, wenn die Jungen ins reife Erwachsenenalter kommen, sich eben nicht alles ausgewachsen haben wird, sondern zur herrschenden gesellschaftlichen Realität geronnen sein wird. Wir hätten, pointiert gesagt, eine andere Republik.

Mit diesen kurzen Überlegungen ist nur ein Teil der Faktoren angerissen, die erklären, warum auch die Fachöffentlichkeit das Phänomen rechtsextremer Jugendlicher so ernst nimmt. Jugendsoziologie, Jugendkriminologie und Sozialpädagogik gehören zu den wissenschaftlichen Disziplinen, die einen besonders kurzen Draht zu entsprechender Konzentration auf einschlägige Fragen haben. Unter Praxisperspektive haben Jugendarbeit, Jugendhilfe, Jugendpolizei und Jugendstrafrecht ein besonders dominantes Interesses an möglichst realitätsnahen Erklärungsmodellen und an möglichst geeigneten Instrumenten zur Kontrolle, um nicht zu sagen zur 'Eindämmung' der Gefahr.

Als Marc Coester und Uwe Gossner, damals als vorgerückte Studierende von der Sozialpädagogik aus kommend, den Sprung über die Fachgrenze wagten und sich im Rahmen ihres Wahlfaches Kriminologie intensiv auf interdisziplinäre Diskussionen in verschiedenen Seminaren einließen, entwickelte sich langsam die Idee, eben dieses Thema des Rechtsextremismus unter Jugendlichen für eine Diplomarbeit zu wählen, die disziplinübergreifend ausgerichtet sein sollte. Bei der Frage der Quellen für die Erkenntnis und Aufarbeitung 'der Wirklichkeit' dieses Phänomens und insbesondere seiner Bedeutung für Theorie und Praxis der Sozialpädagogik kam das Gespräch unter anderem auf rechtsextreme Straftaten und auf die 'Statistiken', die darüber von verschiedenen Institutionen geführt werden.

Als einer derjenigen Kriminologen, die sich ständig mit Kriminalstatistik(en) und ihren methodischen wie inhaltlichen Problemen beschäftigen, lag mir viel daran, die beiden Autoren für das Problem der 'Konstruktion von Wirklichkeit' in diesem Feld zu sensibilisieren. Daraus entwickelte sich im weiteren Verlauf die grundlegende gesamte Perspektive für die geplante Arbeit: Sie ist quasi eine Perspektive der Meta-Ebene. Anstatt durchgehend zu fragen, was genau das Phänomen des jugendlichen Rechtsextremismus 'ist' und wie man viele unterschiedliche Daten und Einsichten möglichst gut integrieren und vielleicht im Aussagegehalt auch harmonisieren kann, sollte gefragt werden, wer in welcher Weise das Phänomen 'angeht' bzw. wer es mit welcher Blickrichtung wie 'aufbereitet'. Damit musste nicht notwendigerweise gleich ein Manipulationsverdacht verbunden sein. Vielmehr lag es nahe davon auszugehen, dass bei einem solch komplexen Phänomen, wie es der Rechtsextremismus darstellt, jede Institution, jede verantwortliche Person und auch jede Wissenschaftsrichtung spezifisch fokussiert, also unausweichlich eine in bestimmter Weise selektierte, und im optimalen Fall eher verdichtete als verzerrte, Facette dieses Phänomens besonders intensiv herausarbeitet bzw. herausstellt. Es war dann die anreizende Frage, zu überprüfen, ob diese Facetten, wenn man sie nach einem vergleichbaren analytischen Raster unter die Lupe nehmen würde, sich zu einem facettenreichen einheitlichen Bild ordnen würden oder im Gegenteil, pointiert formuliert, sich allenfalls als unkoordinierte Tupfer auf einer Leinwand, mit großen Lücken dazwischen, erweisen würden.

Marc Coester und Uwe Gossner haben sich der Aufgabe dann mit großem Eifer, hoher Ausdauer und viel Kreativität gewidmet. Dass ihre Befunde herausfordernd in mancher Hinsicht des Wortes sind, zeigt sich ungeschmälert in der nun vorliegenden, auf den neuesten Stand gebrachten, ganz überarbeiteten und in einiger Hinsicht erweiterten Fassung der Arbeit. Mit dem Untertitel 'Wirklichkeiten eines Jugendphänomens' wollen sie zurecht den Leser von allem Anfang an darauf einstimmen, dass nach wie vor nicht davon ausgegangen werden kann, es gebe ein verlässliches Bild über den jugendlichen Rechtsextremismus und verlässliche Einsichten darüber, ob ihm überhaupt und dann ggf. wie ihm moderierend begegnet werden kann.

Die Autoren starten mit einer kritischen Analyse der Polizeilichen Kriminalstatistik und der Verfassungsschutzberichte von 1987 bis 2000. Sie wenden dann den Blick auf Jugendstudien und deren Ergebnisse zu rechtsextremistischen Einstellungen Jugendlicher zwischen 1990 und 1999. Auf dieser Daten-(analyse)basis aufbauend widmen sie sich anschließend der 'theoretischen Wirklichkeit' des Rechtsextremismus, d.h. in exemplarischer Form zwei theoretischen Konzepten (von Helmut Willems einerseits, Wilhelm Heitmeyer andererseits), die in der allgemeinen und Fachöffentlichkeit hervorstechende Bedeutung ge-

wonnen haben. Den Abschluss der Arbeit bildet eine knappe Auseinandersetzung mit der 'pädagogisch-praktischen' Wirklichkeit des Rechtsextremismus im
Rahmen der thematisierten allgemeinen Pädagogisierung gesellschaftlicher Probleme.

Das nun hier vorliegende Buch regt zum Nach- und Weiterdenken an. Es zeugt
vom genauen und methodisch sorgfältigen Vorgehen der Autoren. Es bietet eine
Fülle von Material, das auch für diejenigen Leser von hohem Interesse ist, die
sich auf die theoretischen Vertiefungen nicht einlassen mögen. Ich wünsche dem
Buch weite Verbreitung.

Tübingen, im April 2002

Prof. Dr. Hans-Jürgen Kerner

Direktor des Instituts für Kriminologie
der Universität Tübingen

Vorwort

Rechtsextremismus – nicht erst seit den grausamen Vorfällen Anfang der 1990er Jahre in Ost- und Westdeutschland ist dieses Thema als soziales Problem erkannt und gesellschaftlich verhandelt worden. Die intensive sozialwissenschaftliche Forschung hat seit über 15 Jahren nichts an Aktualität eingebüßt, unzählige Veröffentlichungen dokumentieren einen weiterhin bestehenden Erklärungsbedarf.

Auch nach Niederschrift dieser Arbeit besteht noch immer Erklärungsbedarf, was eindrucksvoll von der weiteren Entwicklung in verschiedenen Bereichen demonstriert wird: Parteipolitisch betrachtet, deuten die Wahl-Coups rechter Parteien im In- und Ausland auf "ausgeprägte Orientierungen an rechtsextremen Parteien [...] und Zustimmung zu rechtsextremen Auffassungen" (Dünkel 1999, S.21) hin. Man denke an die DVU um den rechten Verleger Gerhard Frey, die im April 1998 in Sachsen-Anhalt auf Anhieb 12,9 Prozent erzielte oder, mit Blick auf unsere Nachbarländer, an den enormen Wahlerfolg der FPÖ in Österreich 1999, die damit Anfang des Jahres 2000 innerhalb einer Koalition die Regierungsmacht übernehmen konnte und deren Parteichef Jörg Haider seine Neigung zum Nationalsozialismus in der Öffentlichkeit nur schwer verbergen kann. Ähnlich der Triumph des Rechtspopulisten Ronald Schill mit seiner 'Partei Rechtsstaatlicher Offensive' in Hamburg. Letzterer will nun auch im Osten der Republik mit seinen plumpen Wahlversprechen Stimmung machen – und Wahlen gewinnen. Irgendwo dazwischen blamieren sich die Regierungsparteien im Jahre 2002 mit dilettantischen Versuchen, ein Verbot der rechtsextremen NPD herbeizuführen.

Neue empirische Forschungen (vgl. Kunkat 1999; Cornel 1999; Geng 1999), Erklärungsversuche (vgl. Gessenharter 1999) und Problemlösungsstrategien (vgl. Rump-Räuber 1999; Scherr 1999) zeigen, dass die gesellschaftspolitische Brisanz dieses Themas auf der Hand liegt - schon deswegen sollte sich die Forschung weiterhin intensiv damit beschäftigen.

Der langsam in Deutschland beginnende Diskurs über das aus Amerika stammende Konzept der Hate Crimes, also "Gewaltverbrechen, die sich gegen eine Person oder gegen eine Sache alleine oder vorwiegend wegen der Rasse, der

X

Religion, der ethnischen Zugehörigkeit, des Geschlechts, der politischen oder sexuellen Orientierung, des Alters oder der geistigen oder körperlichen Behinderung dieser Person oder des Eigentümers oder Besitzers dieser Sache richten" (Schneider 2001, S.359), kann als Beispiel einer neuen, interdisziplinären Auseinandersetzung mit Rechtsextremismus – insbesondere im Hinblick auf die Geschehnisse des 11.September 2001 - angeführt werden.

Als wir Anfang 1998 die Vorarbeiten zu dieser Arbeit zum Themenkomplex 'Rechtsextremismus' in Angriff nahmen, sahen wir uns, wie oben angedeutet, mit einer schier nicht zu bewältigenden Fülle an Material konfrontiert. Dieses reichte von Statistiken, empirischen Studien, theoretischen Konstrukten bis hin zu Überlegungen eines möglichen Umgangs mit diesem sozialen Problem. Nach einer ersten 'Eindenkphase' interessierten uns zunehmend die Wirklichkeitsabbildungen, die dieser Forschungszweig angesichts seiner oftmals gegensätzlichen Forschungsergebnisse 'hinterlässt'. Da es unser Ziel war, ein möglichst breites Themenverständnis zu erlangen, wollten wir mehrere dieser Wirklichkeitsabbildungen gegenüberstellen, denn nach unserer Einschätzung müssen die einzelnen Forschungszugänge mit ihren Ergebnissen bzw. Wirklichkeiten in Relation zu anderen gesetzt werden, um sie plausibel zu machen. Nur so lässt sich erkennen, dass die Problematik 'Rechtsextremismus' nicht aus einer Wirklichkeit besteht, sondern mehrere Ebenen (mit ihren inhärenten Wirklichkeiten) beinhaltet, die, um zu einem übergreifenden Verständnis zu gelangen, berücksichtigt werden müssen. Unsere Skepsis galt daher der Aussagekraft nur einzelner Quellen und Materialien: Die Erkenntnisgrundlage für die eigene Meinung sollte sich nicht nur aus den Vorstellungen einer Herangehensweise konstituieren (was sie leider viel zu oft tut), sondern u.E. so viele Perspektiven bzw. Wirklichkeiten als möglich berücksichtigen. Wir entschieden uns deshalb für eine, wie wir sie nennen, *mehrperspektivische Wirklichkeitskonstruktion*, in der wir zumindest vier Forschungsbereiche (und deren Ergebnisse) der Rechtsextremismusforschung nebeneinander stellen. Somit konnte ein breiterer Zugang sowie ein tieferes Verständnis, kurz ein schärferer Blick bezüglich der verschiedenen Wirklichkeitsabbildungen ermöglicht werden. Dabei wird schnell deutlich, dass jeder dieser Forschungsbereiche wiederum verschiedene Erklärungen und Deutungen (also Wirklichkeiten) zulässt und somit auch auf den einzelnen Ebenen nicht von einer Wirklichkeit gesprochen werden kann. Letztendlich kann sich ein soziales Problem, kann sich 'der Rechtsextremismus', nicht monokausal darstellen lassen, denn zur Erfassung müssen zuallererst die wichtigsten

Herangehensweisen bzw. Forschungsbereiche und ihre Wirklichkeiten nebeneinander gestellt, untersucht und ausgewertet werden.

Die nun hier in überarbeiteter Fassung vorliegende Arbeit, die erstmals im Rahmen der Diplomprüfung für Pädagoginnen und Pädagogen an der Eberhard-Karls-Universität Tübingen an der Fakultät für Sozial- und Verhaltenswissenschaften in Zusammenarbeit mit dem Kriminologischen Institut der Universität Tübingen im Dezember 1998 unter dem Titel "Rechtsextremismus - Eine Wirklichkeit? Versuch einer Auseinandersetzung mit statistischen, empirischen, theoretischen und pädagogisch-praktischen Deutungen eines Jugendphänomens" eingereicht wurde, soll oben Beschriebenes darstellen und damit ein weiterer Ansatzpunkt der Annäherung an dieses umfangreiche Thema sein.

Für die Entstehung möchten wir vor allem Herrn Prof. Dr. Hans-Jürgen Kerner sowie Herrn Prof. Dr. Siegfried Müller Dank sagen, da sie diese Arbeit betreut haben und uns im Verlauf beratend und unterstützend zur Seite standen.

Weiterhin bedanken wir uns bei folgenden Institutionen, die uns mit Materialien für die Datengewinnung großzügig versorgt haben: Dem Bundesministerium des Inneren, dem Presse- und Informationsdienst der Bundesregierung, dem Deutschen Bundestag, dem Bundeskriminalamt, der Bundeszentrale für politische Bildung, dem Landesamt für Verfassungsschutz Baden-Württemberg.

Tübingen im April 2002

Marc Coester   Uwe Gossner

Inhaltsverzeichnis

Geleitwort v

Vorwort ix

Einleitung 1

I Begriffsbestimmungen 10

II Statistische und empirische Wirklichkeit des Rechtsextremismus' 17

A Die Entwicklung des Rechtsextremismus' in Deutschland anhand der Polizeilichen
Kriminalstatistik und der Verfassungsschutzberichte 1987 bis 2000 17

   1 Die Verfassungsschutzberichte 18

   2 Die Polizeiliche Kriminalstatistik 23

   3 Vergleich der Ergebnisse der PKS und der Verfassungsschutzberichte 29

   4 Zusammenfassung: 'Statistische Wirklichkeit' 32

B Jugendstudien und ihre Ergebnisse zu rechtsextremistischen Einstellungen
Jugendlicher 34

   1 Rechtsextremistische Orientierungen Jugendlicher in Ost und West 1990 36

   2 Rechtsextremistische Orientierungen Jugendlicher in Ost und West 1991 38

   3 Rechtsextremistische Orientierungen Jugendlicher in Ost und West 1992 41

   4 Rechtsextremistische Orientierungen Jugendlicher in Ost und West 1993 45

   5 Rechtsextremistische Orientierungen Jugendlicher in Ost und West 1996 48

   6 Rechtsextremistische Orientierungen Jugendlicher in Ost und West 1997 52

   7 Rechtsextremistische Orientierungen Jugendlicher in Ost und West 1999 57

   8 Zusammenfassung: 'Empirische Wirklichkeit' 61

III Theoretische Wirklichkeit des Rechtsextremismus' 65

A Helmut Willems 66

   1 Das Theoriekonzept von Helmut Willems 66

     1.1 Erklärungsansätze der Ursachen und Entstehungsbedingungen politischer
Konflikte 71

     1.1.1 Makrosoziologische Erklärungsansätze 71

     1.1.2 Sozialpsychologische Erklärungsansätze 73

     1.1.3 Individualistische Erklärungsansätze 75

     1.2 Erklärungsansätze zur Analyse der Konfliktinteraktion 77

1.2.1   Der Ansatz von Blumer 77
1.2.2   Der Ansatz von Turner und Killian 80
1.3   Theorien der Wahrnehmungs- und Kommunikationsforschung 82
1.3.1   Der Ansatz von Watzlawick 82
1.3.2   Kognitionen und Emotionen und ihre Bedeutung in Konfliktsituationen 87
1.3.3   Aggression als Interaktions- und Bewertungsprozess 89
2   Zusammenfassung der theoretischen Überlegungen Helmut Willems' 90

3   Die empirische Herangehensweise Willems' 92
3.1 Auswertung der polizeilichen Ermittlungsakten 93
3.1.1   Täterstrukturen 95
3.1.2   Tatmerkmale 101
3.2   Analyse von Urteilsschriften 104
3.2.1   Situative Kontexte und Bedingungen fremdenfeindlicher Gewalttaten anhand
der Gerichtsakten 105
3.2.2   Tätertypen 109
3.3   Rekonstruktion der Interaktions- und Eskalationsprozesse eines politischen
Konfliktes 112
3.3.1   Gemeinden vor dem Problem der Aufnahme von Asylbewerbern 113
3.3.2   Die Eskalation lokaler Konflikte zwischen Anwohnern, Asylbewerbern und der
Verwaltung 113
3.3.3   Der Ausbruch und die Eskalation der Gewalt 114
3.3.4   Erfolgserlebnisse angesichts der Schwäche der Kontrollorgane 114
3.3.5   Medienvermittelte Ausbreitung und Nachahmungseffekte 115
3.4   Zusammenfassung der empirischen Untersuchungen Willems' 116

4   Zusammenhänge der Theorie und der empirischen Arbeit Willems' 118
4.1.   Strukturelle Spannungen als Ursache fremdenfeindlicher Ausschreitungen 118
4.2   Die Theorie der relativen Deprivation als Weiterentwicklung
strukturanalytischer Annahmen 120
4.3   Die Theorien kollektiven Verhaltens und der Bezug zu den empirischen
Ergebnissen Willems' 121
4.4   Theorien der Wahrnehmungs- und Kommunikationsforschung zur Beschreibung
der Konfliktdynamik und der Eskalation der fremdenfeindlichen Unruhen 124

B   Wilhelm Heitmeyer 129

1   Die Theoriekonzeption von Wilhelm Heitmeyer 129
1.1   Das sozialisationstheoretische Konzept 129
1.1.1   Die drei Ebenen ambivalenter Modernisierungsprozesse: Die Struktur-Kultur-
Ebene 130
1.1.2   Die drei Ebenen ambivalenter Modernisierungsprozesse: Die sozial-interaktive,
interpersonale Ebene 134
1.1.3   Die drei Ebenen ambivalenter Modernisierungsprozesse: Die intrapersonale,
identitätsstiftende Ebene 138
1.2   Desintegration, Verunsicherung und Gewalt: Die Schattenseiten der
Individualisierungsprozesse 143
1.3   Desintegrationserfahrungen und deren individuelle Verarbeitung im Rahmen des
Sozialisationsprozesses 150
1.3.1   Desintegration durch Auflösung sozialer Beziehungen und
Lebenszusammenhänge 150

1.3.2 Desintegration durch Auflösung gemeinsam geteilter Werte- und
       Normvorstellungen 153
1.3.3 Desintegration durch Auflösung der Teilnahmebereitschaft an
       gesellschaftlichen Institutionen..154
1.4   Verunsicherungsqualitäten 155
1.5   Gewalt..156
1.6   Gewalterfahrungen und deren individuelle Verarbeitung im Rahmen des
       Sozialisationsprozesses...161

2   Zu den grundlegenden Zusammenhängen von Desintegration, Verunsicherung und
    rechtsextremistischer Gewalt..165

    2.1   Desintegration und Verunsicherung 167
    2.2   Verunsicherung und Gewalt 169
    2.3   Rechtsextremistische Gewalt...172

C   Kritische Auseinandersetzung mit den Ansätzen von Helmut Willems und Wilhelm
    Heitmeyer 177

    1   Die Wissenschaftliche Auseinandersetzung mit dem Ansatz Willems' 177

    2   Die Wissenschaftliche Auseinandersetzung mit dem Ansatz Heitmeyers 180

    3   Zusammenfassung: 'Theoretische Wirklichkeit' 184

IV Pädagogisch-praktische Wirklichkeit des Rechtsextremismus'....................187

    1   Zur Thematisierung gesellschaftlicher Probleme als Jugendprobleme 188

    2   Zur Pädagogisierung gesellschaftlicher Probleme....................................189

    3   Zu den Ansätzen der Jugendarbeit im Umgang mit rechtsextremistischen
        Jugendlichen 191

    4   Zur Problematik des Selbstverständnisses der SozialarbeiterInnen und des
        persönlichen Umgangs mit rechtsextremistischen Jugendlichen 202

    5   Zu den Möglichkeiten einer Weiterentwicklung der Jugendarbeit mit
        rechtsextremistischen Jugendlichen...204

    6   Zusammenfassung: 'Pädagogisch-praktische Wirklichkeit'....................................207

V   Schlussbetrachtung 211

Literatur 223

Anhang..257

Über die Autoren 290

Einleitung

Fremdenfeindlichkeit, Rechtsextremismus und Gewalt sind Themen, die in den letzten zehn Jahren verstärkt analysiert, diskutiert und publiziert wurden. In der Auseinandersetzung mit 'der Jugend' wurde rechtsextremistische Gewalt gar als ein beherrschendes gesellschaftliches Problem erkannt.

Das 'Erkennen' vollzog sich dabei meist im Zusammenhang unzähliger empirischer Untersuchungen, wissenschaftlicher Erklärungsversuche, medialer Übermittlung oder Praxiserfahrungen (mehr oder weniger) kompetenter Experten und Expertinnen und deren Wirklichkeiten.

Dabei stand zumindest eine Wirklichkeit fest: Die Ermordung der in Deutschland lebenden AusländerInnen Anfang der 1990er Jahre markiert einen grausamen Rekord des rechtsextremistischen Terrors in Deutschland nach dem zweiten Weltkrieg (vgl. Neureiter 1996). Waren es zwischen 1959 und 1962 antisemitische Schmierereien und zwischen 1978 und 1982 rechtsterroristische Attentate, die besonders das Ausland, meist aufgrund der deutschen Vergangenheit alarmierten, verfielen viele sehr renommierte Wissenschaftler nach den Anschlägen von Hoyerswerda, Rostock, Mölln oder Solingen regelrecht in Panik (vgl. Weitekamp/Kerner/Herberger 1996). Eine Überfrachtung von emotionalen und gesinnungsethischen Bewertungen sowie "selbst verschuldeter Ausfluss des politischen Willens zur Dramatisierung und Dämonisierung" (Kowalsky/Schroeder 1994a, S.8) bei der gesellschaftlichen Beschäftigung mit dem 'Rechtsextremismus' stellen Kowalsky und Schroeder als Folge fest (vgl. Kowalsky/Schroeder 1994a). Dieses Klima kann als Grundstock zum einen für massiven Erklärungsbedarf, zum anderen für zahlreiche Erklärungsangebote des Rechtsextremismus in Deutschland gedeutet werden. Zahlreiche Erklärungsangebote bieten wiederum Platz für 'Über'-Interpretationen, für Wirklichkeitskonstruktionen eines sozialen Phänomens. Dazu schreibt Wolfgang Frindte: "Rechtsextremismus und rechtsextreme Gewalt gehören zu den deutschen Wirklichkeiten. Sie besitzen Randerscheinungen und Tiefenstrukturen, Hintergründe und Vorderseiten, die allerdings in der Öffentlichkeit nicht selten vermischt, verwechselt oder gar bewusst miteinander identifiziert werden" (Frindte 1995b, S.13).

Erklärungsangebote lieferten zunächst wissenschaftliche Theoriekonstrukte und Untersuchungen. Die ambivalenten Ergebnisse vieler dieser Studien sprechen jedoch für die Schwierigkeit einer Erfassung der Thematik und lassen neue Diskussionspotentiale zurück, was nicht heißen soll, dass die bisherigen Überlegungen keine beachtenswerten Resultate erbracht haben. Vielmehr bestätigt dies eine (sozial-) wissenschaftliche Grundhaltung, keine einfachen oder abschließenden Antworten geben zu können oder zu wollen. An einer vielfältigen Herangehensweise unterschiedlicher Sichtweisen und Disziplinen, einer interdisziplinären Mehrebenenanalyse, um zu versuchen, die Komplexität rechtsextremistischer Gewalt Jugendlicher in all ihren Facetten verstehbar zu machen, scheint es jedenfalls nicht zu mangeln. Auch Titus Simon schreibt in diesem Zusammenhang: "Über die Ursachen 'rechter' Skingewalt gibt es annähernd so viele Hypothesen wie Soziologen, Psychologen, Pädagogen, Theologen, Journalisten und Politiker Erklärungsversuche unternommen haben" (Simon 1996, S.248). Diese "hektisch betriebene Ursachenforschung" (ebd.), die rechte Gewalt u.a. versteht als eine: Neue Phase des Jugendprotests gegen linksliberale Hegemonie in den Institutionen der Pädagogik (Schumann 1993), als einen Ausdruck einer Identitätskrise, in der sich der Selbsthass der Deutschen auf alles Fremde projiziere (Nirumand 1992), als das Produkt zivilisatorischen Fortschritts und Erfolges (Baier 1993), als zentralen Bestandteil einer neuen Moderne, insbesondere im Zusammenhang mit der deutschen Wiedervereinigung (Möller 1992b), als Ergebnis einer Dominanzkultur in Deutschland (Rommelspacher 1993) oder als Produkt hochentwickelter Industriegesellschaften (Kowalsky 1993), liefert ihrerseits so viele Wirklichkeiten, dass objektive Einschätzungen regelrecht sinnlos erscheinen.

Die Medienberichterstattung hatte weitere Angebote für schnelle Antworten auf die Fragen der rechten Gefahr zur Hand. Schillernde Bilder martialisch auftretender, Angst und Schrecken verbreitender jugendlicher Schlägertrupps bestimmten das Bild einer scheinbar nicht mehr zu kontrollierenden, revoltierenden, hasserfüllten Jugend. Unzählige Studien haben in diesem Zusammenhang das Verhältnis von medialer Berichterstattung und öffentlicher Meinung untersucht (vgl. Muchow 1956; Kraußlach/Düwer/Fellberg 1978; Simon 1989; Ohder 1992; Ohlemacher 1993) mit dem Ergebnis, dass den Medien und ihren Wirklichkeitskonstruktionen außerordentliche Beeinflussung des gesamten gesellschaftlichen, aber auch politischen Lebens zukomme. So bezeichnet Backes die mediale Befassung mit der Thematik Rechtsextremismus als journalistische Schnellschüsse, die Konjunktur haben, sobald rechtsextremistische Umtriebe das öffentliche Interesse auf sich ziehen (vgl. Backes 1990). Eine wertfreie, nicht-stigmatisierende Herangehensweise an die Problematik erscheint somit kaum mehr möglich.

"Rechtsextremismus – Herausforderung für das neue Millennium. Wirklichkeiten eines Jugendphänomens."

Mit dem Titel dieser Arbeit möchten wir eines festhalten: Rechtsextremismus ist *eine* Wirklichkeit in Deutschland (nicht nur) der 1990er Jahre sondern gerade auch des neuen, jungen Millenniums. Es ist eine furchtbare Wirklichkeit in einem Land, dessen jüngste Geschichte es nicht vermochte, "dass das Ungeheuerliche nicht in die Menschen eingedrungen ist, [...] dass die Möglichkeit der Wiederholung, was den Bewusstseins- und Unbewusstseinsstand der Menschen anlangt, fortbesteht" (Adorno 1969, S.85). Eine Aussage von Richard von Weizsäcker kann demzufolge schon fast als Ironie gewertet werden: "Unser Verfassungsauftrag lautet, allen Deutschen vergleichbare Lebensverhältnisse und Entfaltungschancen zu gewährleisten. Hierzu zählt auch eine offene und faire Einstellung gegenüber unseren ausländischen Mitbürgern" (Weizsäcker 1990, S.12). Gedenken an die Todesopfer.
Rechtsextremismus ist trotzdem mehr als nur *eine* Wirklichkeit. Wir wollen uns, wie der Titel verrät, mit mehreren Wirklichkeiten dieses Jugendphänomens auseinandersetzen. Wie oben angedeutet, bestehen die verschiedenartigsten Wirklichkeitskonstruktionen der unterschiedlichsten 'Konstrukteure', die ein Interesse daran haben 'mitzukonstruieren'. "Derartige soziale Konstruktionen über die Wirklichkeit werden in sozialen Gemeinschaften [...] geschaffen, verbreitet und von den Mitgliedern dieser Gemeinschaften zur individuellen Interpretation von Wirklichkeit genutzt" (Frindte 1995a, S.46). Wenigstens aus vier Bereichen wollen wir versuchen, Deutungen, im Sinne von Konstruktionen, herauszustellen, die dieses außergewöhnliche Ereignis, im Sinne des Phänomens 'Rechtsextremismus' beschreiben. Der Begriff der Jugend soll hier nicht im juristischen Sinne (14 bis 18 Jahre), sondern im Sinne einer "Ausdifferenzierung der Jugendphase" (Hurrelmann 1994, S.23) verstanden werden, der die Altersspanne des 'Jugendalters' sowie 'Nachjugendalters' zwischen ca. 10 und 29 Jahre ansetzt (vgl. Hurrelmann 1994). Mit dieser Spanne lässt sich die rechte Bevölkerungsgruppe eingrenzen, die wenigstens nach statistischer, empirischer sowie praktischer Deutung am häufigsten auftaucht, somit den größten Teil auszumachen scheint.
Ziel dieses Buches soll es sein, die Diskussion um den Rechtsextremismus in Deutschland innerhalb dieser vier Bereiche aufzugreifen, um somit abschließend vier Wirklichkeiten gegenüberzustellen. Dabei nehmen auch wir das Recht in

4

Anspruch, keine abschließenden Antworten zu geben. Auch wir können Wirklichkeit im Endeffekt nur 'zurichten' (vgl. Kerner 1994) und eben nicht objektiv bewerten. Trotzdem, so denken wir, ist diese Herangehens- und Arbeitsweise sinnvoll, um der vorschnellen Stigmatisierung einer 'ganzen' Generation[1] entgegenzutreten und um Grundzüge verschiedener Wirklichkeiten zu finden, die auch im neuen Millennium Gültigkeit besitzen werden.

Im Kapitel I der Arbeit wenden wir uns zunächst den Begriffsbestimmungen zu, um Irritationen zu vermeiden. Dabei beschränken wir uns auf die Begriffe, die wir verwenden werden und grenzen diese voneinander ab.

Kapitel II legt den Schwerpunkt auf die statistische und empirische Wirklichkeit der Entwicklung rechtsextremistischer Straftaten und Einstellungen. Dies zu tun, also ein bestimmtes Potential anhand von Zahlen (und deren Wirklichkeit) zu messen, erachten wir deshalb als notwendig, da in der öffentlichen Diskussion oftmals mit Zahlen argumentiert wird, die sich jeglicher Fundierung entziehen.

Im ersten Teil des Kapitels (Kap. II.A) sollen die registrierten Straftaten mit rechtsextremistischem Hintergrund dargestellt werden. Dabei stützen wir uns auf Datenmaterial der Polizeilichen Kriminalstatistik, Abteilung Staatsschutz, und auf die Verfassungsschutzberichte von 1987 bis 2000.[2] Anhand dieser Daten und des Vergleichs des Zahlenmaterials beider Datenquellen (Kap. II.A.3) lassen sich Verlauf und Entwicklung der Straf- und Gewalttaten sowie des Personenpotentials, aber auch soziodemographische Merkmale der Täter und Täterinnen abbilden. Unser Anliegen ist es hierbei, die 'statistische Wirklichkeit' des Rechtsextremismus in Deutschland, deren Deutungen (mit all ihren Verzerrungsfaktoren) darzustellen.

Im zweiten Teil des Kapitels (Kap. II.B) versuchen wir, die Entwicklung der rechtsextremistischen Einstellungen Jugendlicher in der 'Nach-Wende-Zeit' an-

---

[1] So weist Morshäuser darauf hin, dass die vorschnelle Stigmatisierung und Aburteilung von Menschen mit rechtsextremistischen Einstellungen nur die Umkehrreaktion der Denkweise der scheinbaren Gegnerschaft ist und darum eigentlich vermieden werden müsste. Er nennt dies die Flucht in den "negativen Nationalismus" (Morshäuser 1993, S.120), denn "böse Menschen [werden] erst richtig böse, wenn gute Menschen ihnen zu beweisen versuchen, warum sie etwas falsch machen. Spätestens wenn eine der dummen Unterstellungen der Gebildeten kommt, eine Stigmatisierung, ein Vorurteil, wird dem bösen Menschen aufs neue sein Ort klar" (ebd.).

[2] Diese Zeitspanne zu wählen macht u.E. deswegen Sinn, da die 1990er Jahre eine deutliche Zäsur in Bezug auf rechtsextremistische Straftaten darstellen. Dabei sollen die Zahlen der Jahre 1987 bis 1990 dem Vergleich der Zahlen der Jahre 1991 bis 2000 dienen. Außerdem

hand empirischen Materials, d.h. unterschiedlicher Jugendstudien, nachzuzeichnen. Dabei legen wir den Schwerpunkt auf die Jahre 1990 bis 1993, da besonders in dieser Zeit die rechtsextremistischen Exzesse Jugendlicher einen erhöhten Erklärungsbedarf und somit auch eine Häufung von Jugendstudien nach sich
zogen.[3] Die Ergebnisse dieser Studien können u.E. 'nur' eine 'empirische Wirklichkeit' widerspiegeln, da u.a. die Befürwortung rechtsextremistischer Gewalt
nicht gleichzusetzen ist mit der realen, individuellen Ausübung derselben.
Trotzdem halten wir eine empirische Deutung rechtsextremer Einstellungen bei
Jugendlichen für einen wichtigen Gesichtspunkt in der Auseinandersetzung mit
diesem Thema.
Im dritten Kapitel (Kap. III) gehen wir explizit auf zwei Theorien der Entstehung rechtsextremistischer Jugendgewalt und deren empirischer Fundierung ein.
Die konflikttheoretischen Überlegungen von Helmut Willems sowie der Desin-
tegrationsansatz von Wilhelm Heitmeyer, das 'Flaggschiff' der Rechtsextremismusforschung (vgl. Simon 1996), können als zwei der bedeutendsten Ansätze
dieser Forschung betrachtet werden. Diese gegenüberzustellen macht auch deshalb Sinn, da sie unterschiedliche Faktoren für die Ursachen jugendlichen
Rechtsextremismus' identifizieren. Da beide Wissenschaftler ihre Theorien mit
empirischem Material belegen bzw. fundieren, können auch beide als Teil einer
'theoretischen Wirklichkeit' gewertet werden.
Helmut Willems, Soziologe an der Universität Trier, promovierte 1988 zum
Thema 'Unruhen, Proteste, soziale Bewegungen - Zur Dynamik in nichtinstitutionalisierten politischen Konflikten' bei Prof. Dr. Roland Eckert. Letzterer forschte schon seit den 1970er Jahren u.a. zu den Themen 'Jugendunruhen',
'Protestverhalten', 'politische Gewaltkriminalität', 'Konfliktintervention' und 'jugendliche Subkulturen'. Dabei standen in den 1970er Jahren der Terrorismus
von links[4] und in den 1980er Jahren (u.a. mit Helmut Willems) Jugendproteste[5]
(z.B. die Proteste der Züricher Jugendlichen um Jugendzentren 1980 bis 1982),
Hausbesetzerkonflikte[6] (z.B. Freiburg und Berlin 1980 bis 1982) und soziale

---

sind bis zu diesem Zeitpunkt die offiziellen Zahlen für das Jahr 2001 noch nicht veröf-
fentlicht.
[3] Die Anzahl der Jugendstudien ist seit 1994 weiter rückläufig (dies betrifft den Osten
Deutschlands nicht im gleichen Maße wie den Westen) und wir stellen uns die Frage, ob
sich ein Modethema totlaufen kann, ohne dass abschließende Antworten ergründet worden
sind?
[4] Vgl. Eckert 1978.
[5] Vgl. Eckert/Willems 1987.
[6] Vgl. die Verlaufsstudien der Hausbesetzerkonflikte in Freiburg 1980/81 und Berlin 1980-
1982 in: Willems 1997, S.255ff.

6

Bewegungen[7] (z.b. die Umwelt- oder Anti-Atomkraftbewegung (Gorleben 1980 bis 1986)) im Vordergrund. Beiden Wissenschaftlern war dabei eine breit angelegte interaktionistische Theorie kollektiven Handelns, eine empirische Forschung und meist ein Mehr-Länder-Vergleich des jeweiligen Forschungsgegenstandes wichtig, um der Komplexität der Wirklichkeit sowie der Übertragbarkeit gerecht zu werden.

Als im September 1991 in Hoyerswerda Brandkörper in Wohnungen von Asylbewerbern flogen und eine Welle der Fremdenfeindlichkeit in Deutschland auslösten, reihte sich auch Helmut Willems zu den Wissenschaftlern ein, die versuchten, dieses gewalttätige Verhalten Jugendlicher zu untersuchen.[8]

Für unsere Arbeit sind drei Schritte von Bedeutung, um die Forschung von Helmut Willems in unsere Arbeit einfließen zu lassen:

Zum ersten wollen wir in Kapitel III.A die theoretische Grundlage Willems' skizzieren. Dabei wird es nicht darum gehen, diese in aller Ausführlichkeit darzustellen. Das wäre angesichts des Umfangs derselben auch nicht möglich. Seine Theorie behandelt (abgehoben von der Thematik Rechtsextremismus) die Entstehung und Entwicklung von politischem Protest und Jugendunruhen. Dazu verwendet Willems unterschiedliche Theorien. In Kapitel III.A.1.1 wird es darum gehen, Ansätze zu erläutern, die die Entstehung von Unzufriedenheit als Voraussetzung von politischem Protest thematisieren. So stehen makrosoziologische (Kap. III.A.1.1.1), sozialpsychologische (Kap. III.A.1.1.2) und individualistische Erklärungsansätze (Kap. III.A.1.1.3) im Mittelpunkt. Kapitel III.A.1.2 geht der Frage nach, wie sich diese Unzufriedenheit in aktives Protesthandeln umwandeln kann. Dazu legt Willems die Theorien kollektiven Verhaltens von Blumer 1972 (Kap. III.A.1.2.1) sowie Turner und Killian 1987 (Kap. III.A.1.2.2) zugrunde, um die Handlungsbereitschaft und Veränderung, die Interaktionsprozesse sowie die situativen Momente von Konflikten darzustellen. Der dritte Theorieteil beschäftigt sich mit der Problematik der Konfliktdynamik und Eskalation. Anhand von kommunikationstheoretischen Annahmen von Watzlawick/Beavin/Jackson 1969 (Kap. III.A.1.3.1), Schachter 1971 und Tannenbaum 1980 (Kap. III.A.1.3.2) sowie Mummendey 1980 (Kap. III.A.1.3.3), die Willems jeweils um konflikttheoretische Annahmen erweitert, sollen Prozes-

---

[7] Vgl. Eckert 1987.
[8] Tatsächlich fanden wir keine Literatur von Helmut Willems, in der der Autor vor 1991 rechtsextreme Gewalt Jugendlicher untersuchte. Dazu Willems: "Die soziologische Forschung zu sozialen Bewegungen [...] war lange nicht in der Lage, dieses neue Phänomen kollektiver Mobilisierung gegen Fremde theoretisch zu begreifen" (Willems 1996b, S.28).

se dargestellt werden, die in der Interaktion von Gruppen zur Dynamik und Eskalation von Konflikten und Gewalt führen können.

Zum zweiten wollen wir die empirische Forschung Willems', die ihn in der Rechtsextremismusforschung bekannt gemacht hat, darstellen (Kap. III.A.3). Diese beruht auf einer Auswertung von Polizeiakten Tatverdächtiger, die von Anfang 1991 bis Ende 1993 gegen einen Straftatbestand verstoßen haben und hinterher von der Polizei als 'Täter mit rechtsextremistischem Hintergrund' eingestuft wurden (Kap. III.A.3.1). Diese strukturellen Zahlendaten zu den Tätern und Taten werden ergänzt durch eine Analyse von Urteilsschriften rechtsextremer Täter (Kap. III.A.3.2). Aus diesen richterlichen Schriften sollen situative Aspekte des Tathergangs sowie weitere biographische Merkmale der Täter hervorgehoben werden. Zuletzt soll auf die Auswertungen von Zeitungsartikeln, Experteninterviews etc. eingegangen werden, um die Genese, Interaktions- und Eskalationsbedingungen verschiedener fremdenfeindlicher Krawalle (z.B. in Rostock-Lichterhagen, Hünxe oder Solingen) zu rekonstruieren (Kap. III.A.3.3). Als dritten und letzten Schritt wollen wir die theoretischen Überlegungen Willems' mit seiner empirischen Forschungsarbeit vergleichen (Kap. III.A.4). Hierbei wird es darum gehen, Verbindungslinien herauszuarbeiten, um die empirische Fundierung des Theoriekonstruktes Willems' zu überprüfen. Mit dieser 'Beweisführung' lässt sich Willems' Wirklichkeit des Rechtsextremismus' veranschaulichen.

Wilhelm Heitmeyer (Dr., Professor für Sozialisation an der Universität Bielefeld) und sein Forschungsteam, deren Theoriekonzept wir detailliert darstellen werden (Kap. III.B), beschäftigen sich schon seit geraumer Zeit mit der Frage nach Entstehungsbedingungen und Verankerungen rechtsextremistischer Orientierungen bei Jugendlichen sowie Auslösern, welche gewalttätige Handlungsbereitschaft in gewalttätiges Handeln ummünzen können.

Die Grundlage hierfür bildet das sozialisationstheoretische Konzept (Kap. III.B.1.1) im Kontext dreier ambivalenter Modernisierungsprozesse (Kap. III.B.1.1.1ff), um damit die Rolle des Subjekts innerhalb seiner Umwelt veranschaulichen zu können. Die sozialisationstheoretischen Überlegungen orientieren sich an dem Subjekt als aktiven Gestalter seiner Umwelt und unterstellen mithin ein "produktiv realitätsverarbeitendes Subjekt" (vgl. Hurrelmann 1983), verdeutlichen damit die Abhängigkeit subjektiver Verarbeitungsprozesse individueller Erfahrungen von sozialen und politischen Wandlungsprozessen. Daher muss den Modernisierungsprozessen im Kontext der Entwicklung individueller Orientierungsmuster und Einstellungen eine genauere Analyse zuteil werden.

Nach Heitmeyer u.a. 1995 rufen Modernisierungsprozesse vermehrt ambivalente Individualisierungsprozesse hervor, aufgrund der Zunahme von Handlungsoptionen, der Auflösung stabilisierender Vergemeinschaftungsformen und der Zunahme lebenslagenspezifischer Risikofaktoren und deren zwingender individueller Bearbeitung. Desintegration, Verunsicherung und letztendlich (rechtsextremistische) Gewalt können die Resultate der Schattenseiten der Individualisierung (vgl. Heitmeyer 1987) sein (Kap. III.B.1.2). Dabei werden der Zusammenhang von Individualisierung und Desintegration, von Desintegrationserfahrungen sowie deren individueller Verarbeitung und Verunsicherung (Kap. III.B.1.3), und der Zusammenhang von unterschiedlichen Verunsicherungsqualitäten (Kap. III.B.1.4) und gewaltaffinen, gewaltbefürwortenden und gewalttätigen Einstellungen Jugendlicher (Kap. III.B.1.5) sowie die individuelle Verarbeitung von Gewalterfahrungen innerhalb des Sozialisationsprozesses aufgezeigt (Kap. III.B.1.6). Weiterhin wird versucht, die Zusammenhänge durch die Jugendstudie des Forschungsteams um Wilhelm Heitmeyer (1995), welche von Oktober 1992 bis Januar 1993 durchgeführt und in deren Rahmen 3.401 Jugendliche in Ost- und Westdeutschland im Alter von 15 bis 22 Jahren befragt wurden, empirisch zu fundieren (Kap. III.B.2ff). Auch Heitmeyers 'Wirklichkeit' kann so dem Leser angeboten werden.

Abschließend werden wir in Kap. III.C einen Teil der wissenschaftlichen Kritik gegen oder für die Theoriekonzepte darstellen. Damit kann gezeigt werden, wie deren Stichhaltigkeit und Widersprüche diskutiert werden und somit die 'theoretische Wirklichkeit' relativiert wird.

Im vierten Kapitel (Kap. IV) wollen wir die Rolle der Pädagogik im Kontext von rechtsextremistischen Jugendlichen diskutieren. Der Streit innerhalb der Sozialpädagogik, ob oder ob nicht mit dieser Klientel gearbeitet werden soll, markiert zugleich einen Teil deren Selbstverständnisses und somit eine, wie wir sie nennen, 'pädagogisch-praktische Wirklichkeit' der Thematik. Wir nähern uns dieser zuerst, indem wir auf die Problematik der Thematisierung gesellschaftlicher Probleme als Jugendprobleme eingehen (Kap. IV.1). Nach dem politischen Blickwinkel wenden wir uns dem pädagogischen zu, welcher die Pädagogisierung gesellschaftlicher Probleme zur Diskussion stellt (Kap. IV.2), um dann im weiteren Verlauf explizit auf ein Beispiel der Arbeit mit rechtsextremistischen Jugendlichen einzugehen (Kap. IV.3), wobei wir auch auf die Schwierigkeiten und Gefahren im Umgang mit dieser Klientengruppe zu sprechen kommen. Auch das eigene Selbstverständnis der JugendarbeiterInnen muss hinterfragt werden und ist für die Eingangsfrage, ob oder ob nicht und wenn ja, wie mit diesen Jugendlichen gearbeitet werden kann, von immanenter Bedeutung (Kap. IV.4). Abschließend werden dann Möglichkeiten vorgestellt, wie sich die Jugendarbeit weiterentwickeln könnte, um adäquate Angebote und präventive Programme für rechtsextremistisch eingestellte Jugendliche zur Hand zu haben (Kap. IV.5).

Mit den vier Wirklichkeiten im Gepäck wird es uns im abschließenden Kapitel V möglich sein zu zeigen, dass Rechtsextremismus und rechtsextremistische Gewalt in Deutschland mehr als nur eine Wirklichkeit besitzen. Jeder Wirklichkeit an sich kann ein gewisses Maß an Plausibilität nicht abgesprochen werden. Unsere Aufgabe kann es nicht sein, 'die beste' Wirklichkeitskonstruktion zu identifizieren, sondern alle systematisch gegenüberzustellen. Diese Vorgehensweise bestätigt im Übrigen unsere Meinung, dass ein soziales Phänomen nie monokausal existieren kann, sondern immer aus komplexeren Zusammenhängen (und somit aus mehreren Wirklichkeiten) heraus - wenn überhaupt - begriffen werden kann. Die Ergebnisse werden zugleich demonstrieren, dass auch im neuen Millennium der Rechtsextremismus als eine gesellschaftliche Herausforderung betrachtet werden muss.

I Begriffsbestimmungen

Hinsichtlich der Terminologie zum Rechtsextremismus herrscht eine "heillose Sprach- und Begriffsverwirrung" (Neureiter 1996, S.7) in der Wissenschaft. Dabei werden die verschiedenen Attribute meist dazu verwendet, als synonyme Austauschbegriffe zu agieren, um sprachliche Wiederholungen zu vermeiden. Merten und Otto stellen fest: "Eine einheitliche oder gar verbindliche Definition von Rechtsextremismus und Rechtsradikalismus fehlt bisher. Selbst in offiziellen Mitteilungen werden die Begriffe uneinheitlich gebraucht" (Merten/Otto 1993, S.17). Winkler konstatiert: "Der Rechtsextremismusbegriff ist vage. Er gehört zu den am meisten amorphen Begriffen der Sozialwissenschaften überhaupt" (Winkler 1997, S.21). Und Kowalsky und Schroeder meinen, dass das Problem der Rechtsextremismus-Terminologie darin bestehe, "dass einerseits eine Reihe von konkurrierenden Begrifflichkeiten [...] im Gebrauch sind. Andererseits verbinden die Autoren, die den Begriff Rechtsextremismus benutzen, damit sehr unterschiedliche Motivationen, Ziele und Bedeutungsebenen" (Kowalsky/Schroeder 1994a, S.9). Neureiter schreibt, dass "diese Begriffsinflation [...] dabei nur die Kehrseite der fehlenden Bemühungen um eine der Vielgestaltigkeit der Phänomene angemessene sprachlich-gedankliche Durchdringung des Themenbereichs" (Neureiter 1996, S.7) ist. Diese Aufzählung könnte fortgeführt werden.

Unser Interesse an dieser Stelle ist jedoch nicht, in die Diskussion um die 'Definitionsverwirrung' einzusteigen, sondern die Begriffe voneinander abzugrenzen, die wir im Folgenden verwenden werden. Dabei präferieren wir die Definition des Extremismusbegriffs bei Backes und Jesse 1993 sowie die Sortierung der Begrifflichkeiten bei Neureiter 1996.

Der Begriff 'Rechtsextremismus' beinhaltet als Ober- oder Gattungsbegriff den Terminus **'Extremismus'**. Backes und Jesse schlagen vor, diesen anhand zweier unterschiedlicher Definitionstypen, der Negativdefinition (definitio ex negativo)[9] sowie der Positivdefinition (definitio ex positivo)[10] zu beschreiben. Als 'politischen Extremismus' definieren sie ex negativo eine "Sammelbezeichnung für unterschiedliche politische Gesinnungen und Bestrebungen [...], die sich in der

---

[9] Diese versteht den zu definierenden Begriff als Abgrenzungsbegriff, d.h. als Begriff für Phänomene, die bestimmte Eigenschaften nicht besitzen.

[10] Diese hebt auf die gemeinsamen originären Merkmale der mit dem zu definierenden Begriff bezeichneten Phänomene ab.

Ablehnung des demokratischen Verfassungsstaates und seiner fundamentalen Werte und Spielregeln einig wissen [...], sei es, dass das Prinzip menschlicher Fundamentalgleichheit negiert (Rechtsextremismus) [...] wird" (Backes/Jesse 1993, S.40). Die Erweiterung dieser scheinbar praktikablen Extremismusdefinition um die definitio ex positivo erscheint Backes und Jesse daher wichtig, da die durch die Negativdefinition suggerierte Gleichung 'extremistisch = antidemokratisch' den zwar unzulässigen, aber nahe liegenden Umkehrschluss 'anti-extremistisch = demokratisch' (vgl. Backes/Jesse 1993) fördern könnte. "Der entscheidende Schritt, den Backes gegenüber dem bisherigen Verständnis von Extremismus weiter geht, besteht also in der aufgezeigten Notwendigkeit einer Positiv-Definition von Extremismus, und dies bedeutet das Aufschlüsseln der [...] Strukturelemente, die allen Formen von politischem Extremismus eigen sind" (Neureiter 1996, S.9). Solche Strukturmerkmale sind nach Backes: "Offensive" und "defensive Absolutheitsansprüche", "Dogmatismus", "Utopismus" oder "kategorischer Utopieverzicht", "Freund-Feind-Stereotype", "Fanatismus und Aktivismus" (Backes/Jesse 1993, S.298ff).[11] Die Definition durch den Verfassungsschutz in Deutschland, der Extremismus als "eine politische Richtung [betrachtet], die danach trachtet, den demokratischen Verfassungsstaat in seinem Wesensgehalt zu verändern [...]"[12] (Bundesministerium des Innern 1997, S.6), sollte aufgrund oben beschriebener Argumente u.E. um die Positivdefinition erweitert werden.[13]

'Rechtsextremismus' kann nun als ein "Syndrom verstanden werden, das sich aus unterschiedlichen normativen Einstellungen, Attitüden und Werten zusammensetzt" (Merten/Otto 1993, S.18). Auch Kowalsky und Schroeder bezeichnen 'Rechtsextremismus' als einen "Sammelbegriff, indem unterschiedliche Phäno-

---

[11] Kritik an dem Definitionsansatz von Backes und Jesse meldet Jaschke an. Er kritisiert die begrenzte analytische Reichweite ihres Extremismusbegriffs: Die konventionelle Extremismusforschung ignoriere die gesellschaftlichen Ursachen für das Aufkommen von politischem Extremismus (vgl. Jaschke 1991, S.47). "Der theoretische Ansatz konventioneller Extremismusforschung scheint [...] wenig geeignet, tiefer liegende Ursachen ins Blickfeld zu bekommen" (Jaschke 1991, S.53).

[12] Der "Extremist, der Gewaltanwendung allenfalls aus taktischen Gründen ablehnt, bejaht nicht den Eigenwert demokratischer Spielregeln und erweist sich folglich als Gegner der freiheitlichen demokratischen Grundordnung" (Bundesministerium des Innern 1997, S.6).

[13] Auch Kowalsky und Schroeder kritisieren die reine Negativdefinition. Sie verweisen darauf, dass die Mehrzahl kritischer SozialwissenschaftlerInnen den Rechtsextremismusbegriff gerade wegen einer solchen extremismustheoretischen Besetzung vermeiden: "Zudem befürchten sie, dass mit einer solchen Negativdefinition [...] die Genese und Ursachen von Rechtsextremismus ausgeblendet und somit vorrangig Staatsschutzziele [...] verfolgt werden" (Kowalsky/Schroeder 1994a, S.10).

12

mene gebündelt werden" (Kowalsky/Schroeder 1994b, S.56). Diese Phänomene
sind "Ideologeme, Einstellungs- sowie Handlungsmuster, Einzel- und Kollektiv-
aktivitäten, Medien, Organisationen und Parteien" (ebd.). Stöss schlüsselt die
Dimension des Rechtsextremismus' in eine individuelle und eine gesellschaftliche Ebene auf. Auf der individuellen Ebene differenziert er zwischen "Einstellungen" und "Verhalten", auf der gesellschaftlichen Ebene zwischen "Institutionen (Parteien, Jugendverbände etc.), "Bewegungen" und "Subkulturen" (Stöss
1994, S.27). Auch Pfahl-Traughber unterteilt den politischen Rechtsextremismus in "Parteien", "Gruppierungen, Organisationen und Publikationen",
"Rechtsextremismus im vorpolitischen Raum" (d.h. gesellschaftliche Gruppen,
die eher unpolitisch wirken) sowie in "rechtsextremes Einstellungs- und Wäh-
lerpotential" (Pfahl-Traughber 1993a, S.24f).
Eine umfassende Analyse des spezifischen Inhalts rechtsextremistischer Weltanschauung kann an dieser Stelle nicht geleistet werden.[14] Einige, für unsere Arbeit wichtige, wollen wir aufgreifen: Laut Verfassungsschutz strebt der Rechtsextremismus "teils offen, teils verdeckt - totalitäre oder zumindest autoritäre
Staatsformen an und lehnt die parlamentarische repräsentative Demokratie ab.
[...] Triebfedern sind ein Nationalismus, der die Freiheitsrechte des Einzelnen
übermäßig einengt und sich gegen den Gedanken der Völkerverständigung
richtet, sowie ein Rassismus, der oft eine aggressive Juden- und Ausländerfeindlichkeit einschließt" (Bundesministerium des Innern 1997, S.149). Benz
stellt sieben Kriterien für Rechtsextremismus zusammen: "Nationalismus in aggressiver Form", "Antisemitismus und Rassismus", "Militarismus", "Streben
nach einem System von Führertum und bedingungsloser Unterordnung", "Verherrlichung des NS-Staates", "Neigung zu Konspirationstheorien", "latente Bereitschaft zur gewaltsamen Propagierung und Durchsetzung der erstrebten Ziele"
(Benz 1989, S.10f). Falter erwähnt drei elementare Dimensionen rechtsextremen
Denkens: "Antisemitismus und Ausländerfeindlichkeit, Nationalstolz und anti-
pluralistische Einstellung sowie eine positive Haltung zu Diktatur und Nationalsozialismus" (Falter 1994, S.138).
Eine Sortierung der Begrifflichkeiten, die sich unter dem Begriff 'Rechtsextremismus' subsumieren dient der Verdeutlichung des Beziehungsgeflechtes. Dabei
beziehen wir uns mit der folgenden Tabelle auf die Überlegungen von Neureiter:

---

[14] Dies bieten u.a. Schwagerl (1994, S.101ff) sowie Jaschke (1987, S.489ff).

Rechtsextremistische Ideologie	Rechtsextremistische Einstellungen
<u>Begriffe für programmatisch-ideologische Variationen:</u> • Neo-/Nazismus (Nationalsozialismus) [...] <u>Begriffe für politische Phänomene des ideologischen Übergangs:</u> • Rechtsradikalismus [...]	• Xenophobie • Fremdenfeindlichkeit • Ausländerfeindlichkeit • Antisemitismus • Rassismus • Nationalismus • Ethnozentrismus [...]

Vgl. Neureiter 1996, S.20

Nach Ansicht Neureiters, lassen sich alle Begriffe eindeutig dem dogmatisch-ideologischen Bereich (linke Spalte) oder aber dem Wahrnehmungs-Einstellungsbereich von Individuen (rechte Spalte) zuordnen. Die linke Spalte ('rechtsextremistische Ideologie') wird nochmals unterteilt in 'Begriffe für programmatisch-ideologische Variationen' und 'Begriffe für politische Phänomene des ideologischen Übergangs'. Die Begriffe der ersten Unterteilung können als verschiedene Variationen der rechtsextremistischen Ideologie bezeichnet werden und sind folglich dem Rechtsextremismusbegriff untergeordnet. So nennt Pfahl-Traughber als "ideologische Formen des Rechtsextremismus" den traditionellen "Deutsch-Nationalismus", "Nationalrevolutionäre" sowie den "Nationalsozialismus" (Pfahl-Traughber 1994, S.73). Als Neonazis, die dem **'Nazismus'** (Nationalsozialismus) verbunden sind, bezeichnet Jaschke diese "zumeist männlichen Aktivisten des rechtsextremen Spektrums, die sich offen in die Tradition des Nationalsozialismus stellen - ideologisch-programmatisch und/oder über Symbolik und Gruppenverhalten" (Jaschke 1994b, S.38).

Weder synonym noch nachgeordnet, sondern gleichrangig neben dem Begriff 'Rechtsextremismus' bezeichnet Neureiter jene Begriffe, die politisch-ideologische Phänomene bezeichnen, die "nicht mehr oder allenfalls als 'gerade noch' demokratisch, aber auch (noch) nicht als rechtsextremistisch [...bezeichnet werden können], sei es, dass es an der Ideologie der Ungleichwertigkeit der Menschen oder an der ausgeprägten Gewaltakzeptanz fehlt" (Neureiter 1996, S.21). Der Begriff **'Rechtsradikalismus'** wird wohl mit dem Begriff 'Rechtsextremismus' am ehesten gleichgesetzt. Eine Differenzierung beider Begriffe erscheint nicht unproblematisch, da in der Literatur nicht einheitlich geklärt ist, ob

Gewalt ein Wesensmerkmal des Rechtsradikalismus ist oder nicht. Radikalismus (vom lateinischen 'radix' = Wurzel, Ursprung) beschreibt zunächst eine politische Richtung, die die Probleme von Grund auf zu bewältigen versucht. Die Radikalen zeichnen sich oft nur durch die Radikalität ihres Denkens aus. In diesem Sinne summiert Veen unter dem Begriff "Positionen und Ziele, die nicht eindeutig auf die Beseitigung zentraler Bestandteile der freiheitlich-demokratischen Grundordnung gerichtet sind, sich aber politisch am äußersten [rechten] Rand [...] bewegen" (Veen 1994b, S.1). Auch Möller argumentiert, dass Übergriffe auf Ausländer und Asylbewerber im Allgemeinen nicht als rechtsradikal eingestuft werden dürfen, da diese Form von Aktionismus nur "an der Oberfläche von Erscheinungsweisen und Trugbildern" (Möller 1992a, S.54) ansetzt und die 'Wurzel' bzw. den 'Ursprung' (Ursachen und Motive der Migration) außer Acht lässt. "Radikalität sollte als in diesem Sinne positiv besetzbarer Begriff gerettet werden" (ebd.). Demgegenüber bezeichnen Merten und Otto solche Einstellungen und Handlungen als rechtsradikal, "in denen zur Durchsetzung der rechtsextremen Zielsetzung Gewalt als grundsätzliches legitimes Mittel akzeptiert wird" (Merten/Otto 1993, S.19).[15]

Die rechte Spalte der Tabelle zeigt die verschiedenen rechtsextremistischen Einstellungen, wobei Neureiter einräumt, dass mit diesen Begriffen auch Verhaltensweisen beschrieben werden können (vgl. Neureiter 1996, S.21). **'Xenophobie'** kann als Fremdenfurcht beschrieben werden und ist, laut Dahmer, eng verbunden mit der **'Fremdenfeindlichkeit'**[16], **'Ausländerfeindlichkeit'** und dem **'Antisemitismus'**[17]: "Wir haben Grund zur Annahme, dass alle Arten von Fremdenfeindschaft sich an den der Mehrheit eingefleischten Antisemitismus anschließen" (Dahmer 1993, S.82). Auch bei Jaschke ist der Antisemitismus Grundstock der Fremdenfeindlichkeit: "Antisemitismus ist sowohl der Oberbegriff für eine spezifische Tradition der politischen Ideengeschichte in der Vorge-

---

[15] So auch der 9. Jugendbericht des Bundesministeriums für Familie, Senioren, Frauen und Jugend (1994, S.189): "Unter dem Begriff 'rechtsradikal' werden nur solche Einstellungen und Handlungen [summiert...], die zur Durchsetzung rechtsextremer Zielsetzungen Gewalt als grundsätzlich legitimes Mittel akzeptieren bzw. Gewalt anwenden."

[16] "Ablehnungsformen [...], die Intoleranz und Abwertung beinhalten, ohne deshalb gleichzeitig auch auf Exklusion von MigrantInnen gerichtet sein zu müssen, [und] Distanzierungshaltungen, die sich aus Fremdheitsgefühlen speisen und als Stereotypen und Vorurteile latent oder präsent sind. [...] Nicht die fremde Staatsangehörigkeit [...], sondern die Furcht vor Beeinträchtigung eingeschliffener Lebensweisen durch Fremde schlechthin ist, was zur Ablehnung, Abschottung und/oder Ausgrenzung führt" (Möller 1992a, S.53).

[17] Dahmer bezeichnet den Antisemitismus auch als "Judo-Xenophobie" (Dahmer 1993, S.84).

schichte der europäischen Faschismen als auch eine vorurteilsbeladene Einstellung, ein Ressentiment gegen die Juden" (Jaschke 1994b, S.70).[18] Auch die Begriffe **'Rassismus'** und **'Nationalismus'** "haben eine komplexe und zusammenhängende Geschichte" (Miles 1992, S.21): "Der Begriff Rassismus wurde im Nord-Westen Europas in der zweiten und dritten Dekade des 20.Jahrhunderts formuliert als Reaktion auf die wachsende Unterstützung, die eine bestimmte Form von Nationalismus in Deutschland genoss und die ausdrücklich die wissenschaftliche Rassen-Theorie des 19.Jahrhunderts benützte" (Miles 1992, S.21). Wissenschaftler, die sich der Unhaltbarkeit dieser Rassen-Theorie[19] bewusst wurden, definierten diese Theorie als Rassismus. Der Begriff 'Nationalismus', "wie man ihn heute versteht, bezieht sich weitgehend auf eine Ideologie, die davon ausgeht, dass die Weltbevölkerung natürlicherweise aufgeteilt ist in diskrete und einzigartige 'Nationen', von denen jede ihr eigenes Schicksal und deshalb das Recht hat, sich selbst innerhalb eines festgelegten Territoriums zu regieren" (Miles 1992, S.24). Nationalismus beschreibt somit sowohl eine (politische) Staatsstruktur als auch eine grundsätzliche Haltung bzw. Einstellung eines Menschen 'seinem' Land gegenüber. Eine Verbindung der beiden Konzepte 'Nationalismus' und 'Rassismus' besteht in der generellen Überhöhung der eigenen Nation bzw. der eigenen Rasse gegenüber anderen.[20] Der Begriff **'Ethnozentrismus'**[21] lässt sich an dieser Stelle einfügen. Der Ethnozentrist erhöht die

---

[18] Zur Geschichte des Antisemitismus vgl. Dahmer 1993, S.80ff.

[19] Die Rassen-Theorie beinhaltet die Einsicht, dass die Weltbevölkerung in eine Anzahl "genau unterscheidbarer biologischer Rassen" (Miles 1992, S.21) einzuteilen ist. Da die verschiedenen Rassen mit unterschiedlichen Kapazitäten an Zivilisation und Entwicklung ausgestattet sind, können sie in eine Hierarchie von Minderwertigkeit und Überlegenheit eingeteilt werden.

[20] Möller differenziert in diesem Zusammenhang folgendermaßen: "Anders als Nationalismus 'argumentiert' Rassismus nicht letztlich mit dem Pass und der Gnade der nationalen Geburt, sondern bspw. mit Blut, der Hautfarbe oder den Genen. Rassismus ist gleichsam die 'härtere' der beiden Haltungen, weil der Bezug auf biologische Grundlagen der Existenz erfolgt, auf eine natürliche Ausstattung, die unverrückbar, irreversibel und daher nicht diskutierbar erscheint" (Möller 1992a, S.52).

[21] Ethnozentrismus setzt sich aus ethnischem Zentrismus und offensiv-aggressiven Elementen zusammen, die eine Negativbewertung der Vergleichsgruppe zur Folge haben. Im ethnischen Zentrismus wird die Haltung gegenüber anderen Kulturen, bewusst oder unbewusst, durch die in der eigenen Kultur erlernten Wahrnehmungs-, Wertungs- und Verhaltensmuster gesteuert. Die offensiv-aggressiven Elemente spiegeln die gesellschaftlichen Verhältnisse in Konkurrenzgesellschaften wider, denn Vergleiche unter den Bedingungen der Konkurrenz tendieren zu einem Gegeneinander und zu einer Herabsetzung der Zielgruppe (vgl. Leiprecht 1998).

Menschen seiner Kulturgruppe über andere, stellt seinen Volksstamm und dessen Interessen in den Mittelpunkt bzw. das Zentrum.[22]
Wenn wir nun in Folgendem mit dem Begriff Rechtsextremismus arbeiten, beziehen wir uns auf Neureiter 1996, der diesen Begriff als Beziehungsgeflecht aus z.b. neonazistischen Ideologien, politischen Phänomenen, z.b. Rechtsradikalismus, und Einstellungen, z.b. Fremdenfeindlichkeit, Antisemitismus, Nationalismus usw. verdeutlicht (s.Tabelle oben). Dabei kommen wir jedoch nicht umhin, auch andere Begrifflichkeiten zuzulassen, da sich die Begriffsverwendung der zitierten Autoren nicht mit unserer decken muss. Dies spiegelt, wie schon am Anfang dieses Kapitels erwähnt, die Uneinigkeit über die Verwendung dieser Terminologie wider.

---

[22] Auf den seit kurzem in Deutschland auftauchenden Begriff der *Hasskriminalität* soll im Rahmen dieser Arbeit nicht eingegangen werden. Eine erste Definition findet sich bei Schneider 2001.

II Statistische und empirische Wirklichkeit des Rechtsextremismus'

Eine u.E. nach zentrale Deutung des Rechtsextremismus' ist die anhand von Zahlen. Zum einen basiert die öffentliche Auseinandersetzung auf den Aussagen der Zahlen. Dabei ist es meist weniger von Bedeutung, ob bestimmte Zahlen einer wissenschaftlichen Fundierung unterliegen, als vielmehr dass z.B. bei sprunghaften Entwicklungen die Öffentlichkeit eher angesprochen werden kann.[23] Zum anderen stellen die Zahlen eine Wirklichkeit dar, die wir als grundlegend erachten und somit in dieser Arbeit nicht aussparen wollen. Dabei kann anhand der Zahlen der Polizeilichen Kriminalstatistik sowie der Verfassungsschutzberichte (Kap. II.A) ein Blick auf die Entwicklung der Straftaten (sowie einiger soziodemographischer Merkmale der TäterInnen) mit bewiesenem oder zu vermutendem rechtsextremistischem Hintergrund geworfen werden. Unter Berücksichtigung der Verzerrungsfaktoren können Aussagen einer 'statistischen Wirklichkeit' gemacht werden. Anhand der empirischen Untersuchungen von Jugendstudien (Kap. II.B) kann die Entwicklung der Einstellungspotentiale zum Rechtsextremismus 'gemessen' werden. Diese 'empirische Wirklichkeit' erlaubt eine weitere Annäherung an den Themenkomplex Rechtsextremismus.

A Die Entwicklung des Rechtsextremismus' in Deutschland anhand der Polizeilichen Kriminalstatistik und der Verfassungsschutzberichte 1987 bis 2000

Anhand der Verfassungsschutzberichte sowie der Sonderstatistik S der Polizeilichen Kriminalstatistik wollen wir in diesem Kapitel die Entwicklung des Rechtsextremismus' in Deutschland zwischen 1987 und 2000 aufzeigen. Dabei soll es nicht darum gehen, die Ursachen der Verläufe zu diskutieren, sondern das Hauptaugenmerk auf die Zu- bzw. Abnahme bestimmter Verlaufskurven zu richten. Aus den zwei statistischen Quellen können Aussagen getroffen werden über die Entwicklung der Straftaten mit rechtsextremistischem Hintergrund, über die Entwicklung des Personenpotentials der Rechtsextremisten in Deutschland sowie über soziodemographische Merkmale der Täter rechtsextremistischer Straftaten. Kapitel 1 wird das Zahlenmaterial der Verfassungsschutzberichte darstellen, Kapitel 2 das der Polizeilichen Kriminalstatistik. In Kapitel 3 wollen wir, soweit dies möglich ist, die Ergebnisse der beiden vorherigen Kapitel vergleichen, um das Bild einer 'statistischen Wirklichkeit' (Kap. II.A.4) zu zeichnen.

1 Die Verfassungsschutzberichte

Die Verfassungsschutzberichte erscheinen jährlich und werden vom Bundesministerium des Innern herausgegeben. Die wichtigste Aufgabe des Verfassungsschutzes beschreibt der damalige Innenminister folgendermaßen: "Der Verfassungsauftrag, die Demokratie gegen ihre Feinde zu verteidigen, verlangt, die Auseinandersetzung mit dem politischen Extremismus[24] von links wie von rechts offensiv zu führen" (Kanther 1997, S.3). Schwagerl bringt es auf den Nenner: "Verfassungsschutz ist Schutz der Verfassung" (Schwagerl 1985, S.1).[25] Die zuständigen Behörden haben dabei die gesetzliche Pflicht, in den Verfassungsschutzberichten die Öffentlichkeit über die Tätigkeit des Verfassungsschutzes zu informieren. Für unser Interesse, eine Entwicklung des Rechtsextremismus' in Deutschland abzubilden, stellen daher die Zahlen des Bundesamtes für Verfassungsschutz zum Rechtsextremismus eine wichtige Quelle dar.[26]

---

[23] So weist Kerner darauf hin, dass die gleiche Zahl bei unterschiedlicher Deutungsweise (z.B. durch die 'Verbrechensuhr' oder der Häufigkeitszahl) mehr oder weniger bedrohlich wirken kann (vgl. Kerner 1994, S.934f).

[24] Die Grenzziehung zwischen 'Extremisten' und 'Demokraten' beschreibt § 4 des Bundesverfassungsschutzgesetzes. Dabei zählt als 'Extremist' der, der fundamentale Prinzipien der freiheitlichen demokratischen Grundordnung (z.B. der Ausschluss jeder Gewalt- und Willkürherrschaft, die Gewaltenteilung, Mehrparteienprinzip etc.) versucht zu beseitigen (vgl. definitio ex negativo, Kap. I).

[25] Für einen weitreichenden Überblick über die gesetzlichen Grundlagen, Aufgaben, Ziele etc. des Verfassungsschutzes vgl. Schwagerl 1985; vgl. Bundesministerium des Innern 1977. Hier werden u.a. auch die z.Zt. in Bezug auf den Verbotsantrag der NPD viel diskutierten 'V-Männer' erwähnt.

[26] Funk meldet hier große Zweifel an: "Der [...] Verfassungsschutz als 'Extremismusbekämpfung' [...] hat die notwendige gesellschaftliche Auseinandersetzung mit antidemokratischen, Menschenrechte verachtenden Positionen eher behindert und gefährdet als gestützt" (Funk 1994, S.359). Die Zahlen der Verfassungsschutzberichte, insbesondere zum Rechts-

Zunächst wollen wir einen Blick auf das errechnete Rechtsextremismuspotenti-al[27] in den Verfassungsschutzberichten werfen.[28] Abbildung 1 (s. Anhang) ver-deutlicht einen Anstieg zwischen 1987 (25.200 Personen) und 2000 (50.900 Per-sonen) mit einer Spitze 1994 (56.600 Personen).[29] Diese ist auf die erstmalige Hinzunahme der Mitglieder der Partei 'Die Republikaner' zurückzuführen. Die Abnahme von über 10.000 Personen zwischen 1994 und 1995 führt das Bundes-amt für Verfassungsschutz u.a. auf eine Mitgliederreduzierung der Parteien 'Die Republikaner' (von 4.000 Personen) und 'Deutsche Volksunion' (DVU) (von 5.000 Personen) zurück. Auch die Entwicklung der rechtsextremistischen Orga-nisationen (Abb. 2, s. Anhang) ist im Vergleich von 69 (1987) auf 144 (2000) Organisationen angestiegen. Der kurzzeitige Einbruch 1993 ist auf mehrere Verbote rechtsextremistischer Organisationen und Parteien Ende 1992 zu-rückzuführen (u.a. 'Nationale Front', 'Deutsche Alternative').

Bei dem Blick auf die Entwicklung der Mitgliederzahlen der Subkultur der Skinheads (Abb. 3, s. Anhang) ist seit 1990 ein deutlicher Anstieg der Anhänge-rInnen zu erkennen, der 2000 in einem Rekordniveau von 9.700 Skinheads gip-felt. Eine Ungereimtheit soll hier kurz erwähnt werden: Für das Jahr 1991 be-rechnete das Amt 4.200 Skinheads (erstmals mit Ostdeutschland). In dem Be-richt von 1991 wird diese Zahl gesplittet in 1.200 'Westskins' und 3.000 'Ost-skins'. Wie die Zahl der Skinheads in Westdeutschland 1991 mit den Zahlen von 1987 bis 1990 vereinbar ist (es hätte eine Reduzierung von ca. 1.300 Skinheads in Westdeutschland zwischen 1990 und 1991 stattfinden müssen), bleibt offen.

Die Verfassungsschutzberichte erlauben teilweise einen Einblick in soziodemo-graphische Merkmale der mutmaßlichen GewalttäterInnen. Abbildung 4 (s. An-hang) zeigt die Entwicklung der Altersstruktur von 1991 bis 1996. Während die mutmaßlichen TäterInnen unter 18 Jahre (durchgehende Linie: 21,2% (1991) auf

---

extremismus, die "Lageeinschätzung" (ebd., S.344) seien den immanenten strukturellen Grenzen des administrativen Verfassungsschutzes unterlegen.

[27] Als 'rechtsextremistisch' bezeichnet der Verfassungsschutz u.a.: Die Auffassung eines au-toritären politischen Systems, "in dem Staat und Volk als angeblich natürliche Ordnung in einer Einheit verschmelzen [...]; die staatlichen Führer kennen danach den einheitlichen Willen des Volkes und handeln entsprechend" (BdI (Hrsg.) 1997, S.70).

[28] Die neuen Länder sind in den Verfassungsschutzberichten seit 1991 berücksichtigt.

[29] 1990 war das erste Jahr seit Bestehen der BRD, in dem die Zahl der Mitglieder rechter Organisationen die der Mitglieder linker Organisationen übertraf (vgl. Weitekamp/Kerner/ Herberger 1996, S.6).

29,6% (1996)) und über 21 Jahre (gestrichelte Linie: 31% (1991) auf 33,7% (1996)) in diesem Zeitvergleich zugenommen haben, nahm der Anteil der 18- bis 20-jährigen TäterInnen (gepunktete Linie: 47,8% (1991) auf 36,7% (1996)) ab. Abbildung 5 (s. Anhang) verdeutlicht in einem Dreijahresvergleich (1991, 1992, 1993) die Verteilung der Geschlechter der mutmaßlichen TäterInnen. Die Dominanz des männlichen Geschlechts variiert nur geringfügig zwischen 95,3% (1992) und 97% (1991). Ähnlich verhält es sich bei den weiblichen Tätern: 3% (1991) bis 4,7% (1992). Auch bei der Berufsstruktur (Abb. 6, s. Anhang) sind zwischen 1988 und 1993 nur geringe Veränderungen sichtbar. Am meisten nahm der Anteil der Wehrpflichtigen, Berufs- und Zeitsoldaten (gestrichelter Balken) von 4% auf 7,9% zu. Der Anteil der Arbeitslosen kletterte von 8% auf 11,3% (schraffierter Balken). Ansonsten dominieren SchülerInnen, StudentInnen und Azubis (weißer Balken) mit 36% (1988 bis 1991) und 33,6% (1991 bis 1993) sowie FacharbeiterInnen und HandwerkerInnen (hellgrauer Balken) mit 31% (1988 bis 1991) und 28,7% (1991 bis 1993) und ergeben somit jeweils über 60% aller mutmaßlichen Tatverdächtigen.

Betrachten wir nun die Straftaten mit erwiesenem oder zu vermutendem rechtsextremistischem Hintergrund.[30] Die weißen Balken (Straftaten insgesamt) in Abbildung 7 (s. Anhang) verdeutlichen eine wellenförmige Bewegung mit starkem Anstieg von 1990 bis 1993 (10.561 Taten) und einem erneuten 'Rekord' von 15.951 Taten im Jahre 2000. Ähnlich verhält es sich bei dem Anteil der Gewalttaten[31] (schwarzer Balken). Das Rekordniveau von 1992 (2.584 Taten) ebbte im Verlauf der 1990er Jahre ab, ist jedoch seit 1998 wieder steigend. Einen fast identischen Verlauf zu den Straftaten insgesamt, allerdings auf niedrigerem Niveau, verzeichnen die 'sonstigen Straftaten' (graue Balken). Auch hier wird 1993 ein erster Peak erreicht (8.329 Taten), der wiederum 2000 weit überschritten wird mit 14.953 Taten.

---

[30] Jede Gesetzesverletzung wird in den Berechnungen des Amtes für Verfassungsschutz nur einmal gezählt, auch wenn sie aus mehreren Einzeltaten besteht, mehrere Straftatbestände erfüllt, mehrere Handlungen umfasst oder von mehreren Tätern gemeinschaftlich begangen wird. Außerdem werden seit 1990 die Taten mit 'vermuteter rechtsextremistischer Motivation' erfasst. Damit werden auch die Taten, deren rechtsextremistische Motivation aufgrund von Anhaltspunkten oder Erfahrungen mindestens nahe liegt, berücksichtigt. Dies muss natürlich auch als Verzerrungsfaktor angesehen werden. Die Zahlen vor 1990 fallen dementsprechend niedriger aus.

[31] Die Verfassungsschützer unterteilen die Gesetzesverletzungen (insgesamt) in 'Gewalttaten' und 'sonstige Straftaten'. Gewalttaten sind: Tötungsdelikte (auch versuchte), Körperverletzungen, Brandstiftungen, Landfriedensbruch. Sonstige Straftaten: Sachbeschädigungen, Nötigung/Bedrohung, Propagandadelikte.

Einige Verfassungsschutzberichte schlüsseln die Gewalttaten mit erwiesener oder zu vermutender rechtsextremistischer Motivation nach Bundesländern auf. Abbildung 8 (s. Anhang) zeigt die Verteilung der Gewalttaten aller Bundesländer insgesamt je 100.000 Einwohner. Da 1992 die Gewalttaten insgesamt mit 2.584 höher lagen als 1997 (790 Taten) und 2000 (998 Taten) sind die weißen Balken dementsprechend größer. Trotzdem ist durch die Berechnung der Häufigkeitszahl ein Vergleich möglich: Im Jahre 2000 (schwarze Balken) dominieren die fünf neuen Bundesländer auf den vorderen Plätzen. Hamburg (an dritter Position gemeinsam mit Sachsen-Anhalt) und Niedersachsen (an fünfter Position) sind die am meisten belasteten alten Bundesländer. An letzter Position rangiert Bayern. 1997 ergibt ein ähnliches Bild (graue Balken): Die neuen Bundesländer (und Berlin) rangieren hier auf den Plätzen eins bis sechs, gefolgt von Hamburg und Schleswig-Holstein. Schlusslicht bildet Hessen. Ein ganz anderes Bild zeigt die Verteilung von 1992 (weiße Balken): Zwei der fünf neuen Bundesländer besetzen zwar auch hier die Plätze eins und zwei (Mecklenburg-Vorpommern und Brandenburg), dann allerdings erst wieder Rang sechs (Sachsen), sieben (Sachsen-Anhalt) und neun (Thüringen). Besonders Schleswig-Holstein, das Saarland und Nordrhein-Westfalen waren 1992 weitaus stärker von rechtsextremistischen Gewalttaten betroffen als drei der fünf neuen Bundesländern. Nur ein Bundesland bleibt in diesem Dreijahresvergleich beständig mit 0,93% (1992), 0,32% (1997) und 0,50% (2000) auf Rang fünfzehn bzw. sechzehn (2000): Bayern.[32]

Zuletzt wollen wir die Straftaten differenzieren: Abbildung 9 (s. Anhang) zeigt die Entwicklung der häufigsten Delikte mit bewiesenem oder zu vermutendem rechtsextremistischem Hintergrund nach den Verfassungsschutzberichten, den Propagandadelikten.[33] Es kann, bis auf zwei Ausnahmen 1990 und 1994, von einem kontinuierlichen Aufwärtstrend von 1.055 Delikten (1987) auf 10.435

---

[32] Weitekamp/Kerner/Herberger machen darauf aufmerksam, dass mehr noch als ein 'Ost-West-Gefälle' ein 'Nord-Süd-Gefälle' der Straftaten-Häufigkeit ausgemacht werden kann (wenigstens mit den Angaben des Verfassungsschutzes). Dies erscheint auf den ersten Blick paradox, gelten die Süddeutschen generell als konservativer (und somit evtl. anfälliger für rechtsextremistische Strömungen). Außerdem war Bayern schon seit dem Nationalsozialismus in Deutschland Sitz der großen rechten Parteien. Eine Antwort auf dieses Phänomen könnte sein, dass die Norddeutschen sensibler auf fremdenfeindliche Kriminalität reagieren und somit diese häufiger zur Anzeige bringen. Des Weiteren könnte die höhere Ausländerquote in Norddeutschland zu mehr Kriminalität gegen Fremde 'verführen' (vgl. Weitekamp/ Kerner/Herberger 1996, S.13).

22

(2000) gesprochen werden. 2000 ergeben die Propagandadelikte über 65% der Straftaten mit rechtsextremistischem Hintergrund insgesamt. Abbildung 10 (s. Anhang) veranschaulicht die Delikte 'Körperverletzungen' (durchgezogene Linie), 'Sachbeschädigungen' (gepunktete Linie) und 'Brandstiftungen / Sprengstoffanschläge' (gestrichelte Linie). Interessant erscheint der parallele Verlauf der drei Kurven auf niedrigem Niveau bis 1990 und das sprunghafte Ansteigen mit den Peaks 1992 bis 1993 sowie ein erneutes, leichtes Ansteigen bis 2000. Die 'Sachbeschädigungen' beschreiben zwischen 1990 und 1992 einen Anstieg von 63 auf 1.122 Delikte und ein Absinken bis 1996 auf 157 Delikte. Die 'Körperverletzungen' finden ihre Spitze 1993 mit 727 Taten und bleiben dann bis 2000 auf höherem Niveau als beide andere Kurven. Die 'Brandstiftungen und Sprengstoffanschläge' beginnen 1990 auf sehr niedrigem Niveau mit 12 Delikten, erreichen 1992 den Rekordwert von 708 Taten und ebben bis 1997 auf 25 Anschläge ab mit erneutem Anstieg bis 2000. Abbildung 11 (s. Anhang) beschreibt abschließend den Verlauf der Tötungsdelikte sowie des Deliktes 'Landfriedensbruch'. Die Tötungen (auch versuchte) mit erwiesenem oder zu vermutendem rechtsextremistischem Hintergrund (durchgezogene Linie) entwickeln sich von 1987 (0 Taten) bis 2000 (17 Taten) steigend mit einem Höhepunkt 1993 (23 Taten). Der Straftatbestand 'Landfriedensbruch', der erst ab 1993 in den Verfassungsschutzberichten aufgeführt wird (gestrichelte Linie), fällt zwischen 1993 (93 Verstöße) und 2000 auf 59 Taten.
Würde ein Bild gezeichnet werden von Menschen, die zwischen 1987 und 2000 am ehesten gefährdet bzw. nicht gefährdet gewesen sind, eine Straftat mit rechtsextremem Hintergrund zu begehen, so würde ein Bild, das aus der Auswertung der Verfassungsschutzberichte entsteht, folgendermaßen aussehen können: 2000 war in dieser Zeitreihe das Jahr der höchsten Zahlen bei der Anzahl von Organisationen, Skinheads und Straftaten insgesamt. Ein 18- bis 20-jähriger männlicher Schüler, Student oder Azubi aus Thüringen war in diesem Jahr am gefährdetsten, ein Propagandadelikt zu begehen. Am wenigsten gefährdet war eine weibliche, unter 18-jährige Angestellte aus Bayern 1987, einen Mord mit rechtsextremistischer Motivation zu begehen.

---

[33] Leider zeichnen die Verfassungsschutzberichte die einzelnen Straftatbestände nicht (wie in der Polizeilichen Kriminalstatistik) nach Paragraphen aus. Unter 'Propagandadelikten' können auf jeden Fall die Paragraphen 86 und 86a StGB genannt werden.

2 Die Polizeiliche Kriminalstatistik

Die Polizeiliche Kriminalstatistik für die Bundesrepublik Deutschland (herausgegeben vom Bundeskriminalamt (fortan abgekürzt mit BKA)) erscheint jährlich und führt sämtliche Straftaten auf, die der Polizei bekannt geworden sind.
Sie kann als der Nachweis staatlicher Ermittlungs- und Strafverfolgungstätigkeit
betrachtet werden (vgl. Kerner 1993a). "In ihnen wird Näheres berichtet über die
polizeilich bekannt gewordenen Vergehen und Verbrechen, über die Aufklä-
rungserfolge und über die ermittelten 'Tatverdächtigen', welche die Polizei als
Beteiligte eines Deliktes für hinreichend überführt hält" (Kerner 1993a, S.294).
Aufgaben und Ziele der Polizeilichen Kriminalstatistik (fortan abgekürzt mit
PKS) sind in den seit 01.01.1971 geltenden bundeseinheitlichen Richtlinien wie
folgt beschrieben:

"- Beobachtung der Kriminalität und einzelner Deliktsarten, des Umfangs
und der Zusammensetzung des Tatverdächtigenkreises sowie der Veränderung von Kriminalitätsquoten.

- Erlangung von Erkenntnissen für vorbeugende und verfolgende Verbre-
chensbekämpfung, organisatorische Planungen und Entscheidungen sowie
kriminologisch-soziologische Forschungen und kriminalpolitische Maßnahmen" (BKA 1997, S.425).

Dieser Anspruch an die PKS, "ein exaktes Messinstrument für die Wirklichkeit
des Verbrechens bzw. die Qualität der (sittlichen) öffentlichen Zustände (im
Sinne einer sog. Moralstatistik) in die Hand bekommen zu haben, sowie ein
Mittel, mit dem man unmittelbar kriminalpolitische Maßnahmen planen und be-
reits durchgeführte auf ihren Erfolg hin überprüfen könne" (Kerner 1993a,
S.295) besteht seit 1827, als Jacques Guerry de Champneuf die wohl erste Ge-
richtsstatistik veröffentlichte (vgl. Kerner 1993a). In den letzten Jahrzehnten jedoch wurden die Verzerrungsfaktoren der PKS deutlich, so dass das "frühere
Hochgefühl weithin dem Zweifel gewichen" (Kerner 1993a, S.295) ist. Schwind
bezeichnet in diesem Zusammenhang die PKS als "Fieberthermometer mit
Schwächen" (Schwind 1997, S.7).
Auf einige Zweifel bzw. Verzerrungsfaktoren soll hier kurz eingegangen werden:[34] Das BKA selbst verweist z.B. auf das Dunkelfeld, das in der PKS nicht
zum Ausdruck kommt. Eine Folge wäre, "wenn sich zum Beispiel das Anzeige-

---

[34] Für eine Grundlage dieser Thematik vgl. besonders Kerner 1973.

verhalten der Bevölkerung oder die Verfolgungsintensität der Polizei verändert, so kann sich die Grenze zwischen Hell- und Dunkelfeld verschieben, ohne dass eine Änderung des Umfangs der tatsächlichen Kriminalität damit verbunden sein muss" (BKA 1997, S.426). Schwind weist außerdem darauf hin, dass das Hellfeld (welches weniger als 50% der gesamten Straftaten ausmacht), also die registrierten Straftaten, zu über 90% aus privaten Strafanzeigen der Bevölkerung bestehen und somit bei der PKS nicht von einem Resultat polizeilicher Ermittlungstätigkeit gesprochen werden kann (vgl. Schwind 1997).[35]

Kerner verdeutlicht anhand eines Schaubildes (vgl. Kerner 1993a, S.297) den "langen Weg von der Verübung einer Straftat bis zu ihrer evtl. Aburteilung [der] über viele 'Gabelungen' hinweg [führt], deren jede dazu beiträgt, die Menge der im System der Entdeckung und Verfolgung verbleibenden Taten und Tatverdächtigen weiter zu vermindern" (Kerner 1993a, S.296).

Hauf kommt in seiner Arbeit zur Kriminalitätserfassung und zum Kriminalitätsnachweis auf polizeilicher Ebene zu dem nüchternen Schluss, dass "ein Abbild der Kriminalitätswirklichkeit [...] nicht herstellbar" (Hauf 1992, S.376) ist.

Auch Kubink, der die polizeiliche Registrierung fremdenfeindlicher Straftaten anhand der Auswertung sämtlicher Taten mit rechtsextremistischem Hintergrund im Jahre 1993 in Wuppertal und Köln untersucht hat, kommt zu der Erkenntnis, dass "die 'fremdenfeindliche Kriminalität' weitgehend als definitionsabhängig und konstruiert" (Kubink 1997, S.244) angesehen werden kann. "Ungenaue Kriterien und damit einhergehende schnelle und oberflächliche Einordnungen erwecken Fremdenfeindlichkeit oft erst zum Leben" (ebd.).[36]

Trotzdem bleibt die PKS eines der wenigen Messinstrumente der Kriminalität[37] und ist deshalb für unsere Arbeit von Bedeutung.

Besonderes Augenmerk richten wir hier auf die Staatsschutzdelikte der Sonderstatistik S der PKS. "Staatsschutzdelikte definiert die PKS als gegen den Be-

---

[35] Darüber hinaus weist Kürzinger auf die unterschiedlichen Reaktionen der Polizei auf private Strafanzeigen hin: "Die Hypothese, die Polizei verfolge bestimmte Delikte besonders intensiv bzw. weniger intensiv oder gar nicht, hat sich bestätigt" (Kürzinger 1978, S.236). Zu ähnlichen Ergebnissen kommt auch Steffen 1976, S.292ff.

[36] Außerdem gibt es nicht wenige Wissenschaftler, die der Polizeikultur in Deutschland rassistische Elemente zuschreiben. Vgl. dazu: Funk 1993, S.34ff; Lazai 1993, S.41ff; Jaschke 1994a, S.167ff; Murck 1995, S.156ff.

[37] So schreibt die ständige Arbeitsgruppe 'Polizeiliche Kriminalstatistik' des Bundes Deutscher Kriminalbeamter folgende Zusammenfassung: "Die PKS spiegelt zwar kein absolut wirklichkeitsgetreues Bild der Kriminalität wider, bleibt aber die einzige Messbasis für das Kriminalitätsgeschehen schlechthin" (Arbeitsgruppe Polizeiliche Kriminalstatistik 1995, S.83).

stand oder die verfassungsmäßige Ordnung gerichtete Straftaten sowie Delikte mit einem politischen Element in Bezug auf die Bundesrepublik Deutschland" (Förster 1986, S.27). Diese Sonderstatistik wird seit 1959 in der PKS ausgewiesen. Delikte der allgemeinen Kriminalität werden dabei zusätzlich in der PKS registriert, wenn sie im Einzelfall als Staatsschutzdelikt gelten. Ansonsten liegen der Sonderstatistik S die gleichen Richtlinien wie der PKS zugrunde.[38]

In den letzten Jahren haben die zuständigen Behörden große Anstrengungen unternommen, den polizeilichen Meldedienst zu verbessern und besonders bundesweit zu vereinheitlichen. Erst seit 1997, nachdem die erste Version dieser Arbeit verfasst war, ist es möglich über den Kriminalpolizeilichen Meldedienst in Sachen Staatsschutz (KPMD-S) die Zahlen der PKS-S für den Bereich des Rechtsextremismus' entsprechend auszuwerten. Vorher konnte nur unzureichend differenziert werden, da Fremdenfeindlichkeit und Antisemitismus hier nicht eigens ausgewiesen waren. Auch in Zukunft wird die Erfassungspraxis weiter stark verbessert werden. Einen Hinweis gibt die seit 01.01.2001 in Kraft getretene Neuregelung der Erfassungskriterien: "Zudem wurde eine Erfassungsmöglichkeit unter den Oberbegriff der 'Hasskriminalität' geschaffen, die als spezielle Unterpunkte 'fremdenfeindliche' und 'antisemitische' Straftaten erfasst" (BDI/BDJ 2000, S.262).

Trotz dieser Neuerungen wollen wir den Großteil der folgenden Tabellen und Zahlen in ihrer zwar bis zum Jahre 2000 aktualisierten, aber dennoch sich an den Vorgaben der PKS-S vor 1997 belassen. Dies bedeutet, dass nicht explizit auf rechtsextremistische Straftaten abgehoben wird. Nur wenn uns die Einbindung der 'neuen' Zahlen sinnvoll erscheint sind diese im Folgenden in die Grafiken eingebunden.

Abbildung 12 (s. Anhang) zeigt die Entwicklung der Staatsschutzdelikte insgesamt in der BRD (durchgezogene, schwarze Linie) sowie (ab 1993) die Verteilung in Ost- (gepunktete Linie) und Westdeutschland (gestrichelte Linie).[39] Zwischen 1990 und 1993 steigt die Zahl der Staatsschutzdelikte sprunghaft von

---

[38] U.a.: Seit 1971 wird die PKS als 'Ausgangsstatistik' geführt, d.h. die bekannt gewordenen Straftaten werden erst nach Abschluss der polizeilichen Ermittlungen erfasst. Seit 1983 besteht die 'Echttäterzählung'. Danach wird "ein Tatverdächtiger, für den im Berichtszeitraum mehrere Fälle der gleichen Straftat festgestellt wurden, nur einmal gezählt" (Hauf 1992, S.14).

[39] Die Zahlen für die neuen Bundesländer können in der PKS erst ab 1993 gelten, da sie davor (aufgrund von Erfassungsschwierigkeiten) viel zu niedrig ausgefallen sind. Ost-Berlin zählt allerdings schon seit 1991 zu West-Berlin und somit zu den alten Bundesländern.

26

10.335 auf 22.870 Delikte und verweilt bis 2000 auf ähnlich hohem Niveau. Seit 1993 ist eine Abnahme der Delikte in Westdeutschland von 20.656 auf 16.313 Delikte mit erneuter Zunahme bis 2000 (Rekordniveau seit 1987: 23.620) und eine Zunahme der Delikte im Osten von 2.214 auf 5.002 festzustellen. Die schattierte Linie zeigt die Entwicklung der rechtsextremistischen, antisemitischen und fremdenfeindlichen Straftaten nach der PKS-S. Diese Verlaufszahlen lagen uns erst für die überarbeitete Fassung dieser Arbeit im Jahre 2002 vor. Hier zeigt sich, dass die Verläufe der schraffierten und schwarzen Linie ähnlich sind nur auf unterschiedlichem Niveau (die schwarze Linie beschreibt die Staatsschutzdelikte insgesamt also nicht nur die rechtsgerichteten) und stützt somit die Ergebnisse der folgenden Ausführungen. Diese beziehen sich, wenn nicht anders ausgewiesen, auf die Zahlen, wie diese uns vor fünf Jahren vorlagen: die Staatsschutzdelikte insgesamt, also nicht differenziert nach z.B. rechtsextremistisch-motivierten Delikten.

Die Verteilung der Staatsschutzdelikte auf die einzelnen Bundesländer zeigt Abbildung 13 (s. Anhang). Auffällig in dem Vergleich der Jahre 1993, 1997 und 2000 erscheint die Zunahme in drei ostdeutschen Ländern (Thüringen, Sachsen-Anhalt, Sachsen) bei gleichzeitiger Abnahme in den meisten westdeutschen Bundesländern. Trotzdem rangieren diese in den Jahren weit über den neuen Bundesländern.

Das Alter und Geschlecht der Tatverdächtigen[40] von Staatsschutzdelikten im Verlauf von 1991 bis 2000 zeigt Abbildung 14 (s. Anhang). Zunächst die Angaben 'unter 18 Jahren' männlich (18- M = schwarze, dünne Linie) und weiblich (18- W = schwarz-schraffierte Linie). Beide Personengruppen verzeichnen einen kontinuierlichen Anstieg: Bei den Männern von 1.156 Tatverdächtige (1991) auf 4.229 Personen (2000), bei den Frauen von 125 (1991) auf 483 (2000). Für die Altersgruppen 18- bis 25 Jahre (jeweils männlich (gepunktete Linie) und weiblich (hellgraue Linie)) gilt eine wellenförmige Zunahme von 1991 bis 2000. So steigt die Zahl der männlichen Tatverdächtigen dieser Altersgruppe, die auch die höchste Belastung aller Altersgruppen insgesamt aufweisen, von 1991 bis 1994 von 3.303 auf 8.691 Personen sprunghaft an, fällt im nächsten Jahr auf 7.256 ab und steigt seitdem wieder bis 2000 auf 8.681 ermittelte Tatverdächtige.

Bei der Auswahl der verschiedenen Staatsschutzdelikte haben wir die ausgewählt, die nach unserem Dafürhalten am ehesten mit einer rechtsextremistischen

---

[40] Wegen der Unschuldsvermutung müssen die polizeilich ermittelten Täter bis zur rechtskräftigen gerichtlichen Verurteilung lediglich als 'Tatverdächtige' bezeichnet werden (vgl. Kerner 1993b, S.121).

Motivation in Verbindung gebracht werden können. Ein Delikt wie § 248c StGB ('Entziehung elektrischer Energie'), welches auch im Straftatenkatalog der Staatsschutzdelikte auftaucht hier zu erwähnen erscheint weniger sinnvoll, als z.B. § 131 StGB ('Aufstachelung zum Rassenhass').

Zunächst soll Abbildung 15 (s. Anhang) die zwei Staatsschutzdelikte aufzeigen, die am häufigsten registriert wurden. Die Straftatbestände 'Gefährdung des demokratischen Rechtsstaates' (§§ 84 bis 91 StGB, insbesondere Propagandadelikte, die den Tatbestand der §§ 86 I 4, 86a StGB erfüllen), schwarze Linie, sowie 'Sachbeschädigung allein oder i.V.m. gem. Sachbeschädigung § 304 StGB' (§§ 303 bis 304 StGB), gepunktete Linie, ergeben zusammengezählt von 1987 bis 2000 über 55% aller Staatsschutzdelikte insgesamt. Dabei lässt sich ein kontinuierlicher Abwärtstrend der Delikte der Paragraphen 303 bis 304 StGB von 6.268 (1987) auf 2.357 (2000) und ein steiler Anstieg der Delikte nach den Paragraphen 84 bis 91 StGB zwischen 1991 (3.379 Delikte) und 1993 (8.302 Delikte) sowie ein weiterer Anstieg zwischen 1996 (8.000 Delikte) und 2000 (12.813 Delikte) erkennen.

Abbildung 16 zeigt verschiedene Delikte im Bereich bis zu 2.000 Taten pro Jahr. Interessant erscheint, dass alle vier Staatsschutzdelikte auf dieser Abbildung im Jahre 1987 ein Niveau von knapp über 200 bis knapp über 400 Taten besitzen, seit 1990 jedoch weit auseinanderdriften. So sind 1987 437 Verstöße gegen den Straftatbestand 'Volksverhetzung' (§ 130 StGB, schwarze Linie) zu verzeichnen. Während 1991 (491 Verstöße) ein nur geringfügiger Anstieg gegenüber 1987 sichtbar ist, steigen die Gesetzesverletzungen des § 130 StGB bis 1993 auf 1.960 Taten an, um dann bis 1996 auf 1.442 Delikte zu fallen. Ein weiterer steiler Anstieg erfolgt dann noch einmal bis 2000 auf 2.666 Delikte.[41] Ein ähnlicher Verlauf, allerdings auf weitaus niedrigerem Niveau, ist für die Straftatbestände §§ 223 bis 223a ('Körperverletzung' und 'gefährliche Körperverletzung') nachzuweisen (gestrichelte Linie). Die Ausgangsbelastung 1987 von 367 Straftaten gegen diese Paragraphen ist bis 1991 mit 392 Taten fast konstant. Zwischen 1991 und 1993 steigen diese Delikte auf 929 Straftaten, fallen dann bis 1996 wieder ab (598) und sinken seitdem (2000: 275). Der § 125 StGB

---

[41] Frommel bezeichnet die Ausführungen des § 130 StGB als "furchtbares juristisches Begriffsnetz" (Frommel 1995, S.143) und verweist dabei auf die Differenzierung des Bundesgerichtshof zwischen einer 'einfachen' (die Menschenwürde nicht verletzenden) und einer 'qualifizierten' (möglicherweise als 'Volksverhetzung' strafbaren) Auschwitzlüge. Auch andere Paragraphen in Bezug auf die Bestrafung rechtsextremistischer Straftaten seien, so Frommel, reformbedürftig: "Aber es gibt weitere Beispiele, an denen sich zeigen lässt, wie reformbedürftig der gesamte Regelungskomplex ist" (ebd., S.145).

('Landfriedensbruch'; gepunktete Linie) erlebt in dem 13-Jahres-Vergleich eine ständige 'Berg- und Talfahrt'. Das Ausgangsniveau 1987 mit 231 Fällen ist 2000 jedoch mit 198 Fällen fast wieder identisch. Lediglich § 129 a ('Bildung terroristischer Vereinigungen'; schraffierte Linie) fällt zwischen 1987 und 2000 kontinuierlich von 331 auf nunmehr 19 Fälle.

Einen ähnlich homogenen Verlauf nehmen die Entwicklungen der Straftaten in Abbildung 17 (s. Anhang). Diese Delikte bewegen sich zwischen 3 und 134 Delikte pro Jahr. Allerdings sind hier die Wellenbewegungen noch deutlicher zu erkennen. So wurden 1987 11 Fälle gegen den § 131 ('Verherrlichung von Gewalt', 'Aufstachelung zum Rassenhass') registriert (schwarze Linie). Zwischen 1991 und 1993 steigt diese Zahl von 11 (1991) auf 76 (1993) Fälle, um dann 1996 wieder auf 14 Straftaten zu fallen. Seither nehmen die Verstöße gegen diesen Paragraphen wieder leicht zu (2000 = 38 Fälle). Die Straftaten gegen § 189 ('Verunglimpfung des Andenkens Verstorbener'; gepunktete Linie) verlaufen ähnlich, allerdings mit einem spürbaren Anstieg 1993 und nicht 1992. Der Verlauf ist hier: 10 Taten (1987); 15 Taten (1992); 49 Taten (1994); 70 Taten (1994); 3 Taten (1997); 44 Taten (2000). Wiederum um ein Jahr versetzt ist die Verlaufslinie der Paragraphen 167 bis 168 ('Störung der Religionsausübung, einer Bestattungsfeier, der Totenruhe'; gestrichelte Linie) mit einem Anstieg 1994. Interessant erscheinen hier die 'Ausrutscher' in den Jahren 1988 sowie 1999. Waren es 1987 12 erfasste Fälle sind es 1988 plötzlich 58 Fälle und 1989 wieder 10 Fälle (ähnliches gilt für: 1998 mit 35 Fällen, 1999 mit 134 Fällen und 2000 mit 39 Fällen). Ob dies auf einen Erfassungsfehler zurückzuführen ist oder einen tatsächlichen Anstieg dieser Delikte innerhalb eines Jahres beschreibt, muss an dieser Stelle offen bleiben. Die Delikte, die die Paragraphen 211/212/213 betreffen ('Mord, Totschlag, minderschwerer Fall des Totschlags'; schraffierte Linie), verlaufen in abgeschwächter Wellenform mit einem Höhepunkt 1993 (34 Fälle), bewegen sich 2000 mit 27 Fällen fast auf das Ausgangsniveau von 1987 mit 21 Fällen.

Als letztes wollen wir einen Blick auf die Entwicklung der Brandstiftungen in der Sonderstatistik S der PKS werfen (Abb. 18, s. Anhang). Dies zu tun macht Sinn, da sich die Gewalt gegen Ausländer in Deutschland oftmals in Form von brennenden Asylbewerberunterkünften gezeigt hat. Bei allen drei Kurven der Grafik wird deutlich, dass die Ausgangsbelastung (1987) dreizehn Jahre später unterschritten wird (gepunktete Linie: § 306b 'besonders schwere Brandstiftung': 1987: 1 Fall, 2000: 0 Fälle. Schwarze Linie § 306a 'schwere Brandstiftung': 1987: 66 Fälle, 2000: 36 Fälle. Gestrichelte Linie § 308 'Brandstiftung': 1987:

77 Fälle, 2000: 51 Fälle). Dazwischen allerdings weisen alle drei auch mindestens eine Spitze in den 1990er Jahren auf. Am deutlichsten wird dies bei § 306a. Zwischen 1990 und 1992 steigen die Verbrechen hier von 36 auf 246 Fälle an, fallen bis 1994 auf 115 Fälle, steigen 1995 nochmals auf 193 Fälle und sinken bis 1997 mit 48 Fällen noch unter das Ausgangsniveau. Ein erneuter Anstieg ist 1999 zu verzeichnen mit 70 registrierten Fällen. Die Verlaufskurve des § 306b fällt ebenso zwischen 1987 und 1997 von 77 auf 28 Fälle mit einer Wellenbewegung in den 1990er Jahren (Spitze 1993: 77 Fälle) und erneutem Anstieg 1999 (65 Fälle). Mit einer Spitze von 10 Fällen verzeichnet das Jahr 1992 einen traurigen Rekord der Verlaufskurve des § 306b StGB.

Auch an dieser Stelle soll ein Bild von dem bzw. der gefährdetsten bzw. am wenigsten gefährdetsten Täter bzw. Täterin einer rechtsextremistisch-motivierten Straftat gezeichnet werden. Laut PKS-Daten war am meisten gefährdet ein 18- bis 24-jähriger Mann aus Nordrhein-Westfalen, 1993 ein Propagandadelikt zu begehen. Am wenigsten gefährdet war eine weibliche, unter 18-jährige Person, 1990 eine schwere Brandstiftung zu begehen.[42]

3 Vergleich der Ergebnisse der PKS und der Verfassungsschutzberichte

Ein Vergleich des Zahlenmaterials beider Statistiken erweist sich als relativ schwierig. Die Verantwortlichen von Bund und Ländern arbeiten in den letzten Jahren verstärkt an einer Angleichung der Daten (vgl. BdI/BdJ 2001). Wie weiter oben schon erwähnt lagen uns zunächst keine Daten der PKS-S vor, die zwischen den Formen politischer Gewalt unterscheiden. Wenn möglich haben wir diese neuen Erkenntnisse in folgende Schaubilder nachträglich eingearbeitet. Abbildung 19 verdeutlicht, dass die Polizeiliche Kriminalstatistik (schwarze Linie) weitaus mehr Straftaten (gemäß der Sonderstatistik S) registriert hat als die Verfassungsschutzberichte (gepunktete Linie).

---

[42] Das Landeskriminalamt Baden-Württemberg hat zwischen 1991 und 1997 eine Auswertung von Statistiken und Datensammlungen in Bezug auf rechtsextreme Straftaten vorgenommen. Ihre Aussagen zu den Tätern werden folgendermaßen beschrieben: hoher Anteil Jugendlicher/Heranwachsender, überwiegend männlich, tendenziell niedriges Bildungsniveau, viele Auszubildende, Mitglied einer Organisation/Partei eher die Ausnahme, rapider Anstieg von Skinheads/Hooligans. Diese Ergebnisse entsprechen auch denen der Forschergruppe um Helmut Willems (vgl. Kap. III.A). (Vgl. LKA Baden-Württemberg 1999, S.25).

Abb.19: Vergleich der Entwicklung der Straftaten (insgesamt) mit
vermutetem oder erwiesenem rechtsextremistischem Hintergrund nach
PKS und Verfassungsschutzberichten 1987-2000
Ganze Zahlen

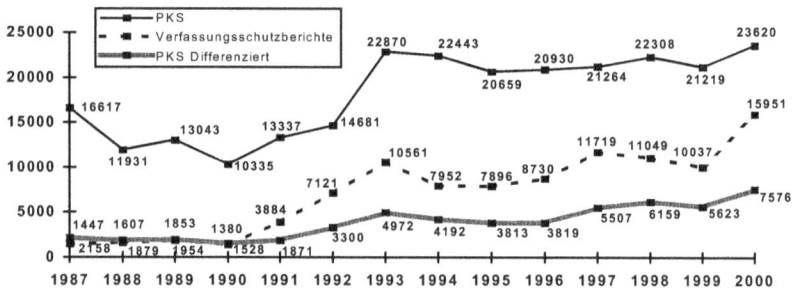

Quelle: BdI (Hrsg.) (1987-2000): Verfassungsschutzberichte; BKA (Hrsg.) (1987-2000): PKS

Das höhere Niveau hat damit zu tun, dass in der Sonderstatistik S zunächst alle
Staatsschutzdelikte auftauchen, unabhängig von ihrer Motivation, und die Verfassungsschutzberichte gezielt nach rechtsextremistischen Hintergründen differenzieren. Die Daten neuerer Auswertungen beschreiben die schraffierte Linie:
Dies sind die Staatsschutzdelikte der PKS, differenziert nach rechtsextremistischen, antisemitischen und fremdenfeindlichen Straftaten. Interessant erscheint
der (fast) identische Kurvenverlauf mit einer ersten Spitze 1993 und einer weiteren Steigerung bis 2000. Wird nach dem Straftatbestand der Propagandadelikte
differenziert, die in beiden Statistiken den weitaus größten Teil der Straftaten
ausmachen, ergibt sich ein ähnliches Bild wie oben. Abbildung 20 zeigt den
Kurvenverlauf, bei dem in beiden Fällen (schwarze Linie (PKS) und gepunktete
Linie (Verfassungsschutzberichte)) das Niveau Anfang der 1990er Jahre steigt
und bis zu einem Rekordstand 2000 führt.

Abb.20: Vergleich der Entwicklung der Propagandadelikte nach PKS
und den Verfassungsschutzberichten 1987-2000
Ganze Zahlen

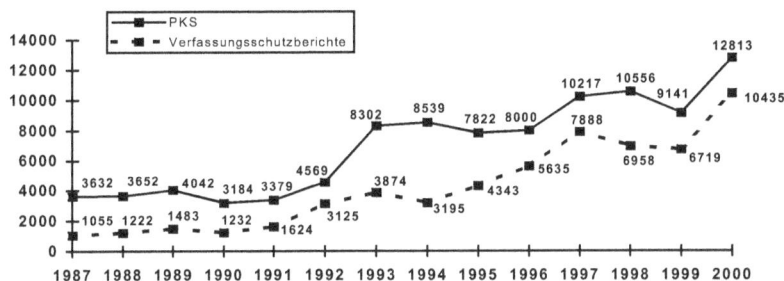

Quelle: BdI (Hrsg.) (1987-2000): Verfassungsschutzberichte; BKA (Hrsg.) (1987-2000): PKS

Auch der Vergleich der Tatverdächtigen in der Sonderstatistik S und den Verfassungsschutzberichten zeigt eine Dominanz der Zahlen der PKS (Abb. 21).
Der sprunghafte Anstieg zwischen 1992 und 1993 (von 9.080 auf 16.808 Personen) kann allerdings nur für die PKS gelten. Die gepunktete Linie steigert sich
'langsam, aber sicher' auf ein Rekordniveau von 11.900 Personen 2000.

Abb.21: Vergleich der Tatverdächtigen in der PKS und den
Verfassungsschutzberichten 1991-2000
Ganze Zahlen

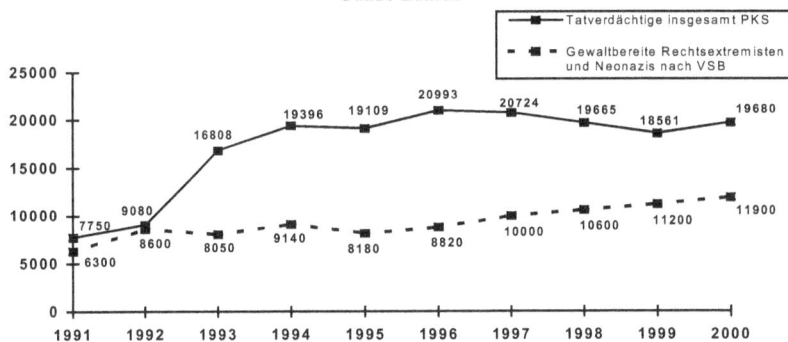

Quelle: BdI (Hrsg.) (1991-2000): Verfassungsschutzberichte; BKA (Hrsg.) (1991-2000): PKS

32

4 Zusammenfassung: 'Statistische Wirklichkeit'

In Kapitel 1 und 2 stellten wir die Zahlen aus den Verfassungsschutzberichten sowie aus der PKS dar, die Aufschluss darüber geben, wie sich rechtsextremistisches Potential in Deutschland zwischen 1987 und 2000 entwickelt hat. Dabei wurde deutlich, dass beide Statistiken nur begrenzt dazu taugen, eine Wirklichkeit widerzuspiegeln. Die beiden Täterkonstruktionen, die wir jeweils am Ende der Kapitel vorgestellt haben, deuten auf weitreichende Unterschiede der Ergebnisse beider Statistiken hin. Ein Vergleich der Statistiken (Kap. 3) und somit eine mögliche Verallgemeinerung von Aussagen ist anhand der Daten der Straftaten allgemein sowie der Entwicklung des rechtsextremistischen Personenpotentials nur begrenzt möglich.

Aufgrund unserer Auswertungen wollen wir (trotz der strukturellen Grenzen) einige markante Punkte erwähnen, die Aufschlüsse über Entwicklung, Umfang und Art der Straftaten mit rechtsextremistischem Hintergrund sowie der rechtsextremistischen Täter geben können: Die Straftaten mit erwiesenem oder zu vermutendem rechtsextremistischem Hintergrund sind Anfang der 1990er Jahre stark angestiegen und verweilen bis 2000 auf hohem Niveau, wobei generell von einer 'Wellenbewegung' gesprochen werden kann. Obwohl die schrecklichen Mordanschläge gegen Ausländer in Deutschland Anfang der 1990er Jahre stattfanden, überrascht das (meist höchste) Niveau im Jahre 2000. Es könnte jedoch das Argument der Wellenbewegung fremdenfeindlicher Straftaten (vgl. Fußnote 168), die verstärkte Fahndungsaktivität der Polizei und Bevölkerung (Verschiebung Hellfeld – Dunkelfeld) oder gar eine Intensivierung fremdenfeindlicher Handlungen innerhalb der Bevölkerung stützen.

Über eine Verteilung der Straftaten in den einzelnen Bundesländern lassen die Statistiken keine eindeutigen Aussagen zu. Dominieren in den Verfassungsschutzberichten z.B. 1997 die neuen Bundesländer, sind es in der Sonderstatistik S der PKS einzelne alte Bundesländer, in denen die meisten Straftaten begangen wurden. Auch im Jahre 2000 ist hier kein eindeutiger Trend feststellbar.

Beide Statistiken ermitteln übereinstimmend, dass die Propagandadelikte die häufigst registrierten Straftaten waren. Sie ergeben meist über 50% der Straftaten eines Jahres insgesamt. Soziodemographische Merkmale der TäterInnen lassen sich nur anhand des Alters und des Geschlechts messen. In beiden Statistiken bestimmt der männliche Tatverdächtige zwischen 18 und 24 Jahren das Bild.

Es erscheint problematisch, das gezeichnete (statistische) Bild als wirklichkeits-getreu zu bezeichnen bzw. anhand der Daten detaillierte Aussagen über ein tat-sächliches Ausmaß rechtsextremistischer Straftaten bzw. soziodemographischer Merkmale der TäterInnen treffen zu können. Auf zu viele Verzerrungsfaktoren und Einschränkungen der Aussagekraft von Polizeilicher Kriminalstatistik und Verfassungsschutzberichten haben Wissenschaftler hingewiesen. Trotzdem sind dies die wenigen Quellen, um wenigstens einen Teil der Wirklichkeit des Rechtsextremismus' (statistisch) darstellen zu können und müssen daher in unse-rem Zusammenhang einer Darstellung verschiedener Wirklichkeiten des Rechtsextremismus', berücksichtigt werden.

B Jugendstudien und ihre Ergebnisse zu rechtsextremistischen Einstellungen Jugendlicher

"Die Vermessung der Jugend wird schwieriger, eindeutige Antworten verbieten sich, die Trends werden kurzlebiger, die Lebenslagen differenzierter, Prognosen geraten in das Odium von Orakelsprüchen und manche Erklärungsmuster erweisen sich als problematisch, weil sie zu schnell mit Konjunkturbegriffen operieren" (Dudek 1993, S.14). Wir sind uns dieser Problematik (der schwierigen Bewertung der Jugendstudienergebnisse) bewusst, dennoch streben wir einen Vergleich unterschiedlicher Jugendstudien an und sehen uns dabei zuerst mit dem Problem der Vergleichbarkeit konfrontiert. Entwicklungstheoretische Aussagen zu treffen anhand unterschiedlicher Studien, erscheint schwierig, jedoch konnten wir kein entsprechendes Datenmaterial finden, welches beständig mit denselben Befragungsinstrumenten über einen längeren Zeitraum hinweg (in festgelegten Zeitabschnitten von ein bis zwei Jahren) erhoben wurde.[43] Stichproben dieser Art wären in der Lage, entwicklungstheoretische Aussagen zuzulassen und nicht in Momentaufnahmen und Tendenzen mit großem Interpretationsraum zu enden. Es ist aber auch eine Tatsache, dass die Schnelllebigkeit der politischen Verhältnisse von Jugendstudien kaum zu erfassen ist, denn manchmal sind die Ergebnisse schon bei der Drucklegung veraltet (was dabei nicht unbedingt an den Instrumentarien der Forschungsteams liegt). "Es ist unübersehbar, dass es eine Fülle von Ungleichzeitigkeiten von Ereignissen, Ungleichwertigkeiten von Erfahrungen und Ungleichwirksamkeiten gibt" (Heitmeyer 1991, S.250). Diese umfassenden Transformationsprozesse deuten auf nicht-stagnierende Rahmenbedingungen hin, denen sich jede Studie neu anpassen muss, um diese konkret erfassen zu können (d.h. die Instrumentendesigns müssen ständig an die sich verändernden Rahmenbedingungen angepasst werden).

---

[43] Es soll jedoch darauf hingewiesen werden, dass es solche empirischen Befragungen gibt (z.B. die Allgemeine Bevölkerungsumfrage in den Sozialwissenschaften (ALLBUS; Hrsg.: ZUMA), die von 1980 bis 1990 alle zwei Jahre und ab 1990 jährlich stattfindet, die Erhebungen des EUROBAROMETERS (Hrsg.: Kommission der Europäischen Gemeinschaft) 1988, 1990, 1991 und 1992 oder die Untersuchungen des IPOS (Institut für praxisorientierte Sozialforschung). Diese können aber u.E. nicht als reine Jugendstudien gewertet werden, da sie auch andere Altersgruppen einschließen.

Weiterhin muss angemerkt werden, dass allein schon hinsichtlich der Vergleichbarkeit des Datenmaterials in Ost und West Schwierigkeiten aufgrund verschiedener Ausgangslagen auftreten, da z.b. aufgrund der unterschiedlichen Soziali-
sationsbedingungen der Jugendlichen die Voraussetzungen für eine identische
Bewertung der Aussagen nicht unbedingt gegeben sind. Dementsprechend ist
auch nicht unbedingt eine längerfristige Gültigkeit der Antworten gewährleistet.
Die Jugendstudien differieren in ihren Vorgehensweisen und Ergebnissen. Unterschiedliche Ausgangsfragestellungen beeinflussen dabei die Wahl der Instrumentarien, das Auswahlverfahren der Jugendlichen hinsichtlich sozialisator-
scher, schulischer und beruflicher Milieus sowie die Altersspanne, um nur einige
zu nennen. Dabei fällt z.B. auf, dass nicht alle Jugendstudien entwicklungspsy-
chologisch wichtige Übergangsphasen - von der Kindheit zur Jugend und von
der Jugend zur Post-Adoleszenz - berücksichtigen (die Jugendstudie des Jugendwerks der Deutschen Shell (1992) und die Jugendstudie von Hoffmann-
Lange (1995) heben sich dabei durch die breiteste Altersstreuung ab). Zusätzlich
stellt sich auch die Frage, warum manche Jugendstudien die Themen Rechtsextremismus und Asylpolitik fast stiefmütterlich vernachlässigen, v.a. in Anbetracht der Vorkommnisse zwischen 1991 und 1993 (Hoyerswerda, Rostock,
Mölln, Solingen) und der nachfolgenden medialen Stigmatisierung eines Teils
der Jugend als rechtsextreme Gewalttäter.
Bezüglich der unterschiedlichen Ergebnisse der Jugendstudien, die dennoch zumeist ein einheitliches Bild zeichnen (und hauptsächlich in den Anteilswerten
differieren), muss hier v.a. auf die Studie von Obergfell-Fuchs/Fuchs 1993 hingewiesen werden, die als einzige den ostdeutschen Jugendlichen ein größeres
politisches Anfälligkeitspotential für rechtsextremistische Einflüsse attestiert.
Wir werden trotz aller Gefahren[44] den Versuch unternehmen, ein Gesamtbild der
Entwicklungen wiederzugeben, um damit dem Arbeitsauftrag einer Abbildung
der 'empirischen Wirklichkeit' gerecht zu werden. Dabei müssen wir uns auf die
Jahre 1990 bis 1999 beschränken, da es vor 1990 so gut wie keine Jugendstudie
zum Thema Rechtsextremismus gibt.

---

[44]   Unterschiedliche Größe der Stichproben, unterschiedliche Befragungsinstrumente, unterschiedliche Lebenslagen der Befragten (Familie, Milieu, Beruf usw.).

1 Rechtsextremistische Orientierungen Jugendlicher in Ost und West 1990

Die Schülerstudie 1990[45] stellt die erste repräsentative gesamtdeutsche Schülerstudie nach der Vereinigung dar. Die Repräsentativität der Studie, die im Ruhr-
gebiet und in Halle-Leipzig durchgeführt wurde, bezieht sich auf diese Bal-
lungsräume und industriellen Großregionen, denn dort lebt ca. ein Zehntel aller
Jugendlichen in West- und Ostdeutschland. Das Ziel der Studie war es, die unterschiedlichen und gemeinsamen Vorstellungen, die die deutschen Jugendlichen in Ost und West voneinander haben, sowie soziale, private und politische
Ängste und Vorbehalte aufzuzeigen.

Anhand eines Fragebogens wurden zwischen Mai und Mitte Juni 1990 1.413
Schüler und Schülerinnen in Westdeutschland und 1.164 in Ostdeutschland in
Bezug auf Schule, Familie, Freizeit, zu den Medien, zur Vereinigung und zu ihren Wertvorstellungen befragt. Es waren alle Schularten[46] der 7., 9. und 11.
Klasse, einschließlich der Berufsschulen daran beteiligt. Parallel dazu schrieben
2.000 Jugendliche Aufsätze zu dem Thema, wie sie sich ihre persönliche Zukunft und ihren weiteren Lebensweg im vereinten Deutschland - mit allen Wünschen, Hoffnungen, Sorgen und Ängsten - vorstellen.

Das Hauptergebnis dieser deutsch-deutschen Schülerstudie wird von einer westdeutschen Schülerin in Bezug auf Werte und Lebensgefühl genau auf den Punkt
gebracht: "Die sind ja genau wie wir!" (Behnken u.a. 1990, S.14). Uneinigkeit
herrscht bezüglich der "alltagszeitlichen, materiellen und lebensgeschichtlichen
Ressourcen für die Zeit des Jungseins" (ebd., S.15), der individuellen Wertung
der Vereinigung und des gegenseitigen Interesses.

Wir werden uns jetzt aber nur auf die für uns relevanten Ergebnisse der Studie
beschränken:

Dabei spielt für uns die persönliche Einstellung zum Deutschsein (Nationalstolz), die Haltung gegenüber Ausländern sowie die Sympathie für bzw. Ablehnung von Skinheads[47] und der Partei 'Die Republikaner' ein Rolle.

---

[45] Behnken u.a. 1991.
[46] Sonderschulen und berufsbildende Spezialklassen waren zusammen mit insgesamt einem
Anteil unter 5% aller Schüler und Schülerinnen die Ausnahme.
[47] Es muss darauf hingewiesen werden, dass die Subkultur der Skinheads nicht verallgemei-
nernd als rechtsextrem verstanden werden darf. Jedoch kann es nicht Aufgabe unserer Arbeit sein, das Phänomen dieser Subkultur, von der Entstehung einer unpolitischen Jugend-

"Es gibt verschiedene Möglichkeiten, als was man sich selbst fühlen kann."	WEST	OST
"Ich fühle mich als Deutscher."	55%	71%

Quelle: Behnken u.a. 1990, S.49

Die Auswertung erfolgte anhand einer Skala von 1 bis 5 (1 = Ja, vollkommen bis 5 = absolut nicht). Wir sind uns darüber im Klaren, dass Nationalstolz nicht mit dem Gefühl, Deutscher zu sein, gleichzusetzen ist, jedoch ist wahrscheinlich durch dieses Gefühl die Anfälligkeit für Antizipationen nationalistischer Orientierungen größer und könnte damit auch tendenziell eher in Nationalstolz umschlagen.

Um die Haltung gegenüber Ausländern darzustellen, nehmen wir die deutsch-deutsche Schülerstudie des Deutschen Jugendinstituts München in Kooperation mit dem Zentralinstitut für Jugendforschung Leipzig zur Hilfe. Dort wurden zwischen Juni und Juli 1990 2.300 Schüler und Schülerinnen der 9. Klasse in verschiedenen west- und ostdeutschen Großstädten anhand von Fragebögen zu ihren soziopolitischen Orientierungen befragt.

Haltung gegenüber Ausländern	WEST		OST	
	♂	♀	♂	♀
"Mich stören die vielen Ausländer bei uns in der BRD (DDR)"[48]	32%	19%	48%	35%

Quelle: Dennhardt u.a. 1990, S.18

Weiterhin sind für uns die Sympathie- und Ablehnungsbekundungen für Skinheads und 'Die Republikaner' von Bedeutung.

---

kultur bis hin zur Aufspaltung in verschiedene, voneinander abzugrenzende Teilkulturen und deren Übernahme nationalistischer Symbole und Gedanken, detailliert aufzuzeigen. In unserer Arbeit orientieren wir uns an der einseitigen Nutzung des Begriffs Skinhead durch die uns vorliegenden Jugendstudien und durch die Medien, deren Verwendung dieses Begriffs generell negative Assoziationen impliziert ('der rechtsextreme Gewalttäter'). Zur differenzierten Betrachtung der Skinheadkultur verweisen wir auf Farin/Seidel-Pielen 1993.

[48] Die Antwortkategorie lautete: Stören voll oder mit geringen Einschränkungen.

Sympathie bzw. Ablehnung/Bekämpfung	WEST	OST
Sympathie für Skinheads	7%	5%
Sympathie für 'Die Republikaner'	10%	5%
Ablehnung bzw. Bekämpfung von Skinheads	19%	28%
Ablehnung bzw. Bekämpfung von Republikanern	28%	43%

Quelle: Behnken u.a. 1990, S.154ff

Es fällt auf, dass die ostdeutschen Jugendlichen mit rechtsextremen Gruppierungen und Parteien weniger sympathisieren als die westdeutschen, zumal sie auch massiver abgelehnt werden.

Abschließend lässt sich konstatieren, dass die Jugendlichen im Osten 1990 trotz einer negativeren Einstellung gegenüber Ausländern und eines größeren nationalen Bewusstseins, weit weniger anfällig für rechtsextreme Gruppierungen sind als vergleichsweise im Westen, so die oben vorgestellten Ergebnisse der zwei Studien.

2 Rechtsextremistische Orientierungen Jugendlicher in Ost und West 1991

Um fremdenfeindliche Orientierungen von Jugendlichen in West und Ost für das Jahr 1991 aufzeigen zu können, nehmen wir zwei unterschiedliche Jugendstudien zur Hilfe.

Zum einen stützen wir uns auf die Untersuchung von Veen u.a. 1994a, in der 3.115 west- und 1.892 ostdeutsche Jugendliche im Alter von 15 bis 25 Jahren befragt wurden. Diese repräsentative Umfrage mittels eines standardisierten Fragebogens fand 1991 statt und wurde 1992 durch eine Befragung ausschließlich ostdeutscher Jugendlicher ergänzt. Das Ziel der Untersuchung war, die Gemeinsamkeiten und Unterschiede der Jugendlichen aufgrund ihrer unterschiedlichen Sozialisationen zu ergründen, z.B. im Hinblick auf private, familiäre, schulische, berufliche und politische Lebensbereiche sowie ihre Wertvorstellungen und Einstellungen.

Zum anderen stellen wir Ergebnisse der Studie 'Jugend '92' des Jugendwerks der Deutschen Shell vor. Die Haupterhebung dieser Jugendstudie fand von Juli bis August 1991 statt und wurde im Frühjahr 1991 durch eine qualitative Vorstudie (40 Interviews in Ost und West) und eine quantitative Vorbefragung (800 Jugendliche in Ost und West) - zur Entwicklung von Orientierungs- und Einstellungsskalen - abgesichert. 4.005 Jugendliche in Ost und West im Alter zwischen 13 und 29 Jahren[49] wurden in der Haupterhebung mittels eines weitgehend standardisierten Fragebogens mündlich befragt. Das Ziel der Untersuchung war die Lebenslagen, die Orientierungen sowie die Entwicklungsperspektiven von Jugendlichen in Ost und West zu erforschen.

Fünf Ergebnisse dieser Untersuchungen waren für uns im Zusammenhang mit Rechtsextremismus von Bedeutung.

1991 sieht die Parteipräferenz der Jugendlichen in Ost und West folgendermaßen aus:

Parteipräferenz	WEST	OST
CDU/CSU	15%	12%
SPD	28%	17%
Grüne/Alternative Liste	14%	11%
Bündnis 90	0%	9%
PDS	0%	7%
FDP	3%	5%
Die Republikaner	1%	2%
Andere	1%	2%
Keine	37%	34%

Quelle: Jugendwerk der Deutschen Shell 1992, B.2, S.63

Bezüglich der Frage nach dem deutschen Bewusstsein gehen die Zahlen im Vergleich zur Schülerstudie '90 zurück. Auch der Unterschied zwischen Ost und West verringert sich.

"Man kann sich mehr oder weniger als Deutscher fühlen. Wie ist das bei Ihnen?"	WEST	OST
vollkommen als Deutsche fühlen sich	43%	53%

Quelle: Veen u.a. 1994a, S.78[50]

---

[49] Der mit bis zu 29 Jahren hoch ausgelegte Jugendbegriff ist dadurch zu erklären, dass damit auch die Phase der Postadoleszenz aufgegriffen wird. Im Zuge der Verlängerung der Bildungswege und der Individualisierung verschiebt sich die Jugendphase nach hinten (vgl. Zinnecker 1991; "Bildungsmoratorium"), und diese Verschiebung hat Auswirkungen auf Ziele, Werte und Einstellungen junger Menschen. "Eine Jugendstudie, die nur 'Jugendliche' im juristischen Sinne einbezieht, würde damit wesentliche Statuspassagen im Leben junger Menschen verpassen" (Hoffmann-Lange 1995, S.17).

[50] Die Erscheinungsjahre der meisten Jugendstudien differieren oftmals beträchtlich von ihrem Erhebungszeitraum.

40

Die Selbsteinstufung in Bezug auf rechte Orientierungen sieht folgendermaßen aus:

Rechts-Orientierung[51]	WEST	OST
rechte Selbstpositionierung	25%	21%

Quelle: Veen u.a. 1994a, S.98

Die positiven Einstellungen gegenüber Skinheads sind im Vergleich mit der Schülerstudie '90 rückläufig.

Einstellungen zu Skinheads	Veen u.a. 1994a		Jugend '92[52]	
	WEST	OST	WEST	OST
rechne mich selbst dazu	0%	0%	2%	1%
gehöre nicht dazu, finde sie aber ganz gut	1%	2%	2%	3%
ist mir egal; kann ich tolerieren	7%	6%	11%	10%
lehne ich ab; Gegner von mir	87%	88%	82%	83%

Quellen: Veen u.a. 1994a, S.93; Jugendwerk der Deutschen Shell 1992, B.4, S.140

Die Unterschiede zwischen west- und ostdeutschen Jugendlichen fallen sichtlich gering aus und bestätigen damit nicht die "in der öffentlichen Meinung verbreitete Auffassung, dass gewalthaltiges Handeln unter ostdeutschen Jugendlichen größere Sympathien genießt als unter westdeutschen Jugendlichen" (Kühnel 1992, S.68). Das hohe Maß an Gleichartigkeit der jungen Deutschen in West- und Ostdeutschland wird von beiden Studien bezüglich der "verblüffenden Ähnlichkeit in den politischen Orientierungen und Affinitätsstrukturen" (ebd., S.70) und der "Ähnlichkeiten [...] in grundsätzlichen Fragen und Wertungen, beispielsweise in den Lebenszielen, in den individuellen Lebenswelten und Werthaltungen und in der Arbeitswelt" (Veen u.a. 1994a, S.9) bestätigt.[53]

---

[51] "Der Nutzen des Links-Rechts-Schemas liegt darin, dass es die vielfältigen Konfliktkonstellationen in der politischen Arena auf einen einfachen Dualismus verkürzt, der die politische Einschätzung und Selbsteinschätzung des Wählers auch ohne größere Sachkenntnisse möglich macht" (Decker 1998, S.36).

[52] Zur besseren Vergleichbarkeit mit der Studie von Veen u.a. wurden die Kategorien "Die Gruppe kann ich nicht so gut leiden" und "Das sind Gegner/Feinde von mir/ich bekämpfe sie" zur Kategorie "Lehne ich ab/Gegner von mir" zusammengefasst. Zudem wurde die Kategorie "Kenne ich nicht" nicht berücksichtigt (vgl. Veen u.a. 1994a).

[53] Dies soll natürlich nicht über Differenzen hinwegtäuschen, deren Darstellung jedoch den Rahmen und die Intention der Arbeit sprengen würde.

3 Rechtsextremistische Orientierungen Jugendlicher in Ost und West 1992

Hierfür stützen wir uns auf die Untersuchung von Hoffmann-Lange 1995, in der 4.526 westdeutsche Jugendliche und junge Erwachsene und 2.564 ostdeutsche im Alter von 16 bis 29 Jahren[54] repräsentativ befragt wurden (DJI-Jugendsurvey 1992). Das Ziel der Studie war, "die verschiedenen Aspekte des Verhältnisses junger Menschen zur Politik darzustellen und ihre Ursachen und Auswirkungen zu identifizieren" (Hoffmann-Lange 1995, S.15). Der DJI-Jugendsurvey wurde im Spätherbst 1992 mittels persönlicher Interviews durchgeführt und ist längerfristig angelegt, um mögliche Trends in den Lebensbedingungen und -orientierungen der Jugendlichen aufzeigen zu können. Diese erste Befragung kann jedoch keine Trends ermitteln, da dies erst aufgrund weiterer Jugendsurveys realisierbar ist, sondern repräsentiert vielmehr den momentanen Stand der Bedingungen und Orientierungen im Leben junger Menschen 1992.

Um die weitere Entwicklung rechtsextremistischer Einstellungen Jugendlicher aufzeigen zu können, stützen wir uns auf für uns relevante Ergebnisse dieses ersten Jugendsurveys. In Kapitel II.B.6 werden wir dezidiert auf die Folgestudie, den zweiten DJI-Jugendsurvey eingehen.

Da die Einstellungen der Jugendlichen zu Parteien ihre allgemeine politische Orientierung tangiert, erscheint uns die Eruierung politischer Grundorientierungen anhand der Parteipräferenz als legitim. Die Jugendlichen mussten dazu Sympathiewerte vergeben, so dass am Ende ein erster Rang sichtbar wurde.

Parteipräferenz[55]	WEST	OST
CDU/CSU	20,2%	15,9%
SPD	20,8%	14,4%
Grüne/Bündnis 90	20,2%	20,6%
FDP	4,4%	4,2%
PDS	1,2%	7,1%
Die Republikaner	5,1%	8,0%
kein erster Rang	28,1%	29,7%

Quelle: Hoffmann-Lange 1995, S.185

---

[54] Vgl. Fußnote 49.
[55] Parteipräferenzen gebildet aus den Skalometer-Werten (-5 bis +5) für die politischen Parteien.

42

Interessant ist hierbei die Einigkeit bezüglich der Grünen/Bündnis 90, die im Westen mit den Ergebnissen der etablierten Parteien gleichziehen und die im Osten die Unionsparteien sowie die SPD übertrumpfen. Im Vergleich zu den Resultaten der Studie 'Jugend '92' des Jugendwerks der Deutschen Shell ist eine Zunahme des Republikaneranteils, v.a. im Osten, zu verzeichnen. Die 'Nationalstolzen' verteilen sich folgendermaßen auf die alten und neuen Bundesländer:

Alte/Neue Bundesländer	WEST	OST
Nationalstolz[56]	41,3%	52,0%

Quelle: Hoffmann-Lange 1995, S.209

Im Vergleich zu Veen u.a. 1994a bleiben die Zahlen fast konstant (nur minimale Abnahme).

Zustimmung zur Idee des Nationalsozialismus[57]	WEST	OST
stimme voll und ganz zu	8,1%	10,6%

Quelle: Hoffmann-Lange 1995, S.226

Wir sind uns auch hier im Klaren, dass Nationalstolz nicht mit ausgeprägtem Nationalismus (oder wie hier dargestellt, mit der Idee des Nationalsozialismus) gleichzusetzen ist, jedoch möchten wir, wie schon bezüglich des deutschen Bewusstseins weiter oben angeführt, auf die höhere Wahrscheinlichkeit der Anfälligkeit für nationalistische Einstellungen hinweisen.

Haltung gegenüber Ausländern[58]	WEST	OST
"Wenn Arbeitsplätze knapp werden, sollte man die Ausländer wieder in ihre Heimat zurückschicken."	26,1%	41,3%
"Es wäre am besten, wenn alle Ausländer Deutschland verlassen würden."	14,1%	21,0%

Quelle: Hoffmann-Lange 1995, S.227

---

[56] Die Befragtenzahlen differieren hier leicht zum Gesamtsample: West = 4.484; Ost = 2.545.
[57] Die Antwortvorgabe für alle Fragen war: 6 = stimme voll und ganz zu, bis 1 = stimme überhaupt nicht zu, wobei die starke Zustimmung die Werte 5 und 6 umfasst. Die zu bewertende Aussage lautete: "Der Nationalsozialismus war im Grunde eine gute Idee, die nur schlecht ausgeführt wurde" (Hoffmann-Lange 1995, S.226).
[58] Vgl. bezüglich der Antwortvorgaben Fußnote 57.

Es zeigt sich, dass die west- und ostdeutschen Jugendlichen weit ausländer-feindlicher als nationalistisch eingestellt sind, wobei der Anteil im Osten sich deutlich vom Westen abhebt. Im Vergleich beider Forderungen fällt auf, dass die Zustimmung zu einer Ausweisung der Ausländer nach oben geht, wenn eine Konkurrenzsituation geschaffen wird (wie z.B. hier die Arbeitsplatzthematik; wobei der größere Anteil im Osten mit der dort verschärften Arbeitsplatzsituation erklärt werden könnte).

Die Selbsteinstufung der Jugendlichen in Bezug auf rechte Orientierungen hat sich im Vergleich zur Studie von Veen u.a. 1994a im Westen stärker als im Osten verringert, jedoch ist der Anteil unter westdeutschen Jugendlichen immer noch minimal größer.

Rechts-Orientierung	WEST	OST
rechte Selbstpositionierung[59]	20,3%	19,8%

Quelle: Hoffmann-Lange 1995, S.168

Im Hinblick auf die oben angeführten Studien von 1991 können wir eine größere Zunahme der Skinhead-Sympathisanten unter ostdeutschen Jugendlichen erkennen, sowie einen Verlust an neutralen Einstellungen und einer verstärkten Ablehnung gegenüber Skinheads in Westdeutschland.

Einstellungen zu Skinheads	WEST	OST
finde ich gut	2,5%	5,9%
weder gut noch schlecht	6,9%	11,1%
lehne ich ab	89,1%	82,4%
kenne ich nicht	1,6%	0,6%

Quelle: Hoffmann-Lange 1995, S.292

Ein etwas anderes Ergebnis bekommen wir, wenn wir die Einstellungen zu anderen informellen Gruppen betrachten. Bei nationalistischen Gruppierungen (u.a. Parteien und deren Jugendgruppen, z.B. 'NPD' und 'JN') liegen die positiven Anteile etwas höher als bei den Skinheads und bei faschistischen/neonazistischen Gruppierungen (Bsp.: 'Hilfsorganisation für nationale politische Gefangene und deren Angehörige e.V.'; 'Die Nationalen e.V.') sind die positiven Anteile am geringsten.

---

[59] Die Antwortkategorien 'rechts' und 'eher rechts' wurden von uns zu der Kategorie 'rechte Selbstpositionierung' zusammengefasst.

Einstellungen zu nationalistischen Gruppierungen	WEST	OST
finde ich gut	2,8%	6,0%
weder gut noch schlecht	7,8%	12,8%
lehne ich ab	82,7%	73,8%
kenne ich nicht	6,7%	7,5%

Einstellungen zu faschistischen/neonazistischen Gruppierungen	WEST	OST
finde ich gut	2,0%	4,7%
weder gut noch schlecht	4,9%	8,0%
lehne ich ab	90,9%	86,3%
kenne ich nicht	2,1%	1,1%

Quelle: Hoffmann-Lange 1995, S.292

Die Sympathisantenanteile sind im Osten für alle drei Gruppen um mehr als das Doppelte höher als im Westen. Trotzdem liegen diese Werte jeweils nur zwischen 2% bis 6%. Der große Teil der Jugendlichen lehnt diese Gruppen in Ost- und Westdeutschland ab.

Auch die Gewaltbereitschaft der jugendlichen Sympathisanten rechter Gruppierungen liegt im Osten deutlich höher.

Gewaltbereitschaft von Sympathisanten von...	WEST	OST
Skinheads	48,2%	72,0%
nationalistischen Gruppierungen	56,5%	75,6%
faschistischen/neonazistischen Gruppierungen	49,6%	63,4%

Quelle: Hoffmann-Lange 1995, S.331

Im Vergleich zum Gesamtsample relativieren sich aber die auf den ersten Blick äußerst hohen Zahlen der Gewaltbereitschaft. "Insofern müssen die knapp über 10% 'Gewaltbereiten' im Westen und die etwas mehr als 15% im Osten nicht als politisches Alarmsignal bewertet werden" (Schneider, H. 1995, S.333).[60]

Auch wenn die Zahlen im Zusammenhang mit rechtsextremistischen Einstellungen unter ostdeutschen Jugendlichen sich zumeist stark von den westdeutschen

---

[60] Zudem muss angemerkt werden, dass "nicht nach der Bereitschaft der Befragten zu eigenen Gewalthandlungen gefragt [wurde], sondern nach ihrer Teilnahmebereitschaft an Aktionen, bei denen Gewalthandlungen nicht ganz ausgeschlossen werden können" (Schneider, H. 1995, S.333).

unterscheiden, stützt der erste DJI-Jugendsurvey die weiter oben angeführten Übereinstimmungen im Bereich der Lebensentwürfe und Wertorientierungen von west- und ostdeutschen Jugendlichen.

4 Rechtsextremistische Orientierungen Jugendlicher in Ost und West 1993

Für die Darstellung rechtsextremistischer Tendenzen in den Einstellungen west- und ostdeutscher Jugendlicher 1993 ziehen wir die Ergebnisse zweier Jugend-studien heran: Zum einen die Untersuchung des Tübinger Forschungsprojekts um Held/Horn/Marvakis 1994 und zum anderen die Studie von Obergfell-Fuchs/Fuchs 1993.

Seit 1990 erforscht das Tübinger Forschungsteam den Zusammenhang zwischen sozialer Benachteiligung und jugendlichem Rechtsextremismus. Das Ergebnis war überraschend: Jugendliche, die in privilegierten Ausbildungsverhältnissen standen, äußerten in weitaus stärkerem Maße rechtsextremistische Einstellungen als bis dato angenommen, die Benachteiligten.[61]

Auch im weiteren Verlauf des Forschungsprojekts konnte dieses Ergebnis ge-stützt werden. 1993 wurden 466 Jugendliche aus dem Raum Tübingen reprä-sentativ aus der Gesamtstichprobe ausgewählt und mit 500 Jugendlichen in der Region Leipzig verglichen. Die Jugendlichen wurden nach ihrer Meinung be-züglich der Gewalt gegen Ausländer und Asylanten gefragt. Das Ergebnis unter den Auszubildenden sieht folgendermaßen aus:

Wie stehen Sie zu den gewalttätigen Auseinan-dersetzungen mit Asylanten und Ausländern?	WEST	OST
"Bin dafür und würde es befürworten, wenn meine Freunde sich dazu entschließen würden!" "Bin dafür und würde eventuell selbst Gewalt an-wenden!"[62]	14%	16%
"Lehne es für mich persönlich ab, habe aber nichts dagegen, wenn meine Freunde sich dazu entschlie-ßen würden."	17%	20%

Quelle: Held/Horn/Marvakis 1994, S.477

---

[61] Vgl. Held/Horn/Leiprecht/Marvakis 1991.
[62] Die zwei Antwortkategorien wurden von Held/Horn/Marvakis 1994 zusammengefasst.

Die Autoren nehmen an, dass konkurrierende Verhältnisse, im Sinne von 'etwas besitzen und gegen andere verteidigen', die Anfälligkeit für rechtsextremistische Einstellungen vergrößern.[63]

Im Vergleich mit den politischen Orientierungen der Jugendlichen in Ost und West ergab sich, dass die "Bereitschaft zu gewalttätigen Auseinandersetzungen in direktem Zusammenhang mit der rassistischen Orientierung und mit der nationalistischen Orientierung [stand]. Insgesamt gilt also: Je ausgeprägter die rechten Orientierungen, desto deutlicher auch die Gewaltbereitschaft gegen Ausländer. Diese generelle Aussage muss man jedoch dahingehend einschränken, dass rechte Orientierungen nicht automatisch zu Gewaltbereitschaft führen" (Held/Horn/Marvakis 1994, S.477).

Bei der Jugendstudie von Obergfell-Fuchs/Fuchs 1993 handelt es sich um eine Ergänzungsuntersuchung zu der 1991/92 durchgeführten Studie zur Erfassung der Viktimisierungsraten in Jena und Freiburg. In dieser zweiten Studie standen nicht die Viktimisierungserfahrungen, sondern die 'Wende'-Erfahrungen und -Verarbeitungen ostdeutscher Jugendlicher im Mittelpunkt. Es handelt sich also um eine "Ex-post-facto-Studie" (Obergfell-Fuchs/Fuchs 1993, S.225), in der das Untersuchungsereignis mittlerweile drei Jahre zurückliegt. Die zwei Gruppen wurden qua zufälliger Auswahl aus der Einwohnermeldedatei gebildet, wobei 705 Jugendliche aus Jena und 725 aus Freiburg im Alter von 16 bis 25 Jahren anhand eines zugesandten Fragebogens befragt wurden (alle hatten die deutsche Staatsbürgerschaft und den Hauptwohnsitz in einer der beiden Städte). "Die Rücklaufquote in Jena belief sich auf 37% und in Freiburg auf 53,7%, so dass Daten von 254 (Jena) bzw. 378 Personen (Freiburg) vorliegen" (ebd., S.227).[64]

Die Ergebnisse der rechtsextremistischen Einstellungen der Jugendlichen in Ost und West werden im Folgenden dargestellt, wobei die Prozentzahlen immer den Anteil der Zustimmung zu den Aussagen wiedergeben.

---

[63] Dies widerspricht dem heitmeyerschen Theoriekonzept (s.Kap. III.B.2) nicht unbedingt, denn auch er weist auf den Zusammenhang von instrumentalistischen Arbeitsorientierungen und rechtsextremistischen Einstellungen hin, sondern differenziert dessen Annahmen. Dass in der Untersuchung von Held/Horn/Marvakis 1994 kein Zusammenhang zwischen beruflicher Integration/Desintegration und politischer Orientierung gefunden wurde, bedeutet nicht, dass es keinen Zusammenhang zwischen sozialer Integration/Desintegration und politischen Orientierungen gibt.

[64] Die Freiburger fungierten als Kontrollgruppe, da sie von der 'Wende'-Situation in geringerem Maße betroffen waren.

Alte/Neue Bundesländer	WEST	OST
"Ich kann Leute gut verstehen, die Ausländern auch mit Gewalt klarmachen, dass sie bei uns nicht erwünscht sind." (Item 1)	1,9%	8,2%
"Ich glaube, dass die Zahl der Ausländer bei uns im Land ein Problem darstellt." (Item 2)	22,5%	41,3%
"Ich finde, dass wir zu viele Ausländer im Land haben (heute 1993)." (Item 3)	16,1%	35,4%
"Wenn man in der Politik nicht mehr mit Worten überzeugen kann, muss man eben auch einmal Gewalt anwenden (heute 1993)." (Item 4)	4,8%	12,6%

Quelle: Obergfell-Fuchs/Fuchs 1993, S.242[65]

Die eklatant größere Ablehnung von Ausländern im Osten fällt hier besonders auf, wobei aber auch anzumerken ist, dass die Stichprobe aufgrund ihrer verschwindend geringen Anzahl nicht unbedingt repräsentativ ist. Trotzdem kommen Obergfell-Fuchs/Fuchs 1993 zu dem Schluss, dass die Studie von 1991/92 (vgl. Obergfell-Fuchs/Fuchs 1993) und die Studie von 1993 als Entwicklungslinie zu betrachten sind: "The 1993 youth study indeed differ only in minor aspects, but that pronounced differences [z.B. xenophobische Tendenzen] are found to exist between the groups from Jena and Freiburg. Those variables which showed divergencies between Jena and Freiburg in 1991/92, continued to do so one and a half years later, in 1993. This indicates stable and long-lasting differences in the attitudes of young Germans from Jena and Freiburg" (ebd., S.251).[66]

Mit dieser Einschätzung steht die Studie von Obergfell-Fuchs/Fuchs 1993 im Gegensatz zu den bisher angeführten Jugendstudien. Zudem ist es fraglich, auch

---

[65] Die Prozentanteile für Item 1 und 2 ergeben sich aus den von uns zusammengefassten Antwortkategorien 'richtig' und 'sehr richtig'. Die Prozentanteile für Item 3 und 4 ergeben sich aus den von uns zusammengefassten Antwortkategorien 'trifft voll und ganz zu' und 'trifft weitgehend zu'.

[66] "As far as the aspect of xenophobic tendencies was concerned, the sample of youths from Jena [...] showed clearly higher values than the youths from Freiburg. Furthermore, young people in East Germany are more willing to accept violence as an instrument of political policy. On one hand, these results indicate a high degree of alienation from official politics. On the other hand they show that young East Germans regard themselves as the 'losers', so to speak, of the political 'turning-point' ('Wende') and have yet not established a firm foothold in the newly formed German state. This can manifest itself in the fear of being overwhelmed by foreign influences and in a propensity towards violence or in toleration of violence, thus creating a political reservoir susceptible to right-wing extremist influences" (Obergfell-Fuchs/Fuchs 1993, S.251).

48

wenn die Vergleichsmöglichkeit sowie die Möglichkeit einer Entwicklungsbe-
trachtung durch beide Studien gegeben ist, ob diese Einschätzung aufgrund der
mangelnden Repräsentativität und dem u.e. geringen zeitlichen Abstand der
Untersuchungen legitim ist.

5 Rechtsextremistische Orientierungen Jugendlicher in Ost und West 1996

Wir machen jetzt einen Sprung in das Jahr 1996 und konzentrieren uns dabei auf
die 12. Shell-Jugendstudie (Titel: 'Jugend '97') sowie das Forschungsprojekt zur
Eruierung sozialpsychologischer Hintergründe fremdenfeindlicher Einstellungen
Jugendlicher um Frindte 1999.[67] Leider ist anzumerken, dass die Ergebnisse der
12. Shell-Jugendstudie für unser Interesse an rechtsextremistischen Orientierungen Jugendlicher in Ost und West, bis auf zwei Ausnahmen, nicht sehr ergiebig
sind. Das liegt mit daran, dass sich die Studie hauptsächlich auf die Analyse des
sozialen, gesellschaftlichen und politischen Engagements Jugendlicher konzentriert hat.

Die Shell-Jugendstudie wurde in einem ersten Schritt (im August 1996) mit der
Durchführung 60 qualitativer Interviews[68] begonnen, auf deren Ergebnisse der
Fragebogen der quantitativen Studie, die im November 1996 ins Feld ging, basiert. Die Feldarbeit wurde im Dezember 1996 abgeschlossen. In der quantitativen Studie wurden 1.665 westdeutsche und 437 ostdeutsche Jugendliche im Alter von 12 bis 24 Jahren befragt.

Im Forschungsprojekt von Frindte 1999 wurden im Sommer 1996 und im Folgenden Winter 2.500 Jugendliche aus vier Bundesländern im Alter von 14 bis 19
Jahren[69] mittels eines standardisierten Fragebogens im schulischen Kontext befragt. Weiterhin wurden 800 israelische Jugendliche gleichen Alters im April

---

[67] Arbeitstitel des Forschungsprojekts, welches von der Volkswagenstiftung gefördert und
finanziert wurde, war: 'Jugendliche Einstellungen gegenüber Fremden, Geschichten über
die Vergangenheit, Modernisierungsrisiken, aktuelle Werthaltungen und individuelle Bewältigungsstrategien – ein sozialpsychologischer Vergleich zwischen deutschen und is-
raelischen Jugendlichen.' Das Projektteam bestand neben Wolfgang Frindte aus Friedrich
Funke, Steffen Jacob, Susanne Jacob, Jörg Neumann und Sven Waldzus.
[68] In der qualitativen Studie wurden 31 westdeutsche und 29 ostdeutsche Jugendliche im
Alter von 13 bis 29 Jahren befragt. In einer zweiten Phase wurden davon nach dem Kriterium 'Engagement' 22 ausgewählt und in einem psychologischen Intensivgespräch befragt.
[69] Die geringe Altersspanne der Untersuchung ist aufgrund der schulischen Eingebundenheit
der Jugendlichen zu erklären.

und Mai 1996 repräsentativ befragt um Vergleiche mit den deutschen Jugendlichen anstellen zu können.[70] Wir konzentrieren uns hier rein auf die befragten deutschen Jugendlichen.

Hinsichtlich der Parteipräferenz ergibt sich in beiden Studien folgendes Bild:

Parteipräferenz[71]	Frindte 1999		12. Shell 1997	
	WEST	OST	WEST	OST
CDU/CSU	27,84%	15,4%	16%	11%
SPD	16,41%	11,51%	20%	11%
Grüne/Bündnis 90	17,51%	13,54%	22%	15%
PDS	1,22%	9,22%	1%	7%
FDP	4,38%	1,85%	2%	1%
Die Republikaner	1,26%	2,71%	2%	4%
andere	3,34%	1,76%	2%	4%
keine	28,06%	43,34%	36%	47%

Quellen: Fischer 1997, S.329; Jacob 1999, S.112-113[72]

Gegenüber der Studie von Hoffmann-Lange 1995 ist in der Shell-Jugendstudie ein Rückgang des Republikaner-Anteils um die Hälfte im Osten und stärker noch im Westen festzustellen. Bei Frindte 1999 ist der Rückgang noch drastischer. Allgemein ist im Vergleich zu Hoffmann-Lange 1995 eine generelle Abnahme des Interesses an den etablierten politischen Parteien sichtbar. Dies spiegelt sich vor allem in den hohen Zahlen derjenigen, die keine Partei präferieren. Die Haltung gegenüber Ausländern sieht anhand von Frindte 1999 folgendermaßen aus:

---

[70] Ziel des Projekts war dabei nicht der pauschale Vergleich in Bezug auf Fremdenfeindlichkeit sowie Ausländerfeindlichkeit zweier unterschiedlicher Völkergruppen. "Vielmehr sollte gezeigt werden, dass der individuelle und soziale Umgang mit Fremden im Allgemeinen und mit Fremdenfeindlichkeit im Besonderen weder in monokausaler Weise aus makro-sozialen Veränderungen [...] noch aus individuellen pathologischen Persönlichkeitsstrukturen herzuleiten ist" (Frindte 1999, S.10).

[71] Die Jugendlichen antworteten in der Shell-Jugendstudie auf die Frage: "Welche politische Gruppierung steht dir alles in allem genommen am nächsten?" (Fischer 1997, S.328).

[72] Die Erhebung wurde in vier Bundesländern durchgeführt, wobei wir für die Tabelle die Mittelwerte aus den Bundesländern Thüringen und Brandenburg sowie aus Schleswig-Holstein und Bayern gebildet haben.

Haltung gegenüber Ausländern	WEST		OST	
	♂	♀	♂	♀
Deutsche sollten keine Ausländer heiraten.	5%	3,9%	11%	6,2%
Die Ausländer sollen ihre Kultur in ihrem Land pflegen. Hier in Deutschland sollten sie sich anpassen.	28,2%	18,7%	35,2%	30,8%
Ausländer provozieren durch ihr Verhalten selbst die Ausländerfeindlichkeit.	23,3%	10,7%	20,4%	14,3%
Ausländische Männer belästigen deutsche Frauen und Mädchen mehr, als dies deutsche Männer tun.	16,8%	14,6%	19,3%	25,9%
In Deutschland sollten nur Deutsche leben.	8,1%	4,3%	11,3%	9,1%
Die meisten Politiker in Deutschland sorgen sich zu sehr um die Ausländer und nicht um Otto-Normalverbraucher.	15,9%	8,9%	23,3%	16,1%
Die Ausländer haben Jobs, die eigentlich wir Deutsche haben sollten.	14,4%	9,2%	25,1%	17,2%
Einige Ausländer strengen sich einfach nicht genug an, ansonsten könnte es ihnen genauso gut gehen wie den Deutschen.	14,7%	8,1%	12,4%	9,2%
Ausländer in Deutschland sollten sich nicht hindrängen, wo sie nicht gemocht werden.	19,3%	10,7%	24,6%	19,9%

Quelle: Frindte/Funke/Jacob 1999, S.51[73]

Da die Items der verschiedenen Untersuchungen (deutsch-deutsche Schülerstudie des DJI München 1990, Held/Horn/Marvakis 1994, Hoffmann-Lange 1995, Frindte 1999) nicht dieselben sind ist eine direkte Vergleichbarkeit im Punkt Haltung gegenüber Ausländern nicht gegeben. Es ist jedoch möglich, Veränderungen der Einstellungen von Jugendlichen gegenüber Ausländern festzustellen, in dem Mittelwerte aus den einzelnen Items der Studien errechnet werden. Dann lässt sich sagen, dass die ablehnende Haltung gegenüber Ausländern von immer weniger Jugendlichen geteilt wird.[74]

In der Untersuchung von Frindte 1999 wurden die Jugendlichen zudem dezidiert zum Thema Antisemitismus befragt:

---

[73] Die Skala besteht aus einem 5-stufigen Antwortmodell: von 1 = lehne ich ab bis 5 = stimme ich zu. Die angegebenen Prozentanteile beziehen sich auf Antwortkategorie 5.

[74] Für Frindte 1999 heißt das: 13,04% westdeutsche sowie 18,4% ostdeutsche Jugendliche nehmen eine ablehnende Haltung gegenüber Ausländern ein. Die Prozentzahlen sind Mittelwerte aus allen 9 Items und den weiblichen und männlichen Jugendlichen zusammengenommen.

Antisemitismus	WEST		OST	
	♂	♀	♂	♀
Es wäre besser für Deutschland, keine Juden im Land zu haben.	6%	3,1%	7,9%	5,6%
In Deutschland haben die Juden zuviel Einfluss.	4,8%	1,9%	6,6%	3,5%
Die Juden sind mitschuldig, wenn sie gehasst und verfolgt werden.	5,6%	3,3%	7%	5,2%
Juden haben auf der Welt zuviel Einfluss.	4,2%	2,7%	5%	3,5%
Ich gehöre zu denen, die keine Juden mögen.	6,3%	2,5%	5,5%	6,8%
Juden sollten keine höheren Positionen im Staate innehaben.	8,8%	4,6%	12,8%	8,9%
Mit Juden sollte man keine Geschäfte machen.	8%	5,2%	11,2%	8,7%

Quelle: Frindte 1999, S.92[75]

Interessant erscheint es, dass bezüglich Antisemitismus kaum Ergebnisse aus den bisher vorgestellten Studien vorliegen. Diese stiefmütterliche Beachtung kann vielleicht dadurch erklärt werden, dass bisher gewonnene Daten aus repräsentativen Umfragen nicht auswertbar waren und damit ohne Ergebnis blieben. Möglicherweise liegt der Grund aber auch auf Seiten der Forscher, die aufgrund eines Mangels an aktueller Präsenz der Thematik, sich auf andere Sachverhalte konzentrieren.

Ohne eine Vergleichsmöglichkeit mit den bisher vorgestellten Untersuchungen kann nur festgehalten werden, dass die Zustimmung zu antisemitischen Äußerungen relativ niedrig ist. Andererseits muss angenommen werden, dass die meisten der befragten Jugendlichen wahrscheinlich noch nie Kontakt mit Juden hatten. Für eine solche spekulative Zustimmung müssten die Werte als extrem hoch angesehen werden (möglicherweise interpretierbar als ideologisch verfestigte Meinung).

Nun der differenzierte Blick auf gewaltbereite Jugendszenen laut der 12. Shell-Jugendstudie:

---

[75] Vgl. Fußnote 72.

Einstellungen zu gewaltbereiten Jugendszenen[76]	Skinheads	Faschos/ Neonazis
rechne mich selbst dazu	1%	0%
gehöre nicht dazu/finde sie ganz gut	2%	2%
Gruppe ist mir egal	12%	8%
Gruppe kann ich nicht leiden; Gegner/Feinde von mir	84%	88%
noch nie gehört	1%	2%

Quelle: Fritzsche 1997, S.373

Die Zahlen in Bezug auf die Einstellungen zu Skinheads bleiben im Vergleich zur 11. Shell-Studie (Jugend '92) fast gleich, nur im Vergleich zur Jugendstudie von Hoffmann-Lange 1995 ist eine Abnahme der Sympathiebekundungen festzustellen.

Zusammengefasst stellt die Shell-Jugendstudie fest, dass das Gewaltpotential der Jugendlichen sehr niedrig ist und dass "Aktionen, die Gewalt implizieren oder zumindest in Kauf nehmen, strikt abgelehnt werden" (Fischer/Münchmeier 1997, S.19).

Auf jeden Fall kann ein genereller Rückgang an Sympathiebekundungen bezüglich rechter Gruppierungen respektive der Partei 'Die Republikaner' attestiert werden. Zudem wird über die Verlaufsdaten der bisherigen Studien deutlich, dass immer weniger Jugendliche eine ablehnende Haltung gegenüber Ausländern vertreten.

6 Rechtsextremistische Orientierungen Jugendlicher in Ost und West 1997

Die Darstellung des Jahres 1997 basiert auf dem 2. DJI-Jugendsurvey, einer standardisierten mündlichen Befragung[77] von insgesamt 6.919 deutschen Ju-

---

[76] Zur besseren Vergleichbarkeit wurden die Kategorien 'Gruppe kann ich nicht leiden' und 'Gegner/Feinde von mir' von uns zur Kategorie 'Gruppe kann ich nicht leiden; Gegner/Feinde von mir' zusammengefasst. Die alten und neuen Bundesländer sind in den Prozentzahlen zusammengefasst.

[77] Zur Erstellung und Überprüfung des Fragebogens wurden im Frühjahr 1997 zwei Pretests durchgeführt (1. Pretest: 156 Interviews; 2. Pretest: 65 Interviews). Um eine Vergleichbarkeit über die Zeit gewährleisten zu können, muss die Altersgruppenverteilung gleich bleiben. Dies war jedoch nicht der Fall. Die vertretene Altersgruppe entspricht dem Aus-

gendlichen und jungen Erwachsenen (West: n = 4.426; Ost: n = 2.493) im Alter von 16 bis 29. Diese repräsentative Stichprobe (Zufallsauswahlverfahren[78]) wurde im Herbst 1997 vom Deutschen Jugendinstitut München zum zweiten Mal durchgeführt (eine dritte Welle ist für 2001/2002 geplant). Ziel dieses replikativen Surveys war es, Trends aufzeigen zu können. In anderen Worten: Das Verhältnis der befragten Altersgruppe "zum politischen System und seinen Institutionen und Werten im gesellschaftlichen Wandel darzustellen, Veränderungstendenzen aufzuzeigen und Erklärungsfaktoren herauszuarbeiten" (Gille u.a. 2000, S.23).

Um Veränderungen jugendlicher Einstellungen darzustellen, nehmen wir folgende Themen des Surveys in den Blickpunkt: Parteipräferenz, Nationalstolz, Haltung gegenüber Ausländern, politische Selbstpositionierung, Sympathie mit rechten Gruppierungen sowie Gewaltbereitschaft fremdenfeindlicher Sympathisanten.

Der Vergleich der Parteipräferenzen der Jahre 1992 (DJI-Jugendsurvey 1) und 1997 liest sich wie folgt:

Parteipräferenz[79]	1992		1997	
	WEST	OST	WEST	OST
CDU/CSU	20,2%	15,9%	21%	12%
SPD	20,8%	14,4%	18%	14%
Grüne/Bündnis 90	20,2%	20,6%	26%	20%
FDP	4,4%	4,2%	2%	2%
PDS	1,2%	7,1%	1%	11%
Die Republikaner	5,1%	8,0%	3%	5%
kein erster Rang	28,1%	29,7%	29%	37%

Quelle: Hoffmann-Lange 1995, S.185; Gille/Krüger/de Rijke 2000, S.252

Es kann hier im Vergleich der Untersuchungen kaum von dramatischen Veränderungen gesprochen werden. Erwähnenswert ist in unserem Fall die Partei 'Die Republikaner', denn ihr Zuspruch hat sich über die fünf Jahre hinweg fast halbiert, wobei die Zahlen der 12. Shell-Jugendstudie sowie von Frindte 1999 noch knapp unter diesen liegen. Interessant erscheint weiterhin, dass sich die Diffe-

---

schnitt der 16- bis 29-jährigen aus der Bevölkerungspyramide (abgeglichen mit den Mikrozensusdaten von 1997).
[78] Zum Zufallsauswahlverfahren siehe de Rijke 2000, S.438ff
[79] Parteipräferenzen gebildet aus den Skalometer-Werten (-5 bis +5) für die politischen Parteien.

renz zwischen west- und ostdeutschen Präferenzen bzgl. fast allen Parteien zu-
gespitzt hat.

Wenn wir davon ausgehen, wie weiter oben schon angesprochen, dass Nationalstolz ein Hinweis auf eine höhere Wahrscheinlichkeit der Anfälligkeit für nationalistische Einstellungen ist und durch die Identifikation mit der Eigengruppe
eine Abwertung von Fremdgruppen einhergeht,[80] dann trägt die im Folgenden
dargestellte Entwicklung beunruhigende Züge.[81]

Nationalstolz	1992		1997[82]	
	WEST	OST	WEST	OST
sehr stolz	9%	15%	11%	16%
ziemlich stolz	33%	37%	30%	40%
kaum stolz	25%	26%	33%	29%
gar nicht stolz	23%	14%	20%	11%

Quelle: Kleinert 2000a, S.335

Haltung gegenüber Ausländern	1992		1997[83]	
	WEST	OST	WEST	OST
"Wenn Arbeitsplätze knapp werden, sollte man die Ausländer wieder in ihre Heimat schicken."	26,1%	41,3%	15%	37%
"Es wäre am besten, wenn alle Ausländer Deutschland verlassen würden."	14,1%	21%	7%	19%

Quelle: Hoffmann-Lange 1995, S.227; Kleinert 2000b, S.366

Bezüglich der Haltung gegenüber Ausländern "kann ein Rückgang fremdenfeindlicher Orientierungen bei jungen Menschen festgehalten werden – in den
alten Bundesländern ist dieser Rückgang recht deutlich, in den neuen Bundesländern dagegen geringer. Damit hat sich die Differenz in den Einstellungen
zwischen Jugendlichen und jungen Erwachsenen in Ost und West im Zeitraum
der letzten fünf Jahre noch vergrößert" (Kleinert/Krüger/Willems 1998, S.21).
In der nächsten Darstellung wird versucht, diesen Rückgang von Ausländerfeindlichkeit im Rahmen eines kürzeren Zeitabstandes zu belegen. Dazu verglei-

---

[80] Vgl. Blank/Schmidt 1994; Blank/Schmidt 1997.

[81] Nicht nur, dass ein Anstieg der 'Sehr Stolzen' in West und Ost sowie ein Anstieg der
'Ziemlich Stolzen' in Ost zu verzeichnen ist. Auch der Rückgang der 'Gar Nicht Stolzen'
weißt auf ein höheres Potential nationaler Identifikation hin.

[82] Die Befragtenzahlen differieren hier leicht zum Gesamtsample: West: n = 4.399; Ost: n =
2.477.

[83] Vgl. bezüglich der Antwortvorgaben Fußnote 57.

chen wir Antwortkategorien der Studie von Frindte 1999 und dem 2.DJI-Jugendsurvey, die u.E. auf denselben Sachverhalt abzielen.[84]

Haltung gegenüber Ausländern	Frindte 1999 (Jahr: 1996)		DJI-Survey 1997	
	WEST	OST	WEST	OST
Die Ausländer sollen ihre Kultur in ihrem Land pflegen. Hier in Deutschland sollten sie sich anpassen. (Frindte 1999) Die hier lebenden Ausländer sollten ihre Lebensweise der deutschen anpassen. (DJI-Survey 1997)	46,9%	66%	36%	41%

Quelle: Frindte/Funke/Jacob 1999, S.51; Kleinert 2000b, S.360

Die Zustimmung in Bezug auf die kulturelle Anpassung fällt bei Frindte 1999 viel drastischer aus als beim 2.DJI-Jugendsurvey.

Die politische Selbstverortung der Befragten verändert sich im Vergleich der DJI-Jugendsurveys kaum:

Rechts-Orientierung	1992		1997	
	WEST	OST	WEST	OST
rechte Selbstpositionierung[85]	20,3%	19,8%	20%	17%

Quelle: Hoffmann-Lange 1995, S.168; Gille/Krüger/de Rijke 2000, S.244

Konnte im Vergleich der Studien von Veen u.a. 1994a und Hoffmann-Lange 1995 (DJI-Jugendsurvey 1992) im Westen eine stärkere Verringerung als im Osten festgestellt werden, so bleiben nun die Werte für den Westen fast identisch und im Osten wird hingegen eine geringe Abnahme erkennbar.

Sympathiebekundungen hinsichtlich rechter Gruppierungen sind mit dem ersten DJI-Jugendsurvey von 1992 nur schwer zu vergleichen. Die damalige Befragung zielte auf drei Typen rechter Gruppierungen ab: Skinheads, nationalistische Gruppierungen sowie faschistische/neonazistische Gruppierungen. Im nun vorliegenden 2.DJI-Jugendsurvey wurden die Kategorien 'rechte Gruppierungen' sowie 'Faschos/Neonazis/rechte Skins' zusammengefasst. Um einen Vergleich anstellen zu können, haben wir deshalb Mittelwerte aus den Ergebnissen der ersten Untersuchung gebildet.

---

[84] Uns ist dabei klar, dass eine korrekte Vergleichsbasis in diesem Fall nicht gegeben ist.

Sympathie mit rechten Gruppierungen	1992		1997[86]	
	WEST	OST	WEST	OST
Faschos/Neonazis/Skinheads/andere rechte Gruppierungen	2,43%	5,53%	5%	8%

Quelle: Hoffmann-Lange 1995, S.292; Gaiser/de Rijke 2000, S.305

Auch wenn der Anteil weniger als ein Zehntel aller Befragten beträgt, so ist doch eine deutliche Zunahme, vor allem im Westen, zu verzeichnen.

Für den Vergleich der Gewaltbereitschaft von Sympathisanten rechter Gruppierungen gilt dasselbe wie für die Sympathiebekundungen. Aus den Ergebnissen des DJI-Jugendsurvey 1992 werden Mittelwerte gebildet:

Gewaltbereitschaft/rechtspopulistische Gewaltbilligung nach Sympathie mit...	1992		1997[87]	
	WEST	OST	WEST	OST
Faschos/Neonazis/Skinheads/anderen rechten Gruppierungen	51,43%	70,33%	54%	75%

Quelle: Hoffmann-Lange 1995, S.331; Gaiser/de Rijke 2000, S.306

Es wird deutlich, dass nicht nur die Sympathisantenanteile für rechte Gruppierungen, sondern auch die Gewaltbereitschaft bzw. die rechtspopulistische Gewaltbilligung der jugendlichen Sympathisanten rechter Gruppierungen im Osten höher liegt.

Es kann durch die Betrachtung aller bisher vorgestellten Studien bezüglich der Sympathie mit rechten Gruppierungen, v.a. Skinheads, ein Trend ausgemacht werden: Die Zahl der Sympathisanten steigt.

Die aus der folgenden Tabelle ersichtliche Zustimmung zu den beiden dargestellten Aussagen spiegelt den ambivalenten Stand unserer Trendanalyse wider, denn es kann kein einheitlich-stringenter Verlauf gezeichnet werden.

---

[85] Die Antwortkategorien 'rechts' und 'eher rechts' wurden von uns zu der Kategorie 'rechte Selbstpositionierung' zusammengefasst.

[86] Unter den Begriff Sympathie subsumiert der 2. DJI-Jugendsurvey folgende drei Antwortkategorien (im Unterschied zu Hoffmann-Lange 1995): "finde ich gut, arbeite aktiv mit", "finde ich gut, besuche ab und zu mal ein Treffen", "finde ich gut, mache aber nicht mit".

[87] Die Prozentangaben beziehen sich auf starke Gewaltbilligung, d.h. mindestens ein Item 'in Ordnung' oder beide 'unter Umständen in Ordnung'. Die Sympathisanten gaben bei mindestens einem Item ('rechte Gruppierungen' oder 'Faschos/Neonazis/rechte Skins') 'finde ich gut' an. Die Befragtenzahlen differieren hier leicht zum Gesamtsample: West: n = 4.398; Ost: n = 2.486.

Beurteilung gewaltförmiger politischer Handlungen	Obergfell-Fuchs/Fuchs 1993		DJI-Survey 1997[88]	
	WEST	OST	WEST	OST
Ich kann Leute gut verstehen, die Ausländern auch mit Gewalt klarmachen, dass sie bei uns nicht erwünscht sind. (Obergfell-Fuchs/Fuchs 1993) Wenn man Asylanten handgreiflich klarmacht, dass sie in ihre Heimat zurückkehren sollen. (DJI-Survey 1997)	1,9%	8,2%	3%	6%

Quelle: Obergfell-Fuchs/Fuchs 1993, S.242; Gaiser/de Rijke 2000, S.296

Auf der einen Seite sind Anteilsrückgänge bei der Partei 'Die Republikaner', bei der ablehnenden Haltung gegenüber Ausländern sowie bei der rechten Selbstverortung erkennbar (was schon in den Untersuchungen des Jahres 1996 deutlich wurde). Auf der anderen Seite stehen dem höhere Anteile bezüglich Nationalstolz, Sympathie mit rechten Gruppierungen sowie bei der Gewaltbilligung dieser Sympathisanten gegenüber.

Diese Ambivalenzen lassen Platz für Spekulationen, denen wir uns an dieser Stelle nicht anschließen wollen und können.

7 Rechtsextremistische Orientierungen Jugendlicher in Ost und West 1999

Wir gehen nun weiter in das Jahr 1999 und ziehen hierfür die 13. Shell-Jugendstudie mit dem Titel 'Jugend 2000' heran. Für die Ermittlung von Fragestellungen und Sichtweisen, die für 15- bis 24-jährige Jugendliche[89] Relevanz besitzen, wurden bereits 1998 (November und Dezember) 48 deutsche und ausländische Jugendliche mittels qualitativer Verfahren befragt (Explorationen und Gruppendiskussionen). Ergänzt wurde die Datenerhebung durch die Individualperspektive der 32 biographischen Interviews (13 deutsche und 19 ausländische

---

[88] Die Befragtenzahlen differieren hier leicht zum Gesamtsample: West: n = 4.402; Ost: n = 2.489.

[89] Der Vorteil der engeren Altersspanne im Vergleich zur 12. Shell-Jugendstudie (12- bis 24-jährige) liegt in den größeren Vergleichsgruppen und damit der Möglichkeit, differenziertere Beschreibungen der Lebenssituationen leisten zu können.

Jugendliche). Auf dieser Basis ging zur Skalenentwicklung im Januar 1999 eine quantitative Voruntersuchung mit 734 Jugendlichen ins Feld. Die repräsentative Hauptstudie wurde dann von Juni bis September 1999 mit 4.546 Jugendlichen durchgeführt.[90]

Alle dargestellten Ergebnisse der 13. Shell-Jugendstudie beziehen sich nur auf die befragten deutschen Jugendlichen. Hinsichtlich der Parteipräferenz ergibt sich folgendes Bild:

Parteipräferenz	1996	1999
CDU/CSU	15,4%	23,5%
SPD	20%	21,3%
Grüne/Bündnis 90	21,6%	11,4%
FDP	2,1%	2,1%
PDS	2,8%	3,2%
Die Republikaner	2,4%	2%
keine	32,7%	33,3%

Quelle: Fischer 2000a, S.265

Der langsame Rückgang der Präferenz der Partei 'Die Republikaner' setzt sich im Vergleich der 12. mit der 13. Shell-Jugendstudie fort. Auch der Verlauf des 1. und 2. DJI-Jugendsurvey belegt diesen Rückgang.

Die nächste Tabelle zeigt die Parteipräferenz in Abhängigkeit vom Grad der individuellen Ausländerfeindlichkeit.

---

[90] Um eine differenziertere Auswertung in den Untergruppen der türkischen und italienischen Jugendlichen zu ermöglichen, wurde der repräsentative Ausländeranteil der Hauptstichprobe (ca. 14% bezogen auf die Altersgruppe) durch eine Zusatzstichprobe aufgestockt. Diese wurde von Juli bis September 1999 mit 648 Jugendlichen durchgeführt (201 türkische Jugendliche, 284 italienische Jugendliche und 148 Jugendliche mit deutschem Pass, die sich aber selbst aufgrund ihrer Herkunftsfamilie als Italiener oder Türken sehen).

Parteipräferenz nach Grad der Ausländerfeindlichkeit	hoch	niedrig
CDU/CSU	23%	17,1%
SPD	18%	25,6%
Grüne/Bündnis 90	6%	19,5%
FDP	2%	2,5%
PDS	3%	4,5%
Die Republikaner	6%	0%
keine	37%	27,6%
andere	5%	3,2%

Quelle: Münchmeier 2000, S.257

Es wird deutlich: Hoch-ausländerfeindliche Jugendliche geben öfter an, dass sie keiner Partei nahe stehen. Wenn sie sich jedoch für eine Partei entscheiden, dann fällt auf, dass sie sehr zahlreich der CDU/CSU zusprechen und im direkten Vergleich erheblich weniger dem Bündnis 90/Die Grünen. Die Partei 'Die Republikaner' besitzt unter Jugendlichen scheinbar kein niedrig-ausländerfeindliches Publikum.

Die Beurteilung des Ausländeranteils in Deutschland sieht 1999 folgendermaßen aus:

Ausländeranteil...	WEST		OST	
	♂	♀	♂	♀
... zu hoch	61,1%	59,6%	71,1%	67,7%
... gerade richtig	37%	38,5%	26,8%	30,4%
... zu niedrig	2%	1,8%	2,1%	1,9%

Quelle: Münchmeier 2000, S.240

Interessant an diesem Ergebnis ist nicht unbedingt das höhere Niveau der Einschätzung des zu hohen Ausländeranteils in der BRD durch die Ostjugendlichen, sondern vielmehr der Zusammenhang eines geringen Ausländeranteils mit dem hohen Grad dieser Einschätzung. Der Anteil der Ausländer in deutschen Ballungsgebieten liest sich wie folgt (nur einige ausgewählte Beispiele): Frankfurt a.M. 29,2%, Stuttgart 24%, München 22,9%, Düsseldorf 18,9%, Hamburg 15,4%, Berlin 12,6%, Leipzig 2,6% und Dresden 2,1%.[91]

Wenn nun die Einschätzung des Ausländeranteils in Beziehung mit der individuellen Kontakterfahrung gesetzt wird, bestätigt sich der oben genannte Zusammenhang.

Einschätzung des Ausländer-anteils nach Häufigkeit der Kontakterfahrung	sehr häufig[92]	häufig	weniger häufig	überhaupt nicht
... zu hoch	48,3%	48,5%	64%	78%
... gerade richtig	45,1%	49,5%	34,3%	21,6%
... zu niedrig	6,6%	2%	1,7%	0,5%

Quelle: Münchmeier 2000, S.243

"Gerade in Ostdeutschland, wo die wenigsten Ausländer wohnen fällt die Meinung, es gebe schon zu viele Ausländer bei uns, besonders entschieden aus" (Münchmeier 2000, S.242). "Dazu passt auch, dass Ausländerfeindlichkeit auf dem Lande und in Kleinstädten wesentlich mehr verbreitet ist als in den Städten, obwohl [...] auf dem Land kaum Fremde wohnen" (ebd., S.258). Die Ursachen dieses Zusammenhangs werden seit Jahren kontrovers diskutiert und können von uns zum jetzigen Zeitpunkt nicht letztendlich geklärt werden.[93]

Ausländer-feindlichkeit (Mittelwerte) nach Landesteil	West n = 3.226						Ost n = 804					
	24,9						27,5					
nach Landesteil und Geschlecht	♂			♀			♂			♀		
	25,2			24,6			28,1			26,9		
nach Landesteil und Alter	15-17		18-21		22-24		15-17		18-21		22-24	
	25,5		24,9		24,2		27,6		27,4		27,6	
nach Landesteil, Alter und Geschlecht	15-17	18-21	22-24	15-17	18-21	22-24	15-17	18-21	22-24	15-17	18-21	22-24
	26,3	25,2	24	24,8	24,6	24,5	27,7	27,7	29	27,4	27,1	25,8

Quelle: Fischer 2000b, S.302

Wenn die Ausländerfeindlichkeit allein über die Altersgruppen hinweg betrachtet wird, dann scheint es so, als ob sie im Westen mit dem Älterwerden konstant sinkt und im Osten auf dem gleichen Level bleibt. Durch die differenziertere Betrachtung mittels der Geschlechtsunterscheidung kann aber erkannt werden,

---

[91] Quelle: efms (Europäisches Forum für Migrationsforschung) 1997.
[92] Die Frage lautete: 'Wie häufig hast Du mit ausländischen Jugendlichen zu tun'.
[93] Ein immer wiederkehrender, kontroverser Diskussionspunkt ist die unterschiedliche wirtschaftliche Situation der ost- und westdeutschen Jugendlichen, aufgrund derer sich die ostdeutschen Jugendlichen benachteiligt sehen "und sich deshalb 'durch die vielen Ausländer' einer zusätzlichen Konkurrenz ausgesetzt sehen" (Münchmeier 2000, S.242).

dass die Ausländerfeindlichkeit bei den männlichen Ostjugendlichen mit zunehmendem Alter sogar steigt: Die am stärksten belastete Gruppe sind hier mit 29% die 22- bis 24-jährigen männlichen Jugendlichen aus dem Osten der Republik.

In Bezug auf Einstellungen der Jugendlichen zu nationalistischen/faschistischen Gruppierungen kann kein Vergleich gezogen werden, da sie in der 13. Shell-Jugendstudie nicht abgefragt wurden.

Die Zahlen bezüglich der Präferierung der Partei 'Die Republikaner' sind im Vergleich mit den bisher vorgestellten Studien weiter rückläufig. Ansonsten konnten kaum Vergleiche mit den anderen Studien gezogen werden.

Zusammenfassend stellen die Mitarbeiter der 13. Shell-Jugendstudie fest: "Für einen anwachsenden organisierten Rechtsradikalismus gibt es in unserer Studie keine Anhaltspunkte (was nicht als Beruhigung missverstanden werden sollte)" (Deutsche Shell 2000, S.17).

8 Zusammenfassung: 'Empirische Wirklichkeit'

Anhand der angeführten Jugendstudien kann nicht von einer kontinuierlichen Zunahme rechtsextremistischer Einstellungen Jugendlicher gesprochen werden. Auch wenn einige Darstellungen sehr hohe Zahlen bezüglich der Ablehnung von Fremden aufzeigen, so müssen diese doch relativiert werden, da einerseits xenophobische Einstellungen nicht folgerichtig Gewaltbereitschaft oder Gewalttätigkeit nach sich ziehen und andererseits auch die Zahlen derjenigen, die gewaltbejahende Gruppierungen ablehnen, betrachtet werden müssen: In der 12. Shell-Jugendstudie sprechen sich 84% der Jugendlichen in West und Ost gegen Skinheads aus und 'nur' 3% dafür. Bei deutlich rechtsextremeren Gruppierungen gehen die Anteile noch weiter auseinander. 88% der Jugendlichen beider deutscher Staaten fühlen sich als Gegner von faschistischen und neonazistischen Gruppierungen oder lehnen diese ab, wobei 'nur' 2% sich dazurechnen würden.[94] 1992 konstatiert Hoffmann-Lange (1995) einen Anstieg in der Parteipräferenz der Jugendlichen bezüglich der Partei 'Die Republikaner', der mittlerweile (dies belegen auch die nachfolgenden Studien) fast wieder auf das Vorniveau abge-

---

[94] Wobei natürlich die Interviewsituation entscheidend zu den Ergebnissen beiträgt, da die Zustimmung zu gewaltbereiten Gruppierungen sowie das 'Sich-Zu-Erkennen-Geben' als Skinhead, Fascho oder Neonazi, aufgrund der negativen Konnotationen dieser Begriffe, nicht leicht fällt und daher eine Fehlerquote einzurechnen ist.

62

fallen ist.[95] Der Anstieg kann wahrscheinlich mit der Zunahme rechtsextremistischer Straftaten in diesem Zeitraum und v.a. mit den 'Großereignissen' in Hoyerswerda, Rostock und Mölln und der darauffolgenden medialen Berichterstattung gewertet werden (im Sinne von 'das Volk setzt sich zur Wehr'). Das Ausbleiben weiterer, die Medien bestimmender Gewalttaten, abgesehen von Solingen, könnte daher die rechtsextremistische Präsenz aus dem Alltagsgeschehen
verdrängt haben und damit auch die weitere Präferierung rechter Parteien.[96]
Auch die Studien, die wir in Fußnote 43 erwähnt haben, kommen zu ähnlichen
Ergebnissen. So fassen Eckert und Willems ihre Befunde einer Auswertung der
Meinungsumfragen ALLBUS (Hrsg.: ZUMA) und Eurobarometer (Hrsg.:
Kommission der Europäischen Gemeinschaft) sowie der Umfragen von IPOS
zwischen 1980 und 1992 folgendermaßen zusammen: "So paradox es angesichts
der aktuellen Eskalation fremdenfeindlicher Gewalt erscheinen mag: Fremdenfeindliche [und gewaltbejahende] Einstellungen haben sich in den letzten Jahren
in unserer Gesellschaft nicht weiter ausgebreitet und verstärkt" (Eckert/Willems
1993, S.481). Zudem möchten wir darauf hinweisen – dies soll keine Entwar-
nung sein – dass laut Eurobarometer die Ausländerfeindlichkeit in Deutschland
rückläufig ist und 1997 mit 15% im Durchschnitt der EU liegt (hinter den Spit-
zenreitern Griechenland, Belgien und Dänemark, aber auch hinter Frankreich
und Österreich) (vgl. Kommission der Europäischen Gemeinschaft 1997).
Wie die 'statistische Wirklichkeit' (Kap. II.A) so erscheint auch die 'empirische
Wirklichkeit' anders als es vielleicht nahe liegen würde, folgte man dem öffentlichen Diskurs. Wie wir zeigen konnten, bestätigt auch unsere Auswertung zumindest die Aussagen einiger Wissenschaftler, dass die Jugend der 1990er Jahre
als eher 'extrem normal' (vgl. Leggewie 1993) als 'normal extrem' (wenigstens
was ihre Einstellungen anbetrifft) angesehen werden kann. Auch Merten spricht
von einer "völligen Normalität" (Merten 1995, S.48) in Bezug auf die Einstel-

---

[95] An dieser Stelle muss aber auch auf den schockierenden Wahlerfolg der DVU in der
Landtagswahl in Sachsen-Anhalt 1998 hingewiesen werden. "Die rechtsextreme DVU erreicht 12,9 Prozent – aus dem Stand. Und: Die DVU wurde nicht wegen der alten Ewigge-
strigen so stark, sondern wegen der jungen, nachwachsenden Generation: 25,4 Prozent bei
den Jungwählerinnen und –wählern (18- bis 24-jährige), 22,0 Prozent bei den jungen
Wählern und Wählerinnen (25- bis 34-jährige)" (Hoffmann-Göttig 2000, S.24). Rechtsextrem wählen heißt jedoch nicht rechtsextrem denken. Die Faktoren Politikverdrossenheit
sowie Gefühle der Benachteiligung spielen dabei eine gewichtige Rolle (vgl. Hoffmann-
Göttig 2000; Falter 1994; zur Politikverdrossenheit vgl. Gaiser/Gille/Krüger/de Rijke
2000).

lungen der Jugendlichen. "Die Kinder, Jugendlichen, Heranwachsenden und jungen Erwachsenen des vereinigten Deutschlands bewegen sich im gängigen Spektrum bürgerlicher Wertorientierungen" (ebd.).

Dies belegt auch eine weitere Untersuchung, die im Sommer 2001 im Rahmen eines Projektes im Auftrag der Universität Leipzig von dem Meinungsforschungsinstitut USUMA (Berlin) durchgeführt wurde.[97] Hier wurden 4.005 Westdeutsche und 1.020 Ostdeutsche aller Altersgruppen zum Ausmaß und zur Verbreitung rechtsextremen Gedankenguts befragt. Das Ergebnis hinsichtlich des Rechtsextremismuspotentials verschiedener Altersgruppen zeigt, dass rechtsextremistische Einstellungen mit zunehmendem Alter steigen (v.a. unter Ostdeutschen).[98] Dies bedeutet nicht, dass jugendliches Rechtsextremismuspotential keine Beunruhigung darstellen soll, sondern dass nicht pauschalisierend von einer rechtsextrem eingestellten Jugend gesprochen werden darf (vgl. Leggewie 1993; Merten 1995), da das wahre Potential in den älteren Bevölkerungsschichten verankert liegt. Das zeigt: "Es gibt kein Sonderproblem 'Jugend und Rechtsextremismus'. Rechtsextreme Einstellungen innerhalb der Jugend sind in dem Maße zu bekämpfen, wie dies für die Bevölkerung insgesamt gilt" (Hoffmann-Göttig 2000). Auch die ersten Ergebnisse der IG-Metall Jugendstudie, die von Held und Bibouche zwischen 1999 und 2002 durchgeführt wurde, weisen in diese Richtung. Hier wurden 1.042 jugendliche Arbeitnehmer sowie Berufsschüler aus ganz Deutschland zu mehreren Themenbereichen befragt. Als Vergleichsgrundlage nutzten Held/Bibouche auch die Tübinger Studie, die wir für das Jahr 1993 (Kap. II.B.4) vorgestellt haben. Für uns relevante Ergebnisse dieser Studie fassen die Autoren folgendermaßen zusammen: "Die Jugendlichen lehnen also rassistische Diskurse weitgehend ab, heute signifikant mehr als 1993" (Held/Bibouche 2002, S.15). Und an anderer Stelle: "Eine politische Position führt nicht automatisch zur Ausgrenzung oder Ablehnung der Andersden-

---

[96] Ähnlicher Ansicht, allerdings in Bezug auf den wellenförmigen Verlauf der Straftaten mit rechtsextremistischem Hintergrund, ist auch Willems: Nach spektakulären Taten folgt eine rasante Zunahme der Straftaten, um dann wieder abzuebben (vgl. Fußnote 168).
[97] Das Projekt wurde von der Deutschen Forschungsgemeinschaft finanziert und ist bisher unveröffentlicht. Es war Teil einer Untersuchung zur Einstellung der Bevölkerung zu psychischen Erkrankungen. Uns liegt bisher nur ein kurzer Auszug zu den Ergebnissen bezüglich rechtsextremistischer Einstellungen vor (Angermayer/Brähler 2001).
[98] Drei Altersgruppen wurden gesondert dargestellt: 18 bis 30 Jahre, 31 bis 60 Jahre, über 60 Jahre. Da in der Umfrage die Bevölkerung ab dem Alter von 14 Jahren befragt wurde, ist uns nicht klar, warum die Jugendlichen unter 18 Jahren nicht zu der ersten Altersgruppe dazugerechnet worden sind.

kenden. Es herrscht vielmehr eine Art friedliche Koexistenz der Meinungen
[…]" (ebd., S.40).

Die bisherigen Ausführungen (Kap. II.A und II.B) demonstrieren zwei 'Wirklichkeiten', die, vernachlässigt man etwaige Verzerrungsfaktoren, ein erstes Bild des Rechtsextremismus' in Deutschland entwerfen. Zum einen scheinen Einstellungen und Sympathiebekundungen zu rechten Weltbildern bei den Jugendlichen weder stark verfestigt noch steigend zu sein (Kap. II.B). Zum anderen ist seit den 1990er Jahren ein Anstieg der Straftaten mit rechtsextremistischem Hintergrund sowie eine Ausweitung des rechtsextremistischen Personenpotentials festzustellen (Kap. II.A). Diese scheinbar gegenläufigen Entwicklungen ergeben die Aussagen einer, wie wir sie nennen, 'statistischen und empirischen Wirklichkeit' und stützen somit unseren Ansatz, dass der Komplex 'Rechtsextremismus' mehrere Wirklichkeitsebenen besitzt.

Den Spekulationen, warum zum einen Jugendstudien und Jugendforscher von einer 'extrem normalen' Jugend sprechen und zum anderen die Kriminalstatistiken ein Steigen der rechtsorientierten Straftaten und des Personenpotentials dokumentieren, wollen wir uns an dieser Stelle nicht anschließen.

Im nächsten Kapitel werden wir anhand zweier theoretischer Ansätze, die sich mit den Entstehungsbedingungen rechtsextremistischer Orientierungen und Verhaltensweisen beschäftigen, eine weitere Wirklichkeitsebene, nämlich die 'theoretische Wirklichkeit' einführen. Dabei muss erwähnt werden, dass dies 'nur' zwei 'theoretische Wirklichkeiten' von vielen sind. Trotzdem können sie durchaus als repräsentativ für die theoretische wissenschaftliche Diskussion um den Rechtsextremismus gewertet werden.

III Theoretische Wirklichkeit des Rechtsextremismus'

Helmut Willems und Wilhelm Heitmeyer gehören zu den Hauptvertretern der Rechtsextremismusforschung in Deutschland. Eine Kluft zwischen den Theorieansätzen beider Forscher wird bei der Befassung mit diesem Thema schnell deutlich. So schreibt Heitmeyer: "Daher sind auch die Verteilungen in der Studie von Willems u.a. (1993) mit Vorsicht zu betrachten, da die Verzerrungen [...] weitreichend sind" (Heitmeyer 1994, S.36). Und Willems: "Das Desintegrationskonzept [von Wilhelm Heitmeyer ist] zur Erklärung fremdenfeindlicher Gewalt nur begrenzt tauglich" (Willems 1996a, S.34f) und an anderer Stelle: "Xenophobic violence is described by many - based on the research by Wilhelm Heitmeyer - as a consequence of experiences of social desintegration. [...] The use of the desintegration concept for the explanation of xenophobic violence has wellknown limits" (Willems 1995, S.175). Darüber hinaus gibt es so gut wie keine Literatur zu diesem Thema, die bei den Erklärungsversuchen zum Thema Rechtsextremismus und rechtsextremistische Gewalt nicht die Konzepte von Helmut Willems und Wilhelm Heitmeyer gegenüberstellt[99] bzw. den einen eher kritisiert[100] und den anderen eher favorisiert.[101] Tatsächlich stehen die Namen Willems und Heitmeyer für zwei unterschiedliche Herangehensweisen, um das Phänomen Rechtsextremismus mit all seinen Facetten zu erklären. Während es bei Heitmeyer "individuelle Krisenerfahrungen, tiefgreifende Verunsicherung und Individualisierung [sind...], die insgesamt jene Faktorenkonstellation herbeiführen, die besonders junge Menschen für autoritäre, rassistische und fremdenfeindliche Orientierungen empfänglich macht" (Karstedt 1997, S.120) (siehe Kap. III.B), argumentiert Willems mit dem "konflikttheoretischen Ansatz" (Willems/Würtz/Eckert 1994), wonach "Fremdenangst, Fremdenfeindlichkeit und rechtsextreme Gewalt gegen Fremde [...] durch individuell und politisch nicht oder schlecht verarbeitete Fremdheitserlebnisse, die Relativierung kultureller Standards, die Veränderung von Lebensgewohnheiten sowie sich ausbrei-

---

[99] Vgl. u.a. Neureiter 1996, S.50ff, 92ff, 184ff; Breyvogel 1995, S.88ff; Möller 1995, S.184ff; Karstedt 1997, S.119ff; Wahl 1995, S.57ff; Streng 1995, S.183.
[100] Kritik an Willems vgl. u.a. Möller 1996, S.29ff; Scherr 1994b, S.167f; Böllert 1997, S.332. Kritik an Heitmeyer vgl. u.a. Kersten 1993, S.38ff; Pfahl-Traughber 1995, S.28ff; Pfahl-Traughber 1993b.
[101] Die Favorisierung des einen Theoretikers bedeutet häufig die Kritisierung des anderen.

tende Konkurrenzsituationen durch Immigration, die ihrerseits entweder ethnisch-kulturelle Divergenzen konfliktgeladen zu Tage treten lassen oder die
Ethnisierung vorhandener sozialer Konfliktlinien [...] generieren lassen" (Möller
1996, S.28) (siehe Kap. III.A).

Da beide Konstrukte einer empirischen Fundierung unterliegen, können sie (wenigstens in ihren Schranken) als durchaus wirklichkeitsnah bezeichnet werden.
Im Folgenden versuchen wir, die theoretische Dimension und ihre empirische
Fundierung darzustellen. Somit können die Ansätze von Willems und Heitmeyer
als Teil einer 'theoretischen Wirklichkeit' gedeutet werden. Abschließend wollen
wir (siehe Kap. III.C) auf die wissenschaftliche Auseinandersetzung mit den
beiden Theoretikern eingehen, um die Dimension der Konstrukte darzustellen
und damit ihre 'theoretische Wirklichkeit' zu relativieren.

A Helmut Willems

1 Das Theoriekonzept von Helmut Willems

In seinem Buch 'Jugendunruhen und Protestbewegung - Eine Studie zur Dynamik innergesellschaftlicher Konflikte in vier europäischen Ländern' von 1997
bezieht Willems seine Theorie auf mehrere Fallstudien zu politischen Konflikten, u.a. auch auf die fremdenfeindlichen Unruhen in Deutschland 1991 bis
1993.

Willems geht es in der Behandlung des Rechtsextremismus' um die Ursachen
und Entstehungsbedingungen von Protestgruppen sowie um die Gewalt, die von
ihnen ausgeht. Er bezeichnet die rechtsextremen Gewalttäter als gesellschaftliche Protestgruppe, die in Interaktion mit anderen gesellschaftlichen Gruppen
und somit in einen 'nichtinstitutionalisierten politischen[102] Konflikt'[103] tritt.

---

[102] Mit der Terminologie 'politisch' orientiert sich Willems an den Ausführungen Webers. Als
politisch werden bei ihm Handlungen bezeichnet, die in einem sozialen Verband bindende
Entscheidungen herstellen bzw. zu beeinflussen oder zu verhindern suchen (vgl. Weber
1980). An anderer Stelle bezeichnet er den politischen Konflikt als einen, in dem "es um
die Durchsetzung oder Verhinderung von Entscheidungen geht, die für die Gesellschaft
oder Teilbereiche von ihr verbindlich getroffen werden, sowie Proteste, die sich gegen Zustände und Entwicklungen richten, die solchen Entscheidungen angelastet werden" (Wil-
lems/Eckert/Würtz/Steinmetz 1993, S.211).

[103] "Mit dem Begriff des nichtinstitutionalisierten politischen Konflikts ist ein Forschungsfeld
abgesteckt, zu dem eine Vielzahl von unterschiedlichen Phänomenen mit vielfältigen Er-

Seine These lautet, "dass Interaktionsprozesse zwischen verschiedenen gesellschaftlichen Gruppen eine zentrale Rolle für die Erklärung von fremdenfeindlichen Eskalations- und Mobilisierungswellen spielen" (Willems 1992, S.433).
Und an anderer Stelle: "Nur wenn wir die konkreten Interaktionen [...] aufar-
beiten und erfassen können, wird es möglich sein, den Prozesscharakter und die
Bedingungen der Eskalation fremdenfeindlicher Gewalt und Mobilisierung [...]
zu identifizieren" (Willems 1996b, S.29).[104] Anders als vielen seiner Kollegen
ist es Willems in erster Linie nicht wichtig, die fremdenfeindliche Gewalt an
ihren Akteuren zu messen. Zwar besteht auf der einen Seite diese individualistische, d.h. täterorientierte Perspektive bei Willems in Form einer empirischen
Forschung, die er gemeinsam mit Roland Eckert, Stefanie Würtz und Linda
Steinmetz zwischen 1990 und 1993 betrieben hat (vgl. Willems/Eckert/Würtz/
Steinmetz 1993; Willems/Würtz/Eckert 1994) und auf die wir in Kapitel III.A.3
ausführlich eingehen werden. Trotzdem, so meinen wir, wird Willems missverstanden, wenn die Ergebnisse dieser Studien isoliert von seinen theoretischen
Gedanken dargestellt werden.[105] Es geht um die Verbindung beider Perspekti-
ven, d.h. der empirischen und der theoretischen.

Willems betont an mehreren Stellen die Notwendigkeit der empirischen Forschung als Beweiskraft der eigenen Theorie: "Für eine Theorie der politisch
motivierten Gewalt [...] sind präzise Zahlen über den Umfang der Gewalt und
insbesondere über die Veränderung des Gewaltniveaus im Zeitverlauf von besonderer Bedeutung" (Willems 1992, S.434). Und an anderer Stelle: "Sowohl
für die Theorie der fremdenfeindlichen Gewalt [...] als auch für die politisch-
praktischen Schlussfolgerungen sind [...] Zahlen über den Umfang der Gewalthandlungen [...] von [...] Bedeutung" (Willems 1996b, S.31). Auf der anderen
Seite kritisiert der Autor einen individualistischen Ansatz, der, ausgehend von
empirischen Ergebnissen, Rückschlüsse auf Täter und deren Einstellungen zieht,
ohne diese theoretisch fundiert zu haben. So schreibt er: "Die empirische Sozialforschung hat sich in der Beschäftigung mit der fremdenfeindlichen Gewalt zu-

---

scheinungsformen zu zählen sind: Von spontanen, unorganisierten Krawallen, öffentlichen
Demonstrationen, politischem Protest bis hin zu langfristig geplanten [...] sozialen Bewegungen" (Willems 1997, S.17).

[104]   Oder Eckert an anderer Stelle: "Auch Gruppenprozesse selbst erhöhen das Risiko gewalttätiger Verwicklungen. In den Gruppen werden spezifische Problemlagen verarbeitet,
gleichzeitig hat der Gruppenprozess seine Eigendynamik: Je stärker das Wirgefühl [...],
desto eher resultiert daraus eine Abwertung Anderer, die häufig durch drastische Formen
der Inszenierung des Eigenen [...] ausgedrückt wird" (Eckert 2000, S.48).

[105]   So werden die Ergebnisse ihrer Analyse von Ermittlungsakten in unzähligen Publikationen aufgeführt, ohne aber den theoretischen Kontext Willems' zu besprechen.

nächst darauf konzentriert, die Gewaltakteure zu identifizieren und durch eine Analyse ihrer spezifischen Merkmale Aufschlüsse über Hintergründe und Ursachen zu erlangen" (Willems 1996a, S.35). Vielmehr stellt Willems "gesamtgesellschaftliche Konfliktlinien und Problemlagen" (Willems 1997, S.397) in den Vordergrund, die sowohl für die Bildung von Protestgruppen als auch für die Eskalation fremdenfeindlicher Gewalt von Bedeutung sind. So nennt er Probleme wie "Immigration und die Genese lokaler Konflikte" (Willems 1996a, S.36), "Veränderung von politischen Gelegenheitsstrukturen" (ebd.), "Veränderung der Kosten- und Risikostruktur von Gewalt" (ebd.), um nur einige anzuführen. Darauf werden wir in Kapitel III.A.3.2 und III.A.3.3 genauer eingehen. Zusätzlich zu diesen eher strukturellen Bedingungen verweist der Autor darauf, dass hier auch "stets Prozesse der Bewertung und der Interpretation von Vorgängen und Reaktionen" (Willems 1997, S.399) mit einfließen. Willems präferiert also einen theoretischen Ansatz, der mehrere Theorien beinhaltet, die strukturelle, individuelle, sozialpsychologische Prämissen, aber auch Theorien des kollektiven Verhaltens und der Veränderung von Konfliktsituationen berücksichtigt. Dementsprechend wird Kapitel III.A.1.1 anhand makrosoziologischer, sozialpsychologischer und individualistischer Ansätze Erklärungsmuster möglicher Ursachen und Entstehungsbedingungen politischer Konflikte als Ursache kollektiver Unzufriedenheit liefern, Kapitel III.A.1.2 anhand Theorien kollektiven Verhaltens von Blumer und Turner & Killian Handlungsbereitschaft, Konfliktinteraktion und die situativen Momente innerhalb der Konflikte analysieren und Kapitel III.A.1.3 psychologische Theorien der Wahrnehmungs- und Kommunikationsforschung auf Konfliktdynamik und Eskalationen beziehen. Nur so kann rechtsextremistische Gewalt als "Merkmal einer sozialen Situation [...] begriffen werden, in der unterschiedliche Akteure mit unterschiedlichen Interessen und Strategien und unterschiedlichen Fähigkeiten und Ressourcen aufeinandertreffen" (Willems 1993, S.26). Eine solche Herangehensweise betont also situative Aspekte politischen Protests, versucht die Dynamik und Eskalation zu beschreiben, in der die Akteure selbst die Situation immer neu definieren und interpretieren können, und ihre Handlungen somit keinen statischen, sondern prozesshaften, dynamischen Charakter besitzen.

Mit seiner Theorie will Willems des Weiteren "die Kluft zwischen mikrosoziologischen und makrosoziologischen Erklärungsansätzen, die für den gegenwärtigen Stand der soziologischen Theoriebildung insgesamt kennzeichnend ist" (Willems 1997, S.14), zu überwinden versuchen. Dies ist besonders wichtig für seine Annahme, da das Phänomen der Protestbewegungen gerade "zwischen der

Ebene des individuellen Handelns [also der Mikrosoziologie] und der Ebene der gesellschaftlichen Strukturen [also der Makrosoziologie] anzusiedeln" (ebd.) ist. An anderer Stelle schreibt Willems dazu: "Hier sind sehr unterschiedliche und zunächst widersprüchliche Ansatzpunkte der Erklärung auszumachen. Im Folgenden soll gezeigt werden, dass sie sich durchaus ergänzen und zu einem Modell zusammenfügen lassen" (Willems/Eckert 1995, S.94).[106] Dabei beziehen wir uns auf die theoretischen Überlegungen Willems' aus mehreren Veröffentlichungen (vgl. Willems 1997; Willems 1992; Willems/Eckert 1995). An dieser Stelle sei gesagt, dass es hier nicht darum geht, einzelne theoretische Stränge und Erklärungen in aller Ausführlichkeit darzustellen. Es sollen die jeweiligen Kernthesen herausgestellt werden, um Willems' Bezug zur rechtsextremistischen Fragestellung gerecht zu werden. Dabei soll allerdings innerhalb der theoretischen Diskussion nicht explizit auf die Thematik 'Rechtsextremismus' eingegangen werden. Dieser Schritt folgt in Kapitel III.A.4.

Mit dem folgenden Schaubild wollen wir versuchen, das Theoriekonstrukt Willems' zur Verdeutlichung darzustellen, um es anschließend (Kap. III.A.1.1ff) auszuführen.

---

[106] Auch Raschke vertritt die Meinung, dass die Ergänzung verschiedener Ansätze durchaus fruchtbar ist, um die Entstehung sozialer Bewegungen zu beschreiben: "Die Einseitigkeit [...] der [...] verschiedenen Ansätze für sich genommen ist evident. Das verhindert nicht, dass sie in solcher Einseitigkeit in der akademischen Debatte vertreten werden. Vernünftig wäre dagegen ein Ansatz, der alle [...] Teilansätze integriert, ohne sich die Frage aufdrängen zu lassen, welcher [...] prinzipiell wichtiger ist" (Raschke 1985, S.163). Ebenso Opp u.a.: "Ein Mangel der bisherigen Theoriebildung und Forschung besteht also darin, dass die Beziehung der verschiedenen soziologischen Ansätze zueinander zu wenig diskutiert und empirisch untersucht wird" (Opp u.a. 1984, S.10).

70

Schaubild des Theoriekonstruktes Helmut Willems'

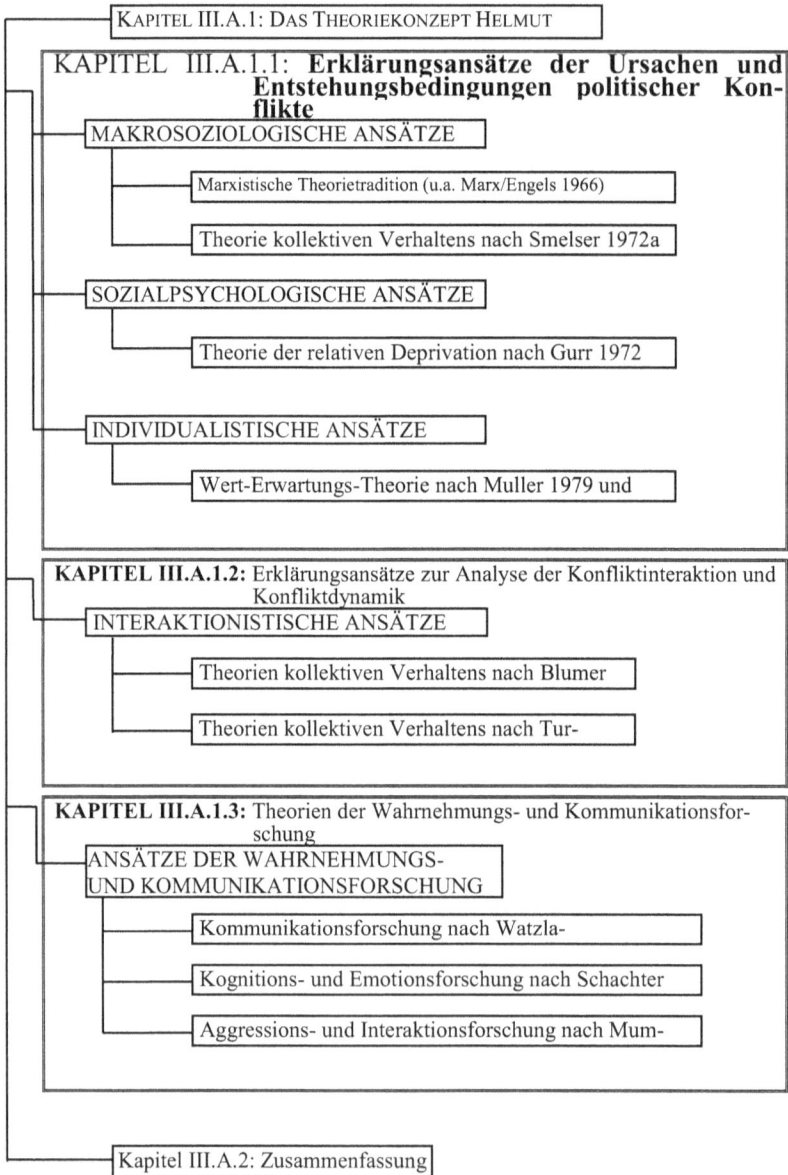

KAPITEL III.A.1: DAS THEORIEKONZEPT HELMUT

KAPITEL III.A.1.1: Erklärungsansätze der Ursachen und Entstehungsbedingungen politischer Konflikte

MAKROSOZIOLOGISCHE ANSÄTZE

Marxistische Theorietradition (u.a. Marx/Engels 1966)

Theorie kollektiven Verhaltens nach Smelser 1972a

SOZIALPSYCHOLOGISCHE ANSÄTZE

Theorie der relativen Deprivation nach Gurr 1972

INDIVIDUALISTISCHE ANSÄTZE

Wert-Erwartungs-Theorie nach Muller 1979 und

KAPITEL III.A.1.2: Erklärungsansätze zur Analyse der Konfliktinteraktion und Konfliktdynamik

INTERAKTIONISTISCHE ANSÄTZE

Theorien kollektiven Verhaltens nach Blumer

Theorien kollektiven Verhaltens nach Tur-

KAPITEL III.A.1.3: Theorien der Wahrnehmungs- und Kommunikationsforschung

ANSÄTZE DER WAHRNEHMUNGS- UND KOMMUNIKATIONSFORSCHUNG

Kommunikationsforschung nach Watzla-

Kognitions- und Emotionsforschung nach Schachter

Aggressions- und Interaktionsforschung nach Mum-

Kapitel III.A.2: Zusammenfassung

1.1 Erklärungsansätze der Ursachen und Entstehungsbedingungen politischer Konflikte

1.1.1 Makrosoziologische Erklärungsansätze

Diese Ansätze sehen politische Gewalt als Ergebnis struktureller Spannungen und daraus resultierender Unzufriedenheit. Dazu Willems: "Sie gehen von der Annahme aus, dass strukturelle Spannungen (soziale Ungleichheit, Desintegration, Marginalisierung, Entstehung neuer sozialer Gruppen etc.) stets zu kollektiver Unzufriedenheit führen, die ihrerseits in politischer Gewalt ihren Ausdruck findet" (Willems/Eckert 1995, S.94).

Willems verweist hier u.a. auf die marxistische Theorietradition. Bei Marx und Engels (vgl. Marx/Engels 1966; Marx 1966; Engels 1988) ist die Ursache der Revolution, also des politischen Konfliktes, die Klassenbildung, die aus den Produktivkräften Kapital und Arbeit resultieren. Ökonomische Verhältnisse sind also für die Entstehung der Klassen verantwortlich. Dazu Marx: "Die ökonomischen Verhältnisse haben zuerst die Masse der Bevölkerung in Arbeiter verwandelt" (Marx 1988, S.51). Das Vorhandensein ungerechter ökonomischer Bedingungen sowie des Klassenbewusstseins (vgl. oben: 'Soziale Ungleichheit' und 'Entstehung neuer sozialer Gruppen') in der Bevölkerung sind für die Entwicklung und Entstehung des Klassenkampfes von Bedeutung.[107] Dazu Engels: "Solange nicht so viel produziert werden kann, dass [...] für alle genug vorhanden ist, [...] solange muss es immer eine herrschende [...] und eine arme, unterdrückte Klasse geben" (Engels 1988, S.18ff). Auf die Frage, ob die Aufhebung dieser Umstände auf friedlichem Wege möglich sei, antwortet Engels: "Wird [...] das unterdrückte Proletariat [...] in eine Revolution hineingejagt, so werden wir Kommunisten dann ebenso gut mit der Tat wie jetzt mit dem Wort die Sache der Proletarier verteidigen" (ebd., S.20).

Eine weitere Theorie, die in die Reihe der makrosoziologischen Ansätze einzuordnen ist und die Willems hier erwähnt, ist die auf der strukturfunktionalen

---

[107] Marx und Engels weisen auf zusätzliche Bedingungen in diesem Zusammenhang hin. So z.B. die Organisation der Klasse durch die Möglichkeit der Kommunikation in der städtischen Konzentration, die Entwicklung einer Partei sowie "Erfahrungen in gewaltsamen Konfrontationen, Auseinandersetzungen, Konflikten mit dem Klassenfeind" (Willems 1997, S.20). Diese Überlegungen spielen letztlich jedoch eine "untergeordnete Rolle" (ebd.).

Theorie Parsons[108] aufbauende Theorie kollektiven Verhaltens von Smelser (1972a). Ähnlich der Theorie von Marx und Engels betont auch Smelser, dass für die Entstehung von Protest noch weitere Faktoren[109] notwendig sind, "dennoch bleibt er mit seiner Theorie [...] stets der strukturanalytischen Anbindung verhaftet, da er das Entstehen von Protesthaltungen [...] immer an das Vorhandensein objektiver struktureller Spannungen bindet" (Willems 1997, S.21). Dazu Smelser: "Die Entstehung einer verallgemeinerten, wertorientierten Vorstellung wird hauptsächlich durch eine spezifische Kombination von Spannungen und Strukturbedingungen erklärt" (Smelser 1972b, S.87).

Die makrosoziologischen Ansätze der Konfliktforschung geben den wichtigen Hinweis, dass zur Erklärung kollektiven Protestverhaltens auch auf die gesamtgesellschaftlichen Strukturen geachtet werden muss. Allerdings, so Willems, geht es nicht weit genug, wenn "das makrosoziologische Erklärungsmodell politischer Gewalt nicht differenziert und ergänzt" (Willems/Eckert 1995, S.94) wird. Weder die Theorien von Marx und Engels, sowie der strukturfunktionalistische Ansatz von Smelser noch weitere Ein-Faktor-Ansätze[110] vermögen eine Distanzierung der Kausalität, der Ursache-Wirkung-Annahme (vgl. Willems/Eckert 1995). Auch Raschke ist gleicher Meinung, wenn er die makrosoziologischen Theorien kritisiert. Sein Argument lautet: "Es gibt viel mehr Gründe für soziale Bewegungen als Bewegungen selbst" (Raschke 1985, S.146). Die empirische Beobachtung zeigt, dass "Menschen oft trotz großer sozialer Ungleichheit und sogar bei bestehender Unzufriedenheit nicht (gewaltsam) gegen die Herrschaftsstrukturen und Ungleichheitsstrukturen rebellieren, sondern sich vielfach mit den gesellschaftlichen Verhältnissen abfinden" (Willems/Eckert 1995, S.94). Hierzu Raschke: "Es sind auch nicht unbedingt die Unzufriedensten, die die Grundlage für eine Bewegung darstellen" (Raschke 1985, S.146). Eine weitere wichtige Theorietradition, die auch Willems in seine Überlegungen einfließen lässt, sind die sozialpsychologischen Ansätze. Besonders die Depri-

---

[108] Vgl. Parsons 1964.

[109] Z.B. die 'generalisierte Überzeugung', die Turner und Killian folgendermaßen beschreiben: "While structural strain is necessary, it is not sufficient to produce collective behavior. A shared generalized belief must also arise to guide the collective response. The generalized belief incorporates the fantasy solution for short-circuiting the orderly process of reconstructing the conditions underlying strain" (Turner/Killian 1987, S.239).

[110] Solche Ein-Faktor-Ansätze betonen jeweils einzelne strukturelle Faktoren als Entstehungsbedingungen kollektiven Protests. Hier ist zu nennen u.a. Tilly (1978), der besonders die städtische Konzentration als Ursache angibt, Kornhäuser (1959) betont Entwurzelung, Individualisierung und Entfremdung in der Massengesellschaft oder Solomos (1984) und Hall (1981) stellen ökonomische Bedingungen (z.B. Arbeitslosigkeit) in den Vordergrund.

vationstheorien stehen hier im Mittelpunkt, da diese u.a. auf den oben genannten Widerspruch eingehen. Sie untersuchen das Phänomen, wonach "häufig [...] gerade besonders hohe Armut, Frustration oder Entfremdung [...] zu politischer Apathie" (Willems 1997, S.23) führen.

1.1.2 Sozialpsychologische Erklärungsansätze

Der Grundgedanke der Theorie der relativen Deprivation beruht auf der empirischen Beobachtung, dass Menschen in objektiv schlechteren Positionen oftmals zufriedener erscheinen als Menschen in objektiv besseren Positionen. Dieses Phänomen untersuchten Stouffer u.a.[111] als erste empirisch bei amerikanischen Soldaten. Ihre Folgerungen fasst Beckmann so zusammen: "Wenn A etwas zu haben wünscht, das B hat und wenn sich A bezüglich dieses Merkmals mit B vergleicht, dann ist A relativ depriviert im Vergleich zu B. Ähnlich verhält es sich, wenn A's Erwartungen höher liegen als die von B bzw. wenn A in der Vergangenheit bessere Ergebnisse erzielt hat als B, nun aber das gleiche erhält wie B, dann ist A relativ depriviert in Bezug zu B" (Beckmann 1979, S.106). Diese Ausführungen wurden u.a. weitergeführt von Merton und Rossi[112] und Runciman.[113] Erst in den Arbeiten von Morrison[114] und Gurr[115] wurde dieses Konzept auf soziale Bewegungen übertragen und wird deshalb von Willems favorisiert.

Gurrs Überlegungen beziehen sich auf Davies,[116] der "aufgrund empirischer Rekonstruktionen historischer Revolutionen die These aufgestellt [hat], dass nicht die absolute Deprivation (Verelendung des Proletariats, Verstärkung sozialer Ungleichheit und sozialer Spannungen) den Ausbruch von Revolutionen und revolutionärer Gewalt wahrscheinlich macht, sondern vielmehr die subjektive Wahrnehmung einer Diskrepanz zwischen (steigenden) Erwartungen und ihren Realisierungsmöglichkeiten (relative Deprivation)" (Willems/Eckert 1995, S.95).[117]

---

[111] Vgl. Stouffer 1949.
[112] Vgl. Merton/Rossi 1968.
[113] Vgl. Runciman 1966.
[114] Vgl. Morrison 1971.
[115] Vgl. Gurr 1972.
[116] Vgl. Davies 1969.
[117] Damit widersprach er der Verelendungsthese von Marx, die besagte, dass eine Revolution gerade dann entstehen kann, wenn es der Bevölkerung über lange Zeit immer schlechter geht (vgl. Raschke 1985, S.147). Davies behauptet praktisch das Gegenteil, wenn er schreibt: "Revolutionen sind dann am wahrscheinlichsten, wenn eine anhaltende Periode

Gurr stellt heraus, dass der relativen Deprivation immer auch ein Vergleichsprozess mit anderen sozialen Gruppen zugrunde liegt. "Er [Gurr] definiert relative
Deprivation als die wahrgenommene Diskrepanz zwischen Wertansprüchen
(d.h. als rechtmäßig zustehend empfundene Güter und Lebensumstände) und
den Werterwartungen (Erreichbarkeit)" (Willems/Eckert 1995, S.95). Dazu
Beckmann: "Wir sprechen dann [...] von relativer Deprivation, wenn die Individuen die Erfüllung ihrer (legitimen) Ansprüche als blockiert perzipieren"
(Beckmann 1979, S.110).
Die Theorie der relativen Deprivation hat entschiedene Vorteile vor den rein
strukturanalytischen Ansätzen. Es sind jetzt nicht mehr nur die strukturellen Bedingungen, sondern auch subjektive Interpretationen von Benachteiligung und
Versagen, die zur Entstehung von Unzufriedenheit, Frustration und Enttäu-
schung (als (mögliche) Voraussetzung von politischem Protest) führen können.
"Unzufriedenheit [...] ist also durch das Verhältnis zwischen Erwartungen und
Realität bestimmt. Dabei gibt es eine Vielzahl von Bezugspunkten für die eigenen Erwartungen. Sie können geprägt sein durch bisherige Erfahrungen, durch
Personen in der eigenen Bezugsgruppe, durch andere Gruppen, mit denen sich
die eigene Bezugsgruppe vergleicht, aber auch durch Wertvorstellungen etc."
(Raschke 1985, S.149).
Was diese Theorie nicht zu lösen vermag[118] ist die Frage, wie sich in einer Kon-
stellation von relativer Deprivation bei einem Individuum bzw. einer Gruppe
aktives Protesthandeln manifestiert. Während bei den strukturanalytischen Ansätzen objektive Spannungen als Voraussetzung für aktives Handeln gelten, wird
bei der Theorie der relativen Deprivation auf die Frustrations-Aggressions-
Theorie[119] zurückgegriffen. Dazu Willems: "Die aus der Nichtrealisierbarkeit
von Erwartungen oder aus der Blockierung zielgerichteten Verhaltens sich ergebenden Frustrationen und Enttäuschungen führen, so die Argumentation, automatisch zu Empörung und Wut und resultieren dann in entsprechenden Aktionen" (Willems 1997, S.25).

---

tatsächlichen wirtschaftlichen und sozialen Wachstums von einer kurzen und schweren
Rezession abgelöst wird" (Davies 1973, S.186).

[118] Eine umfassende Kritik an der Theorie der relativen Deprivation bieten Raschke (1985,
S.149ff), sowie Beckmann (1979, S.115ff).

[119] Der Kernsatz der Frustrations-Aggressions-Theorie lautet: "Aggression ist immer eine
Folge von Frustration" und ergänzend: "Frustration führt immer zu einer Form von Aggression" (Dollard 1939, S.1).

In die Diskussion um die Frustrations-Aggressions-Theorie kann in diesem Rahmen nicht eingestiegen werden.[120]
Die bisherigen Ausführungen (strukturanalytische und sozialpsychologische Theorien) geben lediglich Aufschluss darüber, wie sich Unzufriedenheit (als Voraussetzung für politischen Protest) entwickeln kann. Willems versucht in einem weiteren Schritt, das oben angedeutete Dilemma[121] anhand individualistischer Ansätze zu überwinden.

1.1.3 Individualistische Erklärungsansätze

Bisher stand die Untersuchung der Entstehungsbedingungen von Unzufriedenheit als Voraussetzung von Protestverhalten im Mittelpunkt des Interesses. Inwieweit jedoch Unzufriedenheit zur eigentlichen Handlung führen kann, ist damit noch nicht hinreichend geklärt. Individualistische Theorien können hier weiterhelfen, da sie das Handeln von Menschen untersuchen. "Das Verständnis von politischer Partizipation und politischem Protest ist durch eine Reihe von Ansätzen verbessert worden, die individuelles Handeln mit Hilfe ökonomischer Handlungsprämissen erklären" (Willems 1997, S.28). Grundlage dieser Theorien ist die Annahme, dass der Mensch u.a. utilitaristischen, d.h. Kosten und Nutzen kalkulierenden Handlungsprämissen folgt. Eine der bekanntesten Theorien ist die Wert-Erwartungs-Theorie nach Muller (1979) und Opp (1979). "Nach der Wert-Erwartungs- oder Nutzentheorie hängt Verhalten von zwei Faktoren ab, 1. dem Wert der Handlungskonsequenzen, 2. der Wahrscheinlichkeit, mit der bestimmte Konsequenzen erwartet werden" (Weede 1986, S.9). Ob damit politischer Protest erklärt (vgl. Opp u.a. 1984), kollektives Verhalten und soziale Konflikte analysiert (vgl. Weede 1986) oder aggressive politische Partizipation untersucht werden (vgl. Muller 1979) - bei allen Ansätzen handeln die Personen so, "dass sie ihren individuellen Nutzen unter Berücksichtigung der möglichen Restriktionen und Handlungsbeschränkungen maximieren" (Willems 1997,

---

[120] Es sei gesagt, dass schon Merton (1968) darauf aufmerksam machte, dass es für frustrierende Erfahrungen stets verschiedene Verarbeitungs- und Reaktionsformen geben kann. Außerdem wurde die Frustrations-Aggressions-Theorie durch ein offeneres Konzept, nämlich der Frustrations-Erregungs- bzw. der Frustrations-Antriebs-These ersetzt (vgl. Selg 1971; Beckmann 1979). Sie verweist darauf, dass Aggression immer nur eine von vielen Reaktionsmöglichkeiten ist. Frustration führt lediglich zu einer Intensivierung von Reaktionen, ohne diese selbst schon zu definieren.
[121] "Das Dilemma dieser makrosoziologischen sowie sozialpsychologischen Theorien des politischen Gewalthandelns liegt also darin, dass sie die Vermittlung zwischen Struktur und Handlung letztlich nicht leisten können" (Willems 1997, S.97).

76

S.31). Dabei muss die Person vor der Handlung selbst abwägen, welche Konsequenzen ihre Handlung haben könnte. Bewertet sie diese positiv, wird sie die betreffende Handlung eher durchführen, bewertet sie diese negativ, wird sie ihre geplante Handlung eher nicht ausführen. Dazu Opp u.a.: "Diejenige Handlung wird ausgeführt, die für das Individuum am vorteilhaftesten ist bzw. dessen Bedürfnisse am besten befriedigt. Mit anderen Worten: Das Individuum handelt so, dass insgesamt die positiven Konsequenzen [...] auftreten" (Opp u.a. 1984, S.33).

Opp u.a. untersuchten dieses Handlungsmodell anhand der Anti-Atomkraft-Bewegung der 1980er Jahre und kommen zu dem Schluss, "dass die Partizipation an der Anti-Atomkraft-Bewegung relativ gut durch die damit verbundenen Handlungskonsequenzen, deren Nutzen und Wahrscheinlichkeiten erklärt werden kann" (ebd., S.272).

Willems kritisiert allerdings an diesem "Modell rationalen Verhaltens" (Opp u.a. 1984, S.2), dass es dort stehen bleibt, wo schon die strukturanalytischen Theorien standen: "Das Konfliktverhalten bleibt [...] auch hier auf die Erklärung der Handlungen bei gegebenen Bedingungen beschränkt"[122] (Willems 1997, S.32). Somit vermögen die individualistischen Theorien für Willems auch kein Alleinrezept zu sein, sondern 'nur' ein weiterer Anhalts- bzw. Verknüpfungspunkt für eine breiter angelegte Theorie kollektiven Verhaltens.

Zusammenfassung

Die bisher dargelegten Erklärungsmodelle zur Entstehung nicht-institutionalisierter politischer Konflikte haben eines gemeinsam: "Es handelt sich um kausale Erklärungsmodelle, in denen die (zu erklärende) Handlung lediglich als (automatischer) Reflex der Ursache (soziale, ökonomische, psychische Bedingungen und individuelle Präferenzen) erscheint" (Willems 1997, S.36). Weder die makrosoziologischen bzw. strukturanalytischen Ansätze, bei denen die Ursachen der Handlung strukturelle Spannungen, Arbeitslosigkeit,

---

[122] So kritisiert Willems an den Ansätzen von Opp u.a. und Muller, dass sie zur Erklärung von Protestverhalten weitere Variablen einführen, diese aber selbst nicht erklären können und somit als individuell oder sozial gegeben voraussetzen (vgl. Willems 1997, S.32ff; Willems/Eckert 1995, S.98ff). Lediglich Hirschmanns Zyklus-Theorie des politischen Engagements (Hirschmann 1974) bietet in diesem Zusammenhang einen Gedankengang, der nach Faktoren sucht, die einen Wandel von Präferenzen und Interessen bei den Individuen bestärken. So nennt er die "Phänomenologie der Begeisterung und Enttäuschung" (Hirschmann 1984, S.15) bei Aktivitäten, die einen Präferenzenwandel ermöglichen (vgl. Hirschmann 1984).

Verstädterungsprozesse etc. sind, die sozialpsychologischen Theorien, welche u.a. relative Deprivationen als Ursache einer Unzufriedenheit begreifen, noch die individualistischen Theorien, die ein utilitaristisches Verhaltensmodell zugrunde legen, vermögen es, die "aktiven und prinzipiell offenen Interpretationsleistungen des Individuums" (Willems 1997, S.36), die strukturelle Faktoren oder individuelle Dispositionen erst handlungsrelevant werden lassen und für das Modell von Willems als wichtig erscheinen, zu fassen. Trotzdem sind sie für die Thematik der sozialen Proteste von Bedeutung, da sie deren strukturelle Ursachen und Bedingungen zu identifizieren versuchen. Dass diese kausalen Erklärungsmodelle oft überdurchschnittlich stark die öffentliche Meinung beeinflussen, liegt sicher an ihrer eher 'einfach' strukturierten Ursache-Wirkungs-Annahme. "Interaktionsprozesse, Eskalationsdynamiken und Ausbreitungsmuster politischer Gewalt und die sie bedingenden Faktoren werden demgegenüber häufig vernachlässigt" (Willems 1992, S.433). Anhand von Ansätzen zur Analyse der Konfliktinteraktion will Willems diesem Defizit gerecht werden.

1.2 Erklärungsansätze zur Analyse der Konfliktinteraktion

Politische Proteste und soziale Unruhen, deren Verlauf und Entwicklung "sind nicht allein eine Frage der strukturell vorgegebenen Ressourcen, Strategien und Handlungsmöglichkeiten, sondern ein meist unvorhersehbares Ergebnis der Interaktionsprozesse zwischen Protestgruppen und den jeweiligen Interaktionspartnern" (Willems 1997, S.36). In diesem Kapitel soll daher nach Ansätzen gesucht werden, die die situationalen Aspekte kollektiven Handelns in Konfliktsituationen beschreiben.

1.2.1 Der Ansatz von Blumer

Der am symbolischen Interaktionismus[123] orientierte Ansatz von Herbert Blumer, der das Entstehen von politischem Protest als Ergebnis kollektiver Defini-

---

[123] Im Rahmen dieser Arbeit soll nicht weiter auf diesen Begriff eingegangen werden. Es ist anzumerken, dass Blumer über den Begriff schreibt: "There has been no clear formulation of the position of symbolic interactionism, and above all, a reasoned statement of the methodological position of this approach is lacking" (Blumer 1969, S.1). Blumers 'Version' (vgl. Blumer 1969) des symbolischen Interaktionismus geht auf die Annahme von George Herbert Mead zurück und basiert auf "three simple premises" (Blumer 1969, S.2): 1. "Human beings act toward things on the basis of the meanings that the things have for them" (ebd.), 2. "The meaning of such things is derived from, or arises out of, the social interaction that one has with one's fellows" (ebd.) und 3. "These meanings are handled in,

tions- und Interpretationsprozesse erklärt, hebt sich deutlich von den strukturanalytischen Ansätzen ab. In seinen Überlegungen wendet er sich gegen die
Meinung, dass soziale Probleme und strukturelle Spannungen als objektiv vor-
findbare Bedingungen für soziale Unruhen und politischen Protest gelten (vgl.
Blumer 1972). Auch er vertritt das Argument, dass nicht jede strukturelle Spannung unausweichlich soziale Unruhen zur Folge haben muss (vgl. Kap.
III.A.1.1.2), und darüber hinaus, dass nicht jede objektive Bedingung im gesellschaftlichen Bewusstsein als soziales Problem besteht. Blumer zufolge "existiert
ein soziales Problem in erster Linie in dem Sinne, wie es in einer Gesellschaft
definiert und verstanden wird und nicht als objektive Gegebenheit mit einer de-
finitiven objektiven Gestalt" (Blumer 1972, S.153). An anderer Stelle schreibt
er: "Der Prozess der kollektiven Definition [eines sozialen Problems] bestimmt
den Verlauf und das Schicksal sozialer Probleme, und zwar von Beginn ihres
Auftretens bis zu dem wie immer gearteten Endpunkt. Ihr Dasein liegt funda-
mental nicht in einem angeblich objektiven Bereich sozialer Missstände, sondern in diesem Prozess kollektiver Definition" (Blumer 1972, S.155).
Blumers These ist also, dass ein soziales Problem immer ein Produkt des Prozesses kollektiver Definition ist. Je nachdem, welche gesellschaftliche Gruppe
an einem bestimmten Umstand beteiligt ist, wird das Definitionsresultat (also
das mögliche soziale Problem) ein anderes sein. Ein soziales Problem, und daraus folgernd eine (mögliche) soziale Unruhe (und daraus folgernd (möglicherweise) Protest oder Krawall), entwickelt sich unvorhersehbar, da jede Situation
zuerst von den interagierenden Gruppen definiert werden muss. Mit dieser
Überlegung gelang es ihm (vgl. Blumer 1939), kollektives Verhalten erstmals
"zu einem eigenständigen soziologischen Forschungsfeld zu etablieren" (Willems 1997, S.54). Kollektives Verhalten wird demnach durch spontane Interaktionsprozesse entwickelt und ist nicht Ergebnis intrapersonaler, psychischer Dispositionen oder kultureller Regeln, Werte und sozialer Zielsetzungen (vgl. Blumer 1939).
Grundlage für kollektives Verhalten (z.B. einer Protestaktion) ist nach Blumer
die soziale Unruhe, die gekennzeichnet ist durch:

"a) die kollektive Ablehnung der Legitimität der bestehenden Ordnung,
b) die kollektive Unzufriedenheit mit der bestehenden Ordnung,

---

and modified through, an interpretive process used by the person in dealing with the things
he encounters" (ebd.).

c) die kollektive Bereitschaft zum Handeln" (Willems 1997, S.56).

Die soziale Unruhe wird nicht durch strukturelle Gegebenheiten hervorgerufen, sondern erst durch die Wahrnehmung und den Prozess der kollektiven Interpretation dieser Gegebenheiten. Dieser Prozess wird bestimmt durch eine Anzahl von Faktoren,[124] wobei der Verlauf der sozialen Unruhe dadurch noch nicht determiniert ist. Ob sich aus einer Unruhe kollektiver Protest oder aber z.B. die Anpassung an die bestehende Ordnung entwickelt, ist entscheidend für den Verlauf der Unruhe. Der Verlauf wird als "Zyklus von Handlung, Kommunikation und Interpretation, der zu nicht notwendig vorhersehbaren Ergebnissen führt" (Willems/Eckert 1995, S.99) beschrieben.

Kritik an dem Ansatz von Blumer ist nach Willems im 'Ansteckungsansatz' zu äußern. Dieser Ansatz geht auf die frühen Arbeiten von Le Bon[125] zurück und beschreibt das Phänomen der Masse als "gesellschaftlich abweichendes, gar kriminelles kollektives Verhalten"[126] (Willems 1997, S.37). Das Individuum übernimmt in der Masse die "Gemeinschaftsseele" (Le Bon 1938), verliert seine eigene Persönlichkeit, seine erlernten Verhaltensweisen, Orientierungen und Handlungskompetenzen und kehrt zu seinen Urinstinkten zurück. Dazu Le Bon: "Der einzelne ist ein Automat geworden, dessen Betrieb der Wille nicht mehr in der Gewalt hat" (Le Bon 1938, S.19) und vom selben Autor: "Isolated, he may be a cultivated individual; in a crowd, he is a barbarian - that is, a creature active by instincts" (Le Bon 1897, S.2). Blumers Ansatz orientiert sich zwar nicht komplett an diesem Konzept der (psychologischen) Masse, geht aber von einer Homogenität der Masse aus und erklärt "kollektives Verhalten als unkritische Übernahme von Emotionen und Stimmungen" (Willems 1997, S.62).

Eine Lösung dieses Problems und fruchtbare Weiterentwicklung der Gedanken Blumers bieten Turner und Killian (1987) mit ihrer Theorie emergenter Normen, auf die im Folgenden eingegangen werden soll.

---

[124] So nennt Blumer z.B. auslösende Ereignisse ('dramatic events' vgl. Blumer 1972), die Interesse und Aufmerksamkeit herstellen; Kommunikations- bzw. Interaktionsprozesse innerhalb der aktiven Gruppe; öffentliche Manifestation in Form von Aktionen der Gruppe; oder Interaktionsprozesse zwischen der aktiven Gruppe und anderen gesellschaftlichen Instanzen (z.B. der Polizei), die an dem Protest beteiligt sind.

[125] Vgl. Le Bon 1938.

[126] Dabei wird kollektives Verhalten in seiner Art deutlich von konventionellem, institutionalisiertem Verhalten unterschieden, da es ein anomisches Verhalten ist, "das nur durch Rückgriff auf Prozesse der Ansteckung, der Nachahmung, der Identifikation und der zirkulären Reaktion erklärt werden kann" (Willems 1997, S.62).

1.2.2 Der Ansatz von Turner und Killian

Schon 1964 schrieb Turner über den 'Ansteckungsansatz': "The contagion approach describes a reduction in the individual's critical faculty with respect to stimuli emanating from the collectivity. Moods, attitudes, and suggestions for action are disseminated in a nonrational process which short-circuits the usual interpretive stages between perception and response" (Turner 1964, S.128). Dem entgegengesetzt wird die Konvergenztheorie, die davon ausgeht, dass die Homogenität der Masse dadurch bestimmt wird, dass hier Menschen mit ähnlichen Dispositionen zusammentreffen (vgl. Turner/Killian 1987). "In kritischen, unstrukturierten und undefinierten Situationen, so die These, entwickeln die Anwesenden eine gemeinsame Definition der Situation und ein gemeinsames Verständnis eines der Situation angemessenen Verhaltens, das durch spezifische Normen befestigt und so - in Grenzen - erwartbar gemacht wird" (Willems 1997, S.63). Die spezifischen Normen der Gruppe und der Konformitätsdruck, der von den Normen ausgeht, machen es wahrscheinlich, dass auch die Teilnehmer, die die kollektiven Normen nicht teilen, sich konform verhalten. Diese Beobachtung machten schon Sherif (1935) und Asch (1951) anhand von Kleingruppenforschungen, auf die sich Turner und Killian beziehen.[127] Dabei entwickeln sich Normen in kritischen Situationen, in denen die Gruppe auf institutionalisierte Normen nicht zurückgreifen kann (da sie für diese kritische Situation nicht bestehen), die sowohl gemeinsame Situationsdefinitionen bieten als auch anhand sozialer Kontrolle durch die Gruppe befestigt werden.

Im Zentrum von Turners und Killians Ansatz steht die Analyse des Interaktionsbzw. Kommunikationsprozesses, die zur Neudefinition von diesen Normen innerhalb der Gruppe führt. "Turner und Killian versuchen nun durch eine detaillierte Analyse der typischen Kommunikationsformen, die kollektivem Verhalten zugrunde liegen, ihre These des rationalen, von Interpretationen, Überzeugun-

---

[127] So erforschten Sherif und Harvey das Verhalten einer Gruppe, die mit drei verschiedenen, immer kritischer werdenden Situationen (hier waren es verdunkelte Räume, wobei Raum 1 klein und übersichtlich (wenig Möbel etc.), Raum 2 größer und Raum 3 am größten und unübersichtlichsten war), konfrontiert war (vgl. Sherif/Harvey 1952, S.272ff). Zu den Ergebnissen schreiben Turner und Killian: "These conclusions confirm the general hypothesis that, with increasing situational uncertainty, the greater will be the fluctuations in the judgements made by individuals. The last conclusion suggests, furthermore, that increasing the uncertainty of the situation increases the susceptibility of the individual to the suggestions of others. [...] The subjects in these experiments did not simply imitate each other. They interacted, influencing one another reciprocally, to establish group norms of judgement" (Turner/Killian 1987, S.27).

gen, Werten und Normen geleiteten kollektiven Verhaltens zu belegen" (Willems 1997, S.64).

Kommunikation wird dabei als Grundlage koordinierten menschlichen Verhaltens verstanden. In einer, wie oben beschriebenen, kritischen Situation entstehen durch das Nichtvorhandensein institutionalisierter Normen Desorganisation, Unsicherheit und psychische Spannung innerhalb der Gruppe, die für neue Interpretationen sensibilisieren. Die Kommunikation, die in solchen Situationen entsteht, nimmt eigene Formen an: "a) man vertraut eher informellen, unkonventionellen Kommunikationskanälen; b) selbst wenn offizielle Kommunikationskanäle und Informationen verfügbar sind, so suchen die Individuen (soziale) Bestätigung für/und Ergänzung von diesen Informationen durch den Austausch mit anderen Anwesenden" (Willems 1997, S.64). Turner und Killian beschreiben das Gerücht ('rumor') als typische Kommunikationsform in kritischen Situationen. Diese Gerüchte unterscheiden sich in der Qualität von gewöhnlichen Gerüchten, da sie für die Gruppe in der kritischen Situation Kommunikations- und Interpretationsprozesse darstellen, "durch die kognitive und normative Definitionen der Wirklichkeit, der Situation sozial (kollektiv) erzeugt und in Grenzen verbindlich gemacht werden" (Willems 1997, S.65).

Hier bleibt festzuhalten, dass Gerüchte dann wichtig werden, wenn der institutionelle Rahmen keine Möglichkeiten der Interpretation für die Gruppe zur Verfügung stellt. Es entstehen neue Definitionen der Situation und neue Handlungsregeln für die Gruppe.

Zusammenfassung

"Die interaktionistischen Theorien kollektiven Handelns geben uns [...] ein Instrumentarium an die Hand, mit dem nicht nur die Veränderung von Handlungsbereitschaft [...], sondern auch die Veränderung von Wirklichkeits- und Zieldefinitionen erfasst werden kann. Damit wird es möglich, situativ erzeugte Interpretationen als handlungsorientierte Normen zu verstehen und zu erklären, welche veränderten Handlungsbereitschaften sich daraus ergeben können" (Willems/Eckert 1995, S.100). Sie ermöglichen ein Verständnis der Entwicklung kollektiven Verhaltens auf der Basis der Interaktions- und Kommunikationsprozesse, wie es keine der kausalen Theorien vermag. Außerdem kann hier politisch motivierte Gewaltbereitschaft und gewalttätiges Handeln nicht mehr als Persönlichkeitsmerkmal oder als bloße Reaktion auf strukturelle Bedingungen definiert werden, sondern als Merkmal von spezifischen Situationen und Interaktionsmustern, die ein solches Verhalten als Problemlösungsmöglichkeit wahrscheinlich machen.

Nicht in der Lage sind sie, die Richtung, den dynamischen und unvorhersehbaren Entwicklungsverlauf kollektiven Verhaltens vorherzusagen.[128] Daher "muss eine Analyse der Konfliktdynamik an den Interaktionsprozessen und den in ihnen wirkenden Wahrnehmungs- und Kommunikationsprozessen ansetzen und die Kontingenz der Entwicklung hervorheben" (Willems 1997, S.74). Diese theoretischen Ansätze zur Wahrnehmungs- und Erfahrungsorganisation in Konfliktsituationen bilden den letzten theoretischen Grundstein für die Theorie Willems, auf die jetzt eingegangen werden soll.

1.3   Theorien der Wahrnehmungs- und Kommunikationsforschung

Die bisher dargestellten Theorien sind nicht in der Lage, die Prozesse der Konfliktdynamik und Konflikteskalation zu erklären. Arbeiten die kausalen Theorieansätze mit statischen Faktoren und thematisieren somit dynamische, prozessuale Faktoren lediglich als Randbedingungen, muss auch bei den interaktionistischen Theorien "eine Reihe von wahrnehmungs- und kommunikationstheoretischen Vorannahmen [...] gemacht werden, die im Rahmen der Theorien selbst nicht mehr diskutiert wurden" (Willems 1997, S.75). Willems möchte daher die Theorien ergänzen durch Annahmen der Wahrnehmungs- und Kommunikationsforschung.[129]

1.3.1   Der Ansatz von Watzlawick

Die Theorie von Watzlawick u.a. zur Kommunikationsforschung ist komplex und umfangreich. Im Vordergrund von Willems' Überlegungen stehen hier die fünf Axiome, mit denen Watzlawick u.a. den pragmatischen Teil der menschli-

---

[128]   Solche Versuche haben u.a. Neidhardt und Rucht (1993) mit ihrem "Modell der Entstehungs- und Stabilisierungsbedingungen sozialer Bewegungen" (Neidhardt/Rucht 1993, S.306) oder Rammstedt (1978) mit einem Verlaufsmodell sozialer Bewegungen unternommen (vgl. Neidhardt/Rucht 1993; Rammstedt 1978). Kritik an diesen Ansätzen, so Willems, ist die "aufeinanderbauende, starre Abfolge von Entwicklungsphasen, [...] die empirisch kaum zu verifizieren" (Willems 1997, S.71) ist. Dies widerspricht der Vorstellung eines offenen Konzeptes wechselseitiger Interpretations- und Definitionsprozesse, das den prozesshaften Charakter kollektiven Handelns zugrunde legt.

[129]   "Sie sind freilich zur Erklärung interpersonaler Beziehungen entwickelt worden. Ihre Übertragbarkeit auf Beziehungen zwischen sozialen Gruppen [...] muss daher hier offen bleiben" (Willems 1997, S.75).

chen Kommunikation[130] beschreiben, und die gleichzeitig die "einfachsten Eigenschaften" (Watzlawick/Beavin/Jackson 1969, S.50) derselben abstecken.[131] Kommunikation wird dabei nicht nur durch sprachliche Interaktionsprozesse definiert, sondern auch mit Verhalten gleichgesetzt. Außerdem berücksichtigen die Autoren mit den fünf Axiomen sowohl verbale als auch nonverbale Kommunikation. Finden alle fünf Axiome während eines kommunikativen Prozesses statt, so verläuft die Kommunikation erfolgreich. "Werden sie verletzt, sprechen Watzlawick u.a. von gestörter Kommunikation" (Willems 1997, S.76). Die vier[132] wichtigen Axiome sind:[133]

Die Unmöglichkeit, nicht zu kommunizieren

Watzlawick u.a. behaupten, dass es unmöglich sei, nicht zu kommunizieren: "Das 'Material' jeglicher Kommunikation [sind] keineswegs nur Worte, sondern auch paralinguistische Phänomene (wie z.B. Tonfall, [...] Pausen, Lachen und Seufzen), Körperhaltung, Ausdrucksbewegungen [...] - kurz, Verhalten jeglicher Art" (Watzlawick/Beavin/Jackson 1969, S.51). An anderer Stelle: "Wenn man also akzeptiert, dass alles Verhalten in einer zwischenpersönlichen Situation Mitteilungscharakter hat, d.h. Kommunikation ist, so folgt daraus, dass man, wie immer man es auch versuchen mag, nicht nicht kommunizieren kann" (ebd.). Für Konfliktsituationen (die sowieso schon durch Misstrauen und die Unterstellung strategischer Intensionen gekennzeichnet sind (vgl. Willems 1997)) bedeutet dies, dass auch ein 'Nicht-Verhalten' ständig interpretiert wird. Es existiert daher ein "permanenter Zwang" (Willems 1997, S.76), die Akte des Konfliktgegners zu interpretieren.

Die Inhalts- und Beziehungsaspekte der Kommunikation

Watzlawick u.a. vermuten in jeder Kommunikation einen Inhalts- und einen Beziehungsaspekt. Dies bedeutet, dass der Inhalt einer Mitteilung augenscheinlich

---

[130] Darunter verstehen sie die verhaltensmäßigen Auswirkungen der Kommunikation (vgl. Watzlawick/Beavin/Jackson 1969).

[131] "Ob diese Grundeigenschaften wirklich als Axiome des von uns postulierten pragmatischen Kalküls angesprochen werden dürfen, ist beim gegenwärtigen Stand unseres Wissens eine offene Frage" (Watzlawick/Beavin/Jackson 1969, S.50).

[132] Die 'digitale und analoge Kommunikation' (Axiom vier) wird von Willems bewusst ausgelassen, da sie für seine Überlegungen nicht von Bedeutung ist. Sie ist zu finden in Watzlawick/Beavin/Jackson 1969, S.61ff.

[133] Bei der Beschreibung der Axiome sollen an dieser Stelle besonders die Mechanismen von Wirklichkeitswahrnehmung und Wirklichkeitsproduktion in Konfliktsituationen im Vordergrund stehen.

84

immer bestimmte Informationen enthält, die wahr oder falsch, gültig oder ungültig etc. sein können, gleichzeitig aber auch einen Hinweis darauf, wie der Sender die Mitteilung vom Empfänger verstanden haben will. Dies ist der Beziehungsaspekt. Er "definiert also, wie der Sender die Beziehung zwischen sich und dem Empfänger sieht, und ist in diesem Sinn seine persönliche Stellungnahme zum anderen" (Watzlawick/Beavin/Jackson 1969, S.53). Ausgehend von einer solchen 'Metakommunikation'[134] wird deutlich, dass jeder Informationsaustausch auch definitorischen Charakter auf der Beziehungsebene hat.[135] [136] Für die Kommunikation in Konfliktinteraktionen bedeutet dieser Aspekt von Watzlawick/Beavin/Jackson 1969, dass damit (beabsichtigt oder unbeabsichtigt) Beziehungen zwischen Konfliktparteien ausgehandelt werden können. Anhand einer Selbstdefinition, die eine Konfliktpartei der anderen offeriert, soll dies verdeutlicht werden: Die Konfliktpartei, die die Selbstdefinition erhält, hat drei Möglichkeiten, darauf zu reagieren: Sie bestätigt, verwirft oder ignoriert sie. Bei Bestätigung erkennt sie die Identitätsbeschreibung des anderen an. "Reagiert er dagegen mit Verwerfung der übermittelten Selbstdefinition, so führt dies zwar nicht notwendigerweise zur Revision des Selbstbildes auf Seiten des Senders, aber es entwertet diese Selbstdefinition und führt so zu Konsequenzen für die Beziehung und für die weiteren Interaktions- und Kommunikationsprozesse" (Willems 1997, S.77). In jedem Falle beeinflusst der Beziehungsaspekt der Kommunikation nachhaltig die Beziehung und somit die weitere Konfliktsituation der Konfliktgegner.

Die Interpunktion von Ereignisfolgen

Jeder Teilnehmer einer Kommunikation muss dieser eine Struktur zugrunde legen, die Bateson und Jackson (1964) in Analogie zu Whorf (1956) als die 'Interpunktion von Ereignisfolgen' beschrieben haben: Die Abläufe innerhalb einer

[134] "Jede Kommunikation hat einen Inhalts- und einen Beziehungsaspekt, derart, dass letzterer den ersteren bestimmt und daher eine Metakommunikation ist" (Watzlawick/Beavin/Jackson 1969, S.56).
[135] Cherry (1967) bietet dafür ein Beispiel: Wie er zeigen konnte, kann der Satz "Glauben Sie, dass das genügt?" fünf verschiedene Bedeutungen haben, je nachdem, welches Wort betont wird. Mit jedem Betonungswechsel wechselt auch die Bedeutung auf der Beziehungsebene (vgl. Cherry 1967, S.169ff).
[136] Eine interessante Weiterführung dieses Konzeptes bieten Laing u.a. "Mein Erfahrungsfeld ist indes nicht nur von meinem direkten Bild von mir selbst (Ego) und dem anderen (Alter) ausgefüllt, sondern auch von etwas, was wir Metaperspektive nennen wollen: Mein Bild von dem Bild, das die anderen [...] sich von mir machen" (Laing/Phillipson/Lee 1973,

Kommunikation können so verstanden werden, dass in ihr jedes Ereignis gleichzeitig Reiz, Reaktion und Verstärkung ist (ungleich der Reiz-Reaktions-
Psychologie).[137] Bateson und Jackson veranschaulichen dies anhand eines Bei-
spiels: "Ein bestimmtes Verhalten von A ist insofern ein *Reiz*, als ihm ein bestimmtes Verhalten von B folgt [...]. Doch A's Verhalten ist insofern auch eine
Reaktion, als es zwischen zwei Verhaltensformen von B eingebettet ist. Ähnlich
ist das Verhalten von A außerdem auch eine *Verstärkung*, da es auf ein Verhal-
ten von B folgt" (Bateson/Jackson 1964, S.273). Diese Interaktion kann als
Kette von einzelnen triadischen Gliedern verstanden werden (jeweils Folge von
Reiz, Reaktion, Verstärkung), die, aneinander gereiht, Verhaltensketten bzw.
Ereignisfolgen bilden. Unter Interpunktion wird nun das Ordnen, Einteilen oder
Gruppieren solcher Ereignisfolgen von den beteiligten Kommunikationsteil-
nehmern verstanden. Bateson und Jackson versuchen dies anhand einfacher
Reiz-Reaktions-Lernexperimente darzustellen. Bei Experimenten mit Ratten
wird der Versuchsablauf von dem Versuchsleiter so interpunktiert, dass es
scheint, als ob er 'Reiz' und 'Verstärkung' liefert und von der Ratte die 'Reaktionen' kommen. Diese einseitige Kommunikation zwischen Versuchsleiter und
Ratte würde durchbrochen bei folgender Vorstellung: "Die Versuchsratte, die
sagte: 'Ich habe meinen Versuchsleiter so abgerichtet, dass er jedes mal, wenn
ich den Hebel drücke, mir zu fressen gibt', weigerte sich, die Interpunktion anzunehmen, die der Versuchsleiter ihr aufzuzwingen versuchte" (Bateson/Jackson
1964, S.277). Die Autoren weisen darauf hin, dass auch bei menschlicher
Kommunikation meist so interpunktiert wird, dass es aussieht, als habe einer der
Teilnehmer die Initiative, als sei er dominant, abhängig etc. Eine solche Beziehung der Kommunikationspartner lebt von wechselseitigen Verhaltensverstär-
kungen durch die richtige Interpunktion der Kommunikationsabläufe. Dazu
Watzlawick u.a.: "Die Natur einer Beziehung ist durch die Interpunktion der
Kommunikationsabläufe seitens der Partner bedingt" (Watzlawick/Beavin/Jack-
son 1969, S.61). Gestörte Kommunikation kann nach diesem Modell auftreten,
"wenn nämlich Individuen ihre eigene Wirklichkeitsfassung absolut setzen und
als einzige mögliche Interpretation verfügbarer Informationen ansehen. Jede
Realitätsauffassung, die von der eigenen abweicht, erscheint dann als irrational,

---

S.14). Mit diesen Alterationen der Identität, bzw. der Perspektiven, lässt sich das Schema
von Watzlawick/Beavin/Jackson 1969 ad infinitum weiterentwickeln.

[137] Hier wird ein Ereignis als Reiz, ein anderes als Verstärkung und das Ereignis zwischen
Reiz und Verstärkung als Reaktion verstanden (vgl. Bateson/Jackson 1964).

86

oder als strategische (böswillige) Verdrehung der objektiven Tatsache" (Willems 1997, S.78).

Die Struktur der Interpunktion der Kommunikation zwischen den Kommunikationspartnern ist also von großer Bedeutung für den Verlauf eines Konfliktes. Es deutet einiges darauf hin, dass Interaktionsspiralen, die zu Gewalt führen, ausgelöst werden durch gestörte Interpunktierung der Kommunikation der Konfliktparteien (vgl. Willems 1997).

Symmetrische und komplementäre Interaktionen
Watzlawick/Beavin/Jackson 1969 unterscheiden zwei Formen der Interaktion, die symmetrische und die komplementäre.[138] Diese stehen für Beziehungen, die entweder auf Gleichheit oder auf Unterschiedlichkeit beruhen. Dazu Watzlawick u.a.: "Im ersten Fall ist das Verhalten der beiden Partner sozusagen spiegelbildlich und ihre Interaktion daher symmetrisch. [...] Im zweiten Fall dagegen ergänzt das Verhalten des einen Partners das des anderen, wodurch sich eine grundsätzlich andere Art von verhältnismäßiger Gestalt ergibt, die komplementär ist" (Watzlawick/Beavin/Jackson 1969, S.69). Und an anderer Stelle: "Symmetrische Beziehungen zeichnen sich [...] durch das Streben nach Gleichheit und Verminderung von Unterschiedlichkeiten zwischen den Partnern aus, während komplementäre Interaktionen auf sich gegenseitig ergänzende Unterschiedlichkeiten [aufbauen]" (ebd.). Bateson (1972) verweist in diesem Zusammenhang auf die Intensivierung des Interaktionsablaufes, die für Willems wichtig ist. So gibt es bei der symmetrischen Schismogenese bzw. Interaktion eine Aufschaukelung der Situation, wenn auf das Verhalten von Person A, z.B. Drohung, ebenfalls Drohung von Person B folgt. Dazu Bateson: "Wenn z.B. Prahlen das [...] Verhalten einer Gruppe ist und die andere Gruppe darauf ebenfalls mit Prahlen antwortet, so kann sich daraus ein Wettstreit entwickeln, in dem Prahlen zu mehr Prahlen führt und so fort" (Bateson 1958, S.177). [139] Dazu Willems:

---

[138] Diese Unterscheidung geht auf Bateson (1935) zurück, der dieses Beziehungsphänomen bei den Jatmuls auf Neuguinea beobachtet hat und 'Schismogenese' nennt (vgl. Bateson 1935).
[139] Ein Beispiel dafür beschreibt Joad anhand des Wettrüstens: "Sie [Nation B...] fühlen sich veranlasst, durch eigene Aufrüstung jene Rüstung zu übertreffen, durch die sie sich bedroht fühlen [...]. Diese Aufrüstung bedeutet umgekehrt eine Bedrohung für Nation A, deren angeblich defensive Rüstungen sie ursprünglich auslösten, und dient nun Nation A zum Vorwand, sich zum Schutz gegen diese Bedrohung noch stärker zu bewaffnen" (Joad 1939, S.69).

"Wir kennen die Formen symmetrischer Interaktion als typische Eskalations-
und Aufrüstungsspiralen von Konflikten" (Willems 1997, S.78).
Für Willems stellt die Theorie von Watzlawick ein Instrumentarium dar, um den
prozessualen Charakter in Konfliktsituationen zu beschreiben. Die Entwicklung
der Konfliktdynamik kann anhand der hier dargestellten vier Axiome besser
skizziert werden, als das mit den vorherigen Theorien möglich war. Die Konfliktsituation wird demnach beeinflusst durch ständiges Interpretieren des Verhaltens der Gegenseite, durch ein beabsichtigtes oder unbeabsichtigtes Bezie-
hungsaushandeln der Parteien, durch die Interpunktion der Kommunikation sowie durch die Form der Kommunikation, die im Falle einer ungünstigen symmetrischen Interaktion zu Eskalationsspiralen führen kann.

1.3.2 Kognitionen und Emotionen und ihre Bedeutung in Konfliktsituationen

Welche Bedeutung bestimmte Kognitionen und Emotionen für die Erzeugung
und Veränderung von Handlungsbereitschaften in Konfliktsituationen haben,
darum soll es in diesem Abschnitt gehen.
Diese Frage untersuchten u.a. Schachter (1971) und Tannenbaum (1980). Sie
unterteilen den Prozess der Handlungsaktivierung in zwei Phasen. In der ersten
Phase führen bestimmte Wahrnehmungen und ihre kognitive Verarbeitung zu
einer diffusen, emotionalen Reaktion (Angst, Wut etc.). Dies führt, in einer
zweiten Phase, zur Erhöhung der Aktivitätsbereitschaft, die jedoch diffus und
ungerichtet ist und deshalb eine erneute Informationssuche auslöst, um die Kognitionen zu bestätigen oder zu widerlegen. Mit dieser Sichtweise legen die
Autoren nahe, dass die Emotionen Ergebnis kognitiver Analysen und Einschätzungen sind.[140] Sie erweitern jedoch diese kognitionstheoretische Annahme mit
den Überlegungen von Hassenstein (1972), der den Begriff der 'intellektuellen
Kontrastverschärfung' geprägt hat. Hassenstein nimmt an, dass Beurteilungspro-
zesse (Kognitionen) in ganz bestimmter Art und Weise beeinflusst werden von
Emotionen in der Richtung, dass diese 'intellektuelle Kontrastverschärfung' zur
Folge haben, was wiederum zu 'intoleranten Werturteilen' führen kann (vgl.
Hassenstein 1972). "Die Emotionen dürften so zumindest die Richtung der In-
formationssuche und damit die potentielle Handlungsrichtung mitbestimmen"
(Willems 1997, S.85).

---

[140] Diese Annahme geht auf kognitionstheoretische Ansätze zurück (vgl. u.a. Laza-
rus/Kanner/Folkman 1980; Mandl/Huber 1983).

Zur Analyse der Wahrnehmungs- und Interpretationsprozesse in Konfliktsituationen erweitert Willems diese Annahmen mit kognitionstheoretischen Annahmen in Stressreaktionen. Danach stehen subjektive Wahrnehmungen und Stressreaktionen in einem engen Zusammenhang. Erst wenn ein bestimmtes Ereignis,
z.B. eine Bedrohung, als Bedrohung subjektiv wahrgenommen und interpretiert
wird (und nicht als Provokation etc.), werden physiologische Stressreaktionen
ausgelöst. So stellen Lazarus/Kanner/Folkman 1980 ein Modell vor, um den
Ablauf einer Stressreaktion zu verdeutlichen und kommen zu dem Ergebnis,
dass "eine Revision der Situationsdefinition [...] während einer Stressreaktion
kaum möglich [erscheint], da hier eine Kognitionskette in Gang gesetzt wird, die
nur bei untrüglichen Informationen eine Neueinschätzung möglich werden lässt"
(Willems 1997, S.86).
Für die Situation einer Protestgruppe bedeuten diese Ausführungen, dass Gruppenverhalten stark von Emotionen abhängig sein kann. Die Frage, in welcher
Gewichtung Emotionen und Kognitionen Gruppensituationen beeinflussen, kann
hier nur anhand von Stresssituationen angedeutet werden: Erst wenn eine Gefahr
auch als solche subjektiv wahrgenommen wird, reagiert der Körper mit Stress
darauf. Dies veranlasst wiederum zu einer subjektiven Deutung der Situation.
Diese Kette aus Kognition und Emotion kann, so Willems, zur Erklärung der
Erzeugung und Veränderung von Handlungsbereitschaft in Konfliktsituationen
herangezogen werden.
Trotzdem müssen auch diese Annahmen um soziale Faktoren ergänzt werden.
Die Bewertungsprozesse, verstanden als die Reaktion auf Kognition oder Emotion, die für die Handlungsaktivierung verantwortlich sind, können nicht als individualistische Reaktion verstanden werden, sondern sind innerhalb der Gruppe
stets in kollektiven Interpretations- und Bewertungsprozessen eingelagert. Sie
benötigen soziale Bestärkung und Unterstützung. "Es hängt dann z.B. von den
Wertorientierungen und Machtstrukturen der Gruppe ab, welche Interpretations-
und Definitionsangebote (etwa in Protestsituationen) dominant werden und das
kollektive Handeln der Gruppe bestimmen" (Willems 1997, S.86).[141]
Der letzte Punkt, auf den nun eingegangen werden soll, ist die sozialpsychologische Aggressionsforschung von Mummendey (1980 und 1984) und
Mummendey/Linneweber (1981), die Willems anführt. Diese versucht, Aggres-

---

[141] "Hier sind die Theorien der individuellen Wahrnehmung ohne Mühe anzuschließen an
interaktionistisch orientierte Theorien kollektiven Verhaltens, die die sozialen Bedingungen und Mechanismen von Kommunikations- und Interaktionsprozessen darstellen"
(Willems 1997, S.86).

sion als soziale Interaktion zu begreifen und ist deshalb für die Theorie von Willems unentbehrlich.

1.3.3 Aggression als Interaktions- und Bewertungsprozess

Mummendey und Linneweber gehen davon aus, dass aggressives Verhalten eine Interaktion zwischen mindestens zwei Personen darstellt.[142] Die Definition des aggressiven Verhaltens als soziale Interaktion ergibt sich nun aus verschiedenen Aspekten:
Die Bestimmung von Aggression setzt bei dem Schaden der betroffenen Person an. Die geschädigte Person fühlt sich sicher und gerechtfertigt, eine "identifizierbare Person, Gruppe oder Instanz [für den erlittenen Schaden] verantwortlich zu machen" (Mummendey 1980, S.6). Der Betroffene macht nicht etwa Instanzen, Umstände etc. für den Schaden verantwortlich, sondern eine bestimmte Person. Des Weiteren definiert der Geschädigte den Schaden nicht als unumgänglich oder 'zu ertragen'. Er fordert Maßnahmen bzw. Sanktionen gegen den Täter. Dieser wiederum empfindet diese Sanktionen als ungerechtfertigt, da "kein Einvernehmen über die Schuld besteht" (ebd.). Daraus folgt, dass "das Fehlen von Schuldbewusstsein bei gleichzeitiger Attribution von Schuld an das Gegenüber [...] deutlich [macht], dass die Definition einer Handlung als 'Aggression' oder 'Verteidigung' nichts 'Objektives' über die Schuldfrage aussagen kann" (Willems 1997, S.87). Aggression ist zunächst ein taktischer Begriff. In die Beschreibung einer Handlung als aggressives Verhalten muss auch die Definition und Interpretation des Opfers einfließen.
Für die interaktionistische Konzeption des Aggressionsbegriffs bei Mummendey und Linneweber ist die Relativität der Aggressionsdefinition von Bedeutung. Diese geht "über die Beschreibung des einzelnen Individuums bzw. dessen Verhalten" (Mummendey 1980, S.7) hinaus. Sie schließt die unterschiedlichen Perspektiven der Konfliktbeteiligten sowie die sozialen Kontexte,[143] in welchen die Interaktionen ablaufen, mit ein.
Für die Beziehung zum kollektiven Verhalten bedeutet dies, dass in Konfliktsituationen oftmals Verhalten als aggressives Verhalten von der Gegenseite inter-

---

[142] Daher verwenden die Autoren keine individualistische, sondern eine sozialpsychologische Perspektive, die das soziale Verhalten in einem überindividuellen Kontext interpretiert (vgl. Mummendey/Linneweber 1981, S.2).
[143] "Dabei wird der Kontextbegriff hier primär in einem normativen Sinne eingeführt: Sozialer Kontext definiert die Erwartungen dessen, was in einer Situation 'normativ' als angemessen oder unangemessen gilt" (Willems 1997, S.88).

pretiert wird und es dann aufgrund von Gegenreaktionen zu Eskalationsprozessen kommen kann. Für die Erforschung von Eskalationsbedingungen ist es daher wichtig, die Struktur der Konflikte zu definieren, um dann die unterschiedlichen Wahrnehmungen und Perspektiven der Gruppen (die die Divergenz der Perspektiven erzeugen) darzustellen. Dabei können andere Ansätze und deren Erkenntnisse (wie oben ausgeführt) als zusätzliche Hilfe dienen.

Zusammenfassung

Im letzten Theorieteil wurden einige grundlegende Thesen der Kommunikations- und Wahrnehmungsforschung dargestellt. Diese sind von großer Bedeutung in Bezug auf die Organisation von Erfahrung in Konfliktsituationen. Watzlawicks Theorie beschreibt anhand der vier Axiome die Grundlagen menschlicher Kommunikation. Dabei wird deutlich, dass seine Ausführungen zu einer gestörten Kommunikation auch in Konfliktsituationen zwischen Gruppen ihre Richtigkeit haben. So verweist Willems auf typische Eskalations- und Aufrüstungsspiralen von Konflikten, die die Grundlage von symmetrischer Interaktion sein können, oder auf die Entstehung divergenter Perspektiven als Ursache von unterschiedlicher Interpunktion der Ereignisfolgen. Des Weiteren wurde auf die Bedeutung von Emotionen und Kognitionen als wahrnehmungs- und verhaltensbeeinflussende Kraft, vor allem in Konfliktsituationen, hingewiesen. "Die hier diskutierten Kognitionen und emotionalen Faktoren der Wahrnehmung identifizieren auf der individuellen, psychologischen Ebene wichtige Voraussetzungen für kollektives Handeln in Konfliktsituationen" (Willems 1997, S.89). Abschließend wurde die theoretische Interpretation von Aggression als interaktioneller Bewertungsprozess aufgeführt. Diese macht deutlich, dass in Konfliktsituationen der Aggressionsbegriff den subjektiven Bewertungen der Teilnehmer unterworfen ist.

2 Zusammenfassung der theoretischen Überlegungen Helmut Willems'

In diesem ersten Teil über Helmut Willems sollten die Kernthesen der theoretischen Ansätze besprochen werden, die der Autor seinem Ansatz zum Thema 'Rechtsextremismus' zugrunde legt. Ausgehend von den Annahmen Willems', dass die Entstehung rechtsextremistischer Gewalt im Rahmen der Theorien des symbolischen Interaktionismus über die Prozesse der Realitätskonstruktion, die Grundlagen individuellen und kollektiven Handelns sowie Theorien des kollektiven Verhaltens am besten beschrieben werden können, haben wir die wichtigsten Ansätze herausgestellt. Dabei war der Bezug zum Rechtsextremismus hier nicht ausschlaggebend, da dies gesondert in Kapitel III.A.4 erörtert werden soll. Willems selbst verwendet seine Theorie ganz allgemein für das Phänomen des politischen Protests, seine Entstehung und Entwicklung, und wendet sie u.a. auf die fremdenfeindlichen Unruhen 1991 bis 1993 in Deutschland an. Diese Verbindung von Theorie und 'Praxis' wird dann empirisch belegt, wobei auf die Ergebnisse zweier Studien (vgl. Willems/Eckert/Würtz/Steinmetz 1993; Willems/Würtz/Eckert 1994) zurückgegriffen wird (Kap. III.A.3).

In Kapitel III.A.1.1 haben wir Erklärungsansätze der Ursachen und Entstehungsbedingungen politischer Konflikte dargestellt. Im Vordergrund stand hier die Frage nach der Entstehung von Unzufriedenheit, die, jedenfalls nach diesen Ansätzen, zu politischem Protest führen kann. Die makrosoziologischen bzw. strukturanalytischen Modelle machen strukturelle Spannungen für die Entwicklung von Unzufriedenheit verantwortlich. So stehen in der marxistischen Theorietradition ökonomische Verhältnisse im Vordergrund, die für eine Klassenbildung innerhalb der Gesellschaft verantwortlich sind und zu kollektiver Unzufriedenheit führen. Der politische Protest ist hier die Revolution. Weitere strukturanalytische Ansätze verfahren nach derselben Ursache-Wirkungs-Annahme, die für Willems nur wenig Aussagekraft hat, da die empirische Einsicht ausgeklammert wird, wonach gerade strukturell benachteiligte Menschen (Arbeitslose etc.) zu politischer Apathie neigen. Eine Weiterentwicklung dieses Gedankens bietet der Deprivationsansatz nach Gurr (1972) im Rahmen der sozialpsychologischen Theorien. Er verlagert die Entstehung von Unzufriedenheit weg von rein strukturellen Faktoren hin zu einer subjektiven Definition von Benachteiligung und Versagen, die dann zu Unzufriedenheit führt. Trotzdem ist auch hier der Übergang von Unzufriedenheit zu aktivem Handeln nicht gegeben. Der letzte Ansatz innerhalb der strukturanalytischen Theorien versucht, politische Partizipation und politischen Protest anhand utilitaristischer Handlungsprämissen zu begreifen und somit den Übergang von Unzufriedenheit zur eigentlichen Handlung zu konstatieren. Im Mittelpunkt steht hier die Idee eines Kosten und Nutzen kalkulierenden Individuums: Handlungen werden dann unternommen, wenn mit positiven Konsequenzen gerechnet werden kann. Willems' Kritik an diesem Ansatz ist, dass die utilitaristische Handlungsprämisse für die Person allein nicht ausreicht, um in Aktion zu treten. Weitere Variablen müssen eingeführt werden, die wiederum individuell oder sozial voraussetzungsvoll sind.

92

Zusammenfassend lässt sich sagen, dass die strukturanalytischen Theorien einen wichtigen Hinweis darauf geben, wie sich Unzufriedenheit manifestieren kann. Außer den strukturellen Bedingungen können auch subjektive Interpretationen bestimmter Situationen solche Gefühle auslösen. Was diese Ansätze nicht zu skizzieren vermögen, ist zum einen die Genese aktiver Handlung sowie die Veränderung von Handlungsbereitschaft.

Theorien, die versuchen, Veränderungen von Handlungsbereitschaft sowie Wirklichkeits- und Zieldefinitionen zu beschreiben, sind insbesondere die Theorien kollektiven Verhaltens. Sie versuchen Konfliktinteraktionen zu erforschen. Für Blumer (1972) ist ein soziales Problem immer Ergebnis spontaner kollektiver Definitionen. Kollektives Verhalten (z.B. politischer Protest), das sich möglicherweise daraus entwickelt, ist demnach abhängig von Definitionen bzw. Interpretationen sozialer Ereignisse. Turner und Killian (1987) erweitern diesen Gedanken mit ihrer Theorie emergenter Normen: Kollektives Verhalten basiert auf gruppeninternen Normen, die von der Gruppe (meist in Krisensituationen) entwickelt werden. Neue Situationen erzeugen neue Normen und somit 'neues' Handeln. Wozu diese Ansätze nicht in der Lage sind, ist, die Dynamik und den unvorhersehbaren Verlauf kollektiven Verhaltens zu erklären.

Willems geht daher auf psychologische Theorien der Wahrnehmungs- und Kommunikationsforschung ein. Anhand der Forschungen von Watzlawick/Beavin/Jackson 1969 zur menschlichen Kommunikation haben wir die Auswirkungen gestörter Kommunikation innerhalb kollektiven Protests gezeigt. So konnten u.a. typische Eskalations- und Aufrüstungsspiralen in Konflikten sowie die Entstehung divergenter Perspektiven verdeutlicht werden. Anschließend betrachteten wir die Auswirkungen von Kognitionen und Emotionen in Konfliktsituationen. Dabei fiel auf, dass besonders die Emotionen über den Verlauf von Konflikten entscheiden können. Abschließend untersuchten wir den Aggressionsbegriff anhand der Studien von Mummendey und Linneweber (1981), der auch hier von den Interpretationen der Konfliktparteien abhängig ist. Aggressives Verhalten ist dann aggressives Verhalten, wenn es von der Gegenseite des Konfliktes als solches angesehen wird.

3 Die empirische Herangehensweise Willems'

Wir gehen an dieser Stelle auf zwei Veröffentlichungen ein (vgl. Willems/Eckert/Würtz/Steinmetz 1993; Willems/Würtz/Eckert 1994), die die empirische Untersuchung der Trierer Forschungsgruppe wiedergeben. Diese waren vom Bundesministerium des Innern geförderte Projekte, um die Bedingungen der Übergriffe fremdenfeindlicher Gewalttäter auf Asylbewerber und andere in Deutschland lebende Ausländer zu erhellen. Im Vordergrund stand hier, dieses Phänomen mit unterschiedlichen empirischen Methoden zu beschreiben: "Meinungsumfragen können Auskunft über allgemeine Einstellungen zu Fremden und zur Gewalt in der Bevölkerung geben; mit Ereignisdaten können Entwicklungs-, Diffusions- und Eskalationsprozesse nachvollzogen werden. Polizeiliche Akten über Tatverdächtige können den sozialstrukturellen Hintergrund erhellen; Gerichtsakten informieren über die Lebenssituation und die biographischen Karrieren der Verurteilten; aus der Presseberichterstattung und aus Experteninterviews [...] können Interaktions- und Eskalationsprozesse gewalttätiger Ereignisse vor Ort und ihre lokalen sowie bundespolitischen Bedingungen rekonstruiert werden" (Willems/Eckert/Würtz/Steinmetz 1993, S.18).[144] Im Rahmen dieser Arbeit wollen wir uns auf die Auswertung der polizeilichen Ermittlungsakten (Kap. III.A.3.1), die Analyse von Urteilsschriften (Kap. III.A.3.2) sowie die Rekonstruktion der Presseberichterstattung (Kap. III.A.3.3) konzentrieren.

3.1 Auswertung der polizeilichen Ermittlungsakten

Die Auswertung der ersten Untersuchung 1993 (vgl. Willems/Eckert/Würtz/ Steinmetz 1993) bezieht sich auf 1.398 polizeiliche Ermittlungsakten zu fremdenfeindlichen Straftaten, die zwischen Januar 1991 und April 1992 (01.01.1991 bis 30.04.1992) von den Polizeibehörden der Länder registriert wurden. Allerdings erklärten sich zu diesem Zeitpunkt 'nur' neun Bundesländer bereit (sechs aus dem Westen und drei aus dem Osten), ihre Daten zur Verfügung zu stellen.[145] Anders bei der Fortschreibung der Analyse 1994 (vgl. Willems/Würtz/Eckert 1994): In dem Zeitraum vom 01.05.1992 bis zum 31.12.1993 konnte unter Beteiligung aller 16 Bundesländer eine Totalerhebung von insge-

---

[144] Diese Methodik, u.a. soziodemographische Merkmale von Gewalttätern anhand bestimmter Daten aus Strafverfahren zu rekonstruieren, ist nicht neu. Ähnliche Forschungen wurden u.a. über die linken Terroristen der 1970er Jahre betrieben. Eine Zusammenfassung dieser Arbeiten bietet u.a. Blath/Hobe 1983.

[145] Dieses führt laut Willems u.a. allerdings nicht zu schwerwiegenden Verzerrungen, da, verglichen mit den BKA-Daten aller Bundesländer, die Verteilungen der Analyse Willems' u.a. ähnlich sind. "Insofern spiegeln unsere Daten die tatsächliche Verteilung registrierter fremdenfeindlicher Straftaten über die Bundesländer weitgehend wider" (Willems/Eckert/Würtz/Steinmetz 1993, S.109).

samt 5.232 Ermittlungsakten durchgeführt werden. Die beiden Projekte ergeben also ein (genaues) Bild der Situation polizeilicher Ermittlungen, Befragungen und Einschätzungen in Bezug auf fremdenfeindliche Straftaten in den Jahren 1991 bis einschließlich 1993. Kritiker an der Trierer Forschergruppe und deren Ergebnisse bemängeln die Methode der Datengewinnung. So schreibt Heitmeyer u.a.: "Allerdings liegt die Aufklärungsquote rechtsextremistischer Straftaten durch die Polizei bei nur 30%, so dass verzerrende Ergebnisse durch die besondere Selektionsleistung der Ermittlungsbehörden eintreten müssen. 70% bleiben ganz im Dunkeln" (Heitmeyer u.a. 1995, S.381). Die Autoren Willems u.a. berücksichtigen diese Verzerrungsfaktoren,[146] machen aber darüber hinaus darauf aufmerksam, "dass die verfügbaren Zahlen zumindest die Veränderungen der relativen Größenordnung einigermaßen adäquat wiedergeben" (Willems/Würtz/Eckert 1994, S.10). Weiterhin führen sie an: "Da wir mittels einer relativ breit angelegten Erhebung durchaus verallgemeinerbare Aussagen über die Strukturen fremdenfeindlicher Gewalt in den letzten Jahren treffen können, sind die Ergebnisse sowohl für die gesellschaftliche Praxis des Umgangs mit fremdenfeindlicher [...] Gewalt von Bedeutung, aber auch als gültige und verallgemeinerbare Informationen, denen sich die theoretischen Erklärungsansätze stellen müssen" (Willems/Eckert/Würtz/Steinmetz 1993, S.108).

Folgende Fragekomplexe standen bei beiden Untersuchungen im Vordergrund:

"a) soziodemographische Merkmale, familialer Kontext und Gruppenzugehörigkeit der Tatverdächtigen

b) Tatmerkmale

c) Opfer- und Geschädigtenmerkmale

---

[146] Willems u.a. verweisen hier auf Probleme der Bewertung der Qualität und Aussagekraft dieser Daten. Auf dieses Problem haben wir schon in Kapitel II.A.2 hingewiesen. Sie führen an dieser Stelle Verzerrungsfaktoren wie 'Dunkelfeld', 'Anzeigebereitschaft' und 'Polizei-interne Definitionen' an (vgl. Willems/Würtz/Eckert 1994, S.8ff, sowie Willems/Eckert/Würtz/Steinmetz 1993, S.106ff). Zur 'Polizei-internen Definition' fremdenfeindlicher Straftaten kann gesagt werden, dass die Polizeien der Länder zwar eine gemeinsame Definition von fremdenfeindlichen Straftaten haben, die auch bundesweit verwendet werden soll (danach werden jene Delikte zusammengefasst, "die in der Zielrichtung gegen Personen begangen werden, denen die Täter (aus intoleranter Haltung heraus) aufgrund ihrer Nationalität, Volkszugehörigkeit, Rasse, Hautfarbe, Religion, Weltanschauung, Herkunft oder aufgrund ihres äußeren Erscheinungsbildes oder aufgrund ihrer tatsächlichen oder vermeintlichen Herkunft ein Bleibe- oder Aufenthaltsrecht in ihrer Wohnumgebung oder in der gesamten BRD bestreiten" (BKA 1993, S.3)), diese jedoch offen lässt, wie und nach welchen Kriterien Straftaten hier zugeordnet werden können, wenn z.B. die Tatmotivation und Intention nicht bekannt ist.

d) Tatortmerkmale

e) polizeiliche und juristische Reaktionen" (Willems/Würtz/Eckert 1994, S.19).

Im Folgenden stellen wir die wichtigsten Ergebnisse dieser Analyse dar. Dabei werden wir die Ergebnisse vom 01.01.1991 bis zum 30.04.1992 denen vom 01.05.1992 bis zum 31.12.1993 gegenüberstellen. Somit können eventuelle Veränderungen zwischen Anfang 1991 und Ende 1993 eruiert werden.

3.1.1 Täterstrukturen

Alter

"Zur Identifizierung von Konflikten und Gewaltpotentialen in der Gesellschaft sind [...] insbesondere auch Informationen über das Alter der Akteure von Bedeutung" (Willems/Eckert/Würtz/Steinmetz 1993, S.110).
In der Untersuchung von 1991 bis 1992 (fortan abgekürzt mit 1991/92) wurde deutlich, dass fremdenfeindliche Straftaten überwiegend von Jugendlichen und jungen Erwachsenen begangen worden sind. Mehr als ein Drittel, 36,2% aller Tatverdächtigen, war 1991/92 unter 18 Jahre alt, 75,3% waren 20 Jahre und jünger. 91,6% aller Tatverdächtigen waren sogar unter 25 Jahre alt. Diese Ergebnisse werden von der Untersuchung zwischen 1992 und 1993 (fortan abgekürzt mit 1992/93) bestätigt, allerdings mit einigen Verschiebungen (Abb. 22, s. Anhang). So nahm der Anteil der 20-jährigen und jüngeren von 75,3% (1991/92) auf 61,2% (1992/93) ab, während der Anteil der über 25-jährigen Tatverdächtigen von 8,3% (1991/92) auf 20,7% (1992/93) zunahm. Willems u.a. beschreiben dieses Phänomen folgendermaßen: "Hier sind somit im Laufe der Eskalationen und Mobilisierungsphasen der Jahre 1992/93 neue, ältere Tätergruppen in stärkerem Maße aktiv geworden als dies zu Beginn der fremdenfeindlichen Eskalationswellen 1991 der Fall war" (Willems/Würtz/Eckert 1994, S.24).
Willems u.a. 1994 verweisen auf Unterschiede zwischen den älteren und den jüngeren Tatverdächtigen. So zeigen sie auf, dass die Gruppe der über 25-jährigen die bei weitem höchste Arbeitslosenquote aufwies (Abb. 23, s. Anhang). 42,4% der 25- bis 29-jährigen und 45,9% der 30- bis 45-jährigen waren zum Zeitpunkt der Tat arbeitslos, gegenüber 21% aller Tatverdächtigen. Zwar muss hier einschränkend erwähnt werden, dass die unter 15-jährigen und die 15- bis 17-jährigen zumeist Schüler oder Lehrlinge sind und dadurch den Status 'Arbeitslosigkeit' noch nicht besitzen können, "dennoch weisen die weit über den

Durchschnittswerten für alle Tatverdächtigen liegenden hohen Arbeitslosen-
quoten bei den über 30-jährigen darauf hin, dass im Verlauf der Eskalationen
der Jahre 1992/93 ältere Arbeitslose in starkem Maße mobilisiert werden konnten" (Willems/Würtz/Eckert 1994, S.25). Des Weiteren lassen sich Alter und
Zugehörigkeit zu einer rechtsextremistischen Organisation kombinieren (Abb.
24, s. Anhang).[147] Der Durchschnittswert aller Tatverdächtigen, die rechtsextremistischen Gruppen und Organisationen angehören, lag bei 18%. Der Wert für
die über 60-jährigen war mit 29,1% der höchste aller Altersgruppen. Interessant
erscheint auch die Zugehörigkeit zu der Kategorie 'sonstige Gruppe'.[148] Diese
Zahl fällt von über 60% bei den 15- bis 17-jährigen auf fast 0% bei den über 60-
jährigen. Dazu Willems u.a.: "Die differenzierte und qualifizierte Analyse der
verschiedenen Altersgruppen verdeutlicht somit, dass die jugenddominierenden
fremdenfeindlichen Krawalle [...] der Jahre 1991/92 im Laufe der Zeit zunehmend Unterstützung durch ältere Bürger erhielten, wobei neben marginalisierten (mittelalten) Problemgruppen [...] wenigstens z.T. auch ältere Rechtsradikale und Alt-Nazis verstärkt aktiv bzw. auffällig wurden" (Wil-
lems/Würtz/Eckert 1994, S.27).[149]

Geschlechtsstruktur der Tatverdächtigen
Die fremdenfeindlichen Straf- und Gewalttaten wurden eindeutig von männlichen Jugendlichen dominiert. Wie Abbildung 25 (s. Anhang) demonstriert, haben 94,9% aller Taten Männer und nur 5,1% Frauen begangen. Dieses Verhältnis hat sich gegenüber 1991/92 nicht stark verändert.[150]

Familienstand der Tatverdächtigen
Mit steigendem Alter der Tatverdächtigen (vgl. Kap. III.A.3.1.1 'Alter') können
auch Veränderungen hinsichtlich des Familienstandes zu erwarten sein. Waren

---

[147] Zur Differenzierung der vier Gruppentypen vgl. Willems 1993, S.126.

[148] Darunter subsumiert Willems informelle Jugendgruppen wie 'Freizeitcliquen', Jugendliche, die sich zwecks gleichem Hobby zusammenschließen oder andere (teils stark gewaltaffine) Gruppen.

[149] Die Ergebnisse von Willems zur Altersstruktur werden von einer ähnlichen jüngeren Un-
tersuchung des Landeskriminalamtes Baden-Württemberg bestätigt (vgl. LKA Baden-
Württemberg 1999). Außerdem auch von einer Replikation der Studie um Willems einer
Münchner Forschungsgruppe (vgl. Peuker/Gaßebner/Wahl 2000).

[150] Die Ergebnisse von Willems zur Geschlechtsstruktur werden von einer ähnlichen jüngeren Untersuchung des Landeskriminalamtes Baden-Württemberg bestätigt (vgl. LKA Baden-Württemberg 1999). Außerdem auch von einer Replikation der Studie um Willems
einer Münchner Forschungsgruppe (vgl. Peuker/Gaßebner/Wahl 2000).

1991/92 95,5% der Tatverdächtigen ledig, sind dies 1992/93 'nur' noch 89,5% (Abb. 26, s. Anhang). Trotzdem bleibt die Großzahl der TäterInnen ledig. Der Familienstand ledig ist natürlich nicht als spezifisch für fremdenfeindliche Gewalt anzusehen, verweist aber auf einen wichtigen Umstand: "Von den Konsequenzen des Handelns werden in der Regel nur die Täter selbst betroffen, Ehepartner oder Kinder werden in der Regel nicht in Mitleidenschaft gezogen. Ohne diesbezügliche Rücksichten können Gewalttaten daher 'kostengünstiger' und weniger riskant erscheinen" (Willems/Würtz/Eckert 1994, S.31).

Formaler Bildungsabschluss
Die Frage nach dem Bildungsabschluss gibt Hinweise auf die strukturelle Verortung der Tatverdächtigen. Wie Abbildung 27 (s. Anhang) zeigt, hat sich die Verteilung auf die einzelnen Bildungsabschlüsse nur geringfügig verändert. Die meisten Tatverdächtigen besaßen niedrigen bis mittleren Bildungsstatus. 60% (1991/92: 62,3%) hatten einen Hauptschulabschluss und 17,9% (1991/92: 20,1%) die Mittlere Reife. Der Anteil der Tatverdächtigen mit Abitur oder Hochschulabschluss hatte sich von 1,5% 1991/92 auf 2,9% erhöht, die Zahl der Tatverdächtigen ohne Abschluss von 12,2% 1991/92 auf 13,7%. Hier ist anzumerken, dass der relativ hohe Anteil der Tatverdächtigen ohne formellen Bildungsabschluss in erster Linie durch den hohen Schüleranteil bedingt war. Abbildung 28 (s. Anhang) verdeutlicht, dass bei den älteren Tätergruppen der Anteil der Tatverdächtigen ohne Schulabschluss auf ca. 5% bis 6% absinkt. Der verzerrende Faktor von fast 80% der unter 15-jährigen ohne Abschluss wird hier deutlich. Insgesamt ist eine klare Dominanz niedriger und mittlerer Bildungsabschlüsse zu erkennen. Sie liegen weit über den durchschnittlichen Werten für diese Bildungsabschlüsse unter den Jugendlichen insgesamt (vgl. Statistisches Bundesamt 1992, S.415ff). "Ein Zusammenhang zwischen Fremdenfeindlichkeit und niedrigen Bildungsabschlüssen ist damit offensichtlich" (Willems/Würtz/Eckert 1994, S.34).[151]

Erwerbstätigkeit und Arbeitslosigkeit der Tatverdächtigen
Die beiden Studien zeigen, dass etwa jeder fünfte Tatverdächtige zur Tatzeit arbeitslos war (1991/92: 18%; 1992/93: 21,4%). Wie Abbildung 29 (s. Anhang)

---

[151] Die Ergebnisse von Willems zum Bildungsabschluss werden von einer ähnlichen jüngeren Untersuchung des Landeskriminalamtes Baden-Württemberg bestätigt (vgl. LKA Baden-Württemberg 1999). Außerdem auch von einer Replikation der Studie um Willems einer Münchner Forschungsgruppe (vgl. Peuker/Gaßebner/Wahl 2000).

verdeutlicht, waren aber auch 1991/92 sowie 1992/93 ca. 23% voll- bzw. teiler-
werbstätig. "Zwar ist der Anteil der Arbeitslosen an den Tatverdächtigen keineswegs so dominant, wie dies im wissenschaftlichen und öffentlichen Diskurs
in der Regel angenommen wird [...]. Dennoch muss Arbeitslosigkeit als ein
wichtiger Risikofaktor für die Zuordnung zu gewaltbereiten und fremdenfeindlichen Gruppen gelten" (Willems/Würtz/Eckert 1994, S.35).

Der Anteil der Schüler und Schülerinnen stieg von 20% (1991/92) auf 24,5%
(1992/93) während der Anteil der Lehrlinge und Azubis im selben Zeitraum von
34,9% auf 28,5% sank.

Wird Erwerbstätigkeit und Alter der Tatverdächtigen verglichen (Abb. 30, s.
Anhang), so zeigt sich, dass der Anteil der Arbeitslosen bei den älteren Tatver-
dächtigen deutlich höher lag als bei den jüngeren (vgl. auch Kap.III.A.3.1.1
'Alter'). Mehr als 40% der über 25-jährigen (1991/92: 33,7%) und 30- bis 45-
jährigen Tatverdächtigen waren zur Tatzeit arbeitslos. "Dies sind deutliche
Hinweise darauf, dass hier gesellschaftliche Problemgruppen zunehmend aktiv
werden [...], die durch eine besonders hohe Arbeitslosigkeit betroffen sind"
(Willems/Würtz/Eckert 1994, S.36).

Berufsstatus

In der nächsten Kategorie fragten Willems u.a. (1993, 1994) nach dem zuletzt
ausgeübten Beruf der Tatverdächtigen. Dabei wurden die genannten Berufe in
Berufsstatusgruppen zusammengefasst. Wie Abbildung 31 (s. Anhang) demonstriert, sind die Berufsgruppen der Angestellten von 4,7% (1991/92) auf 6,7%
(1992/93), Beamten von 0,8% (1991/92) auf 1,9% (1992/93) und Selbständigen
von 0,9% (1991/92) auf 3,9% (1992/93) im Vergleich zum Vorjahr stärker vertreten, blieben jedoch deutlich unter den Durchschnittswerten in der Bevölkerung (vgl. Statistisches Bundesamt 1992, S.134ff).

Der relativ stark gebliebene Anteil der ungelernten Arbeiter mit 28,9%
(1991/92: 29,9%) deutet auf einen hohen Teil von Jugendlichen ohne jede berufliche Qualifikation hin - und daher auf Jugendliche "mit starken Erfahrungen
von Desintegration und sozialer Disprivilegierung" (Willems/Würtz/Eckert
1994, S.39).[152]

---

[152] Die Ergebnisse von Willems zum Berufsstatus werden von einer ähnlichen jüngeren Un-
tersuchung des Landeskriminalamtes Baden-Württemberg bestätigt (vgl. LKA Baden-
Württemberg 1999). Außerdem auch von einer Replikation der Studie um Willems einer
Münchner Forschungsgruppe (vgl. Peuker/Gaßebner/Wahl 2000).

Struktur der Herkunftsfamilie und soziale Milieus

Als ein Indiz dafür, dass Jugendliche zu abweichenden und aggressiven Gruppen tendieren, werden häufig familiäre Schwierigkeiten sowie strukturelle Defi-
zite und dadurch bedingte biographische Brüche herangezogen. Wie Abbildung
32 (s. Anhang) verdeutlicht, waren von solchen familialen Strukturveränderun-
gen und Diskontinuitäten (Eltern geschieden, getrennt lebend, wiederverheiratet)
nur etwa 24,5% der Jugendlichen betroffen. Diese Zahl war keineswegs höher
als der Durchschnittswert der Bevölkerung (vgl. Statistisches Bundesamt 1992,
S.84). Immerhin 75,5% der Eltern der Täter waren verheiratet.

"Unvollständige Familienstrukturen und Scheidungserfahrungen scheinen jedenfalls für sich allein keineswegs eine zentrale Bedeutung für die Erklärung jugendlicher Delinquenz und fremdenfeindlicher Gewalt zu haben" (Wil-
lems/Würtz/Eckert 1994, S.40).

Ähnliche Ergebnisse erbrachte die Frage nach dem Beruf des Vaters. Damit
kann, wenn auch in Grenzen, das soziale Milieu und die Schichtzugehörigkeit
der Tatverdächtigen ermittelt werden. Aus Abbildung 33 (s. Anhang) geht hervor, dass in den Familien fremdenfeindlicher Straftäter die Arbeiterberufe
(Facharbeiter) dominierten (58,9% (1991/92); 55% (1992/93)). Der Anteil der
Herkunftsfamilien, die durch Arbeitslosigkeit betroffen waren, stieg von 5,8%
(1991/92) auf 6,3% (1992/93), lag aber nicht überproportional hoch. "Es gibt
also keine Hinweise darauf, dass die Jugendlichen vorwiegend aus deklassierten
Randgruppen stammen" (Willems/Würtz/Eckert 1994, S.41). Eher kann vermutet werden, "dass in diesen Milieus Ängste vor sozialem Statusverlust [...] gerade angesichts neuer Konkurrenz vorhanden [...] sind" (Willems/Würtz/Eckert
1994, S.42).

Gruppenzugehörigkeit der Tatverdächtigen

"Nach wie vor wird die Mehrzahl der von der Polizei erfassten Straf- und Gewalttaten mit fremdenfeindlichem Hintergrund von Gruppen oder aus Gruppen
heraus begangen" (Willems 1994, S.42). Dies belegt Abbildung 34 (s. Anhang):
Zwar ist die Einzeltat in der Studie von 1992/93 von 6,2% (1991/92) auf über
20% gestiegen, trotzdem dominiert die Gruppentat mit fast 80% (93,8%:
1991/92). Daher kommt der Frage nach der individuellen Zuordnung der Tat-

verdächtigen zu jugendlichen Subkulturen eine besondere Bedeutung zu.[153] Abbildung 35 (s. Anhang) zeigt die prozentuale Verteilung der Zuordnung.
Insgesamt 18,5% ordneten sich einer rechtsextremistischen Gruppe zu oder wurden von der Polizei einer dieser Gruppen zugeteilt. Ähnlich verhielt es sich bei der Skinheadgruppe mit 21,8% und der fremdenfeindlichen Gruppe mit 21,4%. Im Vergleich zur Vorstudie 1991/92 ist besonders der Rückgang der Angehörigkeit zu einer Skinheadgruppe um 16,1% markant. Willems u.a. 1994 führen dies auf veränderte Größenverhältnisse zwischen den unterschiedlichen beteiligten Tätergruppen in den Hochphasen der Mobilisierung und der Eskalation 1992/93 zurück. Bei dieser Welle[154] mobilisierten sich bis dato unauffällige Jugendliche aus Freizeitgruppen sowie ältere Bürger und ließen daher den Prozentanteil der 'sonstigen Gruppen' von 9,8% (1991/92) auf 51,2% (1992/93) ansteigen. Dadurch wurde der Prozentanteil der Skinheadgruppe und Rechtsradikalen an den Tatverdächtigen insgesamt reduziert.
Es "wird [...] deutlich, in welchem Maße fremdenfeindliche Straf- und Gewalttaten vor allem von Jugendlichen begangen werden, die in wenig organisierten und formalisierten Gruppen mit gezielt oder latent fremdenfeindlichen Einstellungen und Vorurteilen eingebunden sind" (Willems/Würtz/Eckert 1994, S.45). Die Mobilisierungswellen 1992/93 sind somit auch jenseits des rechten politischen Randes 'hochgeschwappt'.

Vorstrafen und kriminelle Milieus
Die Frage nach Vorstrafen - politisch motivierte oder andere Straftaten - der Tatverdächtigen kann Hinweise geben, ob es sich bei den fremdenfeindlichen Ausschreitungen um diffuse Devianzpotentiale und Gewaltbereitschaften gehandelt hat, oder ob es gezielte Aktionen waren. Abbildung 36 (s. Anhang) zeigt anhand der beiden linken Säulenpaare die Prozentanteile derjenigen Tatverdächtigen, gegen die die Polizei schon mindestens einmal wegen des Verdachts auf politisch motivierte oder sonstige Straftaten ermittelt hatte (jeweils beide Studien 1991/92 und 1992/93). Die beiden rechten Säulenpaare zeigen die Prozentanteile derjenigen Tatverdächtigen, die schon einmal wegen politisch moti-

---

[153] Auf die Problematik der Zuordnung zu und Differenzierung nach den vier Gruppen/Organisationen, die Willems u.a. vorschlagen, kann hier nicht eingegangen werden (vgl. dazu Willems/Würtz/Eckert 1994, S.42ff; Willems//Eckert/Würtz/Steinmetz 1993, S.126).
[154] Zum Begriff der 'fremdenfeindlichen Welle' vgl. Kap. III.A.3.3.5.

vierter oder sonstiger Straftaten verurteilt worden sind (jeweils beide Studien 1991/92 und 1992/93).

Bei 20,1% (1991/92: 18%) der Tatverdächtigen lagen polizeiliche Vorkenntnisse wegen anderer politischer Straftaten vor. 6,7% (1991/92: 6,2%) sind bereits einmal wegen politischer Straftaten verurteilt worden. Diese Teilgruppe der Tatverdächtigen, "die auch deutlich eher rechtsextremistischen/rechtsradikalen Gruppen zuzuordnen ist" (Willems/Würtz/Eckert 1994, S.48), weist relativ stark verfestigte, politisch ausgerichtete Bereitschaften zu illegalen und/oder gewaltbereiten Aktionen auf. Daneben sind die Zahlen der Vorkenntnisse bzw. Verurteilungen sonstiger Straftaten bei weitem höher. Bei 43,1% (1991/92: 47,1%) aller Tatverdächtigen lagen polizeiliche Vorkenntnisse wegen sonstiger Straftaten vor und nahezu jeder Vierte, genau 26,9% (1991/92: 23,9%), wurde bereits mindestens einmal wegen sonstiger Straftaten verurteilt.

Zusammenfassend kann gesagt werden, dass die rechtsextremistischen Subkulturen und Gruppen nicht nur hinsichtlich fremdenfeindlicher Straf- und Gewalttaten eine Problemgruppe darstellen. Es findet "offensichtlich eine deutliche Überschneidung zwischen klassischer Jugenddelinquenz bzw. jugendlicher Bandengewalt und der fremdenfeindlichen Gewalt" (Willems/Würtz/Eckert 1994, S.49) statt. Es werden also vermutlich auch andere Gruppen aktiv, die eigentlich keine rechtsextremistischen Ambitionen haben.

3.1.2   Tatmerkmale

Organisation, Steuerung oder spontane Entwicklung
Die Beantwortung der Frage, in welchem Maße die verschiedenen rechtsextremistischen Aktivitäten als organisierte, geplante oder gar gesteuerte Aktionen anzusehen sind, ist von Bedeutung für die politische Interpretation und Einordnung sowie für die Suche nach Gegenmaßnahmen bei fremdenfeindlicher Gewalt. Abbildung 37 (s. Anhang) verdeutlicht, was für beide Untersuchungen gilt: Der Großteil der Taten 1992/93: 91,4% und 1991/92: 93,9 wurde nicht organisiert.

Ein Indiz dafür, dass die Taten eher auf spontanen Entschlüssen und situativen Eskalationen ohne längere Planung und Vorbereitung beruhen, ist, dass 67,2% aller Tatverdächtigen zur Tatzeit leicht bzw. stark alkoholisiert waren (Abb. 38, s. Anhang).[155] Die These situativer Eskalationen wird weiter erhärtet durch die

---

[155]   Die Ergebnisse von Willems zur Alkoholisierung der Täter werden von einer ähnlichen jüngeren Untersuchung des Landeskriminalamtes Baden-Württemberg bestätigt (vgl. LKA

102

Tatsache, dass nur etwa 10,3% (1991/92: 6,5%) der Tatverdächtigen aus einer vom Tatort entfernten Stadt stammten (Abb. 39, s. Anhang). Die meisten Täter kamen überwiegend aus der näheren Umgebung des Tatortes (1992/93: 89,1%; 1991/92: 93,5%).[156] Dies ist ein Indikator dafür, "dass wohl nur eine relativ kleine Gruppe von gut organisierten rechtsradikalen und fremdenfeindlichen Reisetätern hier bisher aktiv gewesen ist" (Willems 1994, S.55). Allerdings darf nicht außer Acht gelassen werden, dass auch hier der Anteil der Täter aus einer entfernten Stadt zwischen 1991/92 und 1992/93 um 3,8% auf 10,3% insgesamt zugenommen hat, diese Gruppe also deutlich angewachsen ist. "Dennoch gilt, dass die Mehrzahl der Taten als Milieutaten anzusehen sind, d.h. Taten von Jugendlichen und jungen Erwachsenen und zunehmend auch von älteren Bürgern, die angesichts lokaler Probleme und Konflikte die 'Dinge selbst in die Hand nehmen' und gewalttätig gegen Ausländer in ihrer Umgebung vorgehen" (Willems/Würtz/Eckert 1994, S.56).

Ost-West-Vergleich
Im Folgenden soll kurz auf Gemeinsamkeiten sowie Unterschiede zwischen östlichen und westlichen Bundesländern in Bezug auf soziodemographische Merkmale der Tatverdächtigen eingegangen werden.
Die Vollerhebung von 1992/93 zeigt, dass in den neuen Bundesländern insgesamt ein (etwas) höherer Anteil Tatverdächtiger zu verzeichnen ist. Waren es für die alten Bundesländer 67% der Tatverdächtigen insgesamt, so konnten für die neuen Länder 33% ermittelt werden (nach den Bevölkerungszahlen müsste ein geringeres Maß angenommen werden: Vgl. Willems/Würtz/Eckert 1994, S.61ff).
Nur geringe Unterschiede zwischen Ost- und Westdeutschland sind in der Altersstruktur sowie in den Bildungsabschlüssen der Tatverdächtigen zu finden (vgl. Willems/Würtz/Eckert 1994, S.57ff). Interessant erscheint die Annäherung der Unterschiede 1991/92 zu 1992/93 bezüglich Erwerbsstatus und Arbeitslosigkeit. Wie Abbildung 40 (s. Anhang) veranschaulicht, hat sich der Schüleranteil in den neuen Bundesländern von 12,8% (1991/92) dem Wert in den alten Ländern (1991/92: 25,9%; 1992/93: 26,4%) fast angeglichen (1992/93: 20,8%).

Baden-Württemberg 1999). Außerdem auch von einer Replikation der Studie um Willems einer Münchner Forschungsgruppe (vgl. Peuker/Gaßebner/Wahl 2000).
[156] Die Ergebnisse von Willems zum Tatort werden von einer ähnlichen jüngeren Untersuchung des Landeskriminalamtes Baden-Württemberg bestätigt (vgl. LKA Baden-

Umgekehrt ist die Entwicklung bei den Arbeitslosenzahlen: Waren es 1991/92 in den neuen Bundesländern 25,7%, versus 11,7% in den alten, sind es 1992/93 23,1% (neue Bundesländer) versus 20,5% (alte Bundesländer). Letztere Angleichung ist besonders auf die allgemein hohe Arbeitslosenzahl zurückzuführen, die auch die Westdeutschen nicht verschont hat.

Die Gruppenzugehörigkeit hat sich zwischen den beiden Studien weitestgehend angeglichen (vgl. Willems/Würtz/Eckert 1994, S.59ff). Insgesamt kann also nur noch von geringen Unterschieden zwischen ost- und westdeutschen Tatverdächtigen (die sich eines Deliktes mit fremdenfeindlicher Motivation schuldig gemacht haben) ausgegangen werden.

Zusammenfassung

In diesem Kapitel haben wir die Ergebnisse der Auswertung von Polizeiakten fremdenfeindlicher Täter der Studien von Willems/Eckert/Würtz/Steinmetz 1993 und Willems/Würtz/Eckert 1994 dargestellt. Ziel dieser Täteranalysen war, Erkenntnisse über soziodemographische Strukturen und Gruppenzugehörigkeiten der fremdenfeindlichen Täter zu gewinnen sowie Veränderungen der Zusammensetzung und Struktur der Tätergruppen zwischen dem Jahr 1991 und dem Jahr 1993 zu identifizieren.

Zusammenfassend lässt sich folgendes Bild darstellen: Die Mehrzahl der fremdenfeindlichen Täter sind männliche, ledige Jugendliche zwischen 15 und 24 Jahren, weniger von Arbeitslosigkeit betroffen, als die Tatverdächtigen ab 24 Jahre. Sie gehören zum Großteil eher unstrukturierten (gewaltaffinen) Hobby- und Freizeitcliquen und Skinheadgruppen als gut organisierten rechtsextremistischen Gruppen an. Die meisten von ihnen besitzen einen niedrigen bis mittleren Bildungsabschluss. Viele kommen aus einem sozialen Umfeld, das nicht als destabilisiert o.ä. bezeichnet werden kann. Ihre Eltern sind meist Facharbeiter, und nur die wenigsten leben geschieden oder getrennt. Trotzdem sind nicht wenige Täter kriminell vorbelastet. Die fremdenfeindlichen Taten können als Gruppentat beschrieben werden, die eher situativ und spontan als organisiert und wohlgeplant begangen werden. Im Vergleich zwischen West- und Ostdeutschland kann festgestellt werden, dass sich die oben beschriebenen Verhältnisse der Studien 1991/92 und 1992/93 weitestgehend angeglichen haben.

Württemberg 1999). Außerdem auch von einer Replikation der Studie um Willems einer Münchner Forschungsgruppe (vgl. Peuker/Gaßebner/Wahl 2000).

In einem weiteren Schritt soll nun auf die Analyse von Urteilsschriften und die damit gewonnene Tätertypologie von Willems/Eckert/Würtz/Steinmetz 1993 eingegangen werden.

3.2 Analyse von Urteilsschriften

In der Veröffentlichung von 1993 untersuchten die Autoren zusätzlich zu den Polizeiakten auch Urteilsschriften der Gerichte über Täter bzw. Taten mit rechtsextremistischem Hintergrund, um deren Inhalte aufzuarbeiten und auszuwerten. "Grundlage dieser Gerichtsaktenanalyse waren 53 anonymisierte Urteilsschriften, die sich auf insgesamt 148 Täter bezogen. Die alten Bundesländer [...] sind mit 38 Urteilsschriften zu 119 Tätern vertreten. Aus Sachsen wurden 15 Urteilsschriften analysiert, die sich auf 29 Täter bezogen" (Willems/Eckert/ Würtz/Steinmetz 1993, S.148).[157]

Ziel war es zum ersten, die Analyse der Polizeiakten anhand detaillierter Beschreibungen einzelner Gewalttäter zu kontrollieren. Zum zweiten lieferten diese Individualdaten weitere biographische Merkmale der Täter, die in den Polizeiakten nicht vorkommen. Somit konnten einzelne Tätertypen konstruiert werden. Zum dritten schließlich "sind in den Urteilsschriften in der Regel detaillierte Daten zur Tatenentwicklung und zum Tathergang enthalten. Damit können wir [...] Kenntnis über jene situativen Faktoren erlangen, die eine solche Gewalttat erleichtern oder erschweren" (Willems/Eckert/Würtz/Steinmetz 1993, S.149). Willems u.a. legen hier die These zugrunde, dass Gewalt gegen Fremde nicht unvermeintliche Konsequenz von Fremdenfeindlichkeit, Fremdenangst oder allgemeiner Frustration sein muss. "Von daher ist für die Gewalterklärung interessant, welche kommunikativen Prozesse der Enthemmung, der Opfersuche, der Entwicklung von handlungsleitenden Emotionen (Wut, Hass, Abscheu) und von Gewaltlegitimationen der Tat vorausgehen" (Willems/Eckert/ Würtz/Steinmetz 1993, S.149).

In unseren Ausführungen wollen wir uns anhand der Gerichtsaktenanalyse mit zwei Bereichen befassen. Zum einen soll die Genese von gewalttätigen Handlungsmustern diskutiert werden, zum anderen sollen die von Wil-

---

[157] Willems u.a. weisen an dieser Stelle darauf hin, dass sich anhand der Analyse von 148 Verurteilten keine repräsentativen Schlüsse ziehen lassen. "Es lässt sich jedoch bereits feststellen, dass die auf wesentlich breiterer Datenbasis eruierten Täterstrukturen [Analyse der Polizeiakten; Kap. III.A.3.1] durch die Aktenanalyse weitgehend bestätigt werden" (Willems/Eckert/Würtz/Steinmetz 1993, S.150).

lems/Eckert/Würtz/Steinmetz 1993 vorgeschlagenen Tätertypen aufgezeigt werden.

3.2.1 Situative Kontexte und Bedingungen fremdenfeindlicher Gewalttaten anhand der Gerichtsakten[158]

In einem ersten Schritt vergleichen Willems/Eckert/Würtz/Steinmetz 1993 die biographischen Merkmale in den Gerichtsakten mit der Analyse der Polizeiakten. Wie oben angedeutet, entsprechen sich diese Merkmale beider Analysen weitestgehend, daher sollen diese Ergebnisse hier nicht weiter ausgeführt werden. Wichtiger - besonders für die Verbindung mit den theoretischen Überlegungen Willems' - erscheint es, die situativen Kontexte und Bedingungen fremdenfeindlicher Gewalttaten, die die Autorengruppe anhand der Gerichtsakten eruiert hat, hier zu erläutern.

Gewaltaffine jugendliche Subkulturen

Fremdenfeindliche Gewalttaten entstehen typischerweise als eine "kollektive Form des Handelns in Gruppen oder aus Gruppenkontexten heraus" (Willems/Eckert/Würtz/Steinmetz 1993, S.174). Dieses Phänomen wird mit beiden Polizeiaktenanalysen zum fremdenfeindlichen Handeln belegt. Dabei stehen die Subkultur der Skinheads sowie sonstige informelle Gruppen (insbesondere in der Polizeiaktenanalyse von 1992/93: 51,2% - vgl. Kap. III.A.3.1. 'Gruppenzugehörigkeit') im Vordergrund.

Willems u.a. betonen in diesem Zusammenhang vor allem die Funktionen und Bedeutungen solcher Gruppen für Jugendliche. Sie richten ihr Augenmerk nicht unbedingt auf politische Orientierungen als Kriterium, einer rechtsgerichteten Subkultur beizutreten: "Die Einbindung der Täter in die Skinhead-Szene findet meist weniger über politisch-ideologische Überzeugungen als vielmehr über soziale Mechanismen statt" (Willems/Eckert/Würtz/Steinmetz 1993, S.176). Es spielen Solidaritäts- und Kommunikationsangebote, Schutz- und Abgrenzungsfunktionen der Gruppe eine wichtigere Rolle.

---

[158] Im Zentrum der Analyse von Willems u.a. stehen die Daten über die Täter aus den Gerichtsakten. Ausdrücklich nicht wollen die Autoren die "Arbeitsweise, die Perspektive und Relevanzstrukturen der Justiz im Umgang mit fremdenfeindlichen [...] Gewalttätern" (Willems/Eckert/Würtz/Steinmetz 1993, S.151) erläutern. An dieser Stelle sei auf die Arbeiten von Kalinowsky (1990 und 1993) verwiesen. Er unternimmt den Versuch, "die be-

Entstehung fremdenfeindlicher Gewalt

Aus Abbildung 37 (s. Anhang) wird ersichtlich, dass ein geplantes, organisiertes oder gar gesteuertes Vorgehen zumeist ausgeschlossen war. Auch die Gerichtsaktenanalyse bestätigt dies: "Nach Ansicht der Richter wussten die Jugendlichen in vielen Fällen meist noch nicht, wenn sie zusammen kamen, was sie später tun würden" (Willems/Eckert/Würtz/Steinmetz 1993, S.180). Das Forscherteam kommt zu folgenden Ausgangspunkten (Entstehungsorte), Anlässen und Kontexten von fremdenfeindlichen Gewalttaten:

Eine fremdenfeindliche Gewalttat entwickelt sich häufig aus einem spontanen, informellen Treffen der Gruppen. Die Tat wird im Vorfeld nicht geplant, eher geht es darum, 'etwas loszumachen'. Häufig entwickelt sich die Handlungsbereitschaft relativ kurzfristig und ist Ergebnis kollektiver Stimulierung und Enthemmung. Willems/Eckert/Würtz/Steinmetz 1993 räumen ein, dass gerade diese Diffusität und Unorganisiertheit der rechtsextremistischen Ausschreitungen gegen Fremde ein bestimmtes Maß an Fremdenhass und Fremdenfurcht der Jugendlichen sowie der fremdenfeindliche Konsens des Wohnumfeldes voraussetzt.

Daneben lassen sich Taten ausmachen, die im Vorfeld geplant waren. Vereinbarungen über die Tat, Auswahl der Opfer sowie die Bewaffnung der Gruppe wurden hier getroffen.

"Die Mehrzahl von fremdenfeindlichen Gewalttaten stellen jedoch eine Mischform aus Spontaneität und Planung dar" (Willems/Eckert/Würtz/Steinmetz 1993, S.182). Dabei bezieht sich die Spontaneität auf regelmäßige, informelle Treffs der Gruppen, in denen Handlungsbedürfnisse z.B. durch aktuelle Medienberichte oder eigene Erfahrungen mit Ausländern erzeugt werden. Der Aspekt der Planung bezieht sich auf den direkten Tatvorgang, also Planung der Ausführung der Tat (Fluchtwege, Autos, Schmierestehen etc.).

Zusammengefasst beschreiben Willems u.a. diese Handlungen als "von starken Vorurteilen und fremdenfeindlichen Einstellungen, von stabilen, aversiven Emotionen und von tragfähigen Legitimationen und Überzeugungen von der Richtigkeit [...] des eigenen Handelns" (Willems/Eckert/Würtz/Steinmetz 1993, S.184) geleitet.[159]

---

stimmenden Merkmale des Beziehungsgefüges von politischer Justiz und Rechtsextremismus" (Kalinowsky 1993, S.2) empirisch-deskriptiv darzustellen.

[159] Mitscherlich beschreibt den Weg vom Vorurteil zur aggressiven Handlung folgendermaßen: "In der modernen Geschichte ist der Schritt vom privaten Vorurteil zur kollektiven

Die Eigendynamik von Gruppenprozessen
Eine weitere Frage ist die der Eigendynamik von Gruppenprozessen, die für die Genese von Handlungsbereitschaft von Bedeutung ist. Aus den Aussagen der Jugendlichen ergeben sich folgende Faktoren:
Enthemmung durch Alkohol. Bestätigt wird dies insbesondere durch Abbildung 38 (s. Anhang): 67,2% aller Tatverdächtigen waren zur Tatzeit leicht bis stark alkoholisiert. Auf die enthemmende Wirkung von Alkohol muss hier nicht weiter eingegangen werden. Willems u.a. machen darauf aufmerksam, dass "die Gewalthandlung [...] daher z.t. eher diffus-emotional, denn instrumentell-rational gesteuert" (Willems/Eckert/Würtz/Steinmetz 1993, S.185) ist.
Stimulierung über Musik mit rechtsradikalen bzw. ausländerfeindlichen Inhalten.
Thematisierung von Medienereignissen und Nachahmungseffekten. In den Anklageschriften finden sich immer wieder Hinweise darauf, dass die Gewalttat aufgrund vorher rezipierter Berichte über fremdenfeindliche Gruppen oder Brandanschläge verübt worden war. Zum einen wurden dadurch aggressive Motive bei den Jugendlichen gestärkt (vor allem wenn sie betrunken waren), zum anderen wurde ihnen dadurch vermittelt, dass sie nicht allein sind mit ihrer Meinung. "Die Jugendlichen orientieren sich [...] an spektakulären Medienereignissen, die sowohl als Auslöser als auch als Handlungsvorlage dienen" (Willems/Eckert/Würtz/Steinmetz 1993, S.186).
Die Rolle von Gerüchten und eigenen konflikthaften Erfahrungen. Willems u.a. verweisen darauf, dass die enthemmende Wirkung von Alkohol, die stimulierende Wirkung von Musik, die wechselseitige Bestärkung durch die Gruppe sowie die 'Vorlage' durch die Medien wichtige Schritte zur Erzeugung von Gewalthandlungen darstellen. Dennoch fordern diese Faktoren noch nicht zum eigentlichen Handeln heraus. "Wenn jedoch die abstrakten Feinde als konkrete Bedrohung identifiziert werden können, vor der das 'Eigene' geschützt werden muss, wird die Verpflichtung zum persönlichen Handeln für viele unabweisbar" (Willems/Eckert/Würtz/Steinmetz 1993, S.186). Hier spielen Gerüchte eine große Rolle, Gerüchte über Personen, die z.B. von Ausländern sexuell belästigt, überfallen oder geschlagen wurden. Aus den Urteilsschriften geht hervor, dass

---

Vorurteilskrankheit, wie immer zuvor, dadurch charakterisiert, dass der jeweilige Gegner 'verfremdet' wird. Er wird fremd im abstoßenden Sinn gemacht. Er verkörpert kaum einen Wert und kann damit zu einem relativ konfliktfreien Ziel der Aggression werden" (Mitscherlich 1975, S.15).

108

die Angeklagten oftmals eingestehen mussten, dass sie persönlich nie Probleme
mit Ausländern hatten, ihnen diese nur durch andere vermittelt wurden. Dies
bestätigen auch die Ergebnisse der 13.Shell Jugendstudie 2000. Die Jugendlichen, die noch nie Kontakt zu Ausländern hatten, schätzen den Ausländeranteil
in Deutschland als zu hoch ein (vgl. Kap. II.B.7).

Motivationen der Gewalttäter
Aus den Urteilsschriften resultieren für Willems/Eckert/Würtz/Steinmetz 1993
verschiedene Handlungsmotive. Sie verweisen darauf, dass meist ein Motivmix
aus folgenden Motiven vorgelegen hat.
a) Action-Motive. Diese Jugendlichen versuchten ihrem eher monotonen Alltag
zu entfliehen, indem sie nach Action, Abwechslung, nach Konfrontation und
Auseinandersetzung suchten. Diese Motive standen, jenseits jeglicher Ideologi-
en und Einstellungen, im Vordergrund.
b) Geltung in der Gruppe. Werden die Ausführungen in Kapitel III.A.3.2.1
('Gewaltaffine jugendliche Subkulturen') berücksichtigt, wird deutlich, dass das
Handeln des einzelnen durch die Gruppe beeinflusst wurde. Besonders das 'Ak-
zeptiertseinwollen' als vollwertiges Mitglied der Gruppe kann für einige Jugendliche eine zentrale Handlungsmotivation darstellen. Dabei werden die Gewalthandlungen oft als Mutprobe ausgelegt, einem Zwang, dem sich insbeson-
ders labile und identitätsschwache Jugendliche oft nicht verweigern können.
Hinzu kommen gruppeninterne Männlichkeitsideale wie die des Kämpfers oder
Kriegers.[160] Als Außenseiter in der Gruppe versuchen die Jugendlichen, diesen
Idealen zu entsprechen. "Die individuelle Risikobereitschaft und Gewalt-
bereitschaft wird so durch den Gruppenzusammenhang erhöht, was auch die
Wahrscheinlichkeit für gewalttätige Aktionen heraufsetzt" (Willems/Eckert/
Würtz/Steinmetz 1993, S.193).[161]

---

[160] "Im Vergleich männlich dominierter Subkulturen [...] zeigt sich, dass die focal concerns
[...] von jungen Männern in Gruppierungen solcher als abweichend angesehener Männlichkeiten wie Nachbarschaftsgangs, Skins/Hooligans und Biker auf ähnliche Merkmale
notwendiger Kampfbereitschaft als Schutz der Gemeinschaft/der Frauen/der Nation und
ihrer Versorgung zurückgreifen, die die hegemoniale Männlichkeit für sich in Anspruch
nimmt" (Kersten 1997, S.55).
[161] Zu ähnlichen Ergebnissen kommt eine Studie bei jugendlichen Straf- und Untersuchungsgefangenen in der Jugendanstalt Halle im Jahr 1992, die nach Bedingungsfaktoren rechtsextremer Gewalt bei Jugendlichen suchte. "Welche Rolle spielt dabei der Gruppendruck?
Die Gruppendelikte sind in der Untersuchungspopulation [der rechtsextremen Insassen]
fast 50-prozentig höher vertreten als in der Kontrollgruppe. Hinzu kommt, dass der Alko-

c) Gewalt als Resultat allgemeiner Frustration und Orientierungslosigkeit. In einigen Fällen ging die Handlung auf individuelle Aggressionen zurück, die durch Probleme und Frustrationen in anderen Bereichen (z.b. Beruf, Schule, Familie etc.) erzeugt wurden.

d) Ausländer- und Fremdenfeindlichkeit. "Eine zentrale Motivation ergibt sich aus einer ablehnenden Haltung gegenüber Ausländern bzw. Fremden" (Willems/Eckert/Würtz/Steinmetz 1993, S.194). Diese kann bei der Erwachsenenbevölkerung oder bei Freunden abgeschaut werden oder auch auf eigenen (negativen) Erfahrungen mit Ausländern beruhen. Dabei kommt der 'Sündenbockfunktion' der Ausländer eine wichtige Bedeutung zu. Gewalt legitimiert sich dann leichter, wenn gewiss ist, dass die Ausländer für eigene Probleme (Arbeitslosigkeit, Geldmangel etc.) verantwortlich sind. Auch hier spielen Gerüchte, besonders innerhalb eines Wohngebietes, eine große Rolle (vgl. Kap. III.A.3.2.1 'Die Eigendynamik von Gruppenprozessen').[162]

e) Politisch-rechtsradikale Motivation. Auch auf eine stark politisch verfestigte ablehnende Haltung gegenüber Ausländern muss hingewiesen werden. Unter den Gewalttätern fanden sich Jugendliche mit ideologischer rechtsgerichteter Einstellung und Mitgliedschaft in rechtsgerichteten Parteien. Trotzdem verwiesen die Richter in ihren Urteilsschriften darauf, dass "verfestigte rassistische Ideologien und rechtsradikale Denkmuster [...] gegenwärtig noch in der Minderheit" (Willems/Eckert/Würtz/Steinmetz 1993, S.197) sind.

3.2.2 Tätertypen

Aus diesen eruierten empirischen Daten (Auswertung der Polizei- sowie Gerichtsakten) entwickelte das Autorenteam um Helmut Willems vier Tätertypen, die die oben aufgeführten Eigenschaften in sich vereinen. Diese unterscheiden sich sowohl hinsichtlich der politisch-ideologischen Orientierung, als auch hinsichtlich der grundsätzlichen Gewaltbereitschaft und der Fremdenfeindlichkeit. Hieraus ist ersichtlich, dass die "üblichen Vermutungen - die 'Söhne von Antiautoritären', die 'Neonazis', die 'aus den kaputten Familien', die 'Schulversager' - wenn überhaupt, jeweils nur für einen Teil der Verurteilten zutreffen" (Eckert/ Willems 1996, S.55). Mit dieser Typisierung soll die Vielfältigkeit der biogra-

---

holkonsum bei den rechtsextremistischen Gewalttätern auch höher erscheint" (Frövel 1994, S.48).
[162] Zur Entstehung von Fremdenfurcht vgl. Willems/Eckert/Würtz/Steinmetz 1993, S.263ff.

phischen Hintergründe verdeutlicht werden. Auf sie soll anhand einer Tabelle eingegangen werden:[163]

	Typ 1: Der Mitläufer	Typ 2: Der kriminelle Jugendliche (Schlägertyp)	Typ 3: Der Ausländerfeind oder Ethnozentrist	Typ 4: Der ideologisch-motivierte, rechtsextreme Täter
rechtsextremes Weltbild	Nein	Nein	Nein	Ja
verfestigte Ausländerfeindlichkeit	Nein	teilweise	Ja	Ja
Elternhaus	intakt, häufig bürgerlich	Problemfamilien, 'Gewalt- und Erziehungsopfer'	häufiger familiäre Probleme	intakt, kleinbürgerlich, bürgerlich
private/berufliche Probleme	Nein	häufig	teilweise	Nein
Schulausbildung/ Abschluss	erfolgreicher Haupt- oder Realschulabschluss	hoher Anteil an Schulabbrechern	Hauptschulabschluss	höhere Bildung
Vorstrafen	Nein	Ja	Nein	z.T. politische Straftaten
Gewaltbereitschaft	nicht verfestigt	verfestigt, nicht nur gegen Fremde	verfestigt, gezielt gegen Fremde	ideologisch- legitimiert, gegen Feindbilder
Gewaltanwendung	Gruppendynamische Aspekte	actionorientiert, Gewalt als alltägliche Normalität	diffuse Gefühle der Benachteiligung, Bedrohung	Agitator, Beeinflussung anderer Gruppen
berufliche Situation	Berufsausbildung und meist Arbeitsplatz	abgebrochene Ausbildung, hohe Arbeitslosigkeit	erhöhte Arbeitslosigkeit	fester Arbeitsplatz und Berufsausbildung
Subkultur	jugendliche Musik- und Freizeitcliquen	Freizeitcliquen	zumeist Skinheads, Hooligans, 'Faschos'	rechtsextreme Cliquen und Parteien

Interessant ist Willems' (geschätzte) Gewichtung der einzelnen Typen: "Willems (1995, pp.173, 174) estimates that type 1 offenders constitute 15 per cent of all rightwing suspects, whereas the other three types constitute each between 25 to 30 per cent of the total" (Weitekamp/Kerner/Herberger 1996, S.24).[164] Wil-

---

[163] Diese Tabelle geht zurück auf: Eckert/Willems 1996, S.55; Willems 1995, S.169; Willems/Eckert/Würtz/Steinmetz 1993, S.200ff.

[164] Des Weiteren verweisen Weitekamp/Kerner/Herberger 1996 auf die Kategorisierung von Hassverbrechen (nach Levin/McDevitt 1993), wie sie Schneider, H.J. 1995 vorstellt. Wil-

lems/Eckert/Würtz/Steinmetz 1993 ist es wichtig, mit dieser Tätertypologie aufzuzeigen, dass "von bestimmten Sozialisationserfahrungen [...] kein direkter
Weg zur Fremdenfeindlichkeit und zur Gewalt [führt]. Vielmehr sind es spezifische Interaktionsprozesse, die aus unterschiedlichen Biographien zur Gruppenbildung führen, und historische Eskalationsprozesse, die zur Gewalt führen"
(Eckert/Willems 1996, S.55).

Zusammenfassung
Die Analyse der 53 Urteilsschriften sollte für unsere Arbeit zwei Bereiche ab-
decken. Zum einen sollte die Genese von gewalttätigen Handlungsmustern, zum
zweiten die Typologie unterschiedlicher Täter aufgezeigt werden.
In vier Schritten verdeutlichen Willems/Eckert/Würtz/Steinmetz 1993 die Ent-
stehungszusammenhänge der gewaltsamen fremdenfeindlichen Ausschreitungen. Die Autoren verweisen darauf, dass den Handlungen zumeist eine kollektive Form des Handelns in Gruppen zugrunde liegt. Die Entstehung einer gewaltaffinen Jugendclique - sozusagen als Grundvoraussetzung für fremdenfeindliche Gewalttaten - basiert mehr auf sozialen als auf ideologischen Faktoren, wobei die Entstehung der Tat auf eine Mischform aus Spontaneität und Planung
zurückzuführen ist. Für die Jugendlichen spielen gruppendynamische Faktoren
für die Genese von Handlungsbereitschaft eine größere Rolle als individuelle
Präferenzen.
Die vier Tätertypen (Typ 1: der Mitläufer, Typ 2: der kriminelle Jugendliche,
Typ 3: der Ausländerfeind, Typ 4: der ideologisch motivierte Täter) lassen sich
hinsichtlich ihrer Gewaltbereitschaft und ihrer Fremdenfeindlichkeit differenzieren. Diese Ergebnisse kommentieren Willems u.a. so: "Fremdenfeindliche
Gruppen sind offensichtlich hinsichtlich der biographischen Merkmale [...] ihrer
Mitglieder durchaus heterogen zusammengesetzt. Das macht für die Analyse
und Prävention Schwierigkeiten, gibt aber durchaus Sinn. Gerade heterogene
Biographien ermöglichen es, unterschiedliche Rollen in den Gruppen zu besetzen: den Schläger, den Ideologen, den Mitläufer" (Willems/Eckert/
Würtz/Steinmetz 1993, S.210).

---

lems' Typologie "comes closest to" (Weitekamp/Kerner/Herberger 1996, S.24) diesen
'Sensationshassverbrechen', 'Reaktionshassverbrechen', 'Missionshassverbrechen' und 'Or-
ganisationshassverbrechen'.

3.3 Rekonstruktion der Interaktions- und Eskalationsprozesse eines politischen Konfliktes

In einem letzten Schritt soll nun kurz beschrieben werden, wie diese bisherige täterorientierte Perspektive bei Willems um den Faktor 'Interaktions- und Eskalationsprozesse' erweitert wird. Willems bezeichnet die fremdenfeindlichen Gewalttaten als Ausdruck eines politischen Konfliktes zwischen verschiedenen gesellschaftlichen Gruppen und spannt somit den Bogen zu seinen theoretischen Überlegungen. Wie oben angedeutet und empirisch belegt, vertritt Willems die Meinung, dass die fremdenfeindliche Gewalt nicht nur auf ihre Täter, deren individuelle Prädispositionen, soziale Stellungen etc. zurückzuführen ist. "Jeder Konflikt hat seine eigenen Ursachen und seine eigene Logik, die nicht auf vorgängige Aggressivität zu reduzieren sind" (Eckert/Willems 1996, S.57). Zwar ist eine biographische, individualistische Herangehensweise wichtig, um die Gruppen besser verstehen zu können,[165] trotzdem kann eine interaktionistische Perspektive, die versucht, Gewalt als ein Produkt von Interaktions- und Kommunikationsprozessen zu verstehen, die unterschiedlichen Perspektiven der Konfliktteilnehmer besser nachzeichnen.

Den politischen Konflikt, der den fremdenfeindlichen Unruhen zugrunde liegt, bezeichnet Willems als einen "neuen sozialen Konflikt" (Willems 1997, S.396). Dieser soziale Konflikt ist begründet in der Immigrationsbewegung der letzten Jahre. Anhand von Berichten in den Medien, Dokumentationen zu den Ereignissen von anderen Institutionen (Polizei, Ausländerbehörden) sowie Experteninterviews zeichnen Willems/Eckert/Würtz/Steinmetz 1993 die darin liegenden Eskalations- und Interaktionsprozesse nach, die Auslöser für die Gewaltwellen 1991 bis 1993 waren.[166] Dabei interessieren besonders die Auswirkungen dieser Immigrationswellen auf die Kommunen. Bei diesen Überlegungen steht also die Einwanderungswelle als struktureller Faktor, als strukturelle Spannung im Vordergrund. Wie in Kapitel III.A.1.1.1 ausgeführt, reicht diese Perspektive allein

---

[165] So schreiben Behnken und Schulze über die Biographieforschung: "Sie sucht sich dem Allgemeinen, den gesellschaftlichen Strukturen und historischen Prozessen, den Problemen der Nationen, Klassen, Kulturen, Geschlechter und Generationen, den säkularen Umbrüchen und Wandlungen über das Besondere zu nähern - über das Besondere individueller Erlebnisse, Entscheidungen, Deutungen, Entwürfe und Erfindungen" (Behnken/Schulze 1997, S.11).

[166] Willems verweist darauf, dass es hier nicht darum geht darzulegen, dass es in Deutschland zu viele Ausländer gebe. Er geht "weniger von strukturfunktionalistischen Vorstellungen als von einer zeitgeschichtlich historischen Perspektive aus, in der vor allem Aspekte des

allerdings nicht aus, um die Entstehung von Gewalt zu erklären. "Vielmehr soll deutlich gemacht werden, dass zwischen strukturellen Spannungen, Handlungsweisen und Reaktionen stets Prozesse der Bewertung und der Interpretation von Vorgängen und Reaktionen stecken" (Willems 1997, S.399).

Für unsere Arbeit sind insbesondere fünf Faktoren in diesem Zusammenhang wichtig, die die Interaktions- und Eskalationsprozesse begünstigen.

3.3.1 Gemeinden vor dem Problem der Aufnahme von Asylbewerbern

Eine Hauptlast trugen, so Willems, die Kommunen, die mit der Asylverfahrenspraxis des Bundes und deren Zuteilungsentscheidungen häufig überfordert waren. Auf die Spannungen, Probleme und Konflikte, die zwischen Asylbewerbern und Anwohnern entstanden, waren sie meist nicht vorbereitet und konnten dadurch im richtigen Moment nicht einschreiten. Willems verdeutlicht eine solche Situation am Beispiel von Saarlouis, einer saarländischen Kreisstadt. Die wichtigsten Konfliktpotentiale sollen hier beschrieben werden.

Zwischen 1988 und 1992 stieg die Zahl der Asylbewerber in Saarlouis um ca. 500 Personen auf insgesamt 600. Da die Wohnsituation in der Stadt sowieso schon prekär war, reagierten einzelne Anwohner mit Unterschriftensammlungen, Protesten und Bürgerinitiativen gegen die Unterbringung der Bewerber. Darin ging es der Bevölkerung meist darum, politischen Entscheidungen machtlos ausgeliefert zu sein. Die Situation eskalierte, als die Stadt eine ehemalige Stadtgärtnerei für DM 110.000 renovierte, um weitere Asylbewerber unterzubringen. "Dies führte bei der einheimischen Bevölkerung zu Konkurrenzgefühlen und Vorstellungen einer ungerechtfertigten Bevorzugung von Asylbewerbern, die sich in Protesten und Beschwerden äußerten" (Willems 1997, S.412).

3.3.2 Die Eskalation lokaler Konflikte zwischen Anwohnern, Asylbewerbern und der Verwaltung

Nachdem sich die Stadt Saarlouis gegen die Klagen der Bürger erfolgreich durchgesetzt hatte, spielten bald vermehrt die Verhaltensweisen der Asylbewerber bei der deutschen Bevölkerung eine zentrale Rolle. In Leserbriefen an die örtliche Presse und Briefen an die Stadtverwaltung beschwerte sich die Bevölkerung über Lärm-, Alkohol- und Kriminalitätsprobleme in Bezug auf die Asyl-

---

Wandels und die Bedeutung von nicht vorhersehbaren Ereignissen für Gesellschaften dargestellt werden" (Willems 1997, S.397) sollen.

bewerber. Die Medienberichterstattung trug ihren Teil dazu bei, dass dieser Konflikt geschürt wurde. Willems macht ausdrücklich darauf aufmerksam, dass die bisherigen Ausführungen nicht speziell nur für Saarlouis gelten. "Eine Analyse der Vorfeldereignisse ausländerfeindlicher Krawalle in einer Reihe von Städten (Hoyerswerda, Rostock, Greifswald, Hünxe) in den letzten zwei Jahren zeigte, dass den kollektiven Krawallen [...] meist erhebliche Spannungen zwischen Asylbewerbern und der ansässigen Bevölkerung vorausgingen" (Willems 1997, S.413). Willems beschreibt z.B. die Ausschreitungen in Rostock-Lichterhagen als eine 'emotionale Eskalation'. Auch hier gab es im Vorfeld Unmutsäußerungen und Unterschriftensammlungen der Bevölkerung. Da diese nicht fruchteten, fühlte sich ein großer Teil der Menschen mit ihren Ängsten und Sorgen alleingelassen. "Dies erklärt wohl die breite Toleranz und Unterstützung der Anwohner, die den Randalierern Beifall klatschten oder teilweise selbst Steine warfen" (Willems 1997, S.415). Willems nimmt an, dass fremdenfeindliche Motive oder Xenophobie in diesen Städten nicht unbedingt größer ausgeprägt waren als anderswo. Die Entwicklung solcher Einstellungen wurde eher durch politisches Handeln bzw. Nicht-Handeln im Vorfeld und dadurch bedingte Lernerfahrungen der Bevölkerung beeinflusst.

3.3.3 Der Ausbruch und die Eskalation der Gewalt

In dem oben beschriebenen Klima gediehen auch Slogans rechtsgerichteter Parteien. Die Wahlerfolge dieser Parteien in bestimmten Stadtgebieten veranlasste die großen Parteien, ähnliche Schlagwörter in ihre eigenen Programme aufzunehmen. Die Folge war das 'Salonfähig-Machen' rechtsextremer Sprüche und Programme in der Gesellschaft. Dies gab besonders rechten Jugendgruppen, die in den 1980ern eher gesellschaftlich stigmatisiert waren, die Möglichkeit, sich - wenigstens in Teilen der Bevölkerung - wieder zu etablieren. Wenn sich deren Gewalt gegen Asylbewerber richtete, fanden sie "bei Teilen der Bevölkerung Verständnis, Sympathie und [...] Unterstützung" (Willems 1997, S.419). Dadurch erfuhren diese Gruppen eine neue Selbstdefinition und kollektive Bedeutung. Fortan konnten sie sich als "Kämpfer für deutsche Interessen" (Willems 1997, S.420) verstehen.

3.3.4 Erfolgserlebnisse angesichts der Schwäche der Kontrollorgane

Um die Dynamik und Diffusion der Gewalt verstehen zu können, muss darauf hingewiesen werden, wie die Gewaltanwendung ein effizientes und erfolgreiches Mittel werden konnte. Entscheidend beigetragen hat in diesem Zusammenhang der Gedanke der gewalttätigen Gruppen, dass Gewalt ein kosten- und nutzengünstiges Mittel darstellt. Die Täter konnten anfangs ungehindert gegen Polizeibeamte vorgehen, da diese ständig in der Minderheit waren. Das gewaltsame Handeln hatte also zunächst keinerlei negative Konsequenzen (im Gegenteil konnte man sich als Kämpfer feiern), und somit gab es anfangs keinen Grund, nicht mitzumachen. "Eine angesichts der Gewalt zurückschreckende Polizei führt bei gewalttätigen Gruppen zu einem euphorisch erlebten Machtgewinn und einer berauschenden und stimulierenden Anarchie- und Anomieerfahrung, was für den weiteren Verlauf der Krawallereignisse von großer Bedeutung ist" (Willems 1997, S.423).[167]

3.3.5 Medienvermittelte Ausbreitung und Nachahmungseffekte

Als die Gewalttäter und Anwohner in letzter Instanz für ihre Taten damit 'belohnt' wurden, dass die Asylbewerber aus den betreffenden Stadtteilen verlegt wurden, gewannen sie die Einsicht, dass mit Gewalt wirklich lokale Probleme gelöst werden können. "Diese Erfahrungen 'erfolgreicher' Gewaltanwendungen sind von entscheidender Bedeutung für die Diffusion und Eskalation von Gewalt. Das Lernen am erfolgreichen Modell hat daher gerade für die Erklärung einer wellenartigen Eskalation und Ausweitung von Gewaltaktionen nach spektakulären 'Einzelerfolgen' eine große Bedeutung" (Willems 1997, S.424).[168] Den

---

[167] Reinecke bemerkt in diesem Zusammenhang, dass sich Gewalt "als attraktives Mittel zur Bewältigung von Problemen" (Reinecke 1995, S.80) erweisen kann, was wiederum den Verlauf eines Krawalls mitbestimmen kann.

[168] Willems verweist hier auf eine Grafik (Abb. 41, s. Anhang), die aufzeigt, dass die fremdenfeindliche Gewalt wellenartig aufgetreten ist (das gleiche Phänomen beschreibt Willems auch für politische Gewalt allgemein: "[...] dass es auch in unserer Gesellschaft Perioden gibt, in denen politisch motivierte Gewalt häufiger zu verzeichnen ist als in anderen Perioden (Willems/Eckert 1995, S.94)). Nach den 'erfolgreichen' Übergriffen in Hoyerswerda am 19.September 1991 steigt die Zahl der polizeilich registrierten fremdenfeindlichen Straftaten enorm an (von 314 Straftaten im September auf 961 im Oktober 1991). Der gleiche Rekrutierungs- und Mobilisierungseffekt kann auch nach den Krawallen in Rostock (22.August 1992) und sogar nach dem furchtbaren Brandanschlag in Solingen (29.Mai 1993) beobachtet werden. Warum ein solcher Effekt nach Mölln ausbleibt (23.November 1992), erklärt Willems anhand der Welle der Solidarität, die ihren Gipfel mit den Lichterketten erreichte, an denen Millionen von Deutschen teilnahmen (vgl. Willems 1995). Auch Kaiser konstatierte schon 1959 bei der Auseinandersetzung mit der Subkultur der Halbstarken, dass das "Verebben der Großkrawall-Welle 1956/1957 [nicht bedeutet, dass das] Phänomen der randalierenden Jugend [...] gegenstandslos" (Kaiser 1959, S.22) bleiben wird. Damit wies er schon damals auf die Wellenbewegung jugendlichen Protests "als eine Erscheinung der industriellen Gesellschaft" (ebd.) hin. Eckert hat

116

Medien kommt dabei mit ihrer Berichterstattung über spektakuläre Ereignisse die Koordinierungs- und Informationsfunktion für die rechte Szene zu. Diese wäre ohne die flächendeckende Informationsquelle durch die Presse viel zu gering vernetzt gewesen (dies gilt fast zehn Jahre nach den fremdenfeindlichen Übergriffen nicht mehr. Die Forschung beschreibt heute den Rechtsextremismus in Bezug auf die neuen Medien bzw. das Internet als 'die neue Gefahr' (vgl. Fromm/Kernbach 2001)). Außerdem erhielten die Gewalttäter dadurch eine bundes-, ja sogar weltweite Aufmerksamkeitsprämie. Der Weg "vom Schläger zum Kämpfer zum Helden" (vgl. Eckert 1993) wird dadurch geebnet.[169]

Zusammenfassung

In unserer letzten Ausführung zu dem empirischen Material der Forschergruppe um Helmut Willems sollten anhand von Berichten, Dokumentationen und Experteninterviews Interaktionsprozesse zwischen Asylbewerbern und Anwohnern sowie Eskalationsprozesse der Konflikte eruiert werden. Willems beschreibt die fremdenfeindlichen Unruhen als Ausdruck eines neuen sozialen Konfliktes, der seit Anfang der 1990er Jahre aufgrund weltweiter Menschenbewegungen auch in Deutschland dazu geführt hat, dass in vielen Gemeinden und Städten das Verhältnis zwischen Ausländern und Deutschen von Fremdenfeindlichkeit gekennzeichnet ist. Gemäß seiner theoretischen Perspektive politischer Konflikte rekonstruierten Willems/Eckert/Würtz/Steinmetz 1993 Konflikt- und Eskalationslinien zwischen Asylbewerbern und Deutschen in mehreren deutschen Städten wie z.B. vermehrte Konkurrenz- und Neidgefühle, Bildung jugendlicher fremden-feindlicher Banden oder medienvermittelte Nachahmungsmuster.

3.4 Zusammenfassung der empirischen Untersuchungen Willems'

In diesem Teil sollte es darum gehen, die empirischen Forschungen Helmut Willems' vorzustellen. Dabei standen die Veröffentlichung von 1993 (Wil-

---

erst kürzlich das Schaubild (Abb. 41, s. Anhang) bis Dezember 2000 aktualisiert. Im weiteren Verlauf bestätigt sich diese Wellenbewegung auf niedrigerem Niveau und mit einer Spitze im August 2000 (383 Straftaten) (vgl. BMI/BMJ 2000, S.285).

[169] "Die Medien übermitteln die Vorbilder; Familie, Schule und Beruf die zu verarbeitenden Probleme; die Konkurrenz unter Altersgleichen den Druck zur Selbststilisierung [...]. Gewaltsymbolik und Gewaltbereitschaft sind [...] ein Modell, von dem insbesondere männliche Jugendliche sich stimuliert fühlen. [...] Politische Konflikte haben ihre eigene Dynamik, weil sie bestehende Gewaltbereitschaft legitimieren und neue erzeugen. Aus dem Schläger wird in ihnen der 'Kämpfer', der 'Held' oder gar der 'Märtyrer'" (Eckert 1993, S.141).

lems/Eckert/Würtz/Steinmetz 1993) und deren Fortschreibung von 1994 (Willems/Würtz/Eckert 1994) im Mittelpunkt. Beide Studien untersuchen anhand mehrerer empirischer Herangehensweisen das Phänomen der fremdenfeindlichen Gewalt. In unserer Arbeit wurden die Ergebnisse von drei dieser Methoden vorgestellt.

Im ersten Teil (Kap. III.A.3.1) stand die Auswertung polizeilicher Ermittlungsakten im Vordergrund. Willems u.a. untersuchten zwischen 1991 und 1993 anhand von 6.630 durch die Polizei der Länder ermittelten Tatverdächtigen (gemäß der BKA-Definition, vgl. Fußnote 146) Täterstrukturen und Tatmerkmale fremdenfeindlicher Gewalt. Kritiker Willems' weisen auf weitreichende Verzerrungsfaktoren bei der Arbeit mit polizeilichen Ermittlungsdaten hin. Dem stellt Willems die umfassende Berücksichtigung aller fremdenfeindlichen Straftaten (wenigstens für die Untersuchung von 1992/93) entgegen.

Zusammenfassend zu diesen Ergebnissen zeichnet Willems folgendes Bild: "Die überwiegende Zahl der Tatverdächtigen [...] sind junge Männer unter 20 Jahre, viele davon Schüler oder Auszubildende. Sie sind nicht in erster Linie Schulabbrecher [...], sondern haben ganz überwiegend einen niedrigen bis mittleren Bildungsabschluss. [...] Selbsterfahrene Arbeitslosigkeit hat wenig Einfluss auf fremdenfeindliche Einstellungen [...]. Für die Mehrzahl lassen sich [...] Affinitäten [...] zu Skinheadgruppen und sonstigen diffus fremdenfeindlichen Gruppen nachweisen. [...] In gewissem Umfang werden Jugendliche aktiv, die wegen sonstiger Straf- und Gewalttaten bereits vorbelastet sind. [...] Die typische fremdenfeindliche Straftat ist eine von Gruppen oder aus Gruppen heraus begangene Tat" (Eckert/Willems 1996, S.49f). Des Weiteren kann gesagt werden, dass sich die Daten für Ost- und Westdeutschland in der Studie von 1992/93 weitestgehend angeglichen haben.

Im zweiten Teil (Kap. III.A.3.2) sollte die Analyse von Urteilsschriften betrachtet werden. Willems u.a. untersuchten 1991/92 zusätzlich 53 Urteilsschriften von insgesamt 148 Tätern. Ziel war es, Aufschlüsse über den situativen Kontext fremdenfeindlicher Gewalttaten zu erhalten. Die Zahlen der Auswertung der Polizeiakten werden durch diese Untersuchung weitestgehend gestützt und fundiert. Für die Jugendlichen sind Solidaritäts- und Kommunikationsangebote der Gruppe wichtiger als die politische Orientierung der Clique. Die fremdenfeindliche Tat stellt eine Mischform aus Spontaneität und Planung dar, wobei auch hier der informelle Aspekt der Gruppen deutlich wird. Besonders die Enthemmung durch Alkohol, laute, fremdenfeindliche Musik, Medienberichte über andere rechte Jugendgruppen sowie Action-Motive und Geltungsdrang in der Gruppe bestimmen die Genese gewalttätiger Handlungen bei den Jugendlichen. Aus diesen Daten entwickelte das Forscherteam vier verschiedene Tätertypen, die die biographische Vielfältigkeit der rechten Subkultur wiedergeben sollen. So werden der Mitläufer, der kriminelle Jugendliche, der Ausländerfeind und der ideologisch-motivierte rechtsextreme Täter konstruiert.

Im dritten und abschließenden Teil (Kap. III.A.3.3) erarbeiten Willems/Eckert/Würtz/Steinmetz 1993 anhand verschiedener Medienberichte, Dokumentationen sowie Experteninterviews Interaktions- und Eskalationsprozesse von Gewalttaten. Damit soll gezeigt werden, dass den Unruhen Interaktionsprozesse im Kontext eines neuen sozialen Konfliktes vorausgegangen waren. Die Aufarbeitung der Anschläge in Saarlouis, Rostock, Hoyerswerda etc. verdeutlicht, dass die deutsche Bevölkerung lange vor den Brandanschlägen Protest geäußert hatte. Die Konstitution von bis dato stigmatisierten Jugendgruppen, Erfolgserlebnissen durch die Anwendung von Gewalt oder medial vermittelter Nachahmungseffekte veranschaulichen, dass die Welle fremdenfeindlicher Gewalt keineswegs auf desintegrierten oder desorientierten Jugendlichen bzw. gesellschaftlichen Randgruppen beruhte, sondern Ergebnis eines sozialen Konfliktes war, der Anfang der 1990er Jahre aufgrund der Immigrationswellen in vielen Gemeinden zwischen 'normalen' Menschen ausgetragen wurde.[170]

4 Zusammenhänge der Theorie und der empirischen Arbeit Willems'

In einem letzten Schritt wollen wir nun die in Kapitel III.A.1 ausgeführte Theorie Willems auf die empirischen Befunde beziehen. Eine solche Fundierung der Theorie erlaubt es, den Wirklichkeitsanspruch an diese zu erhöhen und damit die 'theoretische Wirklichkeit' zu stärken. Dabei steht die Frage im Vordergrund, wo Willems Überschneidungen in Theorie und Praxis erkennen lässt.

4.1. Strukturelle Spannungen als Ursache fremdenfeindlicher Ausschreitungen

Wie in Kapitel III.A.1.1.1 ausgeführt, gehen die makrosoziologischen Erklärungsansätze davon aus, dass strukturelle Spannungen innerhalb der Gesell-

---

[170] Leggewie bezeichnete die Täter von Rostock-Lichtenhagen in ihrer großen Mehrheit als 'extrem normal' (vgl. Leggewie 1993).

schaft Unzufriedenheit auslösen und daraus politische Konflikte entstehen können. Für die Genese der fremdenfeindlichen Unruhen lassen sich auf der einen Seite zunächst auch mögliche strukturelle Hintergründe eruieren. Besonders die Polizeiaktenanalyse von 1992/93 hat gezeigt, dass insbesondere ältere Tatverdächtige (25- bis 45-jährige), die überdurchschnittlich von Arbeitslosigkeit betroffen waren, zunehmend aktiv wurden (vgl. Kap. III.A.3.1.1 'Alter'). Des Weiteren gab es in beiden Analysen jeweils fast 30% Tatverdächtige, die keinerlei berufliche Ausbildung besaßen (vgl. Kap. III.A.3.1.1 'Berufsstatus'). Auf der anderen Seite hat das Forscherteam deutlich gezeigt, dass die jugendlichen Täter in weit geringerem Maße unter strukturellen Spannungen zu leiden hatten als dies weitläufig angenommen wird. So besaßen über 77% der Tatverdächtigen einen Haupt- oder Realschulabschluss (vgl. Kap. III.A.3.1.1 'formaler Bildungsabschluss'), über 75% ihrer Eltern lebten nicht getrennt oder geschieden und besaßen zu über 90% einen Arbeitsplatz (vgl. Kap. III.A.3.1.1 'Struktur der Herkunftsfamilie und soziale Milieus'). Auch die im Osten Deutschlands lebenden Tatverdächtigen sind nach Willems' Untersuchungen (besonders in der Studie von 1992/93) nicht stärker gefährdet als die im Westen lebenden (vgl. Kap. III.A.3.1.2 'Ost-West-Vergleich'). Diese Ergebnisse spiegeln nach Willems' eine Heterogenität in der rechtsextremistischen Szene wider: Sicherlich gibt es den 'klassischen' (klischeeträchtigen) rechtsgerichteten Täter, der von strukturellen Spannungen weitreichend betroffen ist. Es finden sich aber auch Täter fremdenfeindlicher Straftaten, die von Deklassierung, Desintegration etc. nicht betroffen sind. Die vier Tätertypen (vgl. Kap. III.A.3.2.2) verdeutlichen diese Vielfältigkeit der Motivationen und Hintergründe der Tatverdächtigen. Eine Heterogenität der gewalttätigen Gruppen widerspricht von vornherein dem Gedanken der strukturanalytischen Theorie. Diese setzt eine weitgehende Homogenität der Protestgruppe voraus, wie dies Marx und Engels dem Proletariat nahegelegt haben. Die Vielfältigkeit bei den rechtsextremen Tatverdächtigen in Untersuchungen von Willems u.a. deutet hier in eine andere Richtung.

Eine Reduzierung der Erklärung für rechtsextreme Gewalt auf unzufriedene, desintegrierte (also von strukturellen Bedingungen betroffene) Jugendliche kann bei Willems nur einen Teilaspekt des Problems darstellen.

4.2 Die Theorie der relativen Deprivation als Weiterentwicklung strukturanalytischer Annahmen

Weiter greift die den sozialpsychologischen Ansätzen verbundene Theorie der relativen Deprivation (vgl. Kap. III.A.1.2.2). Die objektiven/strukturellen Bedingungen müssen sich nach ihrer Konzeption für einen Menschen oder eine Gruppe nicht unbedingt verändern, damit er/sie Unzufriedenheit erfährt. Es reicht, dass eigene Erwartungen und Ziele als nicht realisierbar erachtet werden, sie als (meist von anderen Menschen oder Gruppen) blockiert rezipiert werden. Diesen Vergleichsprozess mit anderen Gruppen, der in einer Konkurrenzsituation entstehen kann, stellten auch Willems u.a. (1993, 1994) für die fremdenfeindlichen Unruhen heraus. In den Ausführungen von Kapitel III.A.3.3 wird deutlich, dass in der Konkurrenz um Arbeitsplätze, billigen Wohnraum etc. viele Anwohner die Anwesenheit der Asylbewerber fürchteten. Obwohl sich die tatsächliche sozioökonomische Lage der Bevölkerung nicht unbedingt verändert hatte (der Anteil der Herkunftsfamilien der Tatverdächtigen, die von Arbeitslosigkeit betroffen waren, lag bei unter 7%. Dieser Umstand änderte sich mit den wachsenden Zahlen der Asylbewerber nicht dramatisch (vgl. Kap. III.A.3.1.1 'Struktur der Herkunftsfamilie und soziale Milieus')), erachteten sie ihre Realisierungschancen für bestimmte Anliegen als von den Asylbewerbern verbaut und reagierten mit Protest darauf.[171]

Davies 1969 hat in diesem Zusammenhang darauf aufmerksam gemacht, dass mit fortschreitender Konfliktinteraktion 'rising expectations' als entscheidende Motivation für weitere Proteste erzeugt werden können, sobald die Ziele als durchsetzbar wahrgenommen werden. Willems' Überlegungen gehen, unter Hinzunahme utilitaristischer Handlungsprämissen (vgl. Kap. III.A.1.1.3), in dieselbe Richtung: So konnten sich nach den ersten Anschlägen in Deutschland andere Gruppen dieses 'erfolgreiche' gewaltsame Handeln gegen Fremde als Vorbild nehmen, um auch andernorts 'Probleme zu lösen'. Besonders die Nicht-Reaktionen der Polizei und des Staates (vgl. Kap. III.A.3.3.4) förderten das Bewusstsein, dass ohne jegliche Sanktionen (sozusagen individuell-kostengünstig)

---

[171] Willems verweist in seinen theoretischen Ausführungen (vgl. Kap. III.A.1.1.2) darauf, dass der Übergang von Unzufriedenheit bzw. Frustration zu aktivem Protestverhalten mit der Frustrations-Aggressions-Theorie nur sehr schlecht zu beschreiben ist (wiederum zu kausal). Wie in Fußnote 120 beschrieben, können hier die Weiterführungen der Frustrations-Aggressions-Theorie hinzugezogen werden. In Kapitel III.A.3.2.1 wird darauf verwiesen, dass aus den Gerichtsakten nur eine kleine Gruppe Täter identifiziert werden konnte, die aufgrund allgemeiner Frustration und Orientierungslosigkeit (aggressiv) gehandelt haben.

gehandelt werden könne. Auch die Tatsache, dass fast 90% der Tatverdächtigen in der Polizeiaktenanalyse ledig waren (vgl. Kap. III.A.3.1.1 'Familienstand der Tatverdächtigen'), ist für Willems ein Indiz dafür, dass auch hier Täter aktiv waren, die ihre eigenen Handlungen, ohne Konsequenzen erwarten zu müssen (z.b. von Ehepartnern), ausführen konnten.

Nach Davies 1969 gibt es aber auch immer eine Übersättigung dieser steigenden Erwartungen während des Konfliktes. "Auf das Anwachsen von Erwartungen in Konflikten folgt daher stets auch die Erfahrung der Nichterfüllbarkeit von Erwartungen" (Willems 1997, S.481). Diese erzeugte relative Deprivation innerhalb des Konfliktes kann nach Willems' Meinung zu einer weiteren Verschärfung der Konfliktsituation oder aber genauso gut zur Resignation führen. Diese Überlegungen können (mit Hinzunahme anderer Faktoren wie z.b. mediale Verbreitung etc.) Willems' These der Wellenbewegung bei rechtsextremistischer Gewalt unterstützen.

4.3 Die Theorien kollektiven Verhaltens und der Bezug zu den empirischen Ergebnissen Willems'

Mit den Ansätzen von Blumer sowie Turner und Killian zum kollektiven Verhalten (Kap. III.A.1.2) versucht Willems, den situationalen Aspekt im Konfliktverhalten darzulegen. Wie oben angedeutet, können strukturelle Faktoren nur eine Voraussetzung von Protestbewegungen darstellen. Die fremdenfeindlichen Unruhen beschreibt Willems als "unvorhersehbares Ergebnis der Interaktionsprozesse zwischen Protestgruppen und den jeweiligen Interaktionspartnern" (Willems 1997, S.36). Die Theorien kollektiven Verhaltens setzen hier an.

Blumer 1972 geht davon aus, dass kollektives Verhalten durch spontane Interaktionsprozesse entwickelt wird und nicht Ergebnis intrapersonaler, psychischer Dispositionen ist (vgl. Kap. III.A.1.2.1). Grundlage für kollektives Verhalten ist die soziale Unruhe, die über den Prozess kollektiver Interpretation struktureller Gegebenheiten bestimmt wird. Für die fremdenfeindlichen Unruhen sind besonders Blumer's auslösende Ereignisse ('dramatic events') kollektiver Proteste wichtig (vgl. Fußnote 124). So nennt er u.a. öffentliche Manifestationen in Form von Aktionen der Gruppe, oder Interaktionsprozesse zwischen der Protestgruppe und anderen gesellschaftlichen Instanzen. In Kapitel III.A.3.3.1ff beschreibt Willems in Analogie hierzu die Proteste, die den fremdenfeindlichen Unruhen vorausgingen (z.B. Unterschriftensammlungen gegen geplante Asylbewerberunterkünfte) und die Konflikte der Protestteilnehmer mit staatlichen In-

122

stanzen (z.B. richterliche Klagen gegen die Stadt, um Unterbringungen zu boy-
kottieren).

Die Kritik Willems' an dem Ansatz von Blumer richtet sich gegen den Anstek-
kungsansatz von Le Bon 1938, auf dem dieser beruht. Er geht davon aus, dass
sich Menschen in der Masse, also etwa bei den fremdenfeindlichen Ausschreitungen, anders verhalten als in ihrem Alltag; "dass sie ihre Entscheidungen weniger kritisch abwägen und kontrollieren; dass sie stärker unter dem Einfluss
von Ereignissen und Emotionen handeln und dadurch enthemmter und radikaler
sind; dass daher kollektive Gleichschaltung an die Stelle individueller Unterschiede tritt" (Willems 1997, S.472). Willems bestreitet dies, obwohl er für die
fremdenfeindlichen Unruhen einräumt, dass die aktive, kollektive Beteiligung
von Zuschauern an den Ausschreitungen sehr hoch war. Trotzdem muss auch
hier differenziert werden. Zum einen beteiligten sich nicht alle Anwesenden an
den Ausschreitungen, zum anderen handelten nicht alle in gleicher Art und Weise. Nur die wenigsten beteiligten sich aktiv an den Brandstiftungen. Den eigentlichen Ausschreitungen gingen, wie oben erwähnt, meistens 'friedliche'
Proteste gegen die Asylbewerber voraus (Unterschriftensammlungen, Klagen
etc.). Menschen, die sich an diesen Aktionen beteiligten, waren nicht unbedingt
an den Brandstiftungen beteiligt.

Es kann also festgehalten werden, dass sowohl die Proteste gegen in Deutschland lebende Fremde vielschichtig waren wie auch die Motivationen der Beteiligten. Wiederum kann das Augenmerk nicht auf einen Tätertyp und eine
Handlungsmotivation gerichtet werden. Die individuelle Entscheidungsfähigkeit
und Selbstkontrolle blieb bei den meisten Anwesenden, sowohl bei den im Vorfeld stattfindenden Protesten als auch bei den grausamen Brandstiftungen, erhalten. Von einer Ansteckung durch die 'Massenseele' kann hier nicht gesprochen werden.

Die Ergebnisse von Willems u.a. (1993, 1994) bestätigen eher die Annahmen
von Turner und Killian 1987 (vgl. Kap. III.A.1.2.2): Für die fremdenfeindlichen
Ausschreitungen ist anzunehmen, dass ein nicht geringer Teil der Jugendlichen
aus stark gewaltaffinen Gruppen stammte, für die Gewalt als 'normal' gilt.[172]
Diese Annahme wird dadurch gestützt, dass der Prozentanteil der 'sonstigen
Gruppen', die an den Protesten beteiligt waren, von unter 10% (1991/92) auf

---

[172] Eckert u.a. sprechen hier auch in neueren Veröffentlichungen von der Gewalt als Erleb-
nistechnik: "In solchen Enklaven ('Spezialkulturen') finden sich Menschen zusammen, die
eine gemeinsame Wahrnehmung der Wirklichkeit oder gemeinsame Interessen und Spe-
zialisierungen verbindet" (Eckert/Steinmetz/Wetzstein 2001, S.31).

über 50% (1992/93) angestiegen ist (vgl. Kap. III.A.3.1.1 'Gruppenzugehörig-keit der Tatverdächtigen'). Nach Willems' Meinung erfasste die fremdenfeindli-che Welle wohl auch andere (gewaltaffine) Gruppen, die in ihrer Gesinnung nicht als rechtsextrem einzustufen sind. Dies würde auch das in Kapitel III.A.3.2.1 ('Motivationen der Gewalttäter') beschriebene 'Action-Motiv' (ohne politischen Hintergrund) einer Vielzahl der Täter unterstützen. "Die Einheitlich-keit kollektiven Protestverhaltens wird daher am ehesten dann erreicht, wenn [...] alltägliche Handlungsweisen und Praktiken nahtlos auf Konfliktsituationen übertragen werden können" (Willems 1997, S.474). In der Konfliktsituation konnte sich dann schnell über gemeinsame Normen und Situationsdefinitionen verständigt werden. Aber auch die Rekonstruktion des Protestverlaufs (Kap. III.A.3.3ff) lässt erkennen, dass dieser Konflikt stets von neuen Interpretationen, Überzeugungen, Werten und Normen gekennzeichnet war und somit kein stati-sches, vorhersehbares Ereignis sein konnte. So konnten beispielsweise die seit den 1980er Jahren stigmatisierten Skinheadgruppen in einigen Stadtteilen Re-naissance erleben und sich als Kämpfer für die 'deutsche Sache' etablieren (vgl. Kap. III.A.3.3.3).

Auch das Gerücht ('rumor'), das Turner und Killian als typische Kommunikati-onsform in kritischen Situationen beschreiben, erhält in den Ausführungen Wil-lems' Plausibilität. Wie in Kapitel III.A.3.2.1 ('Die Eigendynamik von Gruppen-prozessen') und III.A.3.2.1 ('Motivationen der Gewalttäter') beschrieben, erach-tet Willems Gerüchte über kriminelle, gefährliche etc. Ausländer sogar für die Genese von Handlungsbereitschaft als äußerst wichtig. Durch diese können die abstrakten Feinde (tatsächlich hatten die wenigsten Verurteilten jemals (negati-ven) Kontakt mit Ausländern (vgl. Kap. III.A.3.2.1 'Die Eigendynamik von Gruppenprozessen')) zu wirklicher persönlicher Gefahr stilisiert werden, gegen die man sich schützen muss.

Abschließend kann gesagt werden, dass Willems eine Kombination aus struktur-analytischen Theorien und Theorien kollektiven Verhaltens favorisiert, um das Phänomen der fremdenfeindlichen Ausschreitungen zu erklären. Beide Theorien kommen ohne die Überlegungen der anderen nicht aus. So spielen sowohl be-stimmte strukturelle Voraussetzungen als auch situative Momente kollektiven Verhaltens für die Genese von Handlungsbereitschaft eine Rolle. Es gelten Faktoren wie "Konformitätsdruck und Solidaritätserwartungen [vgl. Kap. III.A.3.2.1 'Gewaltaffine jugendliche Subkulturen'], Wir-Gefühl und das Erleben kollektiver Identität [vgl. Kap. III.A.3.2.1 'Die Eigendynamik von Gruppenpro-

124

zessen'], Machterfahrung in der Gruppe [vgl. Kap. III.A.3.3.3], Reduzierung des individuellen Handlungsrisikos [vgl. Kap. III.A.3.3.4]" (Willems 1997, S.475).

4.4 Theorien der Wahrnehmungs- und Kommunikationsforschung zur Beschreibung der Konfliktdynamik und der Eskalation der fremdenfeindlichen Unruhen

Zur Beschreibung der Konfliktdynamik und der Eskalation von fremdenfeindlichen Krawallen zieht Willems Theorien der Wahrnehmungs- und Kommunikationsforschung heran (vgl. Kap. III.A.1.3ff). Wo sind hier Verbindungslinien zu den fremdenfeindlichen Übergriffen zu finden?

Willems schreibt Protestgruppen zu, anhand von spektakulären Protestformen (bis hin zur Gewalt) gezielt "öffentliche Aufmerksamkeit zu erlangen" (Willems 1997, S.476). Dabei spielt besonders das wechselseitige Interpretieren und Reagieren der Gegenseite (bei den fremdenfeindlichen Unruhen kann hier die städtische Verwaltung, aber auch (bei den Krawallen direkt) die Polizei erwähnt werden) eine wichtige Rolle. Jede neue Reaktion verändert die Situation, "die dann nicht einfach wieder rückgängig gemacht werden [kann] und dazu führt, dass die Eskalationsprozesse eine Eigendynamik gewinnen, die für die Konfliktparteien nicht mehr zu steuern ist" (Willems 1997, S.476). Neidhardt beschreibt diesen Prozess als "Reiz-Reaktions-Sequenzen, mit denen der Konflikt in sich verstärkende Turbulenzen trudelt" (Neidhardt 1985, S.25). Wird diese Annahme um die kommunikationstheoretischen Annahmen von Watzlawick/Beavin/Jackson 1969 erweitert (vgl. Kap. III.A.1.3.1), so wird die These von Willems u.a. (1993, 1994), dass die fremdenfeindlichen Unruhen nicht Produkt wohlgeplanter und organisierter Natur gewesen sein müssen, sondern Ergebnis eines 'sich aufschaukelnden' Eskalationsprozesses,[173] deutlich. Watzlawick/Beavin/Jackson 1969 beschreiben für die menschliche Kommunikation (und Willems 1997 bezieht diese Überlegungen auf Kommunikation in Konfliktsituationen) mehrere Grundvoraussetzungen. Diese können ein solches Aufschaukeln des Protests erklären. Besonders für die Konflikte, die den gewaltsamen Krawallen vorausgegangen sind (vgl. Kap. III.A.3.3), lassen sich diese Axiome herausstellen. Das Bild, das sich die Anwohner von den Asylbewerbern gemacht hatten, war von dem 'Modus der Interaktion' (vgl. Laing/Phillipson/Lee 1973) bestimmt. Jedes

---

[173] Dieses situative Element der Protestbewegung beweist Kapitel III.A.3.1.2: Über 90% der fremdenfeindlichen Straftaten waren nach Willems' Auswertungen nicht organisiert, sondern beruhten auf spontanen, situativen Eskalationen.

Verhalten der Asylbewerber wurde von den Anwohnern sofort interpretiert (vgl. Axiom 1: Kap. III.A.1.3.1) und lag der folgenden Handlung wiederum zugrunde. "Auf diese Weise können vorher unbestimmt vorhandene Vorurteile verstärkt und generalisiert werden" (Willems 1997, S.479). Dem Gegner werden bestimmte Motive, Interessen und Einstellungen zugeschrieben. Durch das Gerücht (wie beschrieben in Kap. III.A.4.3) werden zusätzlich negative Attributionen verbreitet. "In Konfliktsituationen, die durch Misstrauen und fehlende Kommunikation gekennzeichnet sind, entwickeln diese Attribuierungsprozesse ihre eigene Dynamik; denn allzu leicht drängen nicht nur Unsicherheit, Angst, fehlende Informationen und stereotyp-vorgefertigte Vorstellungen vom Gegenüber, sondern auch schlichte Vorsicht den Attribuierungsprozess in Richtung Annahme der schlimmsten Möglichkeit" (Willems 1997, S.480). In diesem Zusammenhang können die Ergebnisse der Aggressionsforschung von Mummendey und Linneweber 1981 genannt werden: Sie bezeichnen Aggression auch als Interaktions- und Bewertungsprozess. Die Beschreibung einer Handlung als aggressiv schließt bestimmte Attribuierungsprozesse ein, die über die Beschreibung des einzelnen Individuums bzw. dessen Verhalten hinausgehen. In den Akten der Gerichte lassen sich mehrere Urteilsschriften finden, in denen die rechtsextremistischen Jugendlichen bei einer Beschreibung der Gewalt, die von den Asylanten ausgegangen sein soll, immer auch andere Attributionen, über die sachliche Beschreibung des Tathergangs hinaus, einfließen ließen.[174]

Axiom 3, eine gestörte Kommunikation aufgrund einer verlagerten Struktur der Interpunktion von Ereignisfolgen (vgl. Axiom 3: Kap. III.A.1.3.1), kann an dieser Stelle erwähnt werden. Die protestierenden Anwohner, die ihre eigene Wirklichkeitsauffassung als absolut ansehen (meist gestützt durch einschlägige Medienberichterstattung, vgl. Kap. III.A.3.2.1 'Die Eigendynamik von Gruppenprozessen') und damit keine andere Realität akzeptieren wollen, verlagern die Interpunktion von Ereignisfolgen in eine einseitige Richtung. Nach Watzlawick/Beavin/Jackson 1969 kann eine Folge davon sein, dass Interaktionsspiralen entstehen, die bis zur Gewalt führen können (vgl. Fußnote 139).

---

[174] Urteilsschrift Nr.29: "Mit Ausländern hat der Angeklagte angeblich die Erfahrung gemacht, dass es einmal zu einem Handgemenge gekommen sei, weil zwei Ausländer seine Freundin anmachen wollten. Er sehe im übrigen nicht ein, was die Ausländer hier in Deutschland zu suchen hätten [...]" (Willems/Eckert/Würtz/Steinmetz 1993, S.188).

Die Annahmen von Schachter 1971 und Tannenbaum 1980 (vgl. Kap. III.A.1.3.2) lassen sich hier anfügen. Sie beschäftigen sich mit dem Einfluss von Emotionen und Kognitionen auf das Handeln in Konfliktsituationen: Die Unüberschaubarkeit einer Konfliktsituation und die anscheinende Bedrohung durch den Gegner tragen zu Gefühlen der Ohnmacht und Angst bei. Durch Angst wird die Wachsamkeit und kognitive Sensibilität zunächst erhöht (vgl. Lazarus/Kanner/Folkmann 1980). Hassenstein 1972 erwähnt in diesem Zusammenhang, dass in einer solchen Situation gern kontrastverschärfende und einseitig selektierte Informationen von den Konfliktteilnehmern bevorzugt werden.

Die Situation objektiv beschreibende Informationen werden nicht wahrgenommen. "Dies erklärt die erhöhte Bereitschaft zur Übernahme einfacher, plausibler Interpretationsmuster, wie sie etwa in stereotypen Freund-Feind-Vorstellungen verfestigt sind" (Willems 1997, S.483).[175]
Den Einfluss handlungsleitender Emotionen auf die Genese der gewalttätigen Ausschreitungen unterstreicht Willems in seiner Analyse der Interaktions- und Eskalationsprozesse (Kap. III.A.3.3). So bezeichnet er z.B. die Krawalle in Rostock-Lichterhagen als emotionale Eskalation (vgl. Kap. III.A.3.3.2). Auch Willems' Weiterentwicklung dieses Gedankens um die kognitionstheoretischen Annahmen zu Stressreaktionen von Lazarus/Kanner/Folkman 1980 ist in diesem Zusammenhang nützlich. Wird zugrunde gelegt, dass die (subjektiv wahrgenommene, interpretierte) Bedrohung durch die Asylbewerber bei einem Teil der Bevölkerung eine Art Stressreaktion auslöste (z.B. Gefühle der Bedrohung und Konkurrenz, vgl. Kap. III.A.3.3.1), wäre eine Änderung der Situationsdefinition, so Lazarus/Kanner/Folkman, kaum mehr möglich (vgl. Kap. III.A.1.3.2). Sie nennen das Aufschaukeln, das Eskalieren der Situation eine 'Kognitionskette', die fast unmöglich durchbrochen werden kann.

Zusammenfassung

Im letzten Teil der Beschäftigung mit der Arbeit von Willems sollten die Verbindungslinien zwischen der Theorie und der empirischen Arbeit herausgestellt werden. Die theoretischen Ausführungen in Kapitel III.A.1 waren deshalb neu-

---

[175] Diese stereotypen Vorstellungen, dass die Ausländer alles Übel nach Deutschland bringen etc., finden sich in vielen der Urteilsschriften wieder. So auch in der Urteilsschrift Nr.4: "Diese [die Motive der Angeklagten] haben geradezu primitiven Charakter, sind sie getragen von nichts anderem als der vermeintlichen Gewissheit, die Asylanten wären die Ursache allen Übels" (Willems/Eckert/Würtz/Steinmetz 1993, S.158).

tral beschrieben, ohne den Bezug zu den fremdenfeindlichen Unruhen darzulegen.

Zusammenfassend kann gesagt werden, dass die empirischen Befunde Willems' (Kap. III.A.3) die theoretischen Überlegungen belegen. So deutet eine Heterogenität der rechtsextremen Szene, wie sie Willems anhand der Tätertypen beschreibt (Kap. III.A.3.2.2), weniger in Richtung strukturanalytischer Theorien (Kap. III.A.1.1.1), als in Richtung der Theorien der relativen Deprivation (Kap. III.A.1.1.2), womit die Entstehung von Unzufriedenheit als mögliche Voraussetzung für gewaltsame Handlungen anzusehen ist. Die Rekonstruktion der Interaktions- und Eskalationsprozesse der Proteste gegen Asylbewerber (Kap. III.A.3.3) verdeutlicht die wachsende Konkurrenzangst der deutschen Bevölkerung. Strukturelle Bedingungen müssten sich hierbei nicht unbedingt verändern. Die Theorien kollektiven Verhaltens (Kap. III.A.1.2) beschreiben Gruppenverhalten als spontane Interaktionsprozesse. Anhand der Analyse der Urteilsschriften (Kap. III.A.3.2) kann Willems die situativen Momente aufzeigen, die für die Genese von Handlungsbereitschaft der Jugendlichen in der Gruppe wichtig waren. So nennt er die Herkunft aus gewaltaffinen Milieus als Grund für die Entwicklung geteilter Werte und Normen in Konfliktsituationen, Gerüchte und Medienberichte zur Stimulierung sowie erhöhten Alkoholkonsum zur Enthemmung in der Gruppe. Um die Entstehung der fremdenfeindlichen Krawalle zu beschreiben, favorisiert Willems eine Kombination strukturfunktionalistischer (Kap. III.A.1.1.1), sozialpsychologischer (Kap. III.A.1.1.2) und individualistischer Erklärungsansätze (Kap. III.A.1.1.3) mit den Theorien kollektiven Verhaltens von Blumer 1972 (Kap. III.A.1.2.1) und Turner und Killian 1987 (Kap. III.A.1.2.2). Alle enthalten Instrumentarien, womit mögliche Entstehungsbedingungen von Unzufriedenheit und die Genese von Handlungsbereitschaft charakterisiert werden können.

Mit den Theorien der Wahrnehmungs- und Kommunikationsforschung (Kap. III.A.1.3) beschreibt Willems die Konfliktdynamik und Eskalation. Bei den fremdenfeindlichen Unruhen gab es mehrere Hinweise dafür, dass ab einem bestimmten Zeitpunkt Dynamik und Eskalation der Proteste (sowohl der Proteste im Vorfeld, als auch der Krawalle selbst) nicht mehr zu revidieren waren. Die Forschungen von Watzlawick/Beavin/Jackson 1969 (Kap. III.A.1.3.1), Schachter 1971 und Tannenbaum 1980 (Kap. III.A.1.3.2) sowie Mummendey und Linneweber 1981 (Kap. III.A.1.3.3) haben gezeigt, dass der fremdenfeindliche Protest auf Wahrnehmungs- und Kommunikationsmechanismen beruhte (Attribuierung von Handlungen, Interpunktieren von Handlungsfolgen, Emotionalisierung von Handlungen etc.), die für die Dynamik und Eskalation des Protests von entscheidender Bedeutung waren.

Zusammenfassend kann also von einer empirischen Fundierung (unter Berücksichtigung der Verzerrungsfaktoren) der Theorie von Willems u.a. gesprochen werden und damit sein Ansatz durchaus als eine 'theoretische Wirklichkeit' gedeutet werden.

B Wilhelm Heitmeyer

1 Die Theoriekonzeption von Wilhelm Heitmeyer

Nachfolgend wird das Theoriekonzept des Forschungsteams um Wilhelm Heitmeyer anhand der 'Gewalt'-Studie von 1995 vorgestellt. Sie wurde von Oktober
1992 bis Januar 1993 durchgeführt und bezieht sich auf eine Befragung von
3.401 Jugendlichen in Ost- und Westdeutschland im Alter von 15 bis 22 Jahren
(Kap. III.B.2) mit dem Ziel, die Theorie empirisch zu fundieren.

1.1   Das sozialisationstheoretische Konzept

Um die notwendigen Sozialisationsstrukturen für nicht 'mehrheitsfähige' Verarbeitungsprozesse und Reaktionsmuster Jugendlicher sowie deren Ergebnisse
eruieren zu können, muss die Rolle des Subjekts innerhalb seiner Umwelt, in der
es sich bewegt, veranschaulicht werden.

Die sozialisationstheoretische Konzeption orientiert sich an dem Subjekt als aktivem Gestalter seiner Umwelt. "Das Subjekt verhält sich gegenüber der Realität
teils aktiv gestaltend, teils ausweichend bzw. selektiv suchend, teils auch passiv
hinnehmend. Als Folge dieser Tätigkeit verändert sich zunächst die reale Situation des Subjektes, wobei anzunehmen ist, dass die sich real herstellende neue
Situation nicht vollständig und genau der antizipierten Situation entspricht. Als
Folge der Tätigkeit verändert sich außerdem das Subjekt selber, dies ist seine
Sozialisation" (Geulen 1981, S.553).

Es wird mithin ein "produktiv realitätsverarbeitendes Subjekt" (Hurrelmann
1983) unterstellt. Durch die Verarbeitung von individuellen Erfahrungen bilden
sich hierbei subjektive Orientierungs- und Handlungsmuster. "Dieses Modell
analysiert die menschliche Entwicklung im sozialen und ökologischen Kontext,
der subjektiv wahrgenommen und verarbeitet wird und damit sowohl für das
Subjekt an Stellenwert zur Orientierung gewinnt, als auch über Artikulations-
und Handlungsmuster auf den umgebenden sozialen und politischen Kontext
zurückwirkt" (Heitmeyer u.a. 1995, S.31).

"Das Modell des 'produktiv realitätsverarbeitenden Subjekts' enthält keine normative Aufladung, sondern die subjektiv produktive Verarbeitung von Realität
steht im Mittelpunkt" (ebd.). Dabei liegt die Eigenlogik dieser Verarbeitung auf

subjektiver Entlastung und Stabilisierung und kann zumeist auf Kosten anderer Individuen gehen. Daher kann nicht von einer sozial-produktiven, sondern vielmehr von einer subjektiv-egozentrischen Verarbeitung gesprochen werden. Dieser Sozialisationsmodus, der nach Heitmeyer u.a. 1995 erst infolge der neuen Individualisierungsprozesse entstanden ist, deutet damit auf die den Individualisierungsprozessen inhärente Pluralisierung und Subjektivierung von Optionen und Entscheidungen hin, auf die im späteren Verlauf genauer eingegangen wird.

Da sich aufgrund dieser sozialisationstheoretischen Überlegungen, der Abhängigkeit subjektiver Verarbeitungsprozesse individueller Erfahrungen von sozialen und politischen Wandlungsprozessen, Orientierungsmuster nicht als definit feststehende Einheiten, im Sinne von Einstellungen und Charakteristika zeigen, müssen die sozialen und politischen Modernisierungsprozesse und -qualitäten genauer untersucht werden, um den Zusammenhang von rechtsextremistischen Orientierungen und Handlungen Jugendlicher und ambivalenten sozialen und politischen Modernisierungsprozessen aufzeigen zu können. Diese Modernisierungsprozesse gliedern sich bei detaillierter Betrachtung in drei Ebenen (strukturelle Ebene, soziale Ebene, individuelle Ebene), die im Folgenden analysiert werden.[176]

1.1.1 Die drei Ebenen ambivalenter Modernisierungsprozesse: Die Struktur-Kultur-Ebene

Der Zusammenhang und die Spannung zwischen Struktur und Kultur (vgl. Hoffmann-Nowotny 1988), im Kontext mit Modernisierung verstanden als struktureller Wandel und sozialkultureller Veränderungen, wirkt sich, sozialisa-

---

[176] Es steht außer Frage, dass die Modernisierungsprozesse im Westen Deutschlands nicht kongruent mit denen des Ostens sind, da die sozial-historische Entwicklung und die abrupt einsetzenden Wandlungsprozesse (ausgelöst durch den Mauerfall) unterschiedliche sozialstrukturelle Vorbedingungen implizieren. Ein einheitliches Interpretationsmuster der Lebensphase Jugend ist aufgrund der von Individualisierungs-Schüben gekennzeichneten westlichen Gesellschaft und der von Formierungsprozessen dominierten östlichen Gesellschaft nicht gegeben (vgl. Heitmeyer/Sander 1992). Heitmeyer/Sander sprechen gar von einem "Individualisierungs-Aufprall" (ebd., S.44) für Jugendliche im Osten, "da mit der Umstrukturierung innerhalb kurzer Zeit vorhandene soziale Bindungen, Alltagsroutinen und eingefahrene Handlungsmuster zur Disposition stehen und mit neuen, individualisierungsträchtigen verbunden oder durch diese teilweise oder gänzlich ersetzt werden" (ebd.). Dem östlichen Teil wird in Bezug auf die Vor-Wende-Zeit hauptsächlich ein westlich medial-vermittelter, symbolischer Individualisierungsprozess zugeschrieben.

tionstheoretischen Überlegungen folgend, auf vielfältige Weise auf Individualisierungsprozesse, Milieueinbindungen und Ungleichheitsideologien aus.

Die Ungleichzeitigkeit des raschen strukturellen Wandels mit den sozialkulturellen Veränderungen deutet weitreichende Konsequenzen für die individuellen Lebenslagen und Lebenswelten an, wobei wir uns nun zuerst den Individualisierungsprozessen zuwenden. Um mit Beck zu argumentieren: "Individualisierung bedeutet in diesem Sinne, dass die Biographie der Menschen aus vorgegebenen Fixierungen herausgelöst, offen, entscheidungsabhängig und als Aufgabe in das individuelle Handeln jedes einzelnen gelegt wird. Die Anteile der prinzipiell entscheidungsverschlossenen Lebensmöglichkeiten nehmen ab, und die Anteile der entscheidungsoffenen, selbst herzustellenden Biographie nehmen zu. Individualisierung von Lebensläufen heißt also hier [...]: Sozial vorgegebene Biographie wird in selbst hergestellte und herzustellende transformiert, und zwar so, dass der einzelne selbst zum 'Gestalter seines eigenen Lebens' wird und damit auch zum 'Auslöffler der Suppe, die er sich selbst eingebrockt hat' " (Beck 1983, S.58f).

Die drei treibenden Kräfte der 'sekundären' Individualisierung sind nach Beck 1986 (S.122ff) die "Pluralisierung" von Lebensstilen (vgl. Olk/Otto 1981), die gestiegene soziale und geographische Mobilität der Bevölkerung sowie die individualisierenden Effekte der Bildungsexpansion. Diese sozialstrukturellen Veränderungen tragen jedoch nicht zu sozialer Gleichheit, genauso wenig wie zur Aufwertung des Subjekts und den damit verbundenen optimierten Optionen individueller Entfaltung und Entwicklung bei, da die Diversifikation von Lebenslagen und -stilen zur Subjektivierung individueller Lebensplanung drängt, um dadurch den klassen- und schichtspezifischen Kategorisierungen entgehen zu können. Im sozialdarwinistischen Sinne - survival of the fittest - muss sich das Individuum zum Zentrum seiner Lebensplanung, ja des Lebens selbst machen und seiner individuellen Weiterentwicklung die höchste Priorität einräumen.

Wie hieraus zu ersehen, sind individualisierende Entwicklungen nicht mit individueller und gesellschaftlicher Fortschrittlichkeit gleichzusetzen. Vielmehr müssen die Vor- und Nachteile einer derartigen Entwicklung genau betrachtet werden. Zudem muss auch bedacht werden, dass mit der Individualisierung nicht nur Auflösungsprozesse traditionaler Milieus und Bindungen einhergehen, die neue Freiheiten und Optionen zu versprechen scheinen, sondern auch ein Prozess der Institutionalisierung bzw. Standardisierung (vgl. Heitmeyer u.a. 1995, S.35) in Gang gesetzt wird, als institutioneller Puffer für die nun mit neuen Möglichkeiten versehenen Individuen. Daher sieht sich nun der einzelne "mit den Zwängen gesellschaftlicher Institutionen konfrontiert, die er selbst nur wenig beeinflussen kann. Es sind nun vor allem der Arbeitsmarkt, aber auch das Bildungssystem, sozialpolitische Versorgungssysteme etc., die den je individuellen Lebenslauf institutionell kanalisieren. [... An] die Stelle sozialmoralischer Milieus und traditional eingelebter Formen der Lebensführung treten nun formal organisierte Institutionen und gesellschaftliche Subsysteme" (Heitmeyer u.a. 1995, S.35).

Hieraus ergeben sich allerdings keine Auflösungsprozesse sozialer Ungleichheit. Vielmehr verschieben sich Ungleichheitsmuster vertikaler Ausrichtung (ökonomische, berufliche, bildungs-abhängige Statuslagen) hin zu horizontalen Hierarchisierungen, d.h. zu den alten, schicht- und klassenspezifischen Ungleichheitsdimensionen stoßen neue hinzu: "Arbeitsbedingungen, Freizeitbedingungen, Wohn- bzw. Wohnumfeldbedingungen, soziale Sicherheit, Beziehungen und soziale Ungleichheitsbehandlungen" (ebd., S.36). Die neuen Ungleichheitsdimensionen beziehen sich insbesondere nicht mehr auf die Kausalität von beruflicher Positionierung und Statuslage, sondern vor allem auf die Konvenienz subjektiver Lebenswelten und Biographien, und bilden damit die Basis für die "horizontale Ungleichheit: Zugehörigkeit zu Geschlecht, Altersgruppe, Kohorte, Nationalität oder Rasse, eine bestimmte Hautfarbe, regionale Verankerung und Familienstand" (ebd.). Daher können die neuen Ungleichheitsdimensionen nicht mehr in Abhängigkeit von strukturierenden, konsistenten Schicht- und Klassenlagen gesehen werden, sondern vielmehr von entstrukturierten bzw. destandarsierten, vielfältig lebenslagenspezifischen, situativen Kontexten, da "in den jeweiligen gesellschaftlichen Teilsystemen, [...] je spezifische Verhaltensanforderungen, Umgangsstile und Kommunikations- wie Verarbeitungsformen ausgebildet werden und werden müssen, die untereinander nicht mehr unbedingt kompatibel sein müssen/sind" (Bolay 1996, S.6). Nach Olk kann dann auch nicht mehr von einer Lebenslage, einer "einheitlichen kollektiven Statuspassage" (Olk 1985, S.294) - in Bezug auf Jugend - gesprochen werden, da diese sich in verschiedene spezifische Lebenslagen ausdifferenziert hat.[176]

Daraus resultierend greift die Studie von Heitmeyer u.a. 1995 den modernen Milieubegriff des SINUS-Instituts auf, der Bezug nimmt "auf soziale Syndrome, bestehend aus sozialen Lagen einerseits und Wertorientierungen sowie lebens-

---

[176] Entstrukturierung im Sinne von Ausdifferenzierung einer bestimmten Lebenslage in verschiedene spezifische Lebenslagen bedeutet "keinesfalls strukturlose Beliebigkeit. Vielmehr besteht die 'neue Struktur' des Jugendalters gerade in der Parallelität heterogener Teillebenslagen" (Bolay 1996, S.7).

weltlichen Sinn- und Kommunikationszusammenhängen andererseits" (SINUS-Institut 1992, S.3). Dieser durch Prozesse der Individualisierung gekennzeichnete Milieubegriff schließt den Zerfall traditionaler Milieueinbindungen und die damit einhergehenden Wert- und Normumorientierungen, die sich neuen Einflüssen öffnende Milieuinkonsistenz und die neuen Differenzierungen mit ein. Durch eine solche Herangehensweise an den Milieubegriff kann dieser noch differenzierter als bisher in seiner Bedeutung für die Sozialisation analysiert werden.[177]

Ein weiterer reziproker Prozess sollte nicht vergessen werden, der sich an die Individualisierung anschließt und mithin die inhärente Ambivalenz aufzeigt: Die Entindividualisierung. In diesem Sinne bedeutet Entindividualisierung die Ersetzbarkeit von Subjekten aufgrund der dem Individualisierungsprozess eingelagerten Zwiespältigkeiten, z.B. Ausweitung von Konkurrenzbeziehungen, risikoerhöhende Arbeitsmarktdynamik, soziale und geographische Mobilität, Urbanisierung usw. (vgl. Beck 1983). Ersetzbar wird der einzelne in dem Maße, wie er vom Subjekt zum Objekt reduziert wird (Objekt auch im Sinne eines 'Erfüllers' institutioneller Vorgaben und Gegebenheiten ohne produktiv-verarbeitende, subjektive Sinnhaftigkeit) und damit der Vereinzelung qua Austauschbarkeit ausgesetzt ist.

Daher ist unter den gegebenen Bedingungen respektive dem Druck verschiedener Modernisierungsprozesse darauf zu achten, inwiefern Individuen "die Erfahrung der eigenen Einzigartigkeit und Unverwechselbarkeit ihrer Person machen und gegen widrige äußere Bedingungen durchsetzen können" (Heitmeyer u.a. 1995, S.39; vgl. Heitmeyer/Olk 1990, S.20f), vor allem wenn die Skepsis von Beck 1983 in Bezug auf die neu gewonnenen Individualisierungschancen geteilt werden, denn er räumt den Individuen bei sehr weit fortgeschrittener Individualisierung kaum Chancen auf eine individuell-autonom geführte Individualexistenz ein und begründet seine skeptische Haltung folgendermaßen: "In den wohlfahrtsstaatlichen Massendemokratien vollzieht sich Individualisierung ge-

---

[177] Die verschiedenen Milieukategorisierungen sind für West- und Ostdeutschland nicht deckungsgleich. Für Westdeutschland gelten das traditionelle und das traditionslose Arbeitermilieu, das kleinbürgerliche Milieu, das aufstiegsorientierte Milieu, das neue Arbeitnehmermilieu, das konservativ-gehobene Milieu, das technokratisch-liberale Milieu, das alternative Milieu sowie das hedonistische Milieu. Für Ostdeutschland gelten das traditionsverwurzelte Arbeiter- und Bauernmilieu, das traditionslose Arbeitermilieu, das kleinbürgerlich-materialistische Milieu, das hedonistische Arbeitermilieu, das bürgerlich-humanistische Milieu, das rationalistisch-technokratische Milieu, das status- und karriereorientierte Milieu, das linksintellektuell-alternative Milieu sowie das subkulturelle Milieu (vgl. Heitmeyer u.a. 1995, S.38f).

rade als Ausdruck und unter Rahmenbedingungen eines Vergesell-schaftungsprozesses, der Individualisierung (im Sinne individueller Verselb-ständigung) gerade in zunehmendem Maße unmöglich macht. Einerseits wird der einzelne immer mehr aus Bindungen und Versorgungsbezügen herausgelöst und ist zur Sicherung seiner Existenz auf sich selbst und sein persönliches Ar-beitsmarktschicksal verwiesen. Andererseits wird er zugleich in der Sicherung seiner privaten Existenz immer nachdrücklicher und offensichtlicher von Ver-hältnissen und Regulierungen abhängig, die sich seinem Zugriff vollständig ent-ziehen. Gerade hier entstehen in zunehmendem Maße Konflikt-, Risiko- und Problemlagen, die sich in ihrem Ursprung und ihrem Zuschnitt nach gegen jede individuelle Bearbeitung sperren" (Beck 1983, S.55).

1.1.2 Die drei Ebenen ambivalenter Modernisierungsprozesse: Die sozial-interaktive, interpersonale Ebene

Die Ambivalenz der modernen Gesellschaft mit ihren hohen Anforderungen an das individuelle Handeln und der gleichzeitigen Zersetzung traditionaler, histo-risch vorgegebener, kollektiver Sozialformationen und dem damit verbundenen Verlust traditionaler Sicherheiten und Gewissheiten setzen den einzelnen einem verstärkten Handlungsdruck aus, den er - alleingelassen und damit auf sich ge-stellt - zu bewältigen versucht, obwohl er mit den neu vorzufindenden Situatio-nen und der damit verbundenen notwendigen neuen Lebensgestaltung überfor-dert werden kann, da die Freisetzungsprozesse (Herauslösung aus traditionalen sozialen Formationen) nicht nur eine größere Optionsvielfalt bieten, sondern auch Verunsicherung bezüglich des individuellen Agierens innerhalb erodieren-der, traditionaler, sozialer Bezüge schüren. Hier erkennen Heitmeyer u.a. die strukturelle Verbundenheit von Individualisierung und Verunsicherung, die sich im Kontext der Individualisierung sozialer Bezüge in drei Bereiche unterteilt:

- Freisetzungen aus traditionalen und kollektiven Lebenszusammenhängen (Familie, verwandtschaftliche, nachbarschaftliche und regionale Bezüge, tra-ditionales Arbeitsmilieu).
- Verlust von traditionalen Sicherheiten und Gewissheiten religiöser, weltan-schaulicher, politischer und biographischer Natur; Entwertung kollektiven Handlungswissens; Auflösung gemeinsamer Wert- und Normvorstellungen.
- Re-Integration in neue soziale Formationen (vgl. Heitmeyer u.a. 1995).

Freisetzung im Kontext Familie deutet die Porosität der traditional-strukturierten primären Sozialisationsinstanz an. Es bilden sich auf der einen Seite neue, vom klassischen Bild der Kleinfamilie abweichende Familienformen wie uneheliche Lebensgemeinschaften, Wohngemeinschaften, alleinerziehende Eltern etc., wohingegen die Ehe perspektivisch nicht mehr die konstante partnerschaftlich-institutionelle Verbindung darstellt, die einst Sicherheit und Geborgenheit und v.a. auch als Konstante Rückzugsraum und Schonraum in einer alternierenden, inkonsistenten Gesellschaft bot.[178]

Durch die Reduktion der Familienstrukturen auf die Kleinfamilie sowie auf neuartige Familienformen, verlieren auch die verwandtschaftlichen Bezüge an Bedeutung. Die verwandtschaftliche Kontroll- und Unterstützungsfunktion als Vorbild und soziale Sicherung löst sich dadurch auf.

Hinzu kommt auch, dass sich die nachbarschaftlichen Bezüge auflösen. Die Zunahme sozialer und geographischer Mobilität, die Diversifizierung von Lebenslagen und Lebensstilen sowie der leistungsorientierte Arbeitsmarkt zerrütten feste Wohnstrukturen im Sinne von gemeinsam erarbeiteten Einheiten und lösen soziale Interaktionen innerhalb dieser Struktureinheiten auf. Die Auflösung von Nachbarschaftsverhältnissen kann als Verstärker von Isolation und Anonymität verstanden werden, da auch hier die Unterstützungsfunktion wegfällt und die Abnahme von Sozialbeziehungen nur durch ein hohes Maß an Eigeninitiative kompensierbar erscheint.

Infolge der Zerrüttung von Nachbarschaftsverhältnissen und der Abnahme von Sozialbeziehungen verliert auch die regionale Umgebung als Identifikationsraum an Bedeutung. Der Verlust des Zugehörigkeitsgefühls ist der Preis für die Befreiung von regionalen Zwängen und Normen.

"Einen zentralen Aspekt der Individualisierung sozialer Bezüge stellt der Zerfall von traditionalen (Arbeits-)Milieus dar. [...] Das gleiche (Arbeits-)Schicksal formiert nicht mehr die Gruppe der Gleichen, sondern zwingt zur Konkurrenz, um Einzigartigkeit und Besonderheiten gegenüber den anderen zu demonstrieren" (Heitmeyer u.a. 1995, S.40). Leistung als Maßstab beruflicher Zukunft und daraus resultierendes Konkurrenzhandeln als Mittel zum Erfolg unterbindet interpersonale Solidarität und Unterstützung innerhalb eines (Arbeits-)Milieus.

---

[178] Vgl. dazu auch Rerrich 1988, die die gegenwärtigen Entwicklungen von Familienstrukturen nicht als Krise infolge der Individualisierung verstanden wissen möchte, sondern als folgerichtigen Schritt im Modernisierungsprozess, als die Vollendung von Individualität, Autonomie, Gleichheit und Gerechtigkeit innerhalb einer modernisierten Gesellschaft.

136

Dadurch können die Milieus ihre Kontroll-, Stabilisations- und Entlastungsfunktion, v.a. auch ihre Orientierungsfunktion für Jugendliche nicht aufrechterhalten. Die Kontrollfunktion wird nun von formalen Institutionen übernommen, wobei nur noch eine geringe Chance der individuellen Partizipation an den sozial-politischen Regulationsmechanismen besteht.

Anhand der Institutionalisierung von Handlungsräumen im Zuge des Individualisierungsprozesses[179] stoßen wir nun auf einen Widerspruch, der darin besteht, "dass eine individualisierte Gesellschaft mit dem Zwang zur Eigenaktivität und der Norm von Partizipation an gesellschaftlichen Entscheidungen ihre jungen Mitglieder zunehmend in Räumen reduzierter Gestaltungsmöglichkeiten und fest vorgegebener Handlungsnormen sozialisiert" (Heitmeyer 1995, S.42). Die Individualisierung wird und wirkt umgekehrt. Je mehr individuelle Freiheiten und Optionen zur Disposition stehen, desto mehr werden diese neuen Handlungsspielräume kontrolliert und reduziert. Je mehr das Individuum zur Sicherung seiner Existenz und seines persönlichen Arbeitsmarktschicksals auf sich selbst gestellt ist, desto abhängiger ist es von den sozial-politischen Regulationsinstitutionen, auf welche das Individuum im Umkehrschluss kaum Möglichkeiten der Einflussnahme hat.

Ein weiteres zentrales Problem in diesem Zusammenhang stellt auch die unmittelbare Übertragung des Kollektivschicksals auf das Individualschicksal dar, denn durch den Bedeutungsverlust traditionaler Instanzen (Familie, Verwandtschaft, Nachbarschaft, Region, Arbeitskollegen und -milieu) und den damit verbundenen übergreifenden Erfahrungszusammenhängen kann sich auch deren Pufferfunktion verlieren und das Individuum sieht sich der Gefahr ausgesetzt, sozial-bindungsarm, mit der Gesellschaft zu kollidieren.

Der zweite Bereich nach der Freisetzung aus traditionalen und kollektiven Lebenszusammenhängen ist der Verlust von traditionalen Sicherheiten und Gewissheiten und damit einhergehend die Entwertung kollektiver Wert- und Normvorstellungen. Es treten Ambivalenzen biographischer, weltanschaulich-politischer und religiöser Natur auf, die Handlungsunsicherheiten nach sich ziehen können. Die unterstützende Funktion des Erfahrungswissens im Hinblick

---

Das Buch zeigt den Balanceakt zwischen Alltagsanforderungen, eigenen Lebensentwürfen und Familienideal auf.

[179] Charakteristisch für komplexe Industriegesellschaften und damit für die darin lebenden Kinder und Jugendlichen ist "die frühzeitige und immer weiter um sich greifende Bindung

auf die Bewältigung der individuellen Biographie fällt durch die Erosion interpersonaler Beziehungen im Milieu- und Familienbereich weitestgehend weg.
Die kollektive Normalbiographie als feste Gewissheit wird vom Zwang zur bio-
graphie-gestaltenden Eigeninitiative abgelöst, deren hoher Anspruch aufgrund
der vermehrt biographischen Freiheiten oft an der Realität, sprich der realen zu-
künftigen Biographie, scheitert.

Weiterhin können durch den Verlust weltanschaulich-politischer Sicherheiten
und Gewissheiten, der sich im Verlust des Glaubens an die moderne Gesellschaft aufgrund subjektiv erfahrener, medial-präsentierter, kontraproduktiver
Ereignisse niederschlägt, Antireaktionen entstehen, die als Suchbewegungen
nach gesellschaftlichen Sicherheiten und Gewissheiten zu verstehen sind und in
"renaturalisierenden Gesellschaftsvorstellungen" (Heitmeyer u.a. 1995, S.43)
enden können, denn die "eigentümliche Konkretheit von Naturkategorien"[180]
(Beck 1983, S.69) kann hilfreich sein, die fehlenden und notwendigen Sicherheiten zu restituieren, zu dem erwerbslagenspezifische Kategorien nicht mehr in
der Lage zu sein scheinen.

Der Verlust an religiösen Sicherheiten und Gewissheiten macht sich durch die
zunehmende Säkularisierung und durch den damit verbundenen Funktionsver-
lust ehemals sinnstiftender und kollektivierender, traditioneller Glaubensgemeinschaften bemerkbar.[181] Die Befreiung aus religiösen Zwängen geht jedoch
mit einer Sinnentleerung einher und zieht daher eine individuelle Substitution
nach sich, die nun vom Individuum selbst zu leisten ist.

Durch den Wegfall biographischer, weltanschaulich-politischer und religiöser
Gemeinsamkeiten kann es dann auch zur Auflösung kollektiver Wert- und

---

potentieller Handlungsmöglichkeiten durch vorgegebene Muster, z.B. im Kindergarten, in
der Schule, in der Jugendarbeit usw." (Heitmeyer u.a. 1995, S.42).

[180] Die Orientierung an Naturkategorien hat den Vorteil, anhand leicht identifizierbarer
Merkmale, denen bestimmte Bedeutungen zugeordnet werden, Ungleichheiten aufzeigen
zu können, und zwar Ungleichheiten in Bezug auf Rasse, Hautfarbe, Geschlecht, physische Benachteiligungen etc. Nach Beck 1983 erhalten "derartige zugewiesene Ungleichheiten [...] aufgrund ihrer Unentrinnbarkeit, ihrer zeitlichen Konstanz, ihrer Widersprüch-
lichkeit zum Leistungsprinzip, ihrer Konkretheit und direkten Wahrnehmbarkeit und den
damit unter Bedingungen fortgeschrittener Individualisierung und Vereinzelung ermöglichten sozialen und individuellen Identifikationsprozessen besondere Aktivierungs- und
Politisierungschancen" (ebd., S.69).

[181] Anzumerken ist hier, dass in der ehemaligen DDR säkularisierte Rituale an die Stelle
westlicher traditioneller Glaubensgemeinschaften traten. Daher kann der Verlust von religiösen Sicherheiten und Gewissheiten in dieser Form nicht auf Ostdeutschland übertragen
werden, obwohl u.E. z.B. die Jugendweihe ähnlich sinnstiftende und kollektivierende
Funktionen erfüllt hat.

Normvorstellungen kommen, was eine Wertepluralisierung zur Folge hat. Die Konfrontation Jugendlicher mit der Pluralisierung von Werten und Normen bietet ihnen auf der einen Seite mehr Freiheiten, wobei die zu flexible Handhabung von Werten deren Geltungsbereich überschreiten kann und die Gefahr dann darin besteht, Wertgeltungen, die zur "Sicherung der intersubjektiven Verständigung und der sozialen Integration" (Heitmeyer u.a. 1995, S.44) einzuhalten wären, nicht mehr zu berücksichtigen und somit isolierende Erfahrungen zu machen, da die "intersubjektive Verständigung auf Schnittmengen mit den Wertvorstellungen anderer angewiesen ist" (ebd.).

Der dritte Bereich stellt die Ebene der individuellen Reaktionsformen auf sich gesellschaftlich und sozial verändernde individuelle Anforderungen dar, obwohl noch nicht geklärt ist, inwieweit neue soziale Formationen mit ihren re-integrativen Funktionen vorangegangene Lebenszusammenhänge ersetzen oder stabilisierend und entlastend auf Jugendliche wirken können (vgl. Heitmeyer u.a. 1995). Nach Heitmeyer u.a. 1995 gibt es derzeit verschiedene Variationen neuer Sozialformationen z.B. konkurrenzfixierte Einzelexistenzen, politisch und ökologisch engagierte Gruppierungen, action- und konsumorientierte Gruppierungen, Jugendkulturen, wobei manche schon älteren Ursprungs sind und sich als sinnstiftend etabliert haben, sowie auch überkommene Ideale und Werte rekonstituierende Gruppierungen. Hierzu gehören unter anderem fundamentalistisch und nationalistisch ausgerichtete Gruppen.

1.1.3 Die drei Ebenen ambivalenter Modernisierungsprozesse: Die intrapersonale, identitätsstiftende Ebene

Der Zusammenhang von Sozialisation und der Hinwendung zu Ideologien der Ungleichheit und Gewalt im Rahmen von Individualisierungsprozessen, von interpersonalen (Milieu-)Beziehungen und den damit einhergehenden Entwicklungen im intrapersonalen, identitätsstiftenden Bereich, der im Folgenden genauer dargestellt wird, kann nun anhand von Heitmeyer u.a. 1995 theoretisch aufgezeigt werden.

Die Problematik der Identitätsentwicklung, resultierend aus den angeführten Modernisierungsprozessen, weist ein dialektisches Verhältnis auf, denn Identität ist nach Kilian jene Struktur des Menschen, "durch die das psychische mit dem gesellschaftlichen und das gesellschaftliche mit dem psychischen Leben vermittelt wird" (Kilian 1971, S.17). In diesem Sinne ist Identität nichts Vorgegebenes, sondern vielmehr das Resultat verschiedener erworbener sozialer Erfahrungen, "die durch die gesellschaftlich zugewiesene bzw. vorstrukturierte persönliche und soziale Identität vermittelt werden" (Heitmeyer u.a. 1995, S.45). In diesen Definitionen zeichnen sich eine subjektive und eine objektive Seite des Individuums ab und verdeutlichen damit die Unterscheidung zwischen produktiv selbst entwickelter und zugewiesener Identität, zwischen Autonomie-Orientierung und institutioneller Beeinflussung und Instrumentalisierung.

Die subjektive Seite bezieht sich auf die strukturellen und personalen Voraussetzungen und Bedingungen, unter denen eine produktive Realitätsverarbeitung stattfinden kann, d.h. inwiefern und mit welcher Sinnhaftigkeit die erworbenen sozialen Erfahrungen in den gesamtgesellschaftlichen Kontext eingepasst werden, um in unserem Sinne eine autonome Identität erreichen zu können. Autonome Identität steht für die Herstellung und Sicherung von autonomer Handlungsfähigkeit innerhalb einer komplexen Gesellschaft.[182] Diese autonome Handlungsfähigkeit ermöglicht es dem Individuum, durch die Distanzierung von vorgegebenen Strukturen und Machtverhältnissen aufgrund der Herstellung von individueller Unabhängigkeit, Selbstbewusstsein und Selbständigkeit in seiner Vorstellung ein Gesellschaftsbild zu entwickeln, das in Bezug auf die objektiv realisierbaren Möglichkeiten eine gleichheitsbezogene und gewaltfreie Gesellschaft impliziert (vgl. Heitmeyer u.a. 1995). Diese Vorstellung setzt sich zusammen aus "soziologischer Phantasie, d.h. die Fähigkeit, individuell erfahrene Geschehnisse im Rahmen politischer, ökonomischer, psychischer und sozialer Prozesse und Strukturen zu beurteilen, und aus historischem Bewusstsein, d.h. der Fähigkeit, die gesellschaftlichen Entwicklungsprozesse historisch zu relativieren und eine freiere und gerechtere Organisation der Gesellschaft zu antizipieren" (Heitmeyer u.a. 1995, S.46; vgl. Negt 1968). Die Entwicklung dieser reflexiven Fähigkeiten ist von immanenter Bedeutung für die Verarbeitungsrichtung und für die daraus resultierenden Orientierungsmuster Jugendlicher.

Weiterhin muss darauf hingewiesen werden, dass die Entwicklung einer autonomen Identität für Jugendliche allein schon aufgrund des partiellen Verlusts von Ressourcen und Bezugspunkten im Zuge der Modernisierung,[183] auf Schwierigkeiten stößt. Handlungsprobleme und Handlungsunsicherheiten kön-

---

[182] Wenn die Identitätsentwicklung - wie hier - auf die gesamte Persönlichkeit bezogen werden soll, dann muss auch differenziert werden zwischen Bewusstsein und Handlungsfähigkeit/Handlungssicherheit, zwischen Emotionalität und Kompetenz.

nen den Nährboden für simplifizierende Erklärungsmuster derselben bieten, z.B. in Form von Naturkategorien und Gewalt. Es steht dann nicht die Suche nach Handlungsfähigkeiten im Vordergrund, sondern vielmehr die Reaktivierung von sicheren Handlungsgewissheiten, auch wenn sich diese an überkommenen Werte- und Normvorstellungen orientieren.

Hierbei ist auch interessant, dass sich in Bezug auf Gewalthandlungen an sich und v.a. auch in Bezug auf rechtsextremistisch orientierte Gewalthandlungen die Dominanz im männlichen Bereich zu finden ist. Durch die Auflösung tradierter Rollendefinitionen im Bereich der Familie und des Berufs sowie der allmählichen emanzipatorischen Durchsetzungserfolge wird Männlichkeit im Sinne überkommener Männerrollen obsolet. Damit verschwinden geschlechtsspezifische Gewissheiten. Verunsicherung ob der neuen, bisher noch nicht genauer gekennzeichneten Rolle markiert den Verlust. Rechte Deutungsangebote mit ihren überkommenen Werte- und Normvorstellungen finden hier den nötigen Nährboden und versuchen, den Erhalt personaler und sozialer Identität durch die Glorifizierung prämoderner Formen der Geschlechterverhältnisse zu sichern. Dies kann als eine Erklärung für die männliche Dominanz im rechtsextremistischen Umfeld angesehen werden.[184]

Heitmeyer u.a. bedienen sich zum Aufzeigen der Spannungsfelder von Identität der Identitätskategorien von Goffman 1967.[185] Dieser unterscheidet in eigen-

---

[183] V.a. die Familie verliert ihre sozialisierende Kraft, da das Individuum lernen muss, sich "als Planungsbüro in Bezug auf seinen eigenen Lebenslauf, seine Fähigkeiten, Orientierungen, Partnerschaften usw. zu begreifen" (Beck 1983, S.59).

[184] Zum Kontext von Männlichkeit und Gewalt genauer Kersten 1995: Sein Erklärungsansatz beruht auf hegemonialer Männlichkeit, wobei der Ansatz "nicht ausschließlich auf der Unterordnung von Frauen, sondern [...] zentral in der Unterordnung von ökonomisch und sozial abhängigen Männlichkeiten" (Kersten 1995, S.23) besteht, im Sinne eines hierarchischen Kampfes zur Aufrechterhaltung der Vormachtstellung. "In männlich dominierten Subkulturen, dem Schauplatz von 'Jungen und Gewalt' greifen selbstverständliche und sinnstiftende Anliegen, z.B. bei Nachbarschaftscliquen oder Skinheads auf die identischen Bezugspunkte notwendiger Kampfbereitschaft als Schutz der Gemeinschaft/der Frauen/der Nation und der ihrer Versorgung zurück, die die hegemoniale Männlichkeit für sich in Anspruch nimmt" (ebd., S.24). Da nach Kersten das soziale Geschlecht über das soziale Verhalten definiert wird, erscheint abweichendes Verhalten als eine Möglichkeit, Männlichkeit zu demonstrieren. Er geht auch darauf ein, dass die Dehumanisierung von anderen infolge öffentlicher Männlichkeitsdarstellungen "historisch betrachtet ein Merkmal der Gewaltbereitschaft der erwachsenen Männer [und] kein Problem der Jugend" (ebd., S.26) ist (vgl. weiterhin: Möller 1991; Böhnisch/Winter 1993; Kersten 1994; Kersten/Steinert 1997).

[185] Heitmeyer u.a. 1992, orientierten sich in der Bielefelder-Rechtsextremismus-Studie noch an einem übergreifenderen Identitätskonzept und legten dabei ihre Gewichtung neben den interaktionistischen Identitätskategorien (eigenständige, soziale, personale Identität) auch

ständige, soziale[186] und persönliche[187] Identität. Die eigenständige oder auch autonomie-orientierte Identität steht in Zusammenhang mit der sozialen und personalen Identität, denn das Individuum, welches versucht, innerhalb der Gesellschaft autonom handlungsfähig zu werden, muss dennoch an der "sozialen Identität festhalten, ohne dass es sich selbst im Wahrnehmen der verschiedensten Anforderungen aufgibt, ohne dass es sich rigide an Rollendefinitionen und Normen festklammert - und die persönliche Identität wahren, ohne dass es aus sozialen Zusammenhängen oder der Gesellschaft ausgeschlossen wird" (Heitmeyer u.a. 1995, S.47).

Es kann daher aufgrund der sozialstrukturellen Individualisierung eine Identitätsdiffusität bei Jugendlichen entstehen, aus der sich neue "Sozialidentitäten" (Heitmeyer u.a. 1992, S.28) bilden können und deren Unkenntnis Unsicherheit in Anbetracht ihrer individuellen Funktionalität, v.a. auch im Umgang mit diesen neuen Sozialidentitäten, mit sich bringt.

Um jedoch eine individuelle, autonomie-orientierte soziale Einbindung gewährleisten zu können, bedarf es nach Habermas der gegenseitigen Akzeptanz und Anerkennung als autonome, handlungsfähige Subjekte (vgl. Habermas 1988, S.240), denn Autonomie tritt "erst mit der Gegenseitigkeit in Erscheinung, wenn die gegenseitige Achtung stark genug ist, im Individuum das innerliche Bedürfnis hervorzurufen, den anderen so zu behandeln, wie es selbst behandelt sein möchte" (Piaget 1983, S.238).

---

auf die materialistische und die politische Identität, denn es ist zu fragen, inwiefern die Herausbildung einer autonomie-orientierten Identität in Zusammenhang und dabei v.a. unter Beeinflussung materialistischer und politischer Identität gelingen kann. Arbeit muss in Bezug auf die materialistische Identität als eine Entwicklungsschablone (vgl. Beck/Brater/Tramsen 1976) für die Identitätsbildung gesehen werden, da von ihr auch der Bildungsgang - was im Vorfeld in Kauf genommen wird (vor Eintritt in die Arbeitswelt), um eine gewünschte Tätigkeit ausüben zu können - sowie biographische Überlegungen abhängen - was muss getan und was vermieden werden, um ein Ziel zu erreichen. Die Arbeit und somit auch die materialistische Identität ist daher der sozialen Identität unterzuordnen, da von ihr der soziale Status abhängt, an dessen Anforderungen sowie Rollendefinitionen und Normen sich die eigenständige, autonome Identität orientiert. Politik steht im Widerspruch zu autonomer Identität, da sie an der Herrschaftssicherung, daher v.a. an heteronomen Identitäten interessiert ist. Die Selbstverfügung der Subjekte erscheint dabei als kontraproduktiv.

[186] "Soziale Identität meint die eingenommenen sozialen Positionen und die gesellschaftlichen Anforderungen und Erwartungen an das Handeln in interaktiven Kontexten, die die Grundlagen des Gesellschaftsbildes abgeben" (Heitmeyer u.a. 1992, S.29).

[187] "In der personalen Identität dokumentieren sich [...] die im bisherigen Lebenslauf aufsummierten Erfahrungen des einzigartigen Individuums, die die Grundlage des Selbstbildes abgeben" (Heitmeyer u.a. 1992, S.28).

142

Daher erscheint es unter den Bedingungen der ambivalenten Modernisierungsprozesse als äußerst schwierig, kontinuierliche und konsistente Autonomie-
Orientierungen[188] herausbilden zu können, da Gegenseitigkeit und damit auch
Achtung und Anerkennung der individuellen Konkurrenz und der institutione-
nabhängigen individuellen Lebenslage zum Opfer fallen. Insofern kann auch ein
Zusammenhang zwischen Autonomie und Gewalt angenommen werden, denn je
weniger autonome Orientierungen auftreten, in denen sich das Individuum als
handlungsfähiges Subjekt erleben kann, desto eher wird es zu gewalthaltigen
Orientierungen neigen, um damit die notwendige Handlungsfähigkeit im Sinne
von Selbstdurchsetzung erleben zu können.

"Selbstdurchsetzung als zentrales systemaffines Element von Identität [...] ist in
dieser Analyse von besonderer Bedeutung, um zu untersuchen, wie mit Erfahrung von Handlungsunsicherheit im Zusammenhang mit der Sicherung einer
beruflichen Normalbiographie, der Erfahrung von Ohnmachtsgefühlen bei der
Realisierung eigener Lebensplanung oder bei der Verarbeitung von Vereinzelungserfahrungen umgegangen wird, die auf jeder Statusebene auftreten können
[... und] unter den Bedingungen der Individualisierung im Rahmen von generali-
sierten Konkurrenzprozessen absolviert werden" (Heitmeyer u.a. 1995, S.49).
Selbstdurchsetzung wird dadurch instrumentalisiert, wobei die Instrumentalisierung einfacher wird, je mehr das Konkurrenzverhalten der in der Gesellschaft
verankerten Individuen sowie die Zunahme der Gewaltakzeptanz in der Bevölkerung in den Vordergrund rücken - legitimiert durch Ungleichheitsideologien.
Instrumentalisierungen können daher als Verstärker von sozialen und politischen
Desintegrationsprozessen gesehen werden, da sie die Chancen auf neue sozial-
integrierte Lebensformen reduzieren. Ergo muss sich das Individuum nicht mehr
um die Auswirkungen seiner Handlungen auf andere kümmern, da es sich in einem gesellschaftlichen Ablösungsprozess befindet. Dadurch kann sich die Anfälligkeit erhöhen, unhinterfragt auf plausible Erklärungen z.B. aus dem rechtsextremistischen Lager für die individuelle Handlungsunfähigkeit zurückzugrei-
fen. Dort wird nach der Auflösung sozialer Zugehörigkeiten und Einbindungen
eine neue soziale Verortung suggeriert, deren interne Verbundenheit aus der

---

[188] Autonomie-Orientierung als normatives Element, durch welches das Individuum lernt, im
Hinblick auf seinen sozialen Nächsten zu handeln, d.h. nur so zu handeln, wie es selbst
behandelt werden möchte, wird durch das Kontinuitätserleben als biographisches Element
(d.h. das Individuum erlernt durch vergangene Handlungen und Erfahrungen Verhaltensweisen) und durch Konsistenz als situationsbezogenes Handlungselement (d.h. das Individuum behandelt sein Gegenüber situationsunabhängig gleichwertig) ergänzt (vgl. Heitmeyer u.a. 1995, S.48).

scheinbar letzten bestehenden Gewissheit, Deutscher zu sein, resultiert. Dabei wird gewalthaltigen Orientierungen eine politische Richtung gegeben.[189]

Anhand der bisherigen Ausführungen kann für den Sozialisationsprozess respektive die Individualisierung Ambivalenz als biographie-inhärenter, kontinuierlicher Wegbegleiter erkannt werden, strukturiert durch die Gleichzeitigkeit der Zunahme von Handlungsoptionen, der Zunahme von lebenslagenspezifischen Risikofaktoren sowie deren drängender individueller Bearbeitung sozialer Komplexität und der Auflösung stabilisierender Vergemeinschaftungsformen. Wobei nun gerade das Erlernen des Umgangs mit ambivalenten Prozessen und Deutungsangeboten, mit Werte- und Normpluralisierungen sowie Zufälligkeiten das Individuum vor eine nur schwer individuell zu bewältigende Zwangsaufgabe stellt.

Daher ist anzunehmen, dass sich das Individuum auf die Suche nach neuen sozialen Beziehungen und Einbindungen begibt, nach neuen Wegen die individuelle soziale Platzierung zu sichern, nach identitätsstiftenden Handlungsfähigkeiten um z.B. die Sicherung des Selbstwertgefühls zu gewährleisten und um den Aufbau und die Verwaltung des eigenen 'Lebensplanungsbüros' in die Hand nehmen zu können. Diese Suchbewegungen zielen auf eine weithin übergreifende individuelle Handlungskompetenz im Bereich Schule, Familie, Peer-Group, Ausbildung, Beruf und Politik ab.

1.2 Desintegration, Verunsicherung und Gewalt: Die Schattenseiten der Individualisierungsprozesse

Die Ambivalenzen der Individualisierungsprozesse verdeutlichen, dass sich hinter den 'Sonnenseiten' der Individualisierung auch 'Schattenseiten' verbergen (vgl. Heitmeyer 1987). Längst wissen wir, dass die Freiheit, über alles entscheiden zu können, auch Nachteile mit sich bringt, unter denen besonders Jugendliche leiden. Denn die größer werdende biographische Gestaltbarkeit und lebenslagenspezifische Entscheidungsoptionalität bringt auch einen gleichzeitigen biographischen Gestaltungsdruck und Entscheidungszwang mit sich, oder: Die

---

[189] Weiterführend dazu Möller/Müller 1992: "In dieser Hinsicht erscheinen vor allem drei Ebenen der Identitäts-Balance relevant: die der Orientierung verleihenden Deutung von Sachverhalten, die der interaktiven Verknüpfung mit anderen Subjekten sowie die des gegenständlichen Handelns" (ebd., S.236). Diese drei Ebenen werden jeweils anhand von drei 'Bedrohungs'-Kategorien detailliert analysiert: Befremdungsgefühle, Verfremdungsempfindungen, Entfremdungsängste.

144

Freiheit zu entscheiden impliziert eben auch Entscheidungen, für die Jugendliche mit ihrer eigenen Persönlichkeit haften müssen. Heitmeyer stellt die ambivalente Dynamik der Individualisierungsprozesse vereinfacht folgendermaßen dar:

- "Je mehr Freiheit, desto weniger Gleichheit;
- je weniger Gleichheit, desto mehr Konkurrenz;
- je mehr Konkurrenz, desto weniger Solidarität;
- je weniger Solidarität, desto mehr Vereinzelung;
- je mehr Vereinzelung, desto weniger soziale Einbindung;
- je weniger soziale Einbindung, desto mehr rücksichtslose Durchsetzung" (Heitmeyer 1993, S.4).

Außerdem können sich Jugendliche bei ihren Entscheidungen nicht mehr auf die gesellschaftliche Großgruppe verlassen, deren tradierte Werte- und Normvorstellungen, Unterstützungsfunktionen sowie schicht- und klassenspezifische Statussicherungen ehemals stabilisierend und Rückhalt bietend funktional waren, da in den heutigen erosiven Milieus das Gefühl der Zugehörigkeit so gut wie nicht mehr existiert. Die Folge daraus dürfte Desintegration[190] sein.
In dem unten folgenden Schaubild wird Desintegration mit seinen, auf die strukturelle und kulturelle Ebene einwirkenden Subkategorien dargestellt.
Desintegration teilt sich hier in kulturelle Desorientierung und strukturelle Desorganisation auf.
Auf der Seite kultureller Desorientierung findet sich z.B. der emotionale Teilbereich, der über die Qualität von, unter Konkurrenzdruck möglichen, sozialen Beziehungen Aufschluss gibt und der Teilbereich der Werte- und Normproblematik, d.h. der Umgang mit Werte und Normen antizipierenden und nicht-antizipierenden, negierenden Handlungsweisen.

---

[190] Die Vorteile von Desintegration als Analysekategorie liegen auf der einen Seite darin, dass Desintegration den beschriebenen Ambivalenzen der Individualisierungsprozesse inhärent und damit zentrales Problem moderner Gesellschaften ist. Auf der anderen Seite "erweist sich ein ausgearbeitetes Desintegrationskonzept als anschlussfähig auf unterschiedlichen Analyse- und Theorieebenen. Auf sozialstruktureller Ebene sind es Ungleichheitsphänomene, die auf Desintegrationsaspekte hin befragt werden können; auf institutioneller Ebene sind es Folgen abnehmender Partizipation, auf sozialer Ebene z.B. fehlende emotionale Unterstützung, und auf der personalen Ebene können identitätsrelevante Folgen eingebracht werden, die sich z.B. aus inkonsistenter Erziehung in Wertediffusion niederschlagen" (Heitmeyer u.a. 1995, S.56).

Auf der Seite struktureller Desorganisation werden die möglichen Folgen sozialer Binnen- und Außendifferenzierungen deutlich, hinsichtlich neu entstehender isolierter und anonymisierter Lebensformen sowie der Reduktion individueller Partizipation an gesellschaftlichen Institutionen aufgrund der stellvertretenden Übernahme individueller Teilhabe von bürokratischen Organisationen.

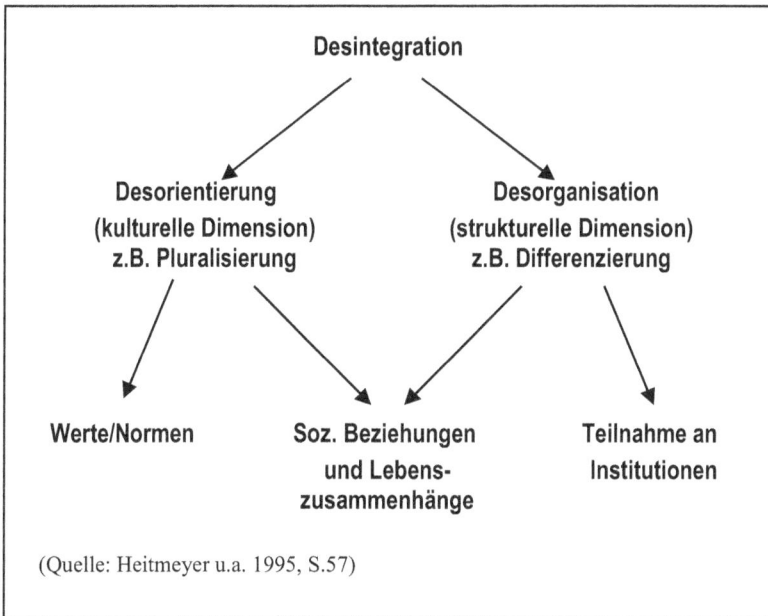

Desintegration

Desorientierung
(kulturelle Dimension)
z.B. Pluralisierung

Desorganisation
(strukturelle Dimension)
z.B. Differenzierung

Werte/Normen **Soz. Beziehungen und Lebenszusammenhänge** **Teilnahme an Institutionen**

(Quelle: Heitmeyer u.a. 1995, S.57)

Wenn sich nun in sozialen Beziehungen und Lebenszusammenhängen emotional-kulturelle und strukturelle Probleme verbinden, sich also eine Vermischung der beiden Desintegrationskategorien einstellt, dann kann dies für Jugendliche zur "Individualisierungs-Falle" (Heitmeyer u.a. 1995, S.57) werden, d.h. dass die "Bedingungen des Aufwachsens in beiden deutschen (Teil-)Gesellschaften zu einem Biographisierungsdruck durch die kulturelle Norm zur eigenständigen Orientierung und Platzierung geführt haben, der in eine nach wie vor harte Ungleichheitsstruktur eingelagert ist" (ebd., S.57f). Dadurch kommt es zu komplexen Formen der Desintegration, auf die sich die zentrale Frage der Untersuchung konzentriert: "Ob und wie sich Antizipationen und Erfahrungen von Desintegration in sozialer, schulischer, beruflicher und politischer Hinsicht in Verunsicherungen niederschlagen und in welchem Zusammenhang spezifische Konstellationen mit gewalthaltigen Einstellungen und Handlungsweisen gegen andere stehen" (ebd., S.13).

Die als Antizipationen und Erfahrungen auftretenden Desintegrationsformen lassen sich in zwei Qualitäten unterteilen. Erstens die sozialstrukturelle und individuell-emotionale Desintegration, die zum einen die Nicht-Zugehörigkeit, zum anderen die emotionale Nicht-Akzeptanz bei gleichzeitiger formaler Zugehörigkeit beinhaltet. Zweitens die marginalisierende/ausgrenzende und abstiegsbedrohende Desintegration, deren Folge auf der einen Seite objektive Deprivation, ausgelöst von dem durch Ausgrenzung/Marginalisierung bestimmten Positions- und Zugehörigkeitsverlust, und auf der anderen Seite relative Deprivation ist, ausgelöst durch den von Abstiegsbedrohungen bestimmten Positionsverlust in Bezug auf bisherige Statuspositionen und Vergleichsgruppen (vgl. Heitmeyer u.a. 1995, S.57).

Desintegrationsprozesse laufen jedoch nicht mehr nur entlang von Ausgrenzungs- und Aufspaltungsprozessen, die schon immer vorhanden waren, sondern werden zudem noch begleitet von Auflösungsprozessen, resultierend aus sozialen Kontinuitätsbrüchen[191] und den darauf folgenden Individualisierungs-Schüben. Die Gegensätzlichkeit subjektiver Ziele und objektiver Realisierungschancen wird daher durch die neu auftretenden Ambivalenzen angereichert. Daraus kann sich dann eine neue Qualität von Desintegration entwickeln und damit einhergehend auch eine neue Qualität von Eskalationspotentialen, die in folgenden Formen auftreten können:

• Verstärkung Randgruppen betreffender Ausgrenzung;
• Vertiefung der Aufspaltung in eine Ein-Drittel-/Zwei-Drittel-Gesellschaft;
• Auflösung von sozialen Beziehungen und Lebenszusammenhängen, z.B. in der Familie, im Milieu;

---

[191] Soziale Kontinuitätsbrüche sind in verschiedenen Bereichen ersichtlich z.B. aufgrund der Knappheit, Vergeudung und Zerstörung natürlicher Ressourcen durch die hochindustrielle Produktions- und Lebensweise; aufgrund der Bürokratisierung sozialer Interaktionen, der Zentralisierung von Entscheidungsmöglichkeiten, der Mediatisierung der Kommunikation und der Unüberschaubarkeit des kollektiven Wissens; aufgrund der Verunsicherung, inwiefern Kapital und Technologie zur Sicherung von Beschäftigungsverhältnissen und Lebensunterhalt weiterhin beitragen können. Diese sozialen Kontinuitätsbrüche sind für Jugendliche erfahrbar, oder anders ausgedrückt: Sie machen sie zum Thema ihrer Lebensentwürfe (vgl. Heitmeyer 1987).

- Auflösung der 'Quasi'-Partizipation an gesellschaftlichen Institutionen, z.B. Integration durch Beschäftigungsverhältnisse oder Wahlbeteiligung;
- Auflösung der Übereinkünfte betreffend gemeinsamer Werte- und Normvorstellungen, z.B. durch Subjektivierung und Pluralisierung.

Konkurrenz wird zu einem zentralen Strukturmerkmal moderner Gesellschaften und damit auch zum zentralen Antrieb von Desintegration, v.a. solange Struktur-Inkonsistenz und -Inkongruenz die individuelle Entwicklung beherrschen. Inkonsistenz in dem Sinne, dass die durch Individualisierung ermöglichten Entscheidungsfreiheiten in ein kapitalistisches Korsett eingezwängt sind, welches zum Erlangen subjektiver Ziele - dem Konkurrenzgedanken folgend - nur Kosten-Nutzen berechnende Verhaltensweisen als erfolgversprechend zulässt. Inkongruenz in dem Sinne, dass sich auf der einen Seite Individualisierung als für alle geltende Norm präsentiert, jedoch auf der anderen Seite die Realisierungschancen innerhalb verschiedener Milieus ungleich verteilt sind.

Die Auflösung integrativer Verhältnisse kann jedoch nicht nur negative, in Desintegration mündende Erfahrungen, sondern auch positive mit sich bringen, wobei erwähnt werden muss, dass Integration nicht nur positive, sozial stabilisierende und einbindende sowie kontrollierende Funktionen erfüllt hat, sondern auch aus feststehenden Konformitätszwängen, Rollenfestlegungen und Machthierarchien bestand, zu deren Durchsetzung mithin auch Gewalt als Mittel zum Zweck dienlich war.

Positive Erfahrungen kann das Individuum dann aus der Auflösung integrativer Verhältnisse ziehen, wenn sich daran eine neue Form von Integration anschließt, und zwar mittels Anerkennung, z.B. Anerkennung des neuen Lebensentwurfs von alten Vergemeinschaftungsformen sowie Anerkennung innerhalb neuer sozialer Milieus. Fällt jedoch Anerkennung weg, dann kann dies zu emotionaler Desintegration und Verunsicherung führen. Die Gefahr besteht dann darin, dass die Verunsicherung bekämpft wird durch das Wieder-Eintreten in traditionale Bindungen und feste Machtstrukturen, deren Denk- und Verhaltensmuster nun, infolge fehlgeschlagener Freisetzungen, verstärkt antizipiert und ausagiert werden können, da sie die verlorengeglaubten Sicherheiten bieten. Daraus kann auch die Orientierung an fundamentalistischen und nationalistischen Ideologien erwachsen, denn diese haben durch ihre Ausrichtung auf starke "Integrationsmedien, wie z.B. Traditionen, Rituale, Religionen, stabile Zugehörigkeiten, Utopien etc." (Heitmeyer u.a. 1995, S.59) genau die funktionalen

Einbindungselemente, die Modernisierungsprozessen unterworfene Gesellschaften vermissen lassen oder kaum zu bieten haben.

Die gesellschaftliche Antwort in der Reaktion auf den Verlust des Wir-Gefühls infolge von Auflösungsprozessen und der zunehmenden Subjektivierung ist in re-integrativen Angeboten zu sehen, die jedoch auch Gefahren in sich bergen.

"Eine erste Variante liegt in der Re-Integration durch eine Politik der Ausweitung und Radikalisierung des Marktes" (ebd., S.61). Diese Variante führt jedoch nicht dazu, den interpersonalen Konkurrenzdruck abzuschwächen, sondern regt den Kampf um soziale Platzierungen noch weiter an, der nur mittels utilitaristisch-kalkulativer Verhaltensweisen erfolgversprechend und daher für die Schaffung von Zusammengehörigkeitsgefühlen kontraproduktiv ist.

Die zweite Variante konzentriert sich auf die "Re-Integration durch Erneuerung von Moral[192] und Erziehung. Damit soll der Überzeugungsverlust politischer Zukunftsmodelle und Ideologien kompensiert werden" (Heitmeyer u.a. 1995, S.61). Die Schwierigkeit liegt darin, ob Moral gegen machtausübende Regulationsinstitutionen durchzusetzen ist und der Unterstützung neuer Vergemeinschaftungsformen dienlich sein kann. Auf der einen Seite müsste sie die Kosten-Nutzen-Logik brechen, um damit antizipierten Selbstdurchsetzungen Einhalt zu gebieten. Auf der anderen Seite findet eine Moralisierung von Problemen statt, wobei soziale und ökonomische sowie Jugendprobleme zu moralischen umgedeutet werden, obwohl sich z.B. gerade Jugendliche gegen moralische Angriffe zur Wehr setzen und als Abwehrmechanismus ihre Einstellungen und Haltungen noch verstärken und verteidigen (vgl. Heitmeyer/Sander 1992). Diese Variante greift auch nicht auf die Wurzeln struktureller Ursachen zurück, sondern formiert und instrumentalisiert vielmehr neue Bindungen, Erziehungsmethoden und alte Traditionen.

"In der dritten Variante geht es um die Re-Integration durch Ausschluss. Damit ist die Ethnisierung von Politik charakterisiert, indem u.a. ethnische Zuschreibungen der Ursachen sozialer Probleme erfolgen und nationale Vorrechte reklamiert werden, um Bewältigungsverluste struktureller Probleme zu überdekken" (Heitmeyer u.a. 1995, S.61). Die eigene Integration kann, unter den negativen Bedingungen individueller Stigmatisierung, durch die Desintegration anderer gesichert werden, denn infolge des Funktionsverlusts traditionaler Einbindungskategorien (z.B. Religion, Ethnizität, Milieu- und regionale Zugehörigkeit)

---

[192] Zur Erneuerung von Moral im Sinne von gemeinschaftsstützender und gemeinwohlorientierter Moral contra die Moral der Morallosigkeit (d.h. Orientierung an egoistischem Macht-, Gewinn- und Glücksdenken) siehe Etzioni 1988.

zur individuellen Sicherung, werden diese nun zur Desintegration anderer funktional.

Es kann daher angenommen werden, dass das Hantieren mit Naturkategorien und die damit verbundene Auf- und Abwertung von Individuen zur Sicherung der individuellen Re-Integration, auch mittels Gewalt als extremster Durchsetzungsinstanz, mit den Auflösungsprozessen zusammenhängt, jedoch nur in den Fällen, in denen Desintegration als Verlust von Zugehörigkeiten, Partizipationsmöglichkeiten und Übereinstimmungen empfunden wird, denn nicht jede Veränderung muss als Verlust empfunden werden. Veränderungsprozesse bezüglich sozialer Beziehungen, Partizipationsmöglichkeiten und Übereinstimmungen implizieren auch die Möglichkeit, diese als willkommene Freiheiten und als Gewinn erleben und verarbeiten zu können. Wobei aber auch hier wiederum auf die, den Veränderungsprozessen eingelagerten, Schwierigkeiten hingewiesen werden muss, die zu emotionaler und struktureller Desintegration führen können. Emotionale Desintegration im Sinne von Schwächung der Sozialintegration kann dort auftreten, wo neue Formen der Sozialintegration alte ablösen und erlebbar werden, ohne diese vorher auszuprobieren und einüben zu können ('ins kalte Wasser springen'). Strukturelle Desintegration im Sinne von Ausgrenzung und Vereinzelung kann dort auftreten, wo alte, unbefriedigende Formen sozialer Integration zu finden sind und keine neuen, adäquateren Formen im Angebot stehen.

Zusammenfassend kann bisher gesagt werden, dass v.a. Jugendliche nicht mehr automatisch in die Gesellschaft integriert werden können. Durch die enorme Ausdifferenzierung der funktionalen Bereiche moderner Gesellschaften und der daraus resultierenden Individualisierung nimmt ihre Komplexität zu und gleichzeitig ihre Transparenz ab. Individuen stehen nun, unter den Bedingungen der Modernisierungsprozesse, der Aufgabe gegenüber, weitestgehend alleingelassen die Erosion ihrer Bezugsgrößen bewältigen zu müssen. Zudem sehen sie sich zunehmend mit den Interessen gesellschaftlicher Teilbereiche konfrontiert, die entgegen den allgemeinen Interessen, ihre Ziele durchsetzen. Aufgrund dieser individualisierenden und partikularistischen Gesellschaftszüge droht die Suche nach einer neuen sozialen und individuellen Verortung, humanistische und moralische Grenzen zu sprengen, indem veraltete, traditionale Integrationsmuster aufgegriffen werden, um der Verunsicherung durch die Übernahme von Quasi-Sicherheiten, z.B. von nationalistischen Ideologien entgegenzuwirken, die anhand ihrer traditionalen Integrationsmedien, genau das bieten, was hochmoderne, komplexe Gesellschaften nicht kontinuierlich zu leisten imstande sind: Sicherheit aufgrund von Solidarität, Identifikation, Integration etc.[193]

1.3 Desintegrationserfahrungen und deren individuelle Verarbeitung im Rahmen des Sozialisationsprozesses

Heitmeyer u.a. 1995, stellen die Erfahrung von Desintegration und deren Verarbeitung in Form von Verunsicherung anhand eines Vier-Ebenen-Modells dar, welches hier kurz erläutert werden soll.

Die gesellschaftliche Ebene weist sich hier als Initiator von Desintegrationspotentialen aus, deren Entstehungsbedingungen im politischen, sozialstrukturellen, sozialräumlichen, medialen Kontext zu finden sind. Dieser gesellschaftliche Rahmen nimmt Einfluss auf die zweite, die interpersonale Ebene, in der die Milieueinbindung verortet ist. Der Zusammenhang von Desintegrationserfahrung und Milieueinbindung zeigt sich dann, wenn sich die Einbindungen aufgrund der Labilisierung und des Verlusts von Zugehörigkeiten, der Vernachlässigung milieu-orientierter traditionaler Erziehungsmuster sowie in Anbetracht eines potentiellen Statusverlusts aufzulösen beginnen. Demzufolge wirken Desintegrationserfahrungen auf der intrapsychischen Ebene auf das produktiv-realitätsverarbeitende Subjekt ein und beeinträchtigen die Handlungskompetenz z.B. in Bezug auf Entscheidungsprobleme und den emotionalen Bereich (z.B. Angst). Die Verarbeitung von Desintegrationserfahrungen auf der intrapsychischen Ebene kann daher Verunsicherungen der individuellen Handlungsweisen und Einstellungen nach sich ziehen. Diese Verunsicherungen machen sich nun auf der Handlungsebene bemerkbar, indem sie zu unterschiedlichen Reaktionsweisen bezüglich Familie, Schule, Beruf, Politik, Peer-Group, Öffentlichkeit etc. führen.

In welchem Maße nun Auflösungsprozesse zu Verunsicherungen führen können, wird im Folgenden detailliert dargestellt.

1.3.1 Desintegration durch Auflösung sozialer Beziehungen und Lebenszusammenhänge

Im Bereich der Auflösung sozialer Beziehungen und Vergemeinschaftungsformen muss das primäre Sozialisationsfeld genauer betrachtet werden. Die rapiden Veränderungen der Familienkonstellationen können zu Instabilität und zum

---

[193] Zur Frage nach den Auswirkungen gesellschaftlicher Desintegrationsprozesse auf die Integration von Mehrheiten sowie Minderheiten siehe auch Heitmeyer/Anhut 2000.

Verlust von selbstverständlichen sozialen Zugehörigkeiten führen, wobei z.B. die vermehrt entstehenden Freiheitsspielräume von Kindern und Jugendlichen, die oftmals aus krisenhaften inner-familiären Beziehungsschwierigkeiten herrühren, nicht unbedingt die sorgenfreien Alltagserfahrungen intensivieren müssen, sondern vielmehr Jugendliche mit den problematischen Alltagserfahrungen konfrontieren, die aus Autonomie resultierenden Entscheidungszwängen entstehen.

Weiterhin sind die inner-familiären Beziehungsqualitäten von besonderer Bedeutung, v.a. im Hinblick auf die, Kindern und Jugendlichen entgegengebrachte, Anerkennung (wie weiter oben schon erwähnt, im Sinne einer modernen Integrationsform), um deren emotionale Integration zu unterstützen. Die Vernachlässigung von Anerkennung oder deren Anbindung an leistungsbezogene, statusadäquate Verhaltensweisen sowie der instrumentalisierende Umgang Erwachsener mit Kindern und Jugendlichen können emotional desintegrierende Folgen haben (z.B. Verunsicherung durch Verletzung des Selbstwertgefühls, Steigerung des Selbstdurchsetzungspotentials und damit auch Verstärkung der Konkurrenzlogik).

Der Verlust der Familie als Bezugspunkt kann aber teilweise durch die Peer-Group kompensiert werden, der auch eine besondere Bedeutung für die soziale Integration zukommt, denn über sie können soziale inter- und intragruppenspezifische Positionierungen und Anerkennungen erworben werden, die jedoch zumeist auch leistungsabhängig sind.

Daher kann sich auch die Peer-Group den gesellschaftlichen Konkurrenzmechanismen nicht entziehen, v.a. auch darum nicht, da Konkurrenzbeziehungen lebenszeitlich immer früher einsetzen und mit der Verlängerung der Lernzeit (im längsten Fall bis zum Abschluss einer universitären Ausbildung) auch viel länger andauern.[194] Konkurrenz kann, wie an diesem Beispiel ersichtlich wird, den "paradoxen Prozess der Vereinzelung in der Gruppe [in Gang setzen]. Denn dort, wo noch Gemeinsamkeiten bestehen, werden sie [...] aufgelöst, weil man unter Konkurrenzdruck nicht das Gemeinsame, sondern die Besonderheit der eigenen Leistung und Person herausstellen muss" (Heitmeyer u.a. 1995, S.64).

---

[194] Hiermit ist nicht gemeint, dass Konkurrenzbeziehungen mit Beginn der Ausübung eines Berufs verschwinden, sondern vielmehr muss, auf die berufliche Laufbahn bezogen, von einem anderen Konkurrenzniveau ausgegangen werden. Es sollte also zwischen vorberuflichen und arbeitsweltlichen Konkurrenzbeziehungen unterschieden werden.

Ziel wäre hier, Konkurrenz wieder als positiv-belegtes Beziehungselement erlebbar zu machen. Positiv in dem Sinne, dass die Verfolgung eigener Interessen nicht auf Kosten anderer durchgesetzt wird, sondern gleichzeitig konkurrierende Interessen akzeptiert und anerkannt werden. Diese Lernerfahrung wird nicht nur durch die gesellschaftlichen Konkurrenzmechanismen erschwert. Auch das Sinken der Nettoreproduktionsrate und damit die Zunahme von Ein-Kind-Familien erschwert das Erlernen gegenseitiger Respektierung durch die Abnahme von Geschwisterbeziehungen und den damit fehlenden Möglichkeiten der Einübung selbiger.

Weiterhin wird auf Probleme von Scheidungskindern hingewiesen, insbesondere zeigen diese lang anhaltende soziale Bindungsängste, wobei hier schwelende Desintegrationspotentiale verborgen scheinen. Auch inkonsistentes Elternverhalten, die Vernachlässigung von Kindern und Jugendlichen, kann der Beliebigkeit individueller, nicht-mehrheitsfähiger Normen- und Werteausbildung Vorschub leisten.

Als letzter Punkt im Bereich der Auflösung sozialer Beziehungen und Vergemeinschaftungsformen darf der Zeitaspekt nicht außer Acht gelassen werden. Die neue individuelle Zeitverfügbarkeit kollidiert mit der Zerstückelung sozialer Zeit, infolge des Auseinanderbrechens selbstverständlicher Lebens- und Arbeitsrhythmen, v.a. durch moderne Produktionsformen. Das bedeutet für Kinder und Jugendliche den Verlust des ungebundenen Zugriffs auf elterliche Präsenz und deren Unterstützung. Sie finden sich durch die Veränderung fest eingespielter Lebensrhythmen in ein beengendes Zeitkorsett geschnürt, welches entgegen ihren Wünschen und Bedürfnissen kaum Flexibilität zulässt. Die Individualisierungsprozesse können nun, infolge der produktiv-verplanten Zeitkapazitäten Erwachsener, vereinzelte und vereinsamte Kinder und Jugendliche zurücklassen, deren soziale Verankerungen somit labil und die Rücksichtnahme auf andere optional werden lässt (infolge der mangelnden Rücksichtnahme auf sie selbst).

Durch den Verlust gemeinsam geteilter Zeit "wird eine Ent-Gesellschaftung vorangetrieben, die soziales Zusammenleben einschließlich Stabilität und Verlässlichkeit untergraben kann. Neue Freiräume lassen sich aber ohne Verlässlichkeit nicht genießen, sondern können angstbesetzt [...] sein. Angst wiederum muss in einer auf individuelle Konkurrenz ausgerichteten Gesellschaft zunehmend verborgen werden [...], indem Mädchen eher autoaggressive Formen präferieren, während Jungen ihre Angst [...] dadurch bearbeiten, dass sie u.a. durch die mit Konformität bezahlte Sicherheit in der Gruppe und autoritäres Auftreten anderen Angst einjagen, also auf Gruppenintegration setzen" (Heitmeyer u.a. 1995,

S.65). Auf der anderen Seite kann Angstverarbeitung durch ungehemmte Ausübung der individuellen Machtposition integrative Funktionen im Bereich schulischer und beruflicher Platzierung, aber auch desintegrative Funktionen erfüllen, da sowohl "die moralische Integrität des Handelnden selbst als auch die
psychische der Behandelten verletzt werden kann" (ebd.).

1.3.2 Desintegration durch Auflösung gemeinsam geteilter Werte-
und Normvorstellungen

Auch die Auflösung der Verständigung über und der Teilung von gemeinsamen
Werte- und Normvorstellungen kann Vereinzelungserfahrungen und Desintegration, v.a. im politischen Bereich, mit sich bringen.

Nur aufgrund gemeinsam geteilter Werte und Normen kann ein soziales Beziehungsgeflecht entstehen. Bei zu großer Homogenität wird der Jugendliche jedoch einem zu starken Konformitätsdruck ausgesetzt, der in Ablehnung gipfeln
kann. Die Diffusion von Werten und Normen kann auf der anderen Seite z.B.
Verständigungsverluste und Gleichgültigkeit zur Folge haben.

Die Schaffung eines kleinen gemeinsamen Werte- und Normenlevels ist insofern problematisch, als die Entwertung von Traditionen und ehemals geteilten
Wissenshorizonten potentiell desintegrierende Ambivalenzen hinterlässt. Z.B.
impliziert die Ausweitung von Freiheitsspielräumen die Zunahme von Verstän-
digungsverlusten oder z.B. impliziert der Anstieg sozialer Kontakte die gleich-
zeitige Intensitätsabnahme derselben (allein schon aufgrund unterschiedlicher
Zeitverfügungen zur Oberflächlichkeit 'verdammt').

Durch den Verlust des gemeinsamen Werte- und Normenlevels müssen Jugendliche erstens ihre Entscheidungen, im Zuge der Zunahme individueller Gestaltungsmöglichkeiten, selbständig legitimieren. Zweitens werden durch den Wegfall vorgegebener Strukturen und Richtlinien die Legitimationen von Entscheidungen zunehmend subjektiver. Nach Nunner-Winkler 1990 kommt es zu einer
doppelten Subjektivierung.

Die, Traditionen und Milieus inhärenten, Chancen kollektivierender Gemeinsamkeiten können durch deren Entwertung und Erosion abnehmen, sogar gänzlich wegfallen und geben damit den Weg für Vereinzelungserfahrungen und
(politische) Desintegrationen frei.

1.3.3 Desintegration durch Auflösung der Teilnahmebereitschaft an gesellschaftlichen Institutionen

Die Auflösung der Teilnahmebereitschaft an gesellschaftlichen Institutionen hängt mit der Abnahme von gemeinsam geteilten Werte- und Normvorstellungen zusammen. Der teilweise Rückgang der Wahlbeteiligung Jugendlicher z.B. oder auch die generelle Zunahme der Distanzierung Jugendlicher von Jugendverbänden und Politik im Allgemeinen signalisieren die Interesselosigkeit Jugendlicher an der Anpassung und Eingliederung in gesellschaftliche Strukturen mittels der Übernahme und Akzeptanz vorgegebener Werte und Normen.

Schulische und berufliche, also institutionell erlebbare Desintegrationserfahrungen sind hier zentral, denn sie berühren die Angst vor potentiellen Misserfolgen, z.B. das Nicht-Erreichen angestrebter Statussicherheit, die fehlende soziale wie berufliche Anerkennung mangels qualifizierender Leistungsnachweise, der Verlust des Selbstwertgefühls. "Damit soll auch darauf verwiesen werden, dass es einen Zusammenhang gibt zwischen sozialen, ökonomischen sowie politischen Desintegrationen und intrapersonalen Desintegrationen, die sich in Verlusten von Kontinuitätserleben und Konsistenzgefühlen ausdrücken sowie das Erleben eigenständiger Kontrolle der Lebensplanung, also der Selbstwirksamkeit, absenken können" (Heitmeyer u.a. 1995, S.67). Der individuelle Umgang mit unsicheren, die Persönlichkeitsentwicklung betreffenden Zukunftsperspektiven, v.a. hinsichtlich des Berufes als Integrationsmedium, kann in unterschiedlichen arbeitsbezogenen Orientierungen in Erscheinung treten. Auf der einen Seite Arbeit als befriedigendes Erlebnis individueller Tätigkeit, andererseits Arbeit als Instrument der Statussicherung (wenn nötig, kann dies auch mittels Gewalt geschehen).

Es muss jedoch auch angemerkt werden, dass Desintegrationserfahrungen nicht zwangsläufig als Verunsicherungen oder als Verluste wahrgenommen werden müssen, denn sie können auch aufgrund individueller, bereitwilliger Anpassungsleistungen kompensiert und sozusagen ausbalanciert werden. Demgegenüber stehen jedoch diejenigen Individuen, die diese Kompensationsleistungen nicht erbringen können und demzufolge Verunsicherung als Ergebnis ambivalenter Individualisierungschancen und Individualisierungsanforderungen erleben.

1.4   Verunsicherungsqualitäten

Verunsicherung ist das Resultat der Verarbeitung von Desintegrationserfahrungen, die wiederum das Ergebnis von Ausgrenzungs-, Aufspaltungs- und Auflösungsprozessen sind.

Verunsicherung als zu beobachtende Kategorie stellt aber nun die Empirie vor die Frage, wie sie zu erfassen ist, da es sich hier um intrapsychische Befindlichkeiten handelt, die nicht so einfach aus externen Faktoren und Situationen eruiert werden können. Daher ist es bisher noch eine "empirisch zu klärende Frage, in welcher Intensität und in welchen Kombinationen sich Desintegrationspotentiale in Verunsicherung niederschlagen und problematische Bewältigungsstrategien initiieren" (Heitmeyer/Sander 1992, S.51).

Nach Heitmeyer u.a. 1995 ist Verunsicherung durch Emotionalität und Handlungsunsicherheit gekennzeichnet, d.h. auf der einen Seite Zukunftsangst, schwaches Selbstwertgefühl und Unsicherheitsgefühle und auf der anderen Seite Orientierungs-, Entscheidungs- und Wirksamkeitsprobleme. Es ist demzufolge anzunehmen, dass Verunsicherung dann auftritt, wenn sich Jugendliche mit scheinbar unlösbaren Problemen konfrontiert sehen; wenn die Zukunftsperspektiven immer unberechenbarer werden; wenn der individuelle Status aufgrund ungewisser Anerkennung oder Missachtung durch andere unklar wird; wenn Diskrepanzen und Inkonsistenzen zwischen der individuellen, potentiell durchsetzungsfähigen Lebensplanung und den individuellen Erwartungen und Zielen auftreten, sowie zwischen den individuellen und den elterlichen Vorstellungen; wenn am eigenen Leib erfahrene Ausgrenzungen und Selbstwertverletzungen subjektiv unerklärlich bleiben; wenn Ratlosigkeit die individuellen Orientierungsentscheidungen determiniert; wenn verfehlte Ziele und Leistungsdefizite als Individualversagen definiert werden.

Die Qualität der jeweiligen Verunsicherung setzt sich aus zusammenwirkenden externen Faktoren und internen Verarbeitungsformen zusammen. Verunsicherung unterteilt sich nach Heitmeyer u.a. 1995 in drei Qualitäten:

- Die stimulierende Verunsicherung kann sich positiv auswirken, wenn funktionslos gewordene Gewissheiten hinterfragt werden und dabei die Neugier auf Neues geweckt wird (Modifikation alter Handlungsmuster). "Notwendig für diese konstruktive Verarbeitung von Verunsicherung sind aber vorhandene personale Bedingungen wie hinreichendes Selbstwertgefühl, zwischenmenschliches Vertrauen, Zutrauen zur eigenen Kompetenz und gesellschaftliche Bedingungen wie materielle Sicherheit der Existenz und vor allem trotz sozialen Wandels eine Basis kollektiv geteilter Bewältigungsmuster" (Heitmeyer/Sander 1992, S.52).

- Die paralysierende Verunsicherung muss sich nicht unmittelbar negativ auswirken, lässt jedoch eine stabile personale und gesellschaftliche Basis vermissen, ohne die auch die Option einer konstruktiven Verarbeitung von Verunsicherung wegfällt. Unauffälligkeit und Anpassung infolge von Entscheidungsträgheit ('über sich entscheiden lassen'), Nichthandeln ('alles auf sich zukommen lassen') und Abwarten sind die zentralen Merkmale der Paralysierung. Bei einer Zunahme des Verlusts von Sicherheitsempfindungen und Problemlösekompetenzen nimmt auch die soziale Gefährdung zu und kann ein sozial gescheitertes Individuum zurücklassen.

- Die überwältigende Verunsicherung wartet mit verloren gegangenen personalen und gesellschaftlichen Basissicherheiten auf, die auch nicht mehr mittels paralysierender Anpassungsleistungen aufgefangen werden und sich daher negativ auf das Individuum auswirken können. "Verunsicherung in dieser subjektiven Ausprägung als Folgelast der Erosion kollektiver Sicherheiten und Selbstverständlichkeiten steht in der Gefahr, dass keine Reaktionsschemata zu einer Sozialintegration von Bewältigung der Verunsicherung als sinnhaft und verfügbar angesehen werden, so dass sich überwältigende Verunsicherung vielmehr in oft hilflosen und für Außenstehende 'sinnlos' scheinenden Handlungen und Lebenshaltungen niederschlagen" (Heitmeyer/Sander 1992, S.52).

Angesichts der Entwicklung vermehrt auftretender gewaltförmiger, rechtsextremistischer Handlungsweisen zeigt sich, dass sich derart gebärdende Jugendliche jenseits der Erreichbarkeit staatlicher Institutionen und deren Integrationsmaßnahmen befinden, oder auch, dass ihnen die angebotenen Integrationswege verbaut sind, also zum einen nicht zur Verfügung stehen und zum anderen als unbefriedigend empfunden werden.

1.5   Gewalt

Individualisierung erzeugt in einer kapitalistisch ausgerichteten Gesellschaft einen zunehmenden individuellen Leistungsdruck, welcher in konkurrierenden Sozialbeziehungen zum Vorschein kommt. Der individuelle Kampf um Akzeptanz und Anerkennung gewinnt damit zunehmend an Bedeutung und wird zum bestimmenden Faktor individueller Lebensplanungskonzepte. Das 'Wie' wird zur zentralen Frage der Lebensplanungskonzeption ('Wie muss ich mich aufstiegs- orientiert präsentieren?', 'Wie kann ich gewünschte Statuspositionen erreichen?', 'Wie kann ich meine Statusposition sichern?' usw.), die auf lebenslaufspezifi- schen Erfahrungen, aktuellen Eindrücken und perspektivischen Erwartungen basiert. Bei der Verwaltung des Lebens sind Jugendliche aufgrund des indivi- dualisierenden sozialen Wandels hauptsächlich auf sich allein gestellt. Aus die- ser Handlungssubjektivierung können sich dann unterschiedliche individuelle Handlungsmuster zur Durchsetzung subjektiver Planungsziele entwickeln, wo- bei die objektiven Chancenstrukturen zur Realisierung dieser Ziele wesentlichen Einfluss auf die sich bildenden Handlungsvarianten nehmen, "die zur Bearbei- tung unterschiedlicher Anforderungen, Probleme, Lagen und Lebensabschnitte situativ, kurzfristig oder dauerhaft verfolgt werden" (Heitmeyer u.a. 1995, S.69). Es wird nach Heitmeyer u.a. 1995 in drei verschiedene Handlungsvarianten un- terschieden, die sich an den jeweiligen Verunsicherungsqualitäten (s.Kap. III.B.1.4) orientieren und als Antwort darauf interpretiert werden können:

- Im Hinblick auf die stimulierende Verunsicherung lassen sich aktive Hand- lungsmuster, im positiven Sinne mit sozialverträglichen individuellen Vorge- hensweisen, erkennen, d.h. Jugendliche stellen sich aufkommenden Proble- men (z.B. mit Hilfe eines entscheidungsorientierten Lebensplanungskon- zepts).
- Die paralysierende Verunsicherung hat dagegen verschiebende Bearbei- tungsweisen zur Folge. Problemsituationen wird nicht aktiv, sondern passiv begegnet, d.h. es bilden sich hinnehmende, apathische Handlungsmuster, auch verstanden als ein ohnmächtiges Ausgeliefertsein.
- Die dritte Handlungsvariante bezieht sich auf die überwältigende Verunsiche- rung und zieht gewaltförmige Bearbeitungsweisen nach sich. Diese Hand- lungsmuster sind im negativen Sinne aktiv. Sie sind nicht sozialverträglich und nehmen auch physische Verletzungen anderer Individuen in Kauf, dienen also rücksichtslos individueller oder kollektiver Durchsetzung.

Letztere Variante geht auf die zentrale Annahme zurück, dass bei Verlust sozia- ler Verankerung und Einbindung vermehrt Selbstdurchsetzungspotentiale freige- setzt werden, die den Blick für das Wohlergehen anderer versperren und damit das individuelle Handeln rücksichtslos werden lassen und legitimieren. Individuell rücksichtslose Handlungsweisen können auch infolge des Verlusts von Kommunikationsfähigkeit entstehen, da Werte und Normen aufgrund der Pluralisierung von Optionen subjektiviert werden, so dass das Individuum aus seinen eigenen Vorstellungen heraus intersubjektiv gewalttätig handeln kann, ohne sich mit schlechtem Gewissen vor der Großgruppe (gekennzeichnet durch Porosität) verantworten zu müssen. Außerdem kann auch die Attraktivität von Gewalt zunehmen und funktional werden, wenn im eigenen Sozialisationsverlauf Gewalt bereits erfahren und als effektives Handlungsmodell erkannt wurde.

Es kann daher davon ausgegangen werden, dass gewaltförmige Handlungsmuster als problemlagenspezifische Handlungsoptionen, das Resultat von Desintegrations- und Verunsicherungspotentialen sind, die im Zuge der ambivalenten Individualisierungsprozesse und der sozialen Ungleichheitsstrukturen entstehen können.

Analytisch betrachten Heitmeyer u.a. 1995 "Gewalt als Ausdruck sozialer Prozesse [...], in denen strukturelle Bedingungen und individuelles Handeln zusammenwirken" (ebd., S.71), da Gewalt mit Gewaltbilligung und Gewaltbereitschaft zusammenhängt, die als Resultat individueller Sozialisation zu sehen sind, also im Kontext lebenslaufspezifischer Erfahrungen sozusagen erlernt wurden. Die Entwicklung von Gewaltbilligung und -bereitschaft hin zu gewalttätigem Handeln hängt dabei vom Interaktionskontext ab, denn Gewalt ist ein sich gegenseitig bedingendes Handlungselement und damit immer Bestandteil eskalierender Konflikte oder Widersprüche. Die Frage nach der subjektiven Sinnhaftigkeit gewalttätigen Handelns stellt sich dabei nur für Außenstehende, denn - wie weiter oben angemerkt - ohne die subjektive Legitimation des eigenen Handelns könnten hemmende Gewaltschwellen nicht überschritten werden. Der subjektive Sinn, der von dem Handelnden als solcher interpretiert wird, kann von mehreren Seiten geliefert und konstruiert werden, z.B. aufgrund von Gewalterfahrungen in der Kindheit, in denen Gewalt als erfolgversprechendes Handlungselement erlebt wurde, oder aufgrund der Präsentation von Gewalt in den Medien, in deren Berichterstattung Gewalt oft als ein sich lohnendes, Durchsetzung versprechendes Handlungselement dargestellt wird, oder aufgrund politischer Überlegenheitsdiskussionen, insbesondere in Bezug auf Ausländer, oder auch aufgrund eines Gruppenkonformitätsdrucks etc.

Im Rahmen dieser Interaktionsprozesse existieren, definitorisch betrachtet, drei Ausprägungen von Gewalt, die mit unterschiedlichen Motiven belegt sind (vgl. Heitmeyer u.a. 1995):

- Zum einen die expressive Gewalt, die der sozialen Präsentation des 'Ichs' besonderen Ausdruck verleihen will. Das Individuum versucht durch seine Handlungsweisen wahrgenommen zu werden, um damit seine Individualität zu unterstreichen und der Standardisierung zu entkommen. Die selbstdarstellerische Ich-Bezogenheit dieser Gewaltform ist aufgrund ihres unkalkulierbaren situativen Ausagierens gefährlich, da sie in den Handlungsmomenten keine Rücksicht auf andere nimmt.

- Zum zweiten die instrumentelle Gewalt, die die Realisierungschancen individueller Lebensplanungskonzeptionen mittels Selbstdurchsetzung einfordert. Diese soziale Gewaltform kommt bei Abnahme der allgemein gültigen Durchsetzungschancen zum Einsatz, um z.B. Statussicherung, sozialen Anschluss oder Aufstiegsorientierung gewährleisten zu können. "Diese Gewaltform ist eine Radikalisierung und Ausnutzung von Freiheitsräumen" (Heitmeyer u.a. 1995, S.72).

- Zum dritten die regressive Gewalt, die unter der Rückbeziehung auf überkommene, vor-demokratische Strukturen, ihre politischen Motive geltend macht. Unsicherheiten werden dabei von obsoleten Gewissheiten überdeckt. Diese Gewaltform dient der kollektiven Einbindung und versucht somit Desintegrationsprozessen, durch die Ausrichtung anhand ethnischer Überlegenheitsstrukturen und die Schaffung von stabilen Feindbildern, entgegenzuwirken. Die verfügbaren Freiheitsräume werden hier nicht genutzt, sondern bilden vielmehr den Ausgangspunkt für die Flucht in Gewissheiten und Sicherheiten offerierende Gruppenkonformitäten.

Eine weitere Gewaltform, die jedoch den Interaktionsrahmen verlässt, sollte nicht außer Acht gelassen werden. Autoaggressive Gewalt kann die Folge von Ausweglosigkeit (Vereinzelung, Vereinsamung) und Desillusionierung bezüglich der Realisierungschancen von Lebensplanungskonzepten sein, um demzufolge doch noch von anderen wahrgenommen zu werden (letzte Instanz der Fremdwahrnehmung).

Anhand der bisherigen Ausführungen ist anzunehmen, dass eine größtmögliche Transparenz sozialer und institutioneller Strukturen gewalttätigen Handlungsweisen die Anschlussmöglichkeiten entziehen würde, da Unzufriedenheit, Enttäuschung, Desillusionierung, Versagensangst usw. durch eine realistischere Chanceneinschätzung und damit auch Lebensplanung zurückgedrängt werden könnte. Wenn die Transparenz weiterhin abnimmt, kann dies nur zu einer Zuspitzung der schon jetzt verzwickten Problemlagen führen, denn "je größer die Unübersichtlichkeit, umso wahrscheinlicher wird Gewalt, wenn sich der Zusammenhang von Zugehörigkeit und sozialer Kontrolle in sozialen Milieus auflöst, Inkonsistenzen auftreten und Identitätsmuster hervorgebracht werden, die zum Teil mit hohem Anomiegehalt verbunden sind [...]" (Heitmeyer u.a. 1995, S.72).

Der Rückgriff auf gewalttätige Handlungsweisen in bestimmten situativen und interaktiven Momenten geschieht im Kontext individuell zugeschriebener Funktionalität und Sinnhaftigkeit, denn erst durch diese Zuschreibungen bekommt Gewalt für das Individuum eine Nützlichkeitsqualität, die für den Ausübenden subjektiv Belohnendes verspricht. So kann gewalttätiges Handeln z.B. Eindeutigkeiten in der Bearbeitung von Ambivalenzen schaffen; Ohnmachtsgefühle durch die Wiedergewinnung von Kontrolle überwinden; Fremdwahrnehmung garantieren; Machtzugewinn durch partielle Gruppensolidaritäten entstehen lassen und die Erfahrung des 'Ichs', der eigenen Körperlichkeit, wieder positiv erlebbar werden lassen, v.a. in einer Unterlegenheit vermittelnden, unterwerfenden Gesellschaft. Genauso können auch Gewalterfahrungen in der Kindheit als effektives und erfolgversprechendes Nutzeninstrument antizipiert werden.

Daraus wird ersichtlich, dass die individuell zugeschriebene Funktionalität und subjektive Sinnhaftigkeit von Gewalt eng mit biographischen Erfahrungen, Verarbeitungen aktueller Eindrücke sowie perspektivischen Erwartungen, also der Umsetzbarkeit individueller Lebensplanungskonzepte, zusammenhängt. Durch die Erfahrung und Wahrnehmung von Gewalt als erfolgversprechendes Mittel zum Zweck kann es zu einer Normalisierung gewalttätiger Handlungsweisen kommen, wobei dann erstens die eigenen Handlungen nur noch in sehr geringem Maße in Bezug auf andere berücksichtigt werden oder als bedenklich erscheinen und zweitens die Gewaltschwelle aufgrund des sich subjektiv lohnenden Einsatzes von gewalttätigen Verarbeitungs-, Umsetzungs- und Durchsetzungsformen sinken wird.

In Situationen und Interaktionen, in denen sich Gewalt als Handlungsform anbietet, können jedoch Werte und Normen als Regulationsinstrumentarien zum Einsatz kommen. Der Erfolg dieser Regulatoren hängt aber von der noch vorhandenen gemeinsamen Basis geteilter Werte und Normen ab, denn wie schon weiter oben erwähnt, können sich die Individualisierungsprozesse negativ auf diese Regulationskraft auswirken, da durch die Pluralisierung von Optionen, Werte und Normen subjektiviert werden (dadurch auch ein Verständigungsverlust über die gemeinsam geteilte Basis erfolgt) und das Individuum daher "zunehmend nach Kriterien unterscheidet, die intersubjektiv nicht mehr ausweisungspflichtig sind" (Nunner-Winkler 1990, S.5). Gewalt als Schnelllösungsverfahren gewinnt anhand des Verlusts interaktiver Gemeinsamkeiten an Bedeutung, v.a. auch bezüglich der stärkeren individuellen Orientierung an Zweckrationalitäten. Die strukturell aufgezwungene Orientierung am Kosten-Nutzen-Handeln bewirkt eine zunehmende Gleichgültigkeit gegenüber anderen. Zusätzlich kann aufgrund des kulturellen Drucks zur Selbstdarstellung und Fremdwahrnehmung der individuellen Besonderheiten eine Überempfindlichkeit gegenüber sich selbst entstehen, wenn dieser externe Anspruch nicht erfüllt werden kann.

"Insofern muss heute aufgrund dieser kulturellen und strukturellen Veränderung nach den Prinzipien der Gewinnmaximierung mit Entsicherung und Entgrenzung des Verhaltens gerechnet werden, wenn also gemeinsam geteilte Werte und Normen in Auflösung begriffen sind, was u.a. mit der Ausbreitung gewaltaffiner autoritärer und machiavellistischer Einstellungen einhergeht. [...] Zur Entsicherung expressiver oder instrumenteller Gewaltpotentiale reichen dann selbst geringste Anlässe, wenn die Einzigartigkeit tangiert ist. Die Gleichgültigkeit erklärt die Entgrenzung des Handelns" (Heitmeyer u.a. 1995, S.74).

1.6 Gewalterfahrungen und deren individuelle Verarbeitung im Rahmen des Sozialisationsprozesses

Heitmeyer u.a. 1995 greifen auf das der Studie zugrunde gelegte Sozialisationsmodell, welches weiter oben schon zur Darstellung von Desintegrationserfahrungen und -verarbeitungen genutzt wurde, zurück, um die Entstehungsbedingungen von Gewalt innerhalb des Sozialisationsverlaufs aufzeigen zu können.

Aus der ersten, Desintegrationspotentiale initiierenden, gesellschaftlichen Ebene können Gewaltpotentiale erwachsen, da sie direkten Einfluss auf die interpersonale Ebene, die wiederum die intrapsychische Ebene beeinflusst, sowie die individuelle Handlungsebene nimmt.

Der Zusammenhang von Desintegrationserfahrungen, erodierenden Milieus und subjektiver Funktionalität und Sinnhaftigkeit von Gewalt auf der interpersonalen, zweiten Ebene, zeigt sich nun folgendermaßen: Durch die Labilisierung und den Verlust von Zugehörigkeiten steigt die Anfälligkeit für Individuen, feste Sicherheiten und Einbindungen auch innerhalb gewalttätiger Gruppierungen zu suchen, die aufgrund ihrer besonderen Durchsetzungsausrichtungen, verlorene

162

Solidaritäten anbieten. In Anbetracht der Auflösung von Statussicherheiten, können gewalttätige Durchsetzungsformen zur Statussicherung und Verbesserung sozialer Platzierungen beitragen. Auch antizipierte Gewalterfahrungen aus der Kindheit können traditionale, milieu-orientierte Erziehungsmuster überdekken und die individuelle Verfügbarkeit über Gewaltmodelle verstärken. Demzufolge wirken Gewalterfahrungen auf der intrapsychischen, dritten Ebene auf das produktiv-realitätsverarbeitende und handelnde Subjekt ein, welches aufgrund kulturellen Drucks (Demonstration von Einzigartigkeit) und struktureller Zwänge (zweckrationales Handeln) Reizbarkeit als kennzeichnendes Persönlichkeitsmerkmal aufweist. Diese, auf das Subjekt einwirkenden Gewalterfahrungen beeinflussen die individuelle Handlungskompetenz und den emotionalen Bereich. Das Subjekt kann nun aufgrund der Entscheidungsprobleme, infolge der Schwächung individueller Handlungskompetenz, auf das handlungssimplifizierende Gewaltinstrument zurückgreifen, ganz im Sinne von 'der Zweck heiligt die Mittel'. Auf der emotionalen Seite können Angstgefühle mit Gewalt bekämpft werden, um die Kontrolle über sich selbst wiederzugewinnen.

Die Verarbeitung von Gewalterfahrungen auf der intrapsychischen Ebene kann daher z.B. zu autoritären und machiavellistischen Einstellungen sowie zu Gewaltbereitschaft führen. Dies ist als Weiterführung und Zuspitzung der, durch die Verarbeitung von Desintegrationserfahrungen entstandenen, Verunsicherungen individueller Handlungsweisen und Einstellungen zu sehen.

Die nun entstandenen Einstellungen, die in gewaltaffine Einstellungen und manifeste Gewalteinstellungen[195] unterteilbar sind, dienen auf der vierten, der Handlungsebene dazu, auf der einen Seite die Ausübung von Gewalt zu legitimieren[196] und auf der anderen das Gewalthandeln zu rationalisieren,[197] um damit

---

[195] Unter gewaltaffinen Einstellungen werden solche Formen verstanden, "die gewissermaßen die gedanklichen Vorbereitungen auf die Verletzung der Integrität anderer beinhalten, also Rücksichtslosigkeiten, Ausgrenzungsforderungen etc., wie sie sich in Machiavellismus, Autoritarismus und Law-and-Order-Einstellungen zeigen" (Heitmeyer u.a. 1995, S.74). Manifeste Gewalteinstellungen beziehen sich mehr auf die reale, physische Verletzbarkeit von Individuen und orientieren sich an der Akzeptanz von Gewalt als Normalität, an der Gewaltbilligung und Gewaltbereitschaft als Handlungs- und Durchsetzungsoption.

[196] Die Gewaltlegitimationen dienen der Forcierung optionaler Gewaltbereitschaft, d.h. dadurch kann der Übergang von Gewaltbereitschaft zu Gewalttätigkeit beschleunigt werden, da die Gewaltschwellen abgesenkt werden und die Handlungsrichtung festgelegt wird. Die subjektiv sinnhaften Begründungen für Gewaltlegitimationen können wie folgt aussehen: Gewalt als Gegengewalt (Selbstdefinition als Opfer); Gewalt als Ultima Ratio (Gewährleistung der Fremdwahrnehmung und Ernstnahme als Person); Gewalt als Ordnungsfaktor (Konfliktbereinigung von individueller und staatlicher Seite); Gewalt als normales Handlungsmuster (Normalisierung von Gewalt als Anpassung an dominierende Verhaltensmu-

Gewalthandlungen im Kontext von Familie, Schule, Beruf, Politik, Peer-Group, Öffentlichkeit usw. als Handlungsoption annehmen zu können. Die Legitimation und Rationalisierung sowie die daraus folgende potentielle Ausübung von physischer und psychischer Gewalttätigkeit bildet damit den "eskalierenden Endpunkt der Verletzung der Integrität anderer" (Heitmeyer u.a. 1995, S.76) und nimmt rückwirkend Einfluss auf die gesellschaftliche, interpersonale und intrapsychische Ebene.

Von der Legitimation und Rationalisierung von Gewalt bis hin zur tatsächlichen Gewaltausübung benötigt das Individuum einen bestimmten Rahmen, der die Handlungsabsicht bestärkt, denn es kann davon ausgegangen werden, dass Gewalthandlungen meistens nicht von einzelnen initiiert und ausgeführt werden, sondern in Gruppenkontexten eingebettet sind. Dies widerspricht nicht der zentralen Annahme, dass durch den Verlust sozialer Verankerungen und Einbindungen vermehrt Selbstdurchsetzungspotentiale freigesetzt werden.

Vielmehr zeigt dies, dass die freigesetzten Gewaltpotentiale aufgrund vorhandener Gruppensolidaritäten und Gruppenkonformitäten, also erst anhand der neuerlichen Einbindung in einen Gruppenkontext,[198] leichter aktiv umgesetzt werden können, da die Entscheidungsmacht verteilt ist und Entscheidungsunsicher-

---

ster); Gewalt als Klärung und Vollstreckung (Handeln an Stelle von Nicht-Handeln; 'die tun was, im Gegensatz zu denen, die nur reden') (vgl. Heitmeyer u.a. 1995, S.76).

[197] "Welche Ausmaße die Gewaltformen annehmen, hängt individuell auch davon ab, welche Rationalisierungsstrategien zur Neutralisierung der Gewaltfolgen bereitstehen oder konstruiert werden, um diese für sich selbst aushaltbar zu machen. Verunsicherung, Schuldgefühle und Selbstvorwürfe können nicht zugelassen werden [...]" (Heitmeyer u.a. 1995, S.76), da die Ausstrahlung von Stärke, Cool-Sein und Sicherheit mit zur obersten Prämisse einer modernisierenden Gesellschaft gehört. Unsicherheit wird verachtet. Durch die Selbstzuschreibung von Stärke usw. können Gewaltfolgen neutralisiert werden. Aber auch indem das Individuum seine Verantwortung für Gewalttaten von sich weist und auf andere schiebt (z.B. die Situation, die Gesellschaft, das Opfer), können Rationalisierungen von Gewalt stattfinden. Die Neutralisierungstechnik dient auf jeden Fall der Relativierung eigener Schuldgefühle, der Opferperspektive und der Sanktionsmöglichkeiten.

[198] Es muss jedoch auch darauf hingewiesen werden, dass der innere Zusammenhalt einer Gruppe durch den Individualisierungsprozess gestört werden kann, denn nicht allein aufgrund von Zugehörigkeit entstehen Gewissheiten, sondern auch aufgrund von Anerkennung, die sichtlich schwer zu erlangen ist, wenn die Gruppenkonformität die Einzigartigkeit des Individuums verdeckt. Je mehr sich das Individuum nach den Gruppennormen ausrichtet, desto stärker schwindet die individuelle Persönlichkeit, und je mehr sich das Individuum seiner schwindenden Einzigartigkeit bewusst wird und diese zur Geltung bringen will, desto größer werden auch die Kohäsionsprobleme, d.h. bei steigender externer Gewalttätigkeit kommt es auch zu steigender interner Gewalttätigkeit, "so dass die angestrebte Geborgenheit, Kameradschaft etc. nur Selbstbetrug ist, den man allerdings aus Gründen des Statuserhalts, der fehlenden Alternativen gleichwertigen Statuserwerbs und der Erfahrung staatlicher Gewaltdurchsetzung verdrängt" (Heitmeyer u.a. 1995, S.78).

heit damit verschwindet. Ein weiterer Vorteil der Gruppenkonformität liegt in der Abnahme der Eigenverantwortlichkeit bezüglich des individuellen Handelns. Die Verantwortlichkeit wird an die Gruppe abgetreten. Um die Gruppenkonsistenz zu gewährleisten und damit auch die interne Solidarität und Konformität nicht zu gefährden, bedarf die Gruppe eines fiktiven Gegners/einer fiktiven Bedrohung, dem/derer sie sich (aktiv) zur Wehr setzen muss (Umsetzung der Gewaltpotentiale). "Feindbilder (als Vorurteilskonstrukte) erzeugen, aufgefüllt mit Gerüchten und Erlebnisschilderungen, eine gefahrvolle Pseudowirklichkeit, die militante Wachsamkeit erfordert" (Wagner 1994, S.83) und eine Virtualität schafft, die außerhalb der Gruppe rational nicht nachvollziehbar ist.[199]

Ersichtlich werden individuelle Handlungs- und Verhaltensunterschiede, wenn die gruppen-kontextuale Eigenpräsentation und das Auftreten als Einzelperson außerhalb des Gruppenkontextes verglichen wird (wie verhält sich z.B. ein neonazistischer Skinhead allein in der Öffentlichkeit und wie innerhalb seiner Gruppe). Hierauf sollte im Besonderen geachtet werden, da angenommen werden kann, dass die intra-gruppenspezifischen Verhaltensnormen und -zwänge, die aufgrund des Wunsches nach Konformität und Quasi-Sicherheit antizipiert werden, hauptsächlich zur Modifikation von Verhaltensmustern beitragen. Sie können, mit anderen Worten, den entscheidenden Beitrag zur Umsetzung von Gewaltpotentialen zu Gewalttätigkeiten leisten (vgl. Kunstreich 1996[200]; vgl. Klatetzki 1993).[201]

---

[199] Vgl. die Gruppentypisierungen von Wagner 1994, S.93f.

[200] Soziale Gruppenbildung anhand sozialer Kategorisierungen, sozialer Identität und sozialen Vergleichs.

[201] Intergruppenverhalten und soziale Identitätsprozesse: "Je niedriger der subjektive Gruppenstatus in Relation zu einer relevanten Vergleichsgruppe ist, je mehr Ungerechtigkeit innerhalb des Sozialstruktur erlebt wird, desto weniger kann der Gruppenstatus zur Ausbildung und Aufrechterhaltung einer positiven sozialen Identität beitragen. Wenn keine Chancen individueller Mobilität bestehen oder wahrgenommen werden, wenn also keine Möglichkeit gesehen wird, neue Mitgliedschaften in anderen Bezugsgruppen in neuen sozialen Feldern zu erlangen, dann folgen auf eine bestehende negative Selbstdefinition beziehungsweise auf die Bedrohung der eigenen sozialen Identität Reaktionen, die einen positiven Unterschied zwischen in-group und out-group herstellen sollen" (Klatetzki 1993, S.360). Die soziale Identitätsbildung (auch mittels Gewalt) wird hier zum Kernproblem, denn "wenn man nicht weiß, wer man selbst ist, definiert man sich über seinen Gegner" (Lau/Soeffner 1994, S.27).

2 Zu den grundlegenden Zusammenhängen von Desintegration, Verunsicherung und rechtsextremistischer Gewalt

Im Folgenden soll veranschaulicht werden, inwieweit die Theoriekonzeption von Heitmeyer u.a. 1995 empirisch fundiert werden kann.

Dazu wurde von Oktober 1992 bis Januar 1993 von diesem Forschungsteam eine empirisch-analytische Individualdatenerhebung anhand eines umfassenden standardisierten Fragebogens durchgeführt. Befragt wurden in Ost und West insgesamt 3.401 Jugendliche im Alter von 15 bis 22 Jahren aus Berufsschulen und allgemeinbildenden Schulen, sowie Arbeitslose und Studenten, wobei wir uns hier auf die Untersuchungsergebnisse in den alten Bundesländern beschränken werden (1.709 Jugendliche), denn anhand der Untersuchung von Heitmeyer u.a. 1995 zeigt sich, dass die Ergebnisse, die im Westen gewonnen wurden, annähernd die gleichen wie die im Osten und daher übertragbar sind, jedoch nur bezogen auf die Verlaufskurven, nicht auf die prozentualen Anteile, die im Osten im Schnitt etwas höher liegen als im Westen.

Die Synchronität von gewaltaffinen (Machiavellismus, Autoritarismus, Law-and-Order-Einstellungen) und gewalttätigen Einstellungen (Normalisierung und Legitimierung von Gewalt; Gewalt gegenüber Fremden; expressive, instrumentelle und ethnisch motivierte Gewalt) weisen darauf hin, dass in beiden Teilen Deutschlands die Einstellungsrichtungen sowie die Aktionen weitestgehend dieselben sind. Der Hauptunterschied liegt in der Unterstützungshaltung dieser Einstellungen und Aktionen, die im Osten zumeist deutlich höher liegen[202] (vgl. Heitmeyer u.a. 1995, S.128ff). Oesterreich 1993a[203] weist zusätzlich nach, "dass Menschen in der ehemaligen DDR nicht autoritärer im Sinne des Konzepts der Autoritären Persönlichkeit[204] sind, dass sie auch nicht in stärkerem Maße zu rassistischem und rechtsextremem Denken neigen als Bürger der alten Bundesre-

---

[202] Machiavellistische Einstellungen sind z.B. bei 10,8% der Jugendlichen im Westen und 17,3% im Osten eruierbar (Abb. 42, s. Anhang). Die Bereitschaft, mit körperlicher Gewalt gegen Fremde vorzugehen, zeigen immerhin 3,1% im Westen und 6,6% im Osten (Abb. 43, s. Anhang). Bei der Befragung zu ausgeübten gewalttätigen Handlungen in den letzten 12 Monaten ist das Ergebnis jedoch fast gleich. 9,8% der Jugendlichen im Westen und 9,7% im Osten begingen Sachbeschädigungen, 12,3% im Westen und 12,2% im Osten begingen Körperverletzungen usw. (Abb. 44, s. Anhang).

[203] Diese Untersuchung wurde anhand eines Fragebogens mit 1.396 ost- und westberliner Jugendlichen durchgeführt (teils an Gymnasien, teils an Berufsschulen).

[204] Oesterreich beschreibt die autoritäre Persönlichkeit als "habitualisierte Bereitschaft, in Krisensituationen mit einer Flucht in Sicherheit bietende Instanzen zu reagieren" (Oesterreich 1993a, S.43).

166

publik" (Oesterreich 1993b, S.183), sondern dass "der derzeit aufbrechende Rechtsextremismus und der Ausländerhass [...] vielmehr eine situationsspezifische Folgeerscheinung der Wende mit ihren materiellen Problemen und psychischen Verunsicherungen" (ebd., S.187) ist.[205] Der höhere Anteil an rechtsextremistischen Einstellungen und Handlungen im Osten lässt sich sodann daher erklären, dass diese aus aktuellen politischen und sozialen Situationen erwachsen (Ausländer als Konkurrenten um Arbeitsplätze, Wohnraum und der vermisste, aber versprochene Wohlstand Westdeutschlands) und nicht zwangsläufig rassistische Diskriminierung zum Ziel haben.[206]

Obwohl unterschiedliche Ausgangslagen geprägt von Erosions- und Umbruchsituationen im Osten (Fremdinstitutionalisierung und daraus folgende subjektive Handlungsdefizite; Verlust normativer, kollektivierender und stabilisierender Bindungen im Arbeitsbereich usw.) und Individualisierungsprozessen im Zuge von Modernisierung[207] im Westen zum Tragen kommen, lässt die Vergleichbarkeit der Ergebnisse bezüglich gewaltaffiner Einstellungen und gewalttätiger Handlungen, innerhalb der Studie von Heitmeyer u.a. 1995, die Konzentration auf westliche Jugendliche vertretbar erscheinen. Zudem würde ein genauerer Blick auf die Wandlungsprozesse von der DDR-Gesellschaft hin zu einem Teil der BRD und damit der Vergleich von Ost und West den Rahmen dieser Arbeit sprengen.

Wir werden in Folgendem nur die für uns relevanten Ursachen und Zusammenhänge der Entstehung rechtsextremistischer Gewalt im Westen darstellen, wobei

---

[205] Im Gegensatz dazu Melzer 1992, der die Wurzeln des Rechtsextremismus' in der DDR-Gesellschaft selbst sieht, v.a. aufgrund der mangelnden Aufarbeitung des Nationalsozialismus im Geschichtsunterricht und des Erbes eines "poststalinistischen Herrschaftssystems" (ebd., S.144), welches zur Förderung des klassischen Autoritarismus beitrug. Die Hinwendung Jugendlicher zu Subkulturen mit hohem Provokationsgehalt führt er auf die Auflösung des Patronatsverhältnisses zwischen Staat und Jugend und der damit entstandenen Orientierungslosigkeit zurück (intensiviert durch die gesellschaftliche Umbruchs- und Vereinigungssituation).

[206] Autoritarismus und Rassismus sind persönlichkeitsspezifische und nicht situationsspezifische Grundorientierungen.

[207] Es muss natürlich darauf hingewiesen werden, dass es auch im Osten der BRD Individualisierungsprozesse gibt und demzufolge auch Modernisierung. Dabei müssen jedoch die verschiedenen Qualitäten von Modernisierung beachtet werden, denn es handelt sich im Osten um einen vollständigen Wandel von einer in eine andere Gesellschaft, um eine Veränderung aller mikro- und makrosozialer Strukturen und um einen Austausch aller sozial- und systemintegrierender Regulatoren und nicht um einen sukzessiven Wandel in eine Gesellschaft (vgl. Berger 1991). Helmut Wiesenthal 1991 bezeichnet diesen Wandel als einen 'Absturz in die Moderne'.

die Anteilswerte ostdeutscher Jugendlicher in den Abbildungen (s. Anhang) belassen wurden, um Vergleichsmöglichkeiten anzubieten. Dabei werden die Zusammenhänge von Desintegration und Verunsicherung, von Verunsicherung und Gewalt, von statusspezifischen Aspekten und Gewalt, von Peer-Groups und Gewalt sowie von Politik und Gewalt genauer beleuchtet.

2.1 Desintegration und Verunsicherung

Sind Desintegration erfahrende Jugendliche stärker verunsichert als Jugendliche, die nicht mit Desintegrationserfahrungen konfrontiert sind? Ist diese Hypothese empirisch verifizierbar?

Um dies genauer eruieren zu können, bedarf es der Differenzierung in Desintegrationsbereiche (Auflösungsprozesse; s.Kap. III.B.1.3.1 - 1.3.3).

Es wird von der Annahme ausgegangen, dass Jugendliche als desintegriert gelten, wenn sie nicht auf soziale Netzwerke zurückgreifen können und somit auch auf deren Unterstützungsleistungen verzichten müssen. "Strukturelle Desintegration in Form der Auflösung von Beziehungen fasst das Aufwachsen in einer unvollständigen Familie, die fehlende Zugehörigkeit zu einem Freundeskreis sowie das Fehlen einer Partnerbeziehung" (Heitmeyer u.a.1995, S.144). Das Fehlen dieser freundschaftlichen, partnerschaftlichen und vollständig familiären Zugehörigkeiten bedingt eine verstärkte Verunsicherung bei Jugendlichen, im Gegensatz zu denen, die funktionale, sozusagen 'ver-sichernde', soziale Netzwerke vorzuweisen haben. Je größer auch die Anzahl sozialer Zugehörigkeiten, desto stärker nimmt Verunsicherung ab (Abb. 45, s. Anhang). Es ist aber auch zu berücksichtigen, dass informelle Unterstützungssysteme nicht dieselben Unterstützungsqualitäten aufweisen. Aufgrund eines Mangels an Unterstützungsleistungen kann es daher zu emotionaler Desintegration kommen. Der Zusammenhang zwischen niedriger Qualität von Familienbeziehungen[208] einerseits und Freundschaftsbeziehungen andererseits und dem hohen Maß an Verunsicherung wird in Abbildung 47 (s. Anhang) ersichtlich. Die fehlende emotionale Unterstützung durch Familie und Freundeskreis teilt sich weiter in verschiedene Verunsicherungskategorien, wobei hier mangelndes Selbstwertgefühl und das Gefühl, sozial nicht akzeptiert zu werden, bezogen auf die Familie, die höchsten Korrelationen aufweisen (Abb. 48, s. Anhang). Hinsichtlich des Freundeskreises

---

[208] Die Variabilität der Verunsicherung Jugendlicher mit den emotionalen Unterstützungsleistungen hängt nach Heitmeyer u.a. 1995 von unterschiedlichen Familienkonstellationen ab. Die emotionale Unterstützung ist z.B. in Scheidungsfamilien und in Familien mit mehreren wechselnden Lebenspartnern am geringsten (Abb. 46, s. Anhang).

erweist sich auch das Gefühl, sozial nicht akzeptiert zu werden, als am stärksten ausgeprägtes Merkmal (Abb. 49, s. Anhang). Freundschaftsbeziehungen können sich als hinderlich erweisen, wenn sie einem starken Konformitätsdruck ausgesetzt sind, d.h. "dass im Freundeskreis starre Normen und Meinungen gelten, die den Jugendlichen als Orientierung dienen. Diese [...] führen aber auch zu einem verstärkten Druck auf die Jugendlichen, sanktioniert und ausgeschlossen zu werden, wenn sie gegen die Gruppenregeln verstoßen" (Heitmeyer u.a. 1995, S.151). Die größten Verunsicherungen der unter Konformitätsdruck stehenden Jugendlichen bilden dann auch das Misstrauen gegenüber anderen Personen, die Kritikinakzeptanz und die externale Kontrollüberzeugung (s.Kap. III.B.2.2) (Abb. 50, s. Anhang).[209]

Weiterhin wird davon ausgegangen, dass Verunsicherung mit der Auflösung faktischer Teilnahme an gesellschaftlichen Institutionen zusammenhängt. Die Verunsicherung ist nachweislich dort am höchsten, wo Unzufriedenheit über die materielle Situation und Erwartung von Statusinkonsistenzen herrschen (Abb. 51, 52 u. 53, s. Anhang). Die Verunsicherung Jugendlicher wird durch die Belastung aufgrund eines Schulabbruchs oder durch Schwierigkeiten, einen Ausbildungsplatz zu finden, nur geringfügig beeinflusst (Abb. 54 u. 55, s. Anhang).

Der Zusammenhang zwischen Desintegrationserfahrungen und Verunsicherung kann einer Überprüfung bezüglich der Beeinflussung von Verunsicherung durch die Abnahme von Mitgliedschaften (z.B. Vereine, politische Jugendgruppen usw.) nicht standhalten. Die Abnahme von Mitgliedschaften hat keinen oder nur einen sehr geringen Einfluss auf die Verunsicherung (Abb. 56, s. Anhang).[210]

Trotzdem lässt sich für den Bereich der institutionellen Desintegration sagen, dass die Ergebnisse konform mit der gesellschaftlichen Entwicklung sind, da Integrationsangebote nur anhand von Leistung, Status und Konsum wahrgenommen werden können.

---

[209] Dadurch werden eigene Erfahrungen zur Lebensplanung und zur Entscheidungshilfe obsolet. Es entsteht ein reziproker Prozess, da die Individualisierungsmöglichkeiten zugunsten klarer Orientierungen nicht wahrgenommen werden.

[210] Als Erklärung dafür kann die, Vereinen und Organisationen inhärente, Zielorientierung angeführt werden. "Nicht die Personen und ihre Beziehungen stehen somit im Mittelpunkt, sondern die gemeinsame Sache" (Heitmeyer u.a. 1995, S.153). Heitmeyer führt nun 'negativistisch' weiter aus, dass durch die leistungsabhängige Anerkennung z.B. in Vereinen das Selbstwertgefühl gefährdet ist und daher nicht zu einer Verringerung der Verunsicherung beiträgt. 'Positivistisch' gedacht kann sich aber auf der einen Seite das Selbstwertgefühl durch die leistungsabhängigen Profilierungschancen auch steigern (und nicht unbedingt in Konkurrenz zu anderen, sondern vielmehr im Erleben eigener Leistungen und Möglich-

Die dritte Annahme betrifft den Zusammenhang von Verunsicherung und die Auflösung gemeinsam geteilter Werte und Normen. Diese Hypothese kann bestätigt werden. Abbildung 57 (s. Anhang) zeigt auf, dass die Entwertung von Erfahrungswissen der älteren Generation mit einer Verunsicherungszunahme einhergeht. Zudem kann dann davon ausgegangen werden, "dass ein zunehmender Wertepluralismus Jugendliche verunsichert, wenn gemeinsam geteilte soziale Übereinstimmungen" (Heitmeyer u.a. 1995, S.159), die bisher neben den Erfahrungen der älteren Generation als Orientierungshilfe dienten, nicht mehr erkennbar sind. So können dann soziale Orientierungen wegfallen und den Weg für gewaltbefürwortende Einstellungen ebnen (dabei fällt Verunsicherung weg, da Jugendliche sich nun an neuen Strukturen und Sicherheiten orientieren können; Sicherheiten, die z.B. rechtsextrem eingestellte Gruppierungen und Organisationen als Deckmantel feilbieten). Abbildung 58 (s. Anhang) zeigt den Zusammenhang von Gewaltbefürwortung, Abbildung 59 (s. Anhang) den Zusammenhang von Gewalttätigkeit und mangelnder sozialer Orientierung.

2.2 Verunsicherung und Gewalt

Inwiefern nun Verunsicherungen ausschlaggebend für die Anfälligkeit von gewaltaffinen Einstellungen und gewalttätigen Handlungsweisen sind, wird in Folgendem kurz dargestellt.

Der Zusammenhang von gewaltbefürwortenden Einstellungen und gewalttätigem Verhalten als Kompensationsmittel und Problemlösungsrezept für stark verunsicherte Jugendliche geht aus der Untersuchung von Heitmeyer u.a. 1995 deutlich hervor. 42% der hoch verunsicherten, männlichen Jugendlichen gaben an, im letzten Jahr (vom Befragungsmoment an zurückgerechnet) Gewalt gegen Menschen ausgeübt zu haben. Im Gegensatz dazu stehen 22% der niedrig verunsicherten, männlichen Jugendlichen (Abb. 60, s. Anhang).

Es ist aber bisher noch nicht geklärt worden, warum Gewalt als Handlungsoption für stark verunsicherte Jugendliche, im Sinne von Problemkompensation und -lösung, einen großen Stellenwert einnimmt. Dieser Frage nachgehend, stoßen wir auf intra- und interpersonale Ambivalenzen, die kennzeichnend für den Kontext von Verunsicherung und Gewalt sind. Hierbei muss jedoch angemerkt werden, dass ambivalente Individuallagen nichts Besonderes, sondern dem Le-

---

keiten) oder auf der anderen Seite keine Steigerung der bisherigen Gesamtverunsicherung herbeiführen.

ben inhärente Zustände sind,[211] d.h. Wahlmöglichkeiten bieten sich in unterschiedlicher Ausprägung jedem Individuum. Die Ursachen sind dann dort zu suchen, wo Ambivalenzen Verunsicherungen hervorrufen ('die Normalität sprengen'), das bedeutet, dass im Zuge der Individualisierung die Wahrnehmung von Wahl- und Entscheidungsoptionen in dem Maße zunimmt, wie sich Individuen vor das Problem individueller Komplexitätsreduktion gestellt sehen, denn "ein lebendes System muss beim Erkennen von Welt, bei seiner Informationsgewinnung, ein ökonomisches Sparprinzip einbauen, sonst wird es gnadenlos überfordert" (Treml 1987, S.31). Dieses Sparprinzip kann sich ins Negative umkehren, wenn die Unordnung, ausgelöst durch die zunehmende Komplexität, selbstorganisiert übermäßig geordnet wird, d.h. dass Komplexität so stark reduziert wird, dass dies zur (Wieder-)Aneignung fester Strukturen und überkommener Werte und Normen, auch mittels gewalttätiger simplifizierter Handlungsweisen, führen kann.

Durch die starke Reduktion von Ambivalenzen kann daher ein dualistisches Denkmuster entstehen. Zum einen werden auf der intrapersonalen Ebene akzeptierte und nicht akzeptierte Wahrnehmungen und psychische Inhalte, in 'eigene' und 'fremde' eingeteilt, wobei die 'fremden' Inhalte, die vom Individuum zur Reduktion abgespalten werden, dann auf der interpersonalen Ebene auf 'fremde' Personen projiziert werden. Dies führt zu Polarisierungen[212] z.B. Deutsche/Ausländer, gut/böse usw. Gegen diese abgespaltenen Ambivalenzen muss sich das Individuum ständig zur Wehr setzen, um seine 'eigene' Identität/sein akzeptiertes Selbstbild davon abzugrenzen. Aufgrund dieses Bekämpfens des 'Fremden' auf der intra- und interpersonalen Ebene weisen dualistische Denkmuster "eine gewisse Affinität zu fremdenfeindlichen Einstellungen auf; umso mehr, als die Bekämpfung der abgespaltenen Seite einen aggressiven Umgang mit den als 'fremd' klassifizierten Personen nahe legt" (Heitmeyer u.a. 1995, S.166). Zudem bietet sich hier Gewalt als optimales Reduktionsmittel an. Es reduziert unüberschaubare Situationen, schafft schnell Klarheit und kann gleichzeitig der Durchsetzung ambivalenter Wünsche dienen. "Mit dem Mittel der Gewalt ist man gleichzeitig in intensivster Beziehung zum anderen (Gegner), ohne sich in unkontrollierbarer Nähe zu ihm zu verlieren. Man kann etwas ge-

---

[211] Menschen sind "keine außendeterminierten [...], sondern autopoietische Systeme, die selbstorganisiert verschiedene internal determinierte Zustände einnehmen und damit mögliche Optionen verwirklichen" (Heitmeyer u.a. 1995, S.162; vgl. Maturana/Varela 1985).

gen die Furcht tun, seine Autonomie und Identität zu verlieren und in Abhängigkeit zu geraten, und gleichzeitig auch etwas gegen die Furcht, sich einsam, isoliert und verlassen in der Langeweile wiederzufinden" (Retzer 1992, S.310). Undifferenzierte Wahrnehmungen in dualistischer Ausprägung können auch von externalen Kontrollüberzeugungen gefördert werden. Individuen sehen dabei, aufgrund der Überzeugung, extern oder zufällig gesteuert zu werden, keine Notwendigkeit, sich differenziert mit Informationen auseinander zu setzen, sondern übernehmen diese meist abwartend und passiv (paralysierende Verunsicherung; Kap. III.B.1.4). Neben der externalen tritt eine internale Kontrollüberzeugung auf. Diese steht für die subjektive Steuerbarkeit von Ereignissen (positiver oder negativer Art) (vgl. Rotter 1966).

Heitmeyer u.a. 1995 zeigen auf, dass ein signifikanter Zusammenhang zwischen der Befürwortung und Ausübung von Gewalt und hoher internaler und externaler Kontrollüberzeugung besteht (Abb. 61 u. 62, s. Anhang). Dies stützt dann die Annahme, dass die Option einseitig ausübbarer Kontrolle zu Pathologien - z.B. Gewalt - führt, denn es kann "kein Teil eines in sich interaktiven Systems eine einseitige Kontrolle über den Rest oder irgendeinen anderen Teil haben" (Bateson 1990, S.408). Die Reziprozität hoher internaler und externaler Kontrollüberzeugungen kann auch spiralförmig zu einer Intensivierung dieser Überzeugungen führen, da sie von der Ambivalenz von Allmachts- und Ohnmachtsvorstellungen gekennzeichnet sind. Der Überzeugung, stark extern gesteuert zu werden, wird mittels interner Steuerungsversuche entgegengearbeitet, z.B. mit Gewalt, um die verlorenen Kontrollmöglichkeiten wiederzuerlangen. "Insofern wird durch den Glauben an eigene Kontrollmöglichkeiten der Einfluss des Glaubens an externale Kontrolle auf Gewalt noch gesteigert" (Heitmeyer u.a. 1995, S.172).

Weiterhin konnte, der vorangegangenen Argumentation folgend, der Zusammenhang zwischen unterschiedlichen Formen personaler Gewalt sowie gewalttaffiner Einstellungen (Autoritarismus, Machiavellismus, Law-And-Order-Einstellungen) und hoher Verunsicherung aufgezeigt werden (Abb. 63, s. Anhang), wobei die aufgeklärte Varianz am größten bezüglich hoher Verunsicherung und Autoritarismus ist. Dies leuchtet ein, da autoritaristische Verarbeitungsformen von Verunsicherungen der "Flucht in die Sicherheit" (Oesterreich 1993a, S.26) und der Suche nach Schutz, aufgrund des Versagens bisher eta-

---

[212] Polarisierungsprozesse spielen in der Jugendphase eine große Rolle, denn Jugendliche entwickeln ihre eigene Identität zum großen Teil über Abgrenzung und Protest (vgl. Heitmeyer u.a. 1995).

blierter Autoritäten in Krisensituationen, dienen. Unter Umständen kann diese Suche nach neuen Autoritäten in rechtsextremistischen Gruppierungen enden.[213] Obwohl der Zusammenhang zwischen einem hohen Grad an Desintegration und Verunsicherung (Abb. 45, s. Anhang) sowie der Zusammenhang zwischen mangelnder sozialer Orientierung im Zuge der Auflösungsprozesse gemeinsam geteilter Werte und Normen und Gewaltbefürwortung/-tätigkeit (Abb. 58 u. 59, s. Anhang), sowie der Zusammenhang zwischen einem hohen Verunsicherungsgrad und Gewalt (Abb. 60, s. Anhang) deutlich wird, muss man sich vor Augen führen, dass der größte Teil der Jugendlichen noch sozial-verträgliche Verarbeitungs- und Handlungsweisen findet, um mit den Schattenseiten der Individualisierungsprozesse und den daraus resultierenden Erfahrungen umzugehen.

2.3   Rechtsextremistische Gewalt

Obwohl in den vorangegangen Kapiteln schon des öfteren kurz auf die möglichen Entstehungsbedingungen rechtsextremistischer Gewalt eingegangen wurde, werden diese nun anhand von statusspezifischen, peer-group-spezifischen und politischen Aspekten genauer eruiert. Wobei der Frage nachgegangen werden muss, welche Auslöser für die Herausbildung einer zielgerichteten, ideologisch-motivierten Gewalt verantwortlich sein können und wie ein zunehmendes nationales Bewusstsein, das zur Legitimierung dieser Gewalt herangezogen wird, entsteht.

Dazu ist es vonnöten, sich die Zusammenhänge noch einmal vor Augen zu führen, die hier jedoch nur verkürzt dargestellt werden.

Die Charakteristika der Schattenseiten der Individualisierungsprozesse sind Konkurrenz, soziale Enttäuschungen, Gleichgültigkeit und Vereinzelung und leiten sozial desintegrative Prozesse ein. Aus diesen sozialen Desintegrationsprozessen können deduktiv Gewaltoptionalität und Feindbildkonstruktionen fol-

---

[213] Hier wird auch der Zusammenhang von Autoritarismus und intra- und interpersonalen Ambivalenzen deutlich. Aufgrund des Anschlusses an eine z.B. rechtsextreme Gruppierung infolge der Suche nach neuen Autoritäten müssen bestimmte Normen übernommen und befolgt werden, d.h. dass intra-gruppenspezifisch nicht akzeptierte Inhalte intrapersonal abgespalten und dann mittels der Gruppe auf einen oder mehrere bestimmte Gegner projiziert werden, um sich dadurch abgrenzen zu können. Es können jedoch schon im Vorfeld intrapersonal nicht akzeptierte Inhalte abgespalten und so die Richtungsorientierung für die Suche nach Anschluss festgelegt werden (Nicht-Akzeptanz bestimmter Inhalte kann auch durch die staatliche Ausgrenzung bestimmter Personengruppen beeinflusst werden).

gen. Auf der einen Seite steht dabei die Gleichgültigkeit und auf der anderen das Misstrauen. Sie folgen jeweils unterschiedlichen Dynamiken:

- Je größer die soziale Desintegration, desto größer die Gleichgültigkeit;
- je größer die Gleichgültigkeit, desto eher sinkt die Gewaltschwelle;
- je geringer die Gewaltschwelle, desto größer die Gewaltoptionen (v.a. aufgrund instrumentalistischer Arbeitsorientierungen und/oder bereitgestellter politischer Legitimationen) (vgl. Heitmeyer u.a. 1995).

Die Gewaltoptionalität kann nun mit dem Ergebnis der Misstrauensdynamik[214] verbunden werden:

- Je größer die soziale Desintegration, desto größer das Misstrauen;
- je größer das Misstrauen, desto größer die Angst;
- je größer die Angst, desto größer die Vereinzelung;
- je größer die Vereinzelung, desto geringer das Sozialverhalten;
- je geringer das Sozialverhalten, desto stärker das utilitaristisch-kalkulative Verhalten;
- je stärker das utilitaristisch-kalkulative Verhalten, desto intensiver die Feindbildkonstruktionen;
- je intensiver die Feindbildkonstruktionen, desto vehementer die Selbstdurchsetzung (vgl. Heitmeyer u.a. 1995).

Die Koppelung dieser von Gleichzeitigkeit geprägten Dynamiken kann ein verstärktes Potential an gewaltaffinen und gewaltbefürwortenden Einstellungen sowie konkrete Gewalttätigkeit nach sich ziehen. Zudem wird der Gewalt durch die Konstruktion eines konkreten Feindbildes eine bestimmte Richtung gegeben, die letztendlich in rechtsextremistischen gewalthaltigen Orientierungen nach außen getragen werden kann.

Dementsprechend können sich bezüglich statusspezifischer Aspekte instrumentalistische Arbeitsorientierungen durchsetzen, immer auf der Suche nach dem Vorteil gegenüber anderen, um z.B. die subjektiv angestrebte soziale Platzierung zu erreichen und damit den Wunsch nach dem 'eigenen guten Leben' zu verwirklichen. Während das Individuum versucht, seine Realisierungschancen zu

---

[214] Misstrauen als zentraler Punkt verweist auf die Erfahrung von Enttäuschungen in zwischenmenschlichen Beziehungen (sich nur selbst vertrauen zu können).

174

nutzen, sieht es sich ständig mit der Diskrepanz zwischen kulturellen Angeboten und deren struktureller Realisierung konfrontiert (s.Kap. III.B.1.1.1). Aufgrund dieser Realisierungsproblematik wachsen die Konkurrenzsituationen. Dabei werden Ausländer "als (vermeintliche) Konkurrenten um knappe Positionen und Güter, insbesondere Arbeit und Wohnung, wahrgenommen. Vor allem bei denen, bei denen selbst materielle beziehungsweise Statusdeprivationen vorliegen beziehungsweise deren Wettbewerbschancen schlecht oder nur schwer zu kalkulieren sind, fördert die verschärfte Konkurrenzsituation fremdenfeindliche Einstellungen und die Befürwortung fremdenfeindlicher Gewalt[215] [Abb. 64, s. Anhang]. Dabei wird auf die ethnische Zugehörigkeit zurückgegriffen, also nicht, wie es in modernen Gesellschaften üblich ist, auf den erworbenen, sondern auf den zugeschriebenen Status. Man stellt damit den eigenen Status über den der anderen Ethnie und nutzt dies quasi als Argument, um Andersethnischen den Zugang zu relevanten Ressourcen und Positionen streitig zu machen" (Heitmeyer u.a. 1995, S.338).

Bezüglich der Peer-Group ist die Gruppencharakteristika ausschlaggebend für die Herausbildung von Gewalthandlungen, d.h. Gruppenzugehörigkeit steht nicht gleichbedeutend mit der Gelegenheitsstruktur von Gewalt. Es kommt darauf an, ob die Gruppe die fehlenden emotionalen Integrationsleistungen aufbringen kann oder ob sie von Konformitätsdruck und Identifikationsanforderungen geprägt ist. Letzteres deutet darauf, dass Zugehörigkeit hauptsächlich über Homogenisierung und weniger über Unterstützungsleistungen generiert wird. "Dies verweist auf eine segmentäre Gesellschaftsicht der beteiligten Jugendlichen, die Zugehörigkeit über innere Gleichheit definieren. Gleichheit braucht jedoch 'das Andere', um sich davon abzusetzen, d.h. Integration in diese Formation ist nur über den Ausschluss anderer möglich" (ebd., S.355). Die Definition der Gruppe über den Ausschluss anderer, sowie zusätzliche gruppeninterne Interaktionsfor-

---

[215] Die Annahme, dass Jugendliche ohne Schulabschluss - die am stärksten Statusdeprivationen ausgesetzt sind - die höchsten Werte in Bezug auf die Ausübung von Gewalt gegen Fremde haben, wird in der Untersuchung von Heitmeyer u.a. 1995 nicht bestätigt. Der höchste Anteil liegt hier bei den Hauptschülern, was aber auch nicht verwunderlich ist, da die Chancenstrukturen mit Hauptschulabschluss alles andere als gut sind. 16,6% der Hauptschüler, 11,4% der Realschüler, 11,1% der Jugendlichen ohne Schulabschluss und 5% der Gymnasiasten beantworteten die Frage, ob sie Fremde verletzen würden, um sich durchzusetzen, mit "Ja" (Heitmeyer u.a. 1995, S.338). Dies bestätigt auch die Konkurrenzhypothese (vgl. Oesterreich, 1994), denn bei "Personen, die in ihrer beruflichen Lebensplanung einer erhöhten Konkurrenzsituation ausgesetzt sind, ist es eher wahrscheinlich, dass sie ethnisch Fremde als Konkurrenten wahrnehmen" (Heitmeyer u.a. 1995, S.338).

men, geprägt von Nicht-Diskursivität und Körperbetontheit, lassen vermuten, dass diese Interaktionsformen im Kontakt mit den Ausgeschlossenen ('den Feinden') zum Ausdruck kommen. Rechtsextremistische Handlungsweisen können dann dort auftreten, wo der Anpassungsdruck und die Identifikationsanforderungen mit regressiven Werten und Normen einhergehen, also nationales, soziales Bewusstsein ablöst, über welches sich dann auch die Feindbilder konstruieren lassen. Denn gerade dort, wo Nationalität als Verunsicherungskompensation funktional wird respektive nationale Überlegenheit soziale Unterlegenheit ersetzt, erweisen sich "nationalistische Versatzstücke [...] als effektive Integrationsideologie" (ebd., S.377).

Die politischen Aspekte schließen sich hier an. Im Zuge der Auflösungsprozesse der faktischen Teilnahme an gesellschaftlichen Institutionen (z.b. geringe Wahlbeteiligung) sowie hoher externaler Kontrollüberzeugungen (s.Kap. III.B.2.2), sehen sich Jugendliche struktureller Orientierungslosigkeit und dem Empfinden von Machtlosigkeit ('ich kann sowieso nichts ändern') ausgesetzt. Dieser Orientierungslosigkeit und Handlungsparalysierung kann mittels der Integration in rechtsextremistische Gruppierungen begegnet werden, da sie auf der einen Seite Strukturen (sie bieten größtmögliche Orientierungen) und auf der anderen Seite ein gruppenspezifisches Machtgefühl bieten. Dabei spielen die vorher antizipierten Einstellungsmuster eine zu vernachlässigende Rolle, denn anhand des Gesamtsamples westdeutscher Jugendlicher wird ersichtlich, dass auch Jugendliche mit niedrigen oder nicht vorhandenen machiavellistischen Einstellungen eine hohe gewaltbereite Fremdenfeindlichkeit aufweisen und diese nicht erst durch den Einfluss nationalistischer Gruppierungen entsteht (Abb. 65, s. Anhang). Gleichfalls kann Fremdenfeindlichkeit bei Jugendlichen ohne politisch-ideologische Hintergründe gerade auch durch die Zugehörigkeit einer auf Nationalität ausgerichteten Gruppierung (Mitläufertum, Konformitätsdruck) und deren spezifischer Charakteristika entstehen.[216]

Das Übertreten der Schwelle hin zur Anwendung von Gewalt gegenüber Fremden wird dabei durch die bereitgestellten öffentlichen Legitimationen erleichtert und zielgerichtet, v.a. in der aktuellen Situation, in der staatliche Re-Integrationsversuche die Nation in den Vordergrund rücken und damit gleichzeitig die 'Anderen', die Fremden, ausschließen (zu Änderungen der Asyl- und

---

[216] Es zeigt sich z.B., dass Jugendliche, die im Gruppenkontext untereinander Gewalterfahrungen und Erniedrigungen erleben, signifikant häufiger an Gewalthandlungen externer Art beteiligt sind als die Jugendlichen, die keine gruppeninternen körperbetonten Interaktionsformen pflegen (Abb. 66, s. Anhang).

Ausländergesetzgebung vgl. Loeper/Loeper 1998). Die Gefahr der Re-Integration durch Ausschluss oder, anders ausgedrückt, der "Ethnisierung von Politik" (Heitmeyer u.a. 1995, S.378) liegt in der Entsicherung und Zielgebung von Gewaltpotentialen sowie in der Senkung der Anwendungsschwellen aufgrund der sich daraus ergebenden Legitimationen.[217] Zudem sorgt die 'Ethnisierung von Politik' zum einen "keineswegs für eine soziale oder ökonomische Veränderung der Bedingung des Aufwachsens, sondern emotionalisiert die Problemlagen" (ebd., S.423) und wirkt sich damit kontraproduktiv auf die Bildung autonomie-orientierter Identität aus (s.Kap. III.B.1.1.3), die nur auf dem Hintergrund sozialen Bewusstseins entwickelt werden kann. Zum anderen können sich nationale Töne in der öffentlich-politischen Diskussion verstärkend auf die Stabilisierung rechtsextremistischer Einstellungen auswirken. Und zum dritten würde eine Re-Integration durch Ausschluss u.E. die Jugendlichen, die rechtsextremistische Einstellungen haben, 'dort abholen, wo sie gerade sind', und das kann nicht Sinn und Zweck politischer Intentionen sein, da dadurch die betreffenden Jugendlichen in ihren Handlungen bestärkt würden, indem ihren Forderungen, denen sie auch mittels Gewalt Ausdruck verleihen, auf der öffentlich-politischen Ebene nachgekommen wird.[218]

Zusammengefasst kann anhand der Untersuchung von Heitmeyer u.a. 1995 gesagt werden: "Je mehr Elemente von gewaltaffinen Einstellungen, gewaltbereiter Fremdenfeindlichkeit und rechtsextremistischer Gewalttätigkeit auftreten, desto

- höher ist der soziale Desintegrationsgrad,

- höher ist die Verunsicherung,

- niedriger sind die gemeinsam geteilten sozialen Werte und Normen" (Heitmeyer u.a. 1995, S.380; Abb. 67, s. Anhang).[219] Damit bestätigt sich auch die

---

[217] Durch die Umdeutung sozialer in ethnische Probleme, wird "expressive und instrumentelle Gewalt umgelenkt [...] in regressive Gewaltformen, die sich auf ethnische Kategorien zurückbeziehen. Da jene, die Gewalt anwenden, ständig in Legitimationsnöten sind, können gerade rechtsextremistische Versatzstücke schnell anschlussfähig werden" (Heitmeyer u.a. 1995, S.419).

[218] Zur Zukunftsfähigkeit eines 'rückständigen' Rechtsextremismus s. Heitmeyer 1999.

[219] Dies weist v.a. auf sozial-emotionale Probleme hin, die rechtsextremistische Orientierungen förderlich sind. In Bezug auf materielle Probleme stellte sich heraus, dass die gewaltbereiten rechtsextremistischen Jugendlichen nach eigenen Angaben finanziell gut ausgestattet sind, was wiederum auf den Zusammenhang mit instrumentalistischen Arbeitsorientierungen verweist, denn je mehr "die sozial-emotionalen Probleme vorhanden sind und wachsen, desto größer ist der Bedarf an materiellen Kompensationen. Umso schärfer wird dann darauf reagiert, wenn etwa im Zuge zunehmender sozialer Ungleichheit die Identität, die von materieller Sicherung abhängig ist, in Gefahr zu geraten droht" (Heitmeyer u.a. 1995, S.381).

Gleichung, dass Rechtsextremismus als Resultat der Verbindung von Ideologien der Ungleichheit und Gewaltakzeptanz zu verstehen ist.

Anhand der empirischen Untersuchungen (abgesehen von Verzerrungsfaktoren) fundiert Heitmeyer seine Theorie und stellt sie somit als Teil einer 'theoretischen Wirklichkeit' dar, die wir (genauso wie bei Helmut Willems) somit vorgestellt haben.

C Kritische Auseinandersetzung mit den Ansätzen von Helmut Willems und Wilhelm Heitmeyer

Die beiden Theoriekonstrukte, aber auch alle anderen innerhalb der Rechtsextremismusforschung, haben den Vorteil, dass anhand ihrer Ursachenforschung zwar bedingt, aber trotzdem Aussagen über mögliche Entstehungsbedingungen rechtsextremistischer Einstellungen und rechtsextremistischen Handelns gemacht werden können. Sie erweitern den Horizont in der Auseinandersetzung mit der Thematik und schaffen dadurch eine breitere 'theoretische Wirklichkeit'. Diese Einsicht in die Vielfalt theoretischer Grundpositionen reflektiert eine, auch von uns so verstandene Wirklichkeit, die nicht auf den Erklärungen eines Ansatzes alleinig beruhen kann. Dem Universalitätsanspruch kann keine Theorie allein gerecht werden.
Daher soll, um die Relativität der Ansätze von Willems und Heitmeyer zu demonstrieren, im Folgenden weniger unsere Meinung als die der wissenschaftlichen Diskussion über die Theorien beider Autoren kurz skizziert werden.

1 Die Wissenschaftliche Auseinandersetzung mit dem Ansatz Willems'

Die meisten Anmerkungen zu dem Ansatz von Willems beziehen sich eher auf die empirische Arbeit (vgl. Kap. III.A.3) als auf deren theoretische Grundlage (vgl. Kap. III.A.1). So lobt Böllert die empirischen Befunde der Trierer Forschergruppe und versucht mit ihnen die theoretischen Überlegungen Heitmeyers zu widerlegen: "Allerdings fehlt dieser These [der These Heitmeyers] eine gesicherte empirische Basis insofern, als andere Untersuchungen gezeigt haben, dass bspw. Lehrlinge mit abgesicherten Ausbildungsverhältnissen sehr viel stärker zu rechtsextremen Einstellungen neigen als arbeitslose Jugendliche (Willems, 1993). Unsichere Lebenssituationen erzeugen keine uniformen Reaktionsweisen im Sinne von Gewalttätigkeit" (Böllert 1997, S.332).

Kritiker Willems' setzen oftmals an den ungenauen Zahlen der polizeilichen Ermittlungstätigkeit als Datengrundlage der empirischen Forschung Willems' (vgl. auch Kap. II.A.2) an. S.R. Kerner weist darauf hin, dass die Zahlenbasis Willems' auf wackligen Beinen steht, da "der Polizei lediglich ein (geringer) Teil der fremdenfeindlichen Straftaten bekannt wird" (Kerner, S.R. 1994, S.148). Auch Möller bezeichnet die Zahlen der polizeilichen Ermittlungstätigkeit, die Willems benutzt, lediglich als "Spitze des Eisberges" (Möller 1996, S.30) und relativiert somit die Aussagekraft der Aussagen Willems'. Demgegenüber bewertet Deutschmann diese als relativ zuverlässig: "Die Datengrundlage ist sicherlich, wie auch den Autoren selbst bewusst ist, keineswegs unproblematisch, aber im Hinblick auf bestimmte soziodemographische Merkmale als relativ zuverlässig einzustufen" (Deutschmann 1995, S.63).

Willems' Tätertypologie (vgl. Kap. III.A.3.2.2) wird oft aufgegriffen: So schreibt Breyvogel: "Die Angaben Willems' u.a. [...] bestätigen, dass das weitgehend benutzte Etikett Rechtsextremismus zu pauschal und ungenau ist" (Breyvogel 1995, S.93). Auch Merten lobt die Differenzierung der Tatverdächtigen in Typen: "Insofern kann also [...] nicht durchgängig von rechtsextremen Motivstrukturen ausgegangen werden; es handelt sich über weite Bereiche um rechtsextrem sich darstellende Gewalt" (Merten 1995, S.63). Dem entgegen kritisiert Stickelmann die Tätertypologie, wenn er schreibt: "Das Gefährliche an ihnen [den Tätertypologien] ist, dass sie einen geordneten Zugang zu der Vielschichtigkeit der Wirklichkeit zu erlauben scheinen, damit zur Stigmatisierung von Jugendlichen beitragen können" (Stickelmann 1996, S.37). Ähnlicher Meinung ist auch Scherr. Für ihn tragen die Tätertypologien dazu bei, dass der jugendliche Gewalttäter durch sie erst konstruiert wird. Diesem Umstand "sollten sich die Sozialwissenschaften meines Erachtens widersetzen" (Scherr 1994b, S.167). Auch Frindte argumentiert: "Skepsis gegenüber solchen Typologien scheint dennoch angebracht zu sein. Zu einfach und pauschal sind die Kategorien, mit denen aus sozialwissenschaftlicher Sicht in dieser Weise Menschen gruppiert und eingeteilt werden; zu unreflektiert bleiben die vielfältigen, und meist kaum kausal mit der Täter-Phänomenologie verknüpften sozialen und individuellen Ursachen für entsprechendes Täterverhalten" (Frindte 1995a, S.67). Neureiter kritisiert eine Ungenauigkeit bei der Typenbenennung. So schreibt er: "Die Typenbezeichnung 'Mitläufer' ist m.E. unangemessen, weil die Befunde entstellend: Derartige Jugendliche sind, wie die Analysen von Willems u.a. ausweisen und wie auch aus der Charakterisierung hervorgeht, in aller Regel vielfach 'originäre' Gewalttäter und nicht lediglich, wie der Name suggeriert, 'allenfalls am Rande Beteiligte'! Angemessener wäre m.E. die Bezeichnung 'Latent fremdenfeindliche Gelegenheitstäter'" (Neureiter 1996, S.104). Das theoretische Konstrukt Willems' (vgl. Kap. III.A.1) wird u.E. unzureichend wissenschaftlich diskutiert. Die Kritiker heben nur einzelne Fragmente der Theorie hervor und vernachlässigen andere: Dudek lobt den theoretischen Ansatz Willems', da dieser versucht, "das Verhältnis von Staat, Gesellschaft und politischer Gewalt und die interaktiven Prozesse zwischen rechtspopulistischem Protest und Öffentlichkeit" (Dudek 1994, S.297) zu erhellen. "Einen ersten Ansatz bietet jetzt hierzu die Studie von Willems u.a. (1993), die neben einer Analyse der Strukturen rechtsextremer Straftäter auch eine Untersuchung zur Dynamik von Eskalationsprozessen enthält" (Dudek 1994, S.297). Neureiter kritisiert die Auffasung Willems', "dass zwischen Zuwanderung, Deprivation und Fremdenfeindlichkeit ein unmittelbarer und realer [...] Konfliktzusammenhang besteht" (Neureiter 1996, S.255). Sein Gegenargument ist, dass es zum einen in Ostdeutschland viel weniger Ausländer gab und es trotzdem zu Ausschreitungen kam, und zum zweiten, dass "die Hauptzielgruppe der fremdenfeindlichen Gewalt, die Asylbewerber, während ihres Anerkennungsverfahrens gerade keine Arbeitserlaubnis besitzen und auch ihren Wohnsitz nicht frei wählen können" (Neureiter 1996, S.256). Ganz allgemein bedauert Neureiter des Weiteren, dass sich Theorien wie diese von Willems immer weiter von den klassischen Faschismustheorien entfernen und sich "raum-zeitlich begrenzten (und insofern auch in ihren Erklärungsansprüchen begrenzten) Analysen und Theorien" (ebd., S.278) hinwenden. "Diese Entwicklung wird m.E. zwar den 'Wirklichkeitsbezug' der Rechtsextremismusforschung [...] erheblich steigern, zugleich aber vermutlich auch deren Wahrnehmung in der Öffentlichkeit und vor allem Politik [...] herabsetzen, da praxeologische Schlussfolgerungen aus der Analyse 'eigengesetzlichen Medienverhaltens' und 'eigendynamischen Gruppenverhaltens' kaum möglich bzw. umsetzbar sind" (ebd.). Möller identifiziert zahlreiche "Leerstellen" (vgl. Möller 1996) des theoretischen Ansatzes Willems'. So fragt er, "warum lokale Konflikte bis zu Gewalttätigkeiten von Progromausmaß eskalieren und warum sie in Gewalthandeln gegen die Konfliktgegner, nicht aber in Protest gegen die politisch Verantwortlichen münden" (Möller 1996, S.32). Des Weiteren kritisiert S.R.Kerner die Eskalationsursachen, die Willems beschreibt: "Dennoch ist es m.E. insgesamt eine etwas verkürzte Sichtweise, die

180

Eskalationsursachen bei großen Ausschreitungen lediglich bei den Medien und der Polizei zu suchen, verantwortlich sind [...] Verbreiter rechtsradikaler Überzeugungen, die die soziale Isolation und das normativ-politische Vakuum gerade bei jungen Menschen ausnutzen" (Kerner, S.R. 1994, S.149).

2 Die Wissenschaftliche Auseinandersetzung mit dem Ansatz Heitmeyers

Auch zu den Ausführungen des heitmeyerschen Theoriekonzepts möchten wir nun kritische Stimmen zulassen, um aufzuzeigen, dass erstens die Verbindung von Individualisierungsprozessen und Rechtsextremismus als problematisch anzusehen ist und nicht vermehrt auf Konsens stößt. Zweitens ist es unsere Aufgabe, problematische Stellen innerhalb des Theoriekonzepts zu verdeutlichen, um den Universalitätsanspruch bzw. seine 'theoretische Wirklichkeit' zu relativieren. Dabei wollen wir unseren Blick zuerst auf die Folgen der Individualisierung richten, wobei sich hier andere Wissenschaftler mehrere Fragen stellen. Heitmeyer setzt die "politische Artikulation emotionaler Befindlichkeiten" (Pfahl-Traughber 1993b, S.332) als gegeben voraus, wobei auf der einen Seite nicht erläutert wird, warum Emotionen politisch ausagiert werden, und auf der anderen Seite nicht Bezug genommen wird auf andere Formen politischer(-extremistischer) Artikulation. Wie sieht es im Lager der Linksextremen aus? Artikulieren sie nicht auch ihre emotionalen Befindlichkeiten auf einer politischen Ebene? Damit stellt sich auch die Frage, inwiefern der Gleichung von Heitmeyer gefolgt werden kann, denn die Verbindung von Ideologien der Ungleichheit und Gewaltakzeptanz muss damit nicht automatisch zu Rechtsextremismus führen. Auch den linken Einstellungen müssen Ungleichheitsideologien eingelagert sein, denn sie dienen dazu, sich von anderen abzugrenzen, ein Feindbild/einen Gegner zu schaffen, dem man sich überlegen fühlt (aufgrund verschiedenster Vorstellungen). Heitmeyer verweist jedoch bezüglich dualistischer Denkmuster, "die die Welt in 'Eigene(s)' und 'Fremde(s)', 'Gutes' und 'Böses' spalten, [nur auf] eine gewisse Affinität zu fremdenfeindlichen Einstellungen" (Heitmeyer u.a. 1995, S.165f) und vernachlässigt damit andere politische sowie auch unpolitische Artikulationsmuster.[220]

---

[220] Vgl. dazu Kap. III.B.2.2.

"Unbeantwortet bleibt [weiterhin] auch die Frage, warum die sich durch Indivi-
dualisierungstendenzen ergebenden neuen Möglichkeiten nicht konstruktiv im
demokratischen Sinne genutzt werden, etwa durch traditionelle oder neue Parti-
zipationsformen" (Pfahl-Traughber 1993b, S.332). Diese Frage wird nicht verfolgt. Vielmehr scheint vorausgesetzt zu sein, dass Modernisierungsschübe im
Zuge der Individualisierungsprozesse hauptsächlich negative Auswirkungen mit
sich bringen, und weiter, dass das Scheitern am Modernisierungsschub nach
Heitmeyer v.a. Rechtsextremen vorbehalten ist.[221] Auf die dadurch angenomme-
nen unterschiedlichen Ursachen von Rechts- und Linksextremismus und wie
diese aussehen könnten, wird nicht eingegangen.

Es wird auch nicht darauf eingegangen, warum Jugendgewalt nur als Folge von
gesellschaftlichen Veränderungsprozessen gesehen wird und nicht auch als kritische "Dekonstruktionspotentiale für gesellschaftliche Veränderung" (Kersten
1993, S.39). Zudem ist nachzufragen, ob es nicht auch früher gesellschaftliche
Rahmenbedingungen gab, die als Auslöser von Jugendgewalt fungierten, und
inwieweit sich diese früheren Bedingungen von heutigen - hinsichtlich der Individualisierung - unterscheiden, denn die "Besorgnis über Jugendgewalt ist seit
1945 in Wellen immer wieder an [die] Oberfläche gekommen" (ebd.). Da
Rechtsextremismus kein spezifisch deutsches Einstellungsmuster ist,[222] bleibt es
hinsichtlich des Theoriekonzepts von Heitmeyer im Vergleich mit anderen
'rückständigeren' Ländern ungeklärt, wie dort rechtsextremistische Einstellungen

---

[221] Morshäuser 1992 weist auf die Modernisierungsschübe der sechziger und achtziger Jahre
hin: "In beiden Phasen errangen Rechtsradikale Erfolge bei Wahlen. Keinmal aber finde
ich einen Hinweis auf einen Zusammenhang des Sechzigerjahre-Modernisierungsschubs
mit zum Beispiel der Apo [Außerparlamentarische Opposition] und dem anschließenden
Linksextremismus" (Morshäuser 1992, S.137). Und weiter: "Warum wird in all den Auf-
sätzen, die ich lese, nicht ein Zusammenhang zwischen Modernisierungsverlierern und
extremistischen Weltbildern überhaupt zu denken gewagt? Sehen nur 'Rechte' sich nicht
repräsentiert?" (ebd., S.138).

[222] Vgl. Weitekamp/Kerner/Herberger 1996, die auf eine repräsentative Untersuchung (1991)
der 'Gesellschaft für Rationale Psychologie' in Zusammenarbeit mit dem 'Research Institute in Europe' über Einstellungen und Akzeptanz gegenüber Ausländern und Asylsuchenden in sechs europäischen Ländern verweisen. Die Ergebnisse belegen, "that attitudes of
Germans towards foreigners and asylum seekers in 1991, when Germany started to have a
problem with right-wing violence, were in a European context not at all idiosyncratically
extreme" (Weitekamp/Kerner/Herberger 1996, S.5f), und weisen darauf hin, "that right-
wing attitudes and xenophobic violence are common in many European countries" (ebd.,
S.6).

Jugendlicher entstehen, da sie wahrscheinlich in unterschiedlicher Ausprägung und Form - wenn überhaupt - von Individualisierung betroffen sind.[223]
Die Schwierigkeit des Begriffs der Individualisierung wird auch deutlich, wenn er auf seine Gültigkeit in verschiedenen wissenschaftlichen Disziplinen überprüft wird. Bommes/Scherr 1992 weisen darauf hin, dass, obwohl "das Theorem der Individualisierung in der soziologischen Diskussion als Instrument der Gegenwartsdiagnose umstritten ist (vgl. Bertram 1991; Brock 1991; Mayer 1991; Diewald 1990), es im pädagogischen Diskurs als Referenzpunkt für die Erklärung vielfältigster Phänomene, so auch des Rechtsextremismus', in Anspruch genommen [wird]. Dies führt nicht nur zu der Paradoxie, dass, nachdem noch in den 1970er Jahren die autoritäre Erziehung in der Kleinfamilie als ein zentrales Fundament fremdenfeindlicher Dispositionen galt, nunmehr die Aufweichung familialer Bindungsstrukturen und damit u.a. auch der Auflösungsprozess dieses Familientyps als ein zentraler Bestandteil von Individualisierungsprozessen zur Erklärung von Ausländerfeindlichkeit [nach Heitmeyer] herangezogen wird [...]. Demgegenüber muss die subjektive Seite der Erfahrung und des Erlebens der unterstellten Individualisierungsprozesse bislang als weitgehend unerforscht gelten. Es sind aber insbesondere Aussagen über subjektive Verarbeitungsweisen von Individualisierung, die [nach Heitmeyer] als Erklärungen präsentiert werden" (Bommes/Scherr 1992, S.215f).
Nach Kersten lässt Heitmeyer die historische Perspektive vermissen. Er wirft ihm in Bezug auf sein Theoriekonzept "Geschichtslosigkeit" (Kersten 1993, S.40) vor und argumentiert damit, dass es kaum eine Zeit in den letzten 100 Jahren gab, die nicht von Porosität hinsichtlich sozialer Zugehörigkeiten gekennzeichnet war (vgl. Kersten 1993), d.h. dass Auflösungsprozesse nicht direkt mit dem heutigen Begriff der Individualisierung zusammenhängen, oder umgekehrt, dass Individualisierung nicht erst in heutiger Zeit gesellschaftlichen Veränderungsprozessen inhärent war und sich nur aufgrund unterschiedlicher Qualitäten in Abhängigkeit von den jeweils herrschenden gesellschaftlichen Rahmenbedingungen unterscheidet.
Demgegenüber muss jedoch nach Deutschmann angemerkt werden, dass dies nicht bedeutet, "dass soziale Desintegration [und] Atomisierung [...] als struktu-

---

[223] Rechtsextremismus in nicht-kapitalistischen Gesellschaften kann nach Pfahl-Traughber 1993b nur dann geklärt werden, wenn die gesellschaftlichen Faktoren nicht nur auf der sozialen, sondern auch auf der politischen Ebene gesehen werden. "Politische Phänomene sollten [...] nicht ausschließlich sozialpsychologisch, sondern primär politisch erklärt werden" (Pfahl-Traughber 1993b, S.336).

reller Tathintergrund nur eine untergeordnete Rolle spielen" (Deutschmann 1995, S.65). Es ist eher fraglich, wieso gerade heute Auflösungsprozesse zu Verhängnissen führen, Lebensläufe schwer individuell herzustellen sind, individuelle Lebensplanung ihre Verankerung und Einbettung verliert und ob überhaupt jemals solche gemeinsam geteilten Normen und Werte vorhanden waren, deren Auflösung in heutiger Zeit einen scheinbar großen Verlust bedeuten (vgl. Kersten 1993).[224]

Zudem kritisiert Kersten, dass die Normen und Werte, die nach Heitmeyer in Auflösung begriffen sind, nicht genauer definiert werden, obwohl Gewalt kontextuell in einen Umgang mit ihnen eingelagert ist und es daher interessant wäre, "in welchem Verhältnis das angebliche Steigen der Jugendgewalt zu bestimmten Normen und Werten steht" (Kersten 1993, S.39).

Weiterhin wird in der Theoriekonzeption von Heitmeyer nicht genauer darauf eingegangen, welche anders gearteten Kompensationsoptionen - außer den erwähnten Naturkategorien - den Jugendlichen zur Verfügung stehen, denn nicht jeder von Individualisierungsprozessen betroffene Jugendliche greift auf überkommene Ungleichheitsideologien zurück. Ohne das Aufzeigen anderer Möglichkeiten "erscheint die rechtsextreme Politisierung von durch gesellschaftliche Modernisierungsprozesse zustande gekommenem Unmut [...] als natürlicher Prozess" (Pfahl-Traughber 1993b, S.332). Es leuchtet ein, wenn mit Brock argumentiert wird, dass "kollektive Gefühle für diejenigen zum scheinbaren Rettungsanker [werden], denen die Sicherheiten, Möglichkeiten und vielfältigen Optionen der entwickelten Industriegesellschaften individuell versperrt sind. Menschen, die auf der Schattenseite der Wohlstandsgesellschaft auf die alte Perspektive des Überlebens auf niedrigem Niveau zurückgeworfen sind, die mit den Asylsuchenden um soziale Leistungen, billige Wohnungen und kurzzeitige Arbeitsgelegenheiten konkurrieren müssen, tendieren eher dazu, auf nationale Schließungsmechanismen zu setzen, sich mit nationalen Werten oder Phrasen zu identifizieren" (Brock 1993, S.182). Jedoch scheint es u.E. angebracht, dies

---

[224] "Historisch und kulturell unabhängige Normen und Werte wie z.B. das Inzestverbot sind selten. Die Annahme, dass ein Gewaltverbot jemals kulturell wirksam gesellschaftlicher Praxis unterlegen hätte, ist wohl schwerlich nachzuweisen" (Kersten 1993, S.39). Kersten bezeichnet die Vorstellung gemeinsam geteilter Werte und Normen als "zeitlose Wunschbilder einer mit reichlich konservativen Accessoires ausgestatteten heilen Wohnstube des Familienlebens, der sinnvoll-fröhlichen Jugendgemeinschaft und einer behüteten Werkstatt des Arbeitslebens von jungen Männern, in denen die Krisenerscheinungen festgemacht werden, die es ausgerechnet zu diesem historischen Zeitpunkt ermöglichen sollen, Skins, rechtsradikale Schläger [usw.] über den grobzahnigen [...] heitmeyerschen Desintegrationskamm zu scheren" (ebd., S.40).

nicht als Universalkompensation zu betrachten, sondern als eine unter vielen Möglichkeiten, sich als Individuum mit gesellschaftlichen Veränderungsprozessen auseinander zu setzen.

Die wissenschaftliche Auseinandersetzung mit dem Ansatz von Heitmeyer lässt also erkennen, dass auch sein Ansatz keinem Universalitätsanspruch gerecht werden kann.

Für unsere Darstellung einer 'theoretischen Wirklichkeit' lassen beide 'Kritik-Kapitel' somit den Schluss zu, dass, nach den Ausführungen der 'statistischen und empirischen Wirklichkeit', auch die 'theoretische Wirklichkeit' differenziert betrachtet werden muss. Jede Theorie für sich kann nur einem Teil dieser Wirklichkeit gerecht werden.

3 Zusammenfassung: 'Theoretische Wirklichkeit'

Die 'theoretische Wirklichkeit' stellt sich uns äußerst komplex dar. Anhand der theoretischen Ansätze der Entstehungsbedingungen rechtsextremistischen Verhaltens Jugendlicher von Helmut Willems und Wilhelm Heitmeyer lassen sich zwei Grundpositionen abbilden, die jeweils einen Teil der 'theoretischen Wirklichkeit' wiedergeben.

Einen Teil deshalb, da auf der einen Seite der Ansatz von Willems zunächst 'nur' nach den Entstehungsbedingungen rechtsextremer Gewalt (besonders in Bezug auf die rechtsextremen Ausschreitungen Anfang der 1990er Jahre) fragt. Bei ihm ist rechtsextreme Gewalt zumeist das Ergebnis lokaler Konflikte zwischen deutschen Anwohnern und Fremden, die mit zunehmenden Gefühlen von Konkurrenz und Neid eskalieren können. Willems schließt dabei nicht aus, dass sich in die Gruppe der rechten Jugendlichen auch Mitglieder mit Desintegrationserfahrungen und stark verfestigten rechtsextremen Weltbildern einreihen, die Gewalt auch als taktisch-politisches Mittel einsetzen. Trotzdem bekräftigt die empirische Studie das Argument, dass nicht alle rechten Gewalttäter unter zerrütteten Familienverhältnissen oder marginalisierten Milieus zu leiden haben, sie also durchaus eine gefestigte gesellschaftliche Position vorweisen können. Mit seiner Argumentation legt Willems nahe, dass die Jugendlichen der rechtsextremen Gruppen die unterschiedlichsten Hintergründe und Motivationen mitbringen. Somit kann nicht ausschließlich ein Typ identifiziert werden.

Auf der anderen Seite setzt Heitmeyer sein Augenmerk auf sozialisationstheoretische Erklärungen rechtsextremistischen Handelns und rechtsextremistischer

Einstellungen. Diese sind, so Heitmeyer, in der Individualisierung zu suchen, die er für die Desintegration von Individuen verantwortlich macht. Aus dieser Desintegration, gekennzeichnet durch Auflösungsprozesse (von Beziehungen; von der faktischen Teilnahme an gesellschaftlichen Institutionen; von gemeinsam geteilten Normen und Werten), entsteht Verunsicherung, die sich auf die Denk- und Verhaltensweise von Menschen auswirkt und aus der sich dann gewaltaffine Einstellungen und gewalttätiges Verhalten entwickeln können. Rechtsextremismus resultiert demzufolge nach Heitmeyer aus der Verbindung von Ungleichheitsideologien, entstanden aus dualistischen, von Konkurrenz um Sicherheit geprägten Denkmustern und von gewalt-akzeptierenden Einstellungen. Obwohl auch Heitmeyer auf eine Heterogenität der rechtsextremen Gruppe hingewiesen hat (vgl. Heitmeyer u.a. 1995), vermutet er, seinen empirischen Ergebnissen folgend, dass ein Großteil der rechten Jugendlichen durchaus aus marginalisierten Milieus stammen muss.

Hier liegt unseres Erachtens der größte Unterschied zwischen beiden Theoretikern und damit auch zwischen beiden 'theoretischen Wirklichkeiten': Auf der einen Seite wird die Genese rechtsextremer Handlungsbereitschaft anhand eines Konfliktes zwischen verschiedenen Bevölkerungsgruppen erklärt, wobei dieser im Grunde alle Schichten und Milieus treffen kann, auf der anderen Seite werden die Entstehungsbedingungen rechtsextremer Einstellungen und Handlungen an milieuspezifischen, sozialisationsbedingten, individualistischen und strukturellen Prädispositionen geknüpft. Da beide Theorien empirisch überprüft werden (Verzerrungsfaktoren an dieser Stelle vernachlässigt), können auch beide als Teil einer 'theoretischen Wirklichkeit' begriffen werden. Auch der erste periodische Sicherheitsbericht stellt heraus, dass die verschiedenen Erklärungsmuster (oder wie wir sie nennen unsere 'theoretischen Wirklichkeiten') "teilweise durchaus kompatibel" (BMI/BMJ 2001, S.293) sind.

Im Zusammenhang mit den Überlegungen der 'statistischen und empirischen Wirklichkeiten' (Kap. II) wird ersichtlich, dass auch Theorien, die die Entstehungsbedingungen rechter Einstellungen und Handlungen thematisieren, keine Universalitätsansprüche anmelden können, sondern eher als Konstruktionen der Wirklichkeit eines Jugendphänomens bezeichnet werden sollten. Wie nahe sich die einzelnen Ansätze an 'der Wirklichkeit' befinden, entzieht sich unserer Bewertung. Vielmehr begreifen wir die theoretische Diskussion als eine 'theoretische Wirklichkeit', die ihrerseits den Zugang zu dieser Thematik erweitert.

Im Folgenden soll nun abschließend eine vierte, die 'pädagogisch-praktische Wirklichkeit' dargestellt werden. Die Praktiker und Praktikerinnen der Pädagogik müssen mit einer rechtsextremen Jugend umgehen. Die Annahme liegt nahe, dass dieses 'Umgehen' nicht in geringem Maße von dem Bild dieser Jugend beeinflusst wird, einem Bild, konstruiert aus einem Verbund mehrerer (statistischer, empirischer und theoretischer) Wirklichkeiten (um nur einige - in unserem Zusammenhang die wichtigsten - zu nennen).

Im nächsten Kapitel werden wir versuchen die 'pädagogisch-praktische Wirklichkeit' zu trennen, indem wir uns in Kapitel IV.1 und IV.2 auf die Thematisierung eines gesellschaftlichen Problems als Jugendproblem sowie die Pädagogisierung eines gesellschaftlichen Problems konzentrieren. Diese grundlegende pädagogische Diskussion um Grundfragen im Umgang mit rechtsextremistischen Jugendlichen bezeichnen wir als die 'pädagogische Wirklichkeit'. Als 'praktische Wirklichkeit' hingegen verstehen wir den eigentlichen Umgang - also die Praxis - mit rechtsextremistischer Klientel. Dabei konzentrieren wir uns auf das Konzept der akzeptierenden Jugendarbeit (Kap. IV.3) von Franz Josef Krafeld, auf die Problematik des Selbstverständnisses der SozialarbeiterInnen und des persönlichen Umgangs mit rechtsextremistischen Jugendlichen (Kap. IV.4) wie auch auf die Möglichkeiten einer Weiterentwicklung der Arbeit (Kap. IV.5). Trotz dieser formalen Trennung bedingen sich beide Wirklichkeiten, da die 'praktische Wirklichkeit' in Abhängigkeit der Diskussion um die oben beschriebenen Grundfragen ('pädagogische Wirklichkeit') steht und umgekehrt. Aufgrund dessen kann von einer 'pädagogisch-praktischen Wirklichkeit' gesprochen werden.

IV Pädagogisch-praktische Wirklichkeit des Rechtsextremismus'

Der Beitrag der Jugendarbeit zur Auseinandersetzung mit rechtsextremistischen Jugendlichen wurde in den letzten Jahren kontrovers diskutiert und lässt somit auch hier unterschiedliche Wirklichkeiten zu Tage treten. Dabei herrscht weitestgehende Einigkeit darüber, dass etwas getan werden muss. Unterschiedliche Meinungen treten jedoch dann auf, wenn die Frage im Raum steht, wie adäquat mit sozialpädagogischen Mitteln handlungspraktische Antworten auf diese Tendenzen im Jugendbereich gefunden werden können, wobei die Diskussion auf mehrere Schwierigkeiten stößt: Zum einen ist diese Thematik in einen emotionalisierten Diskurs eingebettet, "in dem fachliche Stellungnahmen vielfach als politische Positionsbenennungen interpretiert werden" (Scherr 1992a, S.17) und das subjektive Selbstverständnis der individuellen sozialpädagogischen Tätigkeit eine tragende Rolle spielt. Darauf werden wir im weiteren Verlauf noch genauer zu sprechen kommen. Zum anderen sieht sich die Jugendarbeit mit politischen Instrumentalisierungsversuchen konfrontiert. "Damit [soll] auf die für Jugenddebatten typische Tendenz verwiesen [werden], allgemeine gesellschaftliche Probleme projektiv als Jugendprobleme zu verhandeln [...], wodurch eine Auseinandersetzung mit den wirklichen Ursachen aus dem Blickfeld gerät" (ebd., S.22). Kapitel IV.1 diskutiert diese Problematik.

Weiterhin (Kap. IV.2) kommt auch Kritik aus den eigenen Reihen, die sich gegen eine Pädagogisierung gesellschaftlicher Probleme zur Wehr setzt (vgl. Rommelspacher 1991a, 1991b; Leiprecht 1990; Hafeneger 1993b).

Diese zwei Bereiche, welche die Grundfragen der Pädagogik zur Thematik Rechtsextremismus erörtern, können als 'pädagogische Wirklichkeit' angesehen werden.

Demgegenüber steht die grundsätzliche Rolle der Sozialarbeit, sich mit Formen abweichenden Verhaltens praktisch auseinander zu setzen. Die Diskussion um die Arbeit mit rechten Jugendlichen, ihre Methoden und ihre Kritik sowie die Weiterentwicklung bezeichnen wir als 'praktische Wirklichkeit'. Innerhalb dieser Diskussion besteht weitläufig ein Konsens, dass sozialpädagogisch etwas zu tun ist und auch getan werden kann, was allein schon die unterschiedlichen Projekte und Bemühungen der letzten Jahre zeigen (vgl. Krafeld/Möller/Müller 1993; Krafeld 1996; Mücke/Korn 1993; Cladder-Micus/Kohaus 1996; Weinandy/Kraft

1996). Kap. IV.3 setzt sich exemplarisch mit dem Ansatz der akzeptierenden Jugendarbeit von Franz Josef Krafeld auseinander, zeigt seine Schwierigkeiten auf und zeichnet die kontroverse Diskussion um diesen Ansatz nach, die zumeist darauf beruht, "dass die Aufforderung, rechtsorientierte Jugendliche als Klientengruppe zu begreifen, Abwehrreaktionen hervorruft" (Scherr 1992a, S.33). Kapitel IV.4 beschreibt ein weiteres Problem der Arbeit mit rechtsorientierten Jugendlichen: Das Selbstverständnis der SozialarbeiterInnen bzw. der persönliche Umgang mit dieser Klientel. Die Auseinandersetzung um das Verhältnis von Jugendarbeit und rechter Jugend markiert zugleich einen Teil der Sichtweise der PraktikerInnen (und somit ihre Wirklichkeit) zum Rechtsextremismus bzw. zu rechtsextremistischen Jugendlichen in Deutschland. Abschließend (Kap. IV.5) werden dann Möglichkeiten vorgestellt, wie sich die Jugendarbeit weiterentwickeln könnte, um adäquate Angebote und präventive Programme für rechtsextremistisch eingestellte Jugendliche zur Hand zu haben. Der Zugang zu einer 'pädagogisch-praktischen Wirklichkeit' erscheint uns über die Diskussion grundlegender Positionen der Pädagogik zur Thematik 'Rechtsextremismus' und um praktische Ansätze sowie deren Kritik aus den eigenen Reihen deshalb als sinnvoll, da so verschiedene Strömungen des pädagogischen Selbstverständnisses aufgezeigt werden können, die wiederum unterschiedliche Wirklichkeiten des Bereichs Pädagogik und Rechtsextremismus widerspiegeln.

1 Zur Thematisierung gesellschaftlicher Probleme als Jugendprobleme

Es "ist weithin unumstritten, dass gesellschaftspolitische Probleme nicht mit pädagogischen Mitteln gelöst werden können" (Krafeld 1996, S.34). Die von politischen Institutionen ausgehende Instrumentalisierung der Jugendarbeit stellt somit nur die Umdefinition gesamtgesellschaftlicher Probleme zu einem Jugendproblem dar, ohne dass damit ein Lösungsansatz des Problems an sich gefunden ist.[225] Vielmehr spricht diese Umdefinition die Mitte der Gesellschaft sowie die Politik "frei von dem Verdacht, die Verantwortung für diese Ent-

---

[225] Eine dieser politischen Umdefinitionen ist z.B. die Änderung der Ausländer- und Asylgesetzgebung, mit der sich der Blickwinkel auf das Problem verschiebt. Nicht die Fremdenfeindlichkeit, sondern die Zahl der in der BRD lebenden Ausländer steht plötzlich im politischen Fokus. Diese Verschiebung dient dazu, der "Fremdenfeindlichkeit [...] ihr Objekt [zu entziehen], indem man die Zahl der Ausländer reduziert und den hier lebenden zur Anpassung verhilft" (Scherr 1994a, S.47).

wicklung zu tragen" (Krafeld 1994, S.2). "Pädagogische Arbeit kann und darf nicht zulassen, dass diese gesellschaftlichen Probleme immer wieder zu Jugendproblemen und dann politische Aufgaben zu pädagogischen Aufgaben umdefiniert werden" (Krafeld 1996, S.15). Dadurch werden sozialpädagogische Maßnahmen politisch funktionalisiert (vgl. Scherr 1994a) und die SozialarbeiterInnen sehen sich in die Rolle der Verteidiger demokratischer Prinzipien gedrängt.[226] Jugendarbeit kann aber nicht die Rolle des Retters in der Not übernehmen, da sie erstens nicht in der Lage ist, die gesellschaftlichen Ursachen des Rechtsextremismus' zu beseitigen, und zweitens widerspricht diese 'Feuerwehrfunktion' dem professionellen Selbstverständnis der Jugendarbeit, denn ihre Aufgabe liegt vielmehr darin, langfristige Angebote zu schaffen, in denen Jugendliche begleitet werden, um sie in ihrer Lebensbewältigung zu unterstützen und ihnen dadurch zu einem selbstbestimmteren Leben zu verhelfen. Dazu Scherr: "Pädagogen als Lernhelfer können dazu beitragen, dass fremdenfeindliche Vorurteile aufgeklärt und Lebensbedingungen, die Überlebensstrategien der aggressiven Selbstbehauptung nahe legen, verändert werden" (Scherr 1994a, S.52). Dass dies gelingt, ist nicht garantiert. Mittels kurzfristiger Programme, die aufgrund aktueller Probleme anberaumt werden, sehen viele Sozialwissenschaftler jedoch kaum Möglichkeiten, Jugendliche adäquat zu erreichen. Und solange "soziale Probleme und Konflikte als Probleme von und mit einer Altersgruppe diskutiert [werden], womit der Anschein entstehen kann, dass gesamtgesellschaftlich kein Problem und kein Handlungsbedarf besteht" (ebd., S.49), solange Jugenddebatten also die Funktion der Entlastung übernehmen, solange gerät die wirkliche Problematik aus dem Blickfeld.

2   Zur Pädagogisierung gesellschaftlicher Probleme

In der Diskussion um Jugendarbeit mit rechtsextremistischen Jugendlichen geht es primär darum, wie mit dieser Klientengruppe gearbeitet werden kann, wobei die Frage um die Pädagogisierung gesellschaftlicher Probleme den Ausgangs-

---

[226] Jaschke weist auf die Schwierigkeit der Jugendarbeit hin, "die Rolle eines Verteidigers real existierender Verhältnisse und bestehender demokratischer Prinzipien" (Puhl 1993a, S.20) zu übernehmen. "Diese Rolle muss [die Jugendarbeit] lernen. Sie muss einerseits die bestehenden Verhältnisse verteidigen, nämlich die demokratischen Grundprinzipien. Gleichzeitig muss sie aber auch die sozialen Verwerfungen, die es ja nach wie vor gibt, kritisieren und in Handlungen überführen" (ebd.).

punkt für die unterschiedlichen Auffassungen, Maßnahmenvorschläge und initiierten Projekte bildet.

Hafeneger 1993a spricht sich z.B. gegen eine Pädagogisierung aus. Seiner Meinung nach sind gesellschaftliche Probleme pädagogisch nicht lösbar, v.a. dann nicht, wenn keine gesamtgesellschaftlichen Veränderungen abzusehen sind und die Probleme nur an die nächste, scheinbar verantwortliche oder dafür verantwortlich gemachte Instanz überwiesen werden. Eine Pädagogisierung in diesem Sinne würde bedeuten, "dass eine Verschiebung der Problembearbeitung auf das Feld der Pädagogik einer Entpolitisierung der Debatte Vorschub" (Scherr 1992a, S.21) leisten und damit suggeriert würde, dass rechtsextremistische Einstellungen bei Jugendlichen grundsätzlich pädagogisch lösbar sind. Daher fordert Hafeneger, dass pädagogische Angebote "nicht als 'Erfolgsrezepte' und als angemessene Problemlösungen 'verkauft' werden" (Hafeneger 1993b, S.122) dürfen. So schreibt auch Schoßig: "Deshalb ist immer wieder davor zu warnen, wenn Probleme, die in anderen gesellschaftlich-politischen Bereichen entstanden sind, der Pädagogik allgemein und der Jugendarbeit im Besonderen zur Bearbeitung und zur Lösung zugeschoben werden" (Schoßig 1993, S.422). Eine Folge davon wäre eine Überbelastung der Jugendarbeit und somit ein Qualitätsverlust der praktischen Arbeit (vgl. Schoßig 1993).

Hafeneger verlangt demgegenüber, dass der Akzent weg von einer Pädagogisierung und hin zu einer "Politisierung der Auseinandersetzung" (Hafeneger 1993b, S.125) zu legen ist, "d.h. mitzuhelfen, Aufklärung und Öffentlichkeit herzustellen sowie Druck auf die politische Klasse auszuüben, die anstehenden Probleme (Ausbildung und Arbeit, Wohnungsnot, Sozialpolitik, Ausländer- und Asylpolitik [...]) politisch zu lösen" (ebd.). Dabei ist ihm wohl bewusst, dass die Jugendarbeit nur einen bescheidenen Teil zur politischen Diskussion beitragen kann. Durch eine Politisierung der Jugendarbeit kann jedoch ein kleiner Beitrag ihrer eigenen politischen Kultur geleistet werden, der dann darauf hindeutet, nicht nur hinnehmend auf die Übergabe gesellschaftspolitisch verursachter Probleme zu reagieren.

All diesen Anmerkungen zur Problematik Pädagogik und Rechtsextremismus zum Trotz, bemühen sich viele SozialpädagogInnen um praktische Formen zum Umgang mit der rechten Klientel. Auf diese wird im Folgenden genauer eingegangen.

3 Zu den Ansätzen der Jugendarbeit im Umgang mit rechtsextremistischen Jugendlichen

Es gibt bisher unterschiedliche (mehr oder weniger erfolgreiche) sozialpädagogische Herangehensweisen an die Thematik des Rechtsextremismus' unter Jugendlichen, die hier jedoch nicht alle vorgestellt werden sollen. Abbildungen 68 und 69 zeigen die Hauptströmungen der pädagogisch-methodischen Ansätze sowie die jugendlichen Zielgruppen der Sozialarbeit im Bereich des Rechtsextremismus' in Deutschland.

Abb. 68: Pädagogisch-Methodische Grundlage der Sozialarbeit im Bereich 'Rechtsextremismus' bei Jugendlichen in Deutschland.

Akzeptierende Jugendarbeit vgl. u.a. Krafeld/Möller/Müller 1993
Integrative Arbeit vgl. u.a. Cladder-Micus/Kohaus 1996
Soziale Gruppenarbeit vgl. u.a. Weinandy/Kraft 1996
Einzelfallhilfe vgl. u.a. Lukas/Krieter/Ayllon-Wriedt 1994
Dialog-orientierte Arbeit vgl. u.a. Mücke/Korn 1993
Erlebnispädagogische Arbeit vgl. u.a. Heldt 1999
Mobile Jugendarbeit, Aufsuchende Jugendarbeit, Streetwork vgl. u.a. Krafeld 1996
Beratungsarbeit, Aufklärungsarbeit vgl. u.a. Faller 1995
Gemeinwesenarbeit vgl. u.a. Hartmann 1992.
Anti-Aggressivitätstraining vgl. u.a. Weidner/Kilb/Kreft 1997 (das Anti-Aggressivitätstraining befasst sich nicht explizit mit rechtsorientierten Jugendlichen).

Abb. 69: Zielgruppen der Sozialarbeit im Bereich 'Rechtsextremismus' bei Jugendlichen in Deutschland.[227]

Fans vgl. u.a. Pilz/Schippert/Silberstein 1990
Straffällige Jugendliche vgl. u.a. Reckling 1997
Jugendliche auf der Straße bzw. in ihrem Lebensraum vgl. u.a. Krause 1992
Mädchen vgl. u.a. Heiliger 1995

---

[227] An dieser Stelle soll der Viktimologie Rechnung getragen und darauf hingewiesen werden, dass auch Projekte zur Hilfe und zum Schutz von Opfern rechtesextremer Gewalt bestehen. Vgl. u.a. www.amadeu-antonio-stiftung.de, www.aktion-cura.de, www.anwaelte-gegen-rechts.de.

| **Jungen** vgl. u.a. Steger 2000 |
| **Schüler** vgl. u.a. Ahlheim/Heger 1998 |

In der Praxis kommen Überschneidungen mehrerer Methoden und Zielgruppen vor (also Überschneidungen von Abb. 68 und Abb. 69 sowie innerhalb der beiden Tabellen). Hier spiegelt sich die Vielfältigkeit der Präventionsarbeit im Bereich des Rechtsextremismus' bei Jugendlichen wider. So kann z.B. die Fanarbeit mit rechtsextrem eingestellten Jugendlichen mehrere Methoden und Zielgruppen umfassen. Neben sozialer Gruppenarbeit steht die aufsuchende Funktion der Arbeit im Vordergrund. Außerdem kann sie als Beratungsarbeit auch Mädchen und Jungen getrennt ansprechen oder im Organisieren von Freizeiten für die beteiligten Jugendlichen als Erlebnispädagogik beschrieben werden.

Sammlungen solcher Projekte gibt es zur genüge und sollen hier nicht weiter aufgegriffen werden. Ein Beispiel ist der Infopool Prävention des Bundeskriminalamtes mit komfortabler Suchfunktion (http://www.bka.de/infopool_de.html).

Exemplarisch wird hier auf das Konzept der akzeptierenden Jugendarbeit von Franz Josef Krafeld 1996 eingegangen, da wir ihn als einen Vertreter dieser pädagogischen Richtung ansehen, dem eine wissenschaftliche Fundierung der praktischen Arbeit wichtig ist.

Das Grundverständnis der akzeptierenden Jugendarbeit stellt sich gegen die Stigmatisierung[228] und Ausgrenzung ('Monsterisierung') rechtsextremistischer Jugendlicher[229] und basiert auf der Einsicht, dass Jugendliche nur dann positiv beeinflusst werden können, wenn ihnen die Chance eingeräumt wird, Verantwortung durch das Experimentieren mit eigenen Lebensformen einüben zu können (auch wenn diese 'Übungen' nicht dem normativen Gesellschaftsanspruch genügen). Daher bewegt sich akzeptierende Jugendarbeit nicht im Rahmen von Aufklärung, Belehrung, Ausgrenzung oder Bestrafung. 'Erziehen statt Strafen' steht im Vordergrund, auch wenn es sich bei den Jugendlichen meist um ideologische Gegner handelt und dadurch das politische und individuelle Selbstverständnis von Jugendarbeitern (in aller Regel gekennzeichnet durch Gewaltfrei-

---

[228] Willems behauptet, dass "die Stigmatisierung durch die Gesellschaft [...] ein zentrales Element der Selbstdefinition dieser [rechtsextremen] Gruppen" (Willems 1992, S.445) ist (vgl. Kap. IV.1).

[229] Zum Grundverständnis der akzeptierenden Jugendarbeit: "Eines der vor jeder Diskussion geteilten Einverständnisse ist in der Frage enthalten, wie man gegen Andersdenkende angehe. Die Gegnerschaft wird als selbstverständlich vorausgesetzt, die Frage gilt nur noch dem wie. Fremd ist diesen Kopfkämpfern die Vorstellung, dass man Fremden zuhören könnte, bevor man gegen sie angeht" (Morshäuser 1993, S.98).

heit, kommunikative Konfliktaustragung, Akzeptanz gegenüber alternativen Lebensentwürfen usw. (vgl. Scherr 1992a)) angegriffen wird.

Die akzeptierende Jugendarbeit konzentriert sich darauf, Jugendliche dort abzuholen, wo sie gerade sind, und ihnen somit in der Art und Weise zu begegnen,
wie sie es möchten: Akzeptierend, d.h. auch, dass nicht die Probleme im Vordergrund stehen, die sie machen, sondern vielmehr die, die sie haben. Im Mittelpunkt steht dann nicht die politische Instrumentalisierung oder ideologische Be-
gradigung der Jugendlichen, sondern die Stärkung des Selbstbewusstseins, das
Füllen des normativ-lückenhaften Bewusstseins mit anderen Inhalten sowie das
Aufzeigen von Möglichkeiten, wie sich das subjektive Selbstverständnis auch
ohne den Halt einer rechtsextremen Gruppierung neu definieren kann. Dementsprechend wird versucht, über emotionale, ganzheitliche, identitätsstiftende
Methoden die Jugendlichen zu demokratischen, gewaltfreien, solidarischen
Handlungsweisen anzuregen, um nicht konsequent in ihre Lebenswelt einzudrin-
gen.[230]

Demzufolge orientiert sich die akzeptierende Jugendarbeit an den Interessen und
Bedürfnissen der Jugendlichen und nicht an den Resultaten ihrer Provokationen.
Krafeld u.a. bringen das Grundverständnis der akzeptierenden Jugendarbeit
nochmals deutlich auf den Punkt: "Nur, wenn wir die Jugendlichen darin unterstützen, mit ihrem Alltag, mit ihrem Leben, mit ihrer Lebensbewältigung besser
zurechtzukommen, dann gibt es Chancen für Änderungen, ja, dann finden wir
überhaupt erst Zugang zu ihnen. Und nur, wenn die Jugendlichen selbst für sich
das Gefühl haben, dass ihnen sozial verträglichere Verhaltensweisen und Deutungsmuster nützlicher und hilfreicher sind, mit ihrer Alltagsbewältigung und
Lebensbewältigung zurechtzukommen und zufriedener zu sein, werden sie sich
umorientieren" (Krafeld/Lutzebäck/Schaar/Storm/Welp 1993, S.93).

Um diese Umorientierung gewährleisten zu können, konzentriert sich die akzeptierende Jugendarbeit zuerst auf das Schaffen von Räumen, in denen die Jugendlichen, ohne externe Störungen, befriedigende und sozial verträgliche
Selbstbehauptungs- und Überlebensstrategien entwickeln können.[231] Zusätzlich

---

[230] Ganz einfach formuliert: Wer glücklich ist, vergisst zu hassen! "Wirklich selbstbewusste,
gesellschaftlich engagierte, sexuell und privat halbwegs zufriedene Menschen sind tendenziell immun gegen Einstellungen, bei denen die Verachtung anderer zum Instrument
einer Stabilisierung der eigenen Person wird" (Farin/Seidel-Pielen 1992, S.114).
[231] Auch die Unterkommission Kriminologie der Gewaltkommission kommt zu dem Ergebnis, "dass adäquate Freiräume für kindliches und jugendliches Gruppenverhalten geschaffen werden [müssen], also Räume, in denen sich Bewegungsdrang, Abenteuerlust, Ag-
gressionserprobung [...] ausagieren können" (Kerner/Kaiser/Kreuzer/Pfeiffer 1990, S.541).

194

soll ihnen klargemacht werden, dass ihre Alltags- und Lebensbewältigung durch eine Umorientierung einfacher wird. Auf die zentralen handlungspraktischen Grundlagen der akzeptierenden Jugendarbeit soll in diesem Rahmen jedoch nicht genauer eingegangen werden, da unser Augenmerk vielmehr auf der Problematik dieses Ansatzes ruht.[232]

Dem oben angeführten Grundverständnis akzeptierender Jugendarbeit müssen zwei bestimmte Hypothesen vorausgehen, ohne die der Ansatz nicht greifen kann. Es wird erstens vorausgesetzt, dass die Bereitschaften und Fähigkeiten zu sozialverträglicheren Verhaltensweisen mit wachsenden Integrations- und Selbstentfaltungschancen zunehmen, und zweitens, dass die Bedeutung rechtsextremistischer Deutungsmuster mit wachsenden Kompetenzen und Möglichkeiten in Bezug auf eine neue Lebensbewältigung abnehmen (vgl. Krafeld/Lutzebäck/Schaar/Storm/Welp 1993).[233] Hieraus wird ersichtlich, dass dieser Ansatz die Ursachen für rechtsextremistische Einstellungen bei Jugendlichen in der Gesellschaft sieht und mit Stichworten wie "Individualisierung und Auflösung sozialer Milieus, Strukturwandel von Jugend, Risikogesellschaft, Krise der Arbeitsgesellschaft" (ebd., S.95) dem Theoriekonzept von Wilhelm Heitmeyer (s.Kap. III.B) folgt,[234] welches, wie in Kapitel III.C.2 aufgezeigt wurde, nicht unumstritten ist, und sich deshalb die Frage stellt, ob dieser Ansatz überhaupt greifen kann.

Die Kontroverse um den Ansatz akzeptierender Jugendarbeit beginnt schon mit dem Begriff der Akzeptanz. Der Begriff wurde "aus der Drogenarbeit über-

---

[232] Zu den zentralen handlungspraktischen Grundlagen der akzeptierenden Jugendarbeit vgl. Krafeld/Lutzebäck/Schaar/Storm/Welp 1993: "Anbieten und Absichern sozialer Räume", "Akzeptanz der Cliquen als wichtige soziale Gruppen", "Beziehungsarbeit bei gegenseitiger Akzeptanz", kontinuierlicher Dialog als Auseinandersetzungsinstrument.

[233] Interessante Parallelen zu dem Ansatz von Krafeld finden sich bei den Überlegungen von Kraußlach u.a., die schon 1978 konzeptionelle Vorstellungen eines gewaltfreien Jugendhauses hatten (vgl. Kraußlach/Düwer/Fellberg 1978). Die aggressive Gruppe damals waren die 'Rocker'.

[234] Analogien zu Wilhelm Heitmeyers Theoriekonzept werden in den Begründungen für die Wichtigkeit der Beziehungsarbeit und der Akzeptanz bestehender Cliquen deutlich. Zur Beziehungsarbeit: "Beziehungsarbeit zu leisten heißt insgesamt, die Jugendlichen zu begleiten und zu unterstützen bei ihren Prozessen, sich in ihrer Lebenswelt zurechtzufinden und zu entfalten. Gerade in Zeiten, in denen bisherige gesellschaftliche Integrationskonzepte und Beteiligungsmöglichkeiten immer brüchiger werden, entsprechend stabile andere aber auch nicht in Sicht sind, gewinnt dieses Begleiten und Unterstützen ganz besondere Bedeutung" (Krafeld 1996, S.19). Zur Akzeptanz bestehender Cliquen: "Für immer mehr Jugendliche sind Cliquen gar der einzige verbliebene Ort intensiver sozialer Einbindungen geworden. Der Grund dafür ist die wachsende Individualisierung, der Be-

nommen, um in pointierter Weise zu betonen, dass man den Adressaten sozialer Arbeit nicht abverlangen darf, sich erst einmal zu ändern [...], ehe eine Arbeit mit ihnen überhaupt beginnen kann" (Krafeld 1996, S.32). Anders formuliert bedeutet dies, Jugendliche dort abzuholen, wo sie gerade 'stehen'. Diese Grundregel wird, in Verbindung mit rechtsextremistisch eingestellten Jugendlichen, vehement kritisiert. Hafeneger 1993a beruft sich z.b. auf die zivilisatorischen und kulturellen Prinzipien des Zusammenlebens, gegen die nicht verstoßen werden darf (Integrität der Person, Bürger- und Menschenwürde, Gewaltfreiheit, Humanität, demokratische Verkehrsformen), so 'schlecht' die individuelle Lebenslage auch sein mag.[235] Dabei spricht er sich mittels reichlich schwarzem Humor gegen ein 'Freizeitangebot für Brandstifter' aus (vgl. Hafeneger 1993a). Er lässt allerdings bei seinem Verweis auf die Prinzipien des Zusammenlebens oder, in anderen Worten, gemeinsam geteilte Normen und Werte, außer Acht, dass z.B. - um mit Kersten zu argumentieren - die Vorstellung historisch-kontinuierlich gemeinsam geteilter Normen und Werte als Idealisierung und Spekulation bezeichnet wird (vgl. Kersten 1993).[236] Auch Herz 1993 stößt sich an dem Begriff der 'Akzeptanz' und lehnt jede Verständigung mit rechtsextremistischen Jugendlichen ab. Die Frage, wie denn sonst mit dieser Klientel umgegangen werden soll, bleibt allerdings offen.

Hafeneger 1993b bezeichnet das pädagogische Professionsverständnis der akzeptierenden Jugendarbeit als "prekär und voller pädagogischer Illusionen" (ebd., S.124) und weiter als falsches pädagogisierendes Verständnis von Pädagogik, da seiner Meinung nach "die Trennung von Person einerseits (die akzeptiert wird) sowie Bewusstsein und Verhalten andererseits (die verstanden, erklärt, aber nicht akzeptiert werden)" (ebd.) nicht möglich ist. Es erscheint u.E. schwierig, diese Trennung zu vollziehen, als unmöglich sollte dies allerdings nicht angesehen werden (vgl. Krafeld 1996). Es darf nicht nur auf zwei Ebenen zwischen Person und Verhalten sowie Bewusstsein getrennt werden (vgl. Hafeneger 1993b), sondern auch zwischen Verhalten und Bewusstsein direkt. Somit kann die Entstehungslogik der Handlungen zusätzlich von den Handlungen differenziert werden, d.h. die Handlungen an sich sind nicht zu akzeptieren, aber die Entstehungsbedingungen können im Kontext mit dem Individuum und seiner ·

---

deutungsverlust sozialer Milieus, das Brüchigwerden gesellschaftlich propagierter Integrationskonzepte und die Entstrukturierung der Lebensphase Jugend" (ebd.).

[235] Diese konsequente Ablehnungshaltung erkennt gleichfalls allen Resozialisierungsprojekten (von Gewalttätern) ihren Existenzraum ab.

[236] Vgl. z.B. die kulturanthropologische Forschung von Gilmore 1990.

spezifischen Lebenslage akzeptiert werden. Die Frage sollte sich also nicht unbedingt an der Trennung zwischen Individuum und individuellen Handlungsweisen festmachen, sondern v.a. auf die Entstehungsbedingungen gewalttätiger,
rechtsextremer Handlungsweisen abzielen. Nur dann kann eine Konfrontation
über den Dialog mit Andersdenkenden (den JugendarbeiterInnen) gegeben sein.
Dies ist im Sinne von Krafeld, der ausdrücklich die Notwendigkeit der Akzeptanz der Jugendlichen mit ihren Auffälligkeiten (und nicht die Auffälligkeiten an
sich) betont, um "mittelfristig Chancen für Einflussnahmen und Veränderungen"
(Krafeld 1996, S.32) zu haben: Jugendliche können nur dann erreicht werden,
wenn sie als individuelle Persönlichkeiten wahrgenommen und akzeptiert werden.

Scherr weist zudem darauf hin, dass "zum Selbstverständnis sozialer Arbeit die
generalisierte Bereitschaft [gehört], sich mit subkulturellen Jugendszenen sowie
Formen abweichenden Verhaltens auseinander zu setzen" (Scherr 1992a, S.33).
Solange diese Klientengruppe als abweichend definiert wird, solange ist auch
die Pädagogik gefragt, dem Selbstverständnis sozialer Arbeit folgend, sich mit
dieser Klientengruppe zu befassen. Daher muss auch Hafeneger widersprochen
werden, der schreibt: "Dabei sollte eigentlich nach langjährigen Erfahrungen
Konsens sein, dass chauvinistisch, rassistisch, rechtsextrem orientierte Jugendliche - im weitesten Sinne - durch pädagogische Einflüsse (Angebote) nicht erreicht werden und beeinflussbar sind" (Hafeneger 1993a, S.2).[237]

---

[237] Wenn die Universalität dieser Aussage von Hafeneger 1993a abgeschwächt wird, dann
kann ihr teilweise zugestimmt werden, d.h. wenn es sich um Jugendliche "in organisierten
Zusammenhängen, mit festen Vorprägungen und entwickeltem Weltbild, mit rigiden
Mentalitäten und gewaltförmigen Verhaltensweisen" (Hafeneger 1993b, S.122) handelt,
die die ihnen zur Verfügung gestellten Rückzugsräume hauptsächlich zur Intensivierung
ihrer bisherigen Einstellungen nutzen oder diese Räume als Rekrutierungspotential durch
rechtsextreme Außenstehende funktionalisiert werden. Auch Kreft (in: Puhl 1993b) weist
darauf hin, dass mit Jugendlichen nicht gearbeitet werden kann, die die Räume zur Umsetzung ihrer rechtsextremen Ideen funktionalisieren. Dies wird zusätzlich deutlich, wenn wir
uns das gescheiterte Arbeitsprojekt mit organisierten Neonazis von Michael Heinisch, Sozialdiakon in Berlin, vor Augen führen, welches im Januar 1991 begann (dazu genauer
Hasselbach/Bonengel 1994). Der ehemalige Neonazi Ingo Hasselbach, der längere Zeit erster Vorsitzender der Ostberliner 'Nationalen Alternative' (Die Ostberliner 'Nationale Alternative' sowie 'Wotans Volk' und die 'Deutsche Alternative' bildeten in den 1980er Jahren den 'Berliner Block (DB)' (vgl. Fromm 1994). Dieser unterstand der Schirmherrschaft
von Michael Kühnen, der in Westdeutschland als Führer der Neonazibewegung galt und
am 25. April 1991 an AIDS verstarb) und Leiter eines von Neonazis besetzten Hauses in
Ostberlin war, dokumentiert das Scheitern des Projekts folgendermaßen: "Die nationalistische Ideologie hat sich im Laufe der Zeit bei vielen so festgehakt, dass es jemandem wie
dem Sozialdiakon Michael Heinisch kaum möglich sein wird, auch nur einen der Neonazis, mit denen er sich beschäftigt, von seiner rechten Gesinnung abzubringen. [...] So lo-

Demgegenüber müssen jedoch sozialpädagogische Ansätze zur Arbeit mit rechtsextremistischen Jugendlichen insofern kritisiert werden, wie weiter oben schon erwähnt, dass der Untersuchung von Held/Horn/Leiprecht/Marvakis 1991 folgend "sich rechte Orientierungen [...] nicht auf einen Ausdruck der Deprivationserfahrungen von Modernisierungsverlierern begrenzen lassen" (Scherr 1992a, S.25). Das Erklärungsmodell von Wilhelm Heitmeyer entspricht natürlich der Logik sozialpädagogischen Handelns, indem es "Phänomene wie Individualisierung und Verunsicherung als Ursachen der Ausländerfeindlichkeit und der Gewaltbereitschaft behauptet [...und] eine Problemgruppenbeschreibung [anbietet], die die soziale Arbeit aufgreifen und mit ihren Mitteln auch handlungspraktisch angehen kann" (Scherr 1992a, S.24).[238] Wenn jedoch die Untersuchung von Held/Horn/Leiprecht/Marvakis 1991 berücksichtigt wird (aber auch die Ausführungen in Kapitel III.A.3.1.1 über die Ergebnisse von Willems u.a.), dann kann nicht davon ausgegangen werden, dass nur benachteiligte Jugendliche rechte Orientierungen aufweisen, sondern auch Jugendliche, die in privilegierten Ausbildungsverhältnissen stehen und stabile Beziehungsstrukturen vorweisen können. Daher sind in Bezug auf diese Jugendlichen "klassische sozialpädagogische Konzepte - z.B. sozialarbeiterische Hilfen zur Lebensbewältigung, Stärkung des Selbstwertgefühls, Unterstützung der Bildung sozial integrierender Gruppen" (Scherr 1992a, S.25) - nicht anschlussfähig denn z.B. die Stärkung eines an sich schon starken Selbstwertgefühls würde sie in ihrer spezifischen Selbstbehauptung und Selbstdurchsetzung noch bestärken. Dazu Scherr: "Schon damit ist Versuchen, mit den Mitteln der Sozialpädagogik gegen rechte Tendenzen [bei nicht benachteiligten Jugendlichen] wirksam zu werden, quantitativ und qualitativ eine vergleichsweise enge Grenze gesetzt" (Scherr 1992a, S.21).[239]

---

benswert seine Initiative ist, er überschätzt seinen Einfluss und seine Möglichkeiten beträchtlich. Es kann ihm nicht gelingen, mit seinem Projekt 'kampferprobten Nationalsozialisten' eine Lebensalternative zu bieten" (Hasselbach/Bonengel 1994, S.122).

[238] Auch Kraußlach u.a. gehen davon aus, dass "die Gruppe [der Rocker] als Notgemeinschaft Reaktion auf gesellschaftliche Deprivation ist" (Kraußlach/Düwer/Fellberg 1978, S.44) und stellen im weiteren eine Problemgruppenbeschreibung vor, die handlungspraktisch angegangen wird bzw. werden muss.

[239] All diesen Einwänden zum Trotz muss klargestellt werden, dass sich die meisten - wenn nicht alle - Sozialwissenschaftler darüber einig sind, dass der Strafvollzug als Reaktionsmöglichkeit keine Alternative darstellt. So schreiben Nickolai und Walter: "Der Strafvollzug dürfte das am wenigsten taugliche Mittel sein, rechtsextremistische Jugendliche [...] zur Umkehr zu bewegen" (Nickolai/Walter 1994, S.69). Auch Frommel spricht sich gegen den Strafvollzug aus, betont aber, dass Strafgerichte durchaus als Sozialinstanz "fundamentale Normen des Zusammenlebens bekräftigen" (Frommel 1994, S.68) können.

Es muss auch darauf hingewiesen werden, dass der Blick auf Problemgruppen zu spezifisch und eng gefasst ist, denn dabei wird die Möglichkeit der gewöhnlichen Diskriminierung außer Acht gelassen, "die als alltägliche Gerechtigkeit gelebt werden kann und die daher als akzeptable Sozialform die Diskriminierten umso mehr trifft, als sie von jedermann als moralische Lebensform praktiziert werden" (Bommes/Scherr 1992, S.227) und "sich zudem auf ein alltäglich weitverbreitetes und politisch wie medial subventioniertes Angebot stützen kann" (ebd., S.226). Gerade auch dadurch, dass Jugendliche "sich beim Verweis auf ihre Bedrohung durch 'Asylantenfluten' durchaus in Übereinstimmung mit zahlreichen Verlautbarungen auch seriöser Politiker und Presseorgane befinden" (Scherr 1992a, S.23), lässt sich in einfachster Weise ihre Position stärken und verteidigen. Dies zeigt, dass gesellschaftspolitisches Umdenken gefordert werden muss, damit die indirekten Unterstützungsleistungen für rechte Orientierungen wegfallen. Jaschke 1993 weist in diesem Sinne auf die Studien des autoritären Charakters hin, die gezeigt haben, "dass rassistische und rechtsextreme Ideologien nicht außerhalb der Gesellschaft stehen, sondern aus den real existierenden Ideologien dieser Gesellschaft abgeleitet sind" (Puhl 1993a, S.17). An dieser Stelle kommen wir wieder auf das einleitende Problem der Umdefinition eines gesellschaftspolitischen Problems als Jugendproblem zurück, denn "das bloße Postulat, dass Jugendliche sich weniger gewalttätig verhalten sollen, ist keine ausreichende Orientierung für pädagogisches Handeln" (Scherr 1992b, S.389). Vielmehr können sozialpädagogische Maßnahmen mit dieser Klientengruppe nur im Kontext von gesellschaftspolitischen Prozessen des Umdenkens und der Veränderung erfolgversprechend sein,[240] z.B. indem sich die Bundesrepublik Deutschland als Einwanderungsland versteht und damit die gewalttätigen

---

"Strafgerichte können Täter weder bessern noch durch 'mehr vom selben' abschrecken, [... trotzdem ist] krasse Ungleichbehandlung [der Täter] auch eine Form von Fremdenfeindlichkeit" (ebd.). Hier lassen sich auch die Überlegungen von Müller und Otto anschließen, die sich für eine "konsequente Trennung juristischer und sozialpädagogischer Kompetenz (im Sinne von Qualifikation und Zuständigkeit)" (Müller/Otto 1986, S.XIV) aussprechen. Dabei kommt der Justiz der Anspruch auf "Normverdeutlichung" (ebd.) zu, und die Sozialpädagogik verfolgt die Frage: "Was kann für das Opfer und was für den Jugendlichen getan werden?" (ebd.). (Müller und Otto argumentieren hier allerdings im Kontext einer "Sozialarbeit im Souterrain der Justiz" (Müller/Otto 1986, S.VII)).

[240] "Das gesellschaftliche Problem, dass Zukunft mehr durch die Notwendigkeit der Abwehr erwartbarer Bedrohungen - etwa Einwanderungswellen, ökologische Katastrophen oder Krisen des Weltmarktes - bestimmt ist als durch die Realisierung positiv bestimmter Lebensentwürfe, wirkt sich so auf die Pädagogik aus. Eine Pädagogik, die Jugendlichen zwar mitteilen kann, was sie nicht tun dürfen, aber ihnen nicht sagen kann, wie sie in Zukunft leben sollen, hat nur geringe Überzeugungskraft" (Scherr 1992b, S.389).

Übergriffe auf Ausländer und Asylanten delegitimiert (vgl. Scherr 1992b). Trotzdem - folgt man Willems' Überlegungen - darf dieser Prozess des gesellschaftlichen Umdenkens nicht die Artikulation tatsächlich vorhandener Sorgen und Ängste bestimmter Bevölkerungsteile unterdrücken (vgl. Kap. III.A.3.3). "Die Thematisierung von Fremdenangst und eine offene Diskussion der Schwierigkeiten und Konflikte, die zwischen Einheimischen und Einwanderern nicht ausbleiben können, [...] müssen ohne Angst vor Stigmatisierung anzusprechen sein, wenn wir verhindern wollen, dass sich entsprechende Sorgen und Ängste nur noch in rechten Foren artikulieren und sich Fremdenangst in Fremdenhass verwandelt" (Willems/Würtz/Eckert 1994, S.81).

Hafemann gibt zu bedenken, dass den pädagogischen Handlungsansätzen eine Etikettierungsgefahr[241] inhärent ist. Die akzeptierende Jugendarbeit wendet sich z.B. gegen die Stigmatisierung und Ausgrenzung rechtsextremistischer Jugendlicher, wobei sie jedoch in einer indirekten Art und Weise die Besonderung und Aussonderung dieser Jugendlichen verstärkt, indem sie dieser Klientel speziell für sie geschaffene Räume zur Verfügung stellt, sie damit indirekt von anderen Jugendsubkulturen und der Auseinandersetzung mit diesen abgrenzt. Dadurch besteht auch die Gefahr, diese Jugendlichen, trotz der ihnen zugute kommenden behandelnden Zuwendung, indirekt abzuwerten, indem ihnen möglicherweise das Gefühl vermittelt wird, Außenseiter zu sein (vgl. Hafemann 1994).

Unter anderem wird aber auch kritisiert, dass die Schaffung von Räumen, die sich die Jugendlichen zu Eigen machen können, zur Stabilisierung ihrer Einstellungen beitragen kann. Dieser Stabilisierungsfunktion soll nicht widersprochen werden. Es kann als selbstverständlich angesehen werden, dass das Angebot eines Rückzugsraums zunächst stabilisierend auf die Jugendlichen als Personen und als Gruppe wirkt. Die "Stabilisierung der Person und der Clique ist [jedoch] nicht gleichbedeutend mit der Stabilisierung rechter Gesinnungen, sondern Teil des Versuchs, diese verzichtbar zu machen" (Scherr 1993a, S.134). Der Ansatz der akzeptierenden Jugendarbeit orientiert sich u.a. daran, Jugendlichen Hilfen zur Lebensbewältigung anzubieten, "um auf dieser Grundlage zu versuchen, eine Lebensbewältigungsstrategie, die Sicherheit und Selbstbewusstsein aus aggressiver Ausländerfeindlichkeit zieht, in Zweifel zu ziehen" (ebd.).

---

[241] Tannenbaum, der Begründer des Labeling Approach, sah die entscheidende Ursache für deviantes Verhalten in den sozialen Reaktionen der Umwelt auf diese. Einfach formuliert: "The young delinquent becomes bad, because he is defined as bad" (Tannenbaum 1953, S.17).

Ein anderer Einwand zum Umgang mit rechtsextremistischen Jugendlichen kommt von Rommelspacher (1991a und 1991b). Sie wirft der Arbeit mit dieser Klientengruppe Täterentlastung vor, indem ihnen die Opferrolle gesellschaftlicher Prozesse zugeschrieben und damit ihr Handeln verharmlost und entschuldigt wird. Scherr/Walcher bezeichnen diesen Einwand jedoch als den unbedeutendsten, da er auf der einen Seite zutrifft, aber auf der anderen Seite nicht zur Lösung dieser Problematik beiträgt. "Denn die nach dem Muster strafrechtlicher Schuldzuschreibungen vorgenommene Deklaration zum verantwortlichen Täter muss - sofern man bereit ist, eine pädagogische Perspektive einzunehmen - einerseits in Rechnung stellen, dass die Annahme voller Verantwortlichkeit immer schon eine Fiktion ist, insofern Individuen über die Ursachen und Gründe ihres Handelns nie vollständig und souverän verfügen können und immer zugleich Täter und Opfer sind. Andererseits ist die Rede von Tätern erst dann für die pädagogische Debatte relevant, wenn sie moralisch aufgeladen wird zu der These, dass mit solchen Tätern nicht mehr mit pädagogischen Mitteln, sondern mit denen des Strafrechts umzugehen sei" (Scherr/Walcher 1992, S.12). Allerdings ist anzumerken, dass es eine schwierige Gratwanderung zwischen Täter- (Ausblendung ihrer Personalität) und Opferzuschreibungen (bezogen auf Sozialisations- und Lebensbedingungen) bleibt (vgl. Hafemann 1994),[242] die der Ansatz akzeptierender Jugendarbeit aufzulösen versucht, indem die Jugendlichen getrennt von den Resultaten ihrer Handlungen betrachtet und akzeptiert werden sollen. Damit arbeitet die akzeptierende Jugendarbeit auch vorschnellen Schuldzuweisungen entgegen, denn es sollte bedacht werden, dass "nicht rechtsextreme Jugendliche [...] die Behauptung erfunden [haben], dass sogenannte Asylantenströme die Gesellschaft der Bundesrepublik bedrohen und dass eine Eindämmung dieser Ströme für das politische, soziale und ökonomische Überleben unserer Gesellschaft unabdingbar ist. Vielmehr hat eine aus machtpolitischen Gründen angeheizte Auseinandersetzung Asylsuchende ('Wirtschaftsflüchtlinge', 'Scheinasylanten') als Feindbild dargeboten sowie alle wesentlichen Meinungen und Argumente vorformuliert, auf die rechte Jugendliche zur Begründung und Rechtfertigung ihrer Gewaltbereitschaft zurückgreifen können" (Scherr 1993a, S.127f).

---

[242] Nach Hafemann 1994 ist diese Gratwanderung möglich durch ein breites adressatenbezogenes Maßnahmenspektrum, durch die Entwicklung differenzierter, situativ-kontextualer Angebote und durch die Vernetzung von Jugendhilfeträgern mit anderen Instanzen wie z.B. Polizei, Justiz und Schule.

Daher dürfen rechtsextremistische Jugendliche nicht in die von allen verachtete Außenseiterposition gedrängt werden, da sie, dort angelangt, sich eine stabile und stabilisierende Subkultur einrichten können, die durch sozialpädagogische Maßnahmen und Angebote nur schwerlich zu erreichen ist (vgl. Scherr/Walcher 1992). Wie umfangreiche Studien aus den USA der 1960er Jahre belegen, sind die sozialpädagogischen Einwirkungsmöglichkeiten äußerst gering, wenn sich eine abweichende Gruppe erst einmal stark verfestigt hat (vgl. Schneider 1987). Auch Willems und Eckert schreiben dazu: "Haben sich rechtsradikale Orientierungen erst einmal verfestigt, ist obendrein immer fraglich, ob Sozialpädagogik nicht nur Geld und Infrastruktur für die fremdenfeindliche Bewegung bereitstellt" (Willems/Eckert 1995, S.118). Es sollte also darum gehen, diese Strömungen frühzeitig zu identifizieren, damit noch Möglichkeiten zur Intervention bestehen.

Auf alle Fälle "zerstört [die akzeptierende Jugendarbeit] die Illusion, als hätten wir mit dem, was uns so negativ auffällt, nichts zu tun" (Voß 1993, S.110). "Die Brisanz des Begriffes liegt [...] darin, dass er niemanden aus der Verantwortung entlässt für das, was sich gesellschaftlich ereignet und sich in Form von vielfältigen 'Auffälligkeiten' von Jugendlichen artikuliert" (ebd., S.104). Und indem die akzeptierende Jugendarbeit der Pädagogik den Spiegel vorhält, kultiviert sie "die ganzheitliche Sicht von Problemen; die Fähigkeit zur Empathie; die Fähigkeit des Zuhörens; die Fähigkeit, offene Prozesse zuzulassen, die eigene Betroffenheit empfinden zu können, die eigene Verwicklung in die Probleme zu sehen" (ebd., S.107f). Dass dies nicht ohne Schwierigkeiten abläuft - wenn überhaupt ein kontinuierlicher Prozess in Gang gesetzt werden kann - wurde weiter oben angeführt.

Abschließend sollte nun aber auch ein Perspektivenwechsel vorgenommen werden, denn es wurde bisher nur gefragt, ob erstens überhaupt mit dieser Klientengruppe gearbeitet werden soll, und zweitens, wie diese Arbeit aussehen kann. Die dritte und u.E. eine der wichtigsten Fragen für die Voraussetzung der Erreichbarkeit dieser Klientengruppe ist, ob Jugendarbeiter überhaupt dazu in der Lage sind, sich mit dieser Klientel auseinander zu setzen.[243] Inwiefern sind spezifische Kompetenzen vorhanden und was bedeutet diese Arbeit für das individuelle Selbstverständnis? Darauf werden wir im Folgenden Kapitel näher eingehen.

---

[243] Es darf aber auch die Frage nicht außer Acht gelassen werden, ob diese Jugendlichen Jugendarbeit überhaupt zulassen, auf die wir aber an dieser Stelle nicht weiter eingehen werden.

202

4 Zur Problematik des Selbstverständnisses der SozialarbeiterInnen und des persönlichen Umgangs mit rechtsextremistischen Jugendlichen

Um eine Auseinandersetzung mit Gewaltbereitschaft und Ausländerfeindlichkeit im Feld der Pädagogik in Gang setzen zu können, müssen vorher bestimmte Strukturen und Blockierungen aufgebrochen werden, die im Selbstverständnis der Jugendarbeit und der JugendarbeiterInnen verankert sind.

In der direkten Arbeit mit rechtsextremistischen Jugendlichen steht nun nicht die Frage im Vordergrund, ob oder ob nicht mit dieser Klientel gearbeitet werden soll, sondern vielmehr, ob sich der Pädagoge/die Pädagogin überhaupt vorstellen kann, mit dieser Klientel zu arbeiten, den hautnahen Kontakt mit ihr zu pflegen, obwohl sie Meinungen, Einstellungen und Handlungsweisen aufweist, die im Selbstverständnis der JugendarbeiterInnen möglicherweise tabuisiert sind. Scherr 1992a gibt zu bedenken, dass viele Sozialpädagogen und Sozialpädagoginnen nicht bereit sind, sich auf einer professionellen Ebene mit diesen Jugendlichen auseinander zu setzen. Diese Klientel stößt sogar vielfach auf Abwehrreaktionen, obwohl die Auseinandersetzung mit abweichenden Verhaltensformen zum Selbstverständnis sozialer Arbeit gehört (vgl. Scherr 1992a). Natürlich kann aber auch nicht von einer einfach zu behandelnden Klientengruppe gesprochen werden, da hier mit einem Tabubruch[244] umgegangen werden muss. Vordemokratische und antidemokratische Einstellungsmuster, das Nutzen nationalsozialistischer Symbolik, die Verunglimpfung anderer Ethnien und Bevölkerungsteile (Homosexuelle, Behinderte usw.) sowie die hemmungslose Darstellung von Körperlichkeit bis hin zur tatsächlichen Gewaltausübung können das sozialpädagogische Selbstverständnis überfordern. V.a. aber auch die verbalen und gewalttätigen Angriffe auf 'Linke', aus dessen Feld sich ein Großteil der Pädagogen und Pädagoginnen zusammensetzt, lassen viele vor dem Umgang mit diesen Jugendlichen kapitulieren: "Für JugendarbeiterInnen, deren persönliches und politisches Selbstverständnis in aller Regel durch Stichworte wie Gewaltfreiheit, kommunikative Konfliktaustragung, Akzeptanz gegenüber alternativen Lebensentwürfen etc. zu beschreiben ist, stellen sich die Formen des jugendlichen Rechtsextremismus als Ausdruck von dem eigenen Selbstver-

---

[244] Warum die jüngste deutsche Vergangenheit immer noch tabuisiert wird - was schon daran deutlich wird, wie einfach es ist, mit NS-Symbolik zu provozieren - kann in diesem Rahmen nicht geklärt werden.

ständnis diametral entgegengesetzten Lebensentwürfen dar" (Scherr 1992a, S.30). Die Problematik für die pädagogische Praxis besteht nun darin, die individuellen Lebensentwürfe dieser Jugendlichen ohne moralische Bewertung zu betrachten, ansonsten bleibt nur eine "abzulehnende und zu bekämpfende Fehlorientierung" (ebd.) zurück. Um diese moralische Bewertung zu verhindern, müssen die persönlichen und politischen Biographien der JugendarbeiterInnen weitestgehend ausgeblendet werden, d.h. jedoch nicht, dass sie versteckt oder unterdrückt werden sollen, denn durch den Dialog und die konträren Lebensbilder und Umgangsformen bietet der Jugendarbeiter bzw. die Jugendarbeiterin den Jugendlichen die Möglichkeit, sich auseinander zu setzen und ihre Lebenswelt zu reflektieren. Es muss aber darauf geachtet werden, dass man nicht dem Fehler verfällt, rechtsextremistische Jugendliche mittels eigener linker Einstellungen zur besseren Einsicht bewegen zu wollen (vgl. Puhl 1993a).

Da "sozialpädagogisches Handeln [...] sich wesentlich als kommunikatives Handeln, das sich der Medien Sprache und Ästhetik bedient" (Scherr 1992a, S.31f), versteht, ist der Umgang und die Auseinandersetzung mit der intensiven Körperlichkeit dieser Klientengruppe problematisch. Gekennzeichnet von Gewaltfreiheit und kommunikativer Konfliktaustragung sieht sich die Jugendarbeit mit der erlebten Emotionalität und Körperlichkeit dieser Jugendlichen konfrontiert, wobei "professionelle Handlungskonzepte für den Umgang mit Gewaltphänomenen kaum entwickelt sind [...und] in den Arbeitsformen wie in den Ausbildungskonzepten der Sozialpädagogik Körperlichkeit ausgeklammert bleibt" (ebd., S.31).[245]

Die Beschäftigung mit ideologischen Einstellungen und dem Umgang mit intensiver Körperlichkeit bedeutet eine Lernherausforderung für das professionelle Selbstverständnis der JugendarbeiterInnen.

Es darf natürlich nicht vergessen werden, dass es auch Grenzen gibt, die die JugendarbeiterInnen für sich selbst im Umgang mit dieser Klientel setzen müssen z.B. wenn die JugendarbeiterInnen selbst nicht akzeptiert werden, wenn politisch-propagandistische Rekrutierungsversuche stattfinden, wenn physische Ge-

---

[245] Eine Ausnahme im Umgang mit Gewaltphänomenen stellt das Anti-Aggressivitätstraining dar (vgl. Weidner 1990; Weidner/Kilb/Kreft 1997). Weiterhin muss angemerkt werden, dass Körperlichkeit in der sportbezogenen Jugendsozialarbeit sowie in bestimmten erlebnispädagogischen Angeboten eine Rolle spielt. So betont Pilz die Notwendigkeit einer sportbezogenen Jugendsozialarbeit, da sie häufig das einzige Mittel ist, "um an problematische männliche Jugendliche heranzukommen und sie [...] zu integrieren" (Pilz 1993, S.125).

204

walt geplant und ausgeführt wird, wenn JugendarbeiterInnen als Deckung bei rechtswidrigen Vergehen instrumentalisiert werden usw.[246] Krafeld 1996 weist auf weitere eher praxisnahe Schwierigkeiten in diesem Arbeitsfeld hin, die das Selbstverständnis der JugendarbeiterInnen betreffen: Aufgrund der unsicheren Arbeitsbedingungen (zum einen im Umgang mit der Klientel und den daraus folgenden persönlichen Belastungen; zum anderen die Finanzierungsproblematik und damit verbunden die ungewisse Kontinuität der Arbeit) und der geringen Vorgaben ist dieses Arbeitsfeld nur für engagierte MitarbeiterInnen geeignet. Weiterhin ist es auch geprägt durch Risiken für die eigene Person, durch das wachsame Auge der Öffentlichkeit und die Neugier des persönlichen sozialen Umfelds (Stichwort 'Nationalsozialarbeiter' und dem damit verbundenen persönlichen Abgrenzungszwang und Legitimationszwang der Arbeit; vgl. Farin/Seidel-Pielen 1992) und durch das Defizit, innerhalb des Arbeitszusammenhangs über die Schwierigkeiten der Arbeit sprechen zu können (z.B. fehlende Teambesprechungen aufgrund eines zu geringen Mitarbeiterkreises).

5 Zu den Möglichkeiten einer Weiterentwicklung der Jugendarbeit mit rechtsextremistischen Jugendlichen

Es ist uns bewusst, dass Jugendarbeit nur einen geringen Beitrag zur Bewältigung der Rechtsextremismusproblematik unter Jugendlichen leisten kann (vgl. Kap. IV.1 u. IV.2). Dennoch sehen - wie oben erwähnt - die meisten Sozialwissenschaftler die Notwendigkeit, die Jugendarbeit quantitativ auszubauen und qualitativ weiterzuentwickeln, damit stabile Strukturen geschaffen werden können, die eine qualifizierte Arbeit ermöglichen.
Dazu bedarf es einiger Vorüberlegungen, die das Arbeitsfeld der Jugendarbeit mit rechtsextremistischen Jugendlichen klar strukturieren und begrenzen.
Zuerst muss noch einmal deutlich hervorgehoben werden, dass "Ausländerfeindlichkeit und Gewaltbereitschaft [...] weder pädagogisch erzeugte noch pädagogisch lösbare Probleme [sind]" (Scherr 1993b, S.28). Solange jedoch politisch keine klare Stellung bezogen wird und die Zuwanderung von Fremden als universaler Auslöser gesellschaftlicher Probleme angesehen wird, solange wird die Jugendarbeit kaum Möglichkeiten haben, adäquate Ansätze zu formulieren

---

[246] Zu den Grenzziehungen vgl. Krafeld 1996, S.28.

und umzusetzen, da gesellschaftliche Gewaltlegitimationen für Jugendliche weiterhin zur Verfügung stehen.

Pädagogische Arbeit kann in diesem Problemfeld auch nur dann Erfolg versprechen, wenn langfristige Angebotsstrukturen entwickelt werden können und sie nicht in die Rolle der "schnellen Eingreiftruppe" (Scherr 1993b, S.29) gedrängt wird, denn "Pädagogik verfügt grundsätzlich nicht über schnell wirksame Technologien der Menschenveränderung" (ebd.). Eine qualifizierte und erfolgversprechende Jugendarbeit kann nur dann gewährleistet sein, wenn ihr stabile Strukturen zur Verfügung stehen und gestellt werden - nicht nur in Zeiten vermehrt auftretender Konflikte. Die Schaffung stabiler Strukturen wäre zudem dauerhaft von Vorteil, da Jugendlichen damit signalisiert würde, dass ihre Interessen und Anliegen auch ohne gewalttätige öffentlichkeitswirksame Aktionen ernstgenommen werden und sie dadurch weit weniger veranlasst wären, zu den hier im Blickpunkt stehenden Artikulationsinstrumenten zu greifen, um sich Gehör zu verschaffen.[247] [248]

Da Rechtsextremismus kein Spezifikum deprivierter Jugendlicher zu sein scheint (so jedenfalls einige empirische Untersuchungen; vgl. Kap. III.A.3), kann nicht nur auf die "Angebote der aufsuchenden cliquenorientierten Jugendarbeit, der Straßensozialarbeit und der Jugendsozialarbeit mit arbeits- und wohnungslosen Jugendlichen" (Scherr 1993b, S.29) gesetzt werden. Nach Scherr 1993b muss eine politische Jugendbildungsarbeit[249] entwickelt werden, die möglichst alle Jugendliche, d.h. in bildungsnahen sowie bildungsfernen Milieus, erreicht. So schlägt z.B. Scherr eine antirassistische Bildungsarbeit mit Hauptschülerinnen und Hauptschülern vor (vgl. Scherr 1996), Jakubait und Schattenhofer entwickeln ein Konzept der Ausbildung von 'Fremdheitskompetenz' (vgl. Jakubait/Schattenhofer 1996) und auch Willems beschreibt eine politische Bildung, in der es darauf ankommt, "Kommunikation und Austausch über ethnische Grenzen hinweg zu fördern und einer gesellschaftlichen Segregation oder gar Segmentierung entlang ethnischer Linien vorzubeugen" (Wil-

---

[247] "Der politischen Klasse in Deutschland kann der Vorwurf nicht erspart bleiben, dass sie sich immer erst dann für Jugend interessiert, wenn sie zur realen oder phantasierten Bedrohung geworden ist" (Weihrauch 1993, S.141).

[248] An dieser Stelle ist es überflüssig zu erwähnen, dass die Diskussion um adäquaten Umgang mit der 'rechten Jugend' in Deutschland dadurch nicht an Qualität gewinnt, wenn neue Begriffe alte Inhalte beschreiben. Gemeint ist hier die anstehende Debatte über den aus den USA stammenden Begriff der Hassverbrechen (Hate Crimes) (vgl. Schneider 2001).

[249] Ein übergreifender Überblick zum Thema 'politische Bildung' bietet Sander 1997.

206

lems/Würtz/Eckert 1994, S.79). Gerade also politische Bildung an den Schulen
– dem Ort, an dem der Staat unmittelbaren und wahrscheinlich den intensivsten
Einfluss auf 'seine' Kinder und Jugendlichen ausüben kann – ist wichtig und
wird immer wieder in seinen Methoden beschrieben (vgl. u.a. Schubarth 1999;
Prüß 1999).[250]
Voraussetzungen für Weiterentwicklungen und Neu-Orientierungen in diesem
Arbeitsfeld wären qualifizierte Fachkräfte, die motiviert und engagiert langfristige Arbeitsbeziehungen mit dieser Klientengruppe eingehen. Hierzu wäre einerseits die Veränderung sozialpädagogischer Studiengänge vonnöten, um eine
ausreichende Qualifikation im Umgang mit Körperlichkeit und Gewalt sowie
spezifischen Jugendszenen zu erzielen. Anderseits müsste das Interesse für
Jugendarbeit im Allgemeinen und insbesondere mit dieser Klientengruppe geweckt werden. Dies kann nur dann Erfolg haben, "wenn Jugendarbeit nicht länger als Randbereich von Politik und Pädagogik betrachtet wird, sondern hinrei-
chende öffentliche Anerkennung erfährt und hinreichend mit Personalstellen und
Sachmitteln ausgestattet wird" (Scherr 1993b, S.30). Hier kann z.B. der Bereich
der neuen Medien erwähnt werden. Wenn, wie es Fromm und Kernbach nennen,
der Rechtsextremismus im Internet die *neue* Gefahr ist (vgl. Fromm/Kernbach
2001), so muss sich die Jugendarbeit bzw. Bildungsarbeit auch darauf einstellen
können. Dies ist nur dann möglich, wenn geeignetes Material und Wissen zur
Verfügung steht.
Darüber hinaus muss sich die Sozialarbeit im neuen Millennium auch daran
Messen lassen, was diese tatsächlich leistet. Stichworte wie 'Evaluation' oder
'Wirkungsforschung' werden in Zeiten leerer Staatskassen groß geschrieben.
Hierzu existiert zu diesem Zeitpunkt in Deutschland wenig brauchbares Material. Einen ersten Versuch haben Rössner/Bannenberg/Coester 2002 unternommen. Hier wird evaluiertes Material, u.a. zum pädagogischen Umgang mit
rechtsextremen Einstellungen und Verhaltensweisen, systematisiert und diskutiert. Erste Ergebnisse zeigen z.B., dass gerade Angebote in den Schulen weiter
auszubauen sind.
Hafemann 1994 gibt abschließend nochmals zu bedenken, dass jugendpädagogische und jugendpolitische Anstrengungen nur dann erfolgversprechend sein
können - so engagiert Jugendarbeiter und die Umsetzung adäquater Angebote
auch sind - wenn gesamtgesellschaftliche Veränderungen vorgenommen wer-

---

[250] Weitere Angebote und Methoden finden sich bei Klose/Rademacher/Hafeneger/Jansen
2000.

den. Auch wenn auf jugendpädagogischer Ebene angemessene Auseinanderset-
zungsformen mit rechtsextremistischen Jugendlichen gefunden und praktiziert
werden oder auf jugendpolitischer Ebene längerfristige Finanzierungen ein
breiteres Angebotsspektrum realisieren lassen und dadurch die politischen und
institutionellen Arbeitsbedingungen verbessert werden: Ohne gesamtgesellschaftliche Weichenstellungen hin zur Vernetzung und Reintegration von gesellschaftlich ausgegrenzten sozialen Gruppen (z.B. Ausländer, Asylbewerber, Homosexuelle, Behinderte usw.) und weg von einer nationalen Ideologiegemein-
schaft, werden sozialpädagogische Konzepte in diesem Bereich wenig erfolgreich sein.[251] Nur der Weg hin zu einer Politik, die rechtsextremistische Jugendliche und Asylbewerber sowie Ausländer "nicht mehr als demagogische Manö-
vriermasse mit wechselnden Schuld- und Ursachenzuschreibungen benutzt"
(Hafemann 1994, S.12), gibt der Pädagogik die Möglichkeit, sich mit fachlicher
Kompetenz einzubringen.

Erst wenn eine gesamtgesellschaftliche Diskussion stattfindet und etwaige
Schuldzuschreibungen nachlassen, werden auch die sozialpädagogischen Modelle ihre Wirkung erzielen. Dann kann und muss die Forschung weiter ange-
trieben werden, und hier gilt, was Merton für die Soziologie gesagt hat: "In dem
Weltlaboratorium der Soziologen, ähnlich wie in den mehr abgeschiedenen La-
boratorien der Physiker und Chemiker, ist der erfolgreiche Versuch entscheidend und nicht die tausendundeins gescheiterten Versuche, die ihm vorangegangen waren. Es wird mehr gelernt vom einzigen Erfolg als vom mannigfachen
Scheitern. Ein einziger Erfolg beweist, dass es gelingen kann. Danach ist es lediglich notwendig, in Erfahrung zu bringen, welchen Faktoren das Gelingen zu
verdanken ist" (Merton 1964, S.436).

6 Zusammenfassung: 'Pädagogisch-praktische Wirklichkeit'

Wie wir zeigen konnten, entbrannte auch in der Sozialpädagogik Anfang der
1990er Jahre eine rege Diskussion, ob und wenn ja, wie mit der rechtsextremen
Jugend umzugehen sei. Die 'pädagogisch-praktische Wirklichkeit' spiegelte dabei mehrere Problemkomplexe wider: Zum einen ging es um die grundsätzliche

---

[251] So auch Wagner wenn er schreibt: "Eine wichtige Erfahrung der vergangenen Jahre ist es,
die Arbeit mit rechtsextrem orientierten jungen Leuten nicht allein den Sozialarbeitern zu
überlassen [...]. Es gilt, jene Tätigkeit in ein Netzwerk staatlichen und zivilgesellschaftli-
chen Handelns zu integrieren" (Wagner 1999, S. 127).

Umdefinition gesellschaftlicher Probleme zu Jugendproblemen (Kap. IV.1), um eine Pädagogisierung gesellschaftlicher Probleme (Kap. IV.2) sowie um das Selbstverständnis der PraktikerInnen in Bezug zu der rechten Klientel (Kap. IV.4). Wie wir zeigen konnten, fühlt sich ein großer Teil der Sozialpädagogik in der Rolle der 'Feuerwehr' sehr unwohl. Dass die Politik gesamtgesellschaftliche Probleme auf eine Gruppe reduziert und darüber hinaus die Pädagogik zum Handeln bestellt, widerspricht dem Selbstverständnis vieler PädagogInnen (vgl. Scherr 1992a). Zum anderen stellten wir das Konzept der akzeptierenden Jugendarbeit als praktische Antwort vor und diskutierten die Kritik an diesem Ansatz (Kap. IV.3). Zuletzt griffen wir die Diskussion um eine Weiterentwicklung der Jugendarbeit mit rechtsextremen Jugendlichen auf (Kap. IV.5).

Maria Busche-Baumann initiierte eine empirische Untersuchung, die die Sichtweise der Sozialpädagogik und der SozialpädagogInnen zum Arbeitsfeld Jugend, Rechtsextremismus und Gewalt thematisierte. Ihre Ergebnisse konnten wir oben weitestgehend bestätigen. So fand sie heraus, dass die meisten SozialpädagogInnen "sehr vorsichtig mit Etikettierungen [sind] um ihre Klientel nicht vorschnell zu stigmatisieren" (Busche-Baumann 1997, S.18). Als Entstehungsbedingungen rechtsextremer Einstellungen benennen viele der PraktikerInnen die Gesellschaft, insbesondere aber die Sozialisationsinstanz Familie. Dabei fallen Begriffe wie 'Leistungsdruck', 'Konkurrenz', 'Deprivation' oder 'Desintegration'. Witte fordert in diesem Zusammenhang, dass zur Unterstützung von Sozialisationsinstanzen (z.B. Familie und Schule) die Jugendarbeit als dritte Instanz verortet werden muss, um Jugendliche in schwierigen Lebenslagen auffangen zu können (vgl. Witte 1993).

Abschließend zum Selbstverständnis der Arbeit kann ein Interviewausschnitt eines Pädagogen bzw. einer Pädagogin angeführt werden: "Wir müssen den Jugendlichen akzeptieren wie er ist, wir müssen ihm Angebote machen, versuchen, diesen Pfad zu erweitern, aber wir müssen dem Jugendlichen natürlich auch eindeutig sagen, wo wir nicht mehr mitgehen, wo Schluss ist" (Interview 27, 956. In: Busche-Baumann 1997, S.27).

Wie die drei vorherigen, so präsentiert sich auch die 'pädagogisch-praktische Wirklichkeit' vielschichtig und komplex. Die Diskussion innerhalb der Pädagogik über den Umgang mit dieser Klientel zeigt die grundlegenden Positionen und damit verschiedenen Wirklichkeiten auf. Professionelles und individuelles Selbstverständnis innerhalb der Arbeit mit rechten Jugendlichen weicht oftmals, wie wir zeigen konnten, beträchtlich voneinander ab. Die Meinungen reichen von 'Ausschluss dieser Klientel' bis 'Re-Integration durch Sozialarbeit'. Ohne den Anspruch, abschließende Antworten geben zu können, haben wir verschiedene Haltungen der Pädagogik innerhalb dieser Arbeit dargestellt und denken damit einige Deutungen bzw. 'pädagogisch-praktische Wirklichkeiten' herausgestellt zu haben. Nach der 'statistischen' und der 'empirischen Wirklichkeit', die Entwicklungen anhand von Zahlen wiedergeben, der 'theoretischen Wirklichkeit', die Entstehungsbedingungen ergründet, schließt sich abschließend die 'pädagogisch-praktische Wirklichkeit' an, die auf einer Handlungs- und Diskussionsebene ihre Wirklichkeit des Rechtsextremismus' in Deutschland 'zurichtet' (vgl. Kerner 1994).

V Schlussbetrachtung

"Rechtsextremismus – Herausforderung für das neue Millennium. Wirklichkeiten eines Jugendphänomens."

Den verschiedenen Wirklichkeiten des Rechtsextremismus' wollten wir uns in dieser Arbeit annähern. Die Betrachtung sozialer Tatsachen auf mehreren Ebenen, mittels einer, wie wir sie nennen, *mehrperspektivischen Wirklichkeitskonstruktion*, wirkt der Denkweise einer Kausalität sozialer Notstände und einer vorschnellen Stigmatisierung gesellschaftlicher Gruppen entgegen. Wir begreifen ein soziales/gesellschaftliches Problem als ein mehrschichtiges, welches von unterschiedlichsten Personen, Gruppen und Institutionen gedeutet wird bzw. werden muss. Diese Deutungen können auch als Wirklichkeiten der einzelnen 'Deuter' und 'Deuterinnen' begriffen werden, besonders dann, wenn sie Einzug finden in die öffentliche Diskussion und diese beeinflussen. So geschehen, als Anfang der 1990er Jahre eine Welle rechtsextremistischen Terrors die Bundesrepublik Deutschland heimsuchte: Es folgte eine weitere Welle - zumindest von Deutungsversuchen.

Wir haben versucht, vier Wirklichkeiten des Rechtsextremismus' herauszustellen und zu diskutieren, wobei es nicht darum gehen sollte, 'die beste' zu identifizieren. Auch nicht sollten die einzelnen Wirklichkeiten zu einem größeren, verlässlicheren Wirklichkeitskonstrukt verbunden werden. Vielmehr wollten wir zeigen, dass jede Wirklichkeit an sich durchaus plausibel erscheinen kann und - in ihren Grenzen - die Problematik Rechtsextremismus von ihrer Warte aus beleuchten kann. Diesem Arbeitsauftrag folgend, sollen nun unsere Ergebnisse der vier Wirklichkeiten gegenübergestellt werden.

Nachdem im Kapitel I eine abgrenzende Begriffsbestimmung dargelegt wurde, haben wir in Kapitel II.A anhand der Polizeilichen Kriminalstatistik und der Verfassungsschutzberichte eine 'statistische Wirklichkeit' aufgezeigt und zwar im Sinne von 'tatsächlich' geschehenen Straf- und Gewalttaten rechter Jugendlicher. Die beiden Statistiken können als eine der wenigen Quellen betrachtet werden, um das Ausmaß rechtsextremer Gewalt- und Straftaten darzustellen. Dabei ging es uns darum, die Entwicklung einzelner Delikte sowie verschiedener soziodemographischer Merkmale rechtsextremer TäterInnen zwischen 1987 und 2000 aufzuzeigen. In einem vergleichenden Kapitel (Kap. II.A.3) kontrollierten wir, ob und wenn ja, wie weit die Aussagen der beiden Statistiken voneinander abweichen.

Gemeinsamkeiten bestehen hinsichtlich der Kurvenverläufe bei den Delikten, die mit erwiesenem oder zu vermutendem rechtsextremistischem Hintergrund begangen wurden. Zwar sind die Zahlen der Verfassungsschutzberichte auf weit niedrigerem Niveau angesiedelt, trotzdem kann von einem generellen sprunghaften Anstieg der Vergehen zwischen 1990 und 1993 und einer erneuten Zunahme bis 2000 gesprochen werden (vgl. Kap. II.A.3). Die Propagandadelikte, die in beiden Statistiken den größten Teil der Straftaten insgesamt ausmachen, beschreiben einen ähnlichen Kurvenverlauf wie oben beschrieben. So steigen z.B. in der Polizeilichen Kriminalstatistik die erfassten Propagandadelikte von 3.104 (1990) auf 8.302 (1993) und wiederum auf 12.813 (2000) Delikte an. Die soziodemographischen Daten aus beiden Statistiken lassen sich nur unzureichend vergleichen.

Die 'statistische Wirklichkeit', also die Deutung des Rechtsextremismus' anhand statistischer Quellen (PKS und Verfassungsschutzberichte), erscheint nicht unproblematisch. Zum einen weichen, wie wir zeigen konnten, die Aussagen beträchtlich voneinander ab, zum anderen, folgt man den Forschungen vieler Kriminologen zu den Verzerrungsfaktoren dieser Statistiken, lassen sich auch diese wenigen Anhaltspunkte relativieren. So schreibt Kubink, dass auf der Ebene polizeilicher Registrierung fremdenfeindliche Kriminalität "weitgehend als definitionsabhängig und konstruiert" (Kubink 1997, S.244) bewertet werden kann und dadurch Fremdenfeindlichkeit "oft erst zum Leben" (ebd.) erweckt wird.[252]

Trotzdem würden wir der 'statistischen Wirklichkeit' in unserem Zusammenhang die Funktion zusprechen, über Ausmaße der rechtsextremistischen Gewalt- und Straftaten, wenn nicht zuverlässig, dann wenigstens als die "einzige Messbasis für das Kriminalitätsgeschehen schlechthin" (Arbeitsgruppe Polizeiliche Kriminalstatistik 1995, S.83), zu berichten.

Demgegenüber beschäftigten wir uns in Kapitel II.B mit verschiedenen Jugendstudien der Jahre 1990 bis 1999, um damit eine 'empirische Wirklichkeit' aufzu-

---

[252] Seine Arbeit untersucht die polizeiliche Registrierung und justizielle Erledigung fremdenfeindlicher Straftaten am Beispiel Kölns und Wuppertals. Wie er zeigt, weichen die Kriterien, was eine fremdenfeindliche Straftat ausmacht, auf polizeilicher Ebene weit voneinander ab. In Zeiten einer medialen Überhöhung der Thematik Rechtsextremismus steigt

zeigen. Das hier eruierte Zahlenmaterial kann jedoch im Gegensatz zum vorhergehenden Kapitel, in den meisten Fällen nicht geschehene Taten und ausgeübte Handlungsweisen ersichtlich machen, sondern konzentriert sich vielmehr auf rechtsextremistische Einstellungen und Orientierungen Jugendlicher, d.h. für diese Wirklichkeit, dass hier die Ergründung von Potentialen im Vordergrund steht. Wohin diese Potentiale allerdings führen, markiert zugleich eine methodische Grenze der empirischen Deutung.

Aufgrund unserer Gegenüberstellung unterschiedlicher Jugendstudien konnten wir, trotz aller Probleme der Vergleichbarkeit, auf die in Kapitel II.B genauer eingegangen wurde, die Entwicklung rechtsextremistischer Einstellungen und Orientierungen Jugendlicher ansatzweise aufzeichnen. Dabei richteten wir unser Augenmerk auf die Jahre 1990 bis 1993, da in diesem Zeitraum die Zahlen rechtsextremistischer Gewalt- und Straftaten in die Höhe schnellten. Um die Entwicklung der Einstellungspotentiale über die Jahre hinweg ersichtlich zu machen, werteten wir die Ergebnisse von Studien aus den Jahren 1996, 1997 und 1999 aus. Diese erfüllten hier eine Kontrollfunktion.

Zusammenfassend kann festgestellt werden, dass anhand der von uns vorgestellten Jugendstudien nicht von einer kontinuierlichen Zunahme rechtsextremistischer Einstellungen unter Jugendlichen gesprochen werden kann. Dies wird deutlich, wenn die Entwicklung der Einstellungen Jugendlicher gegenüber der Gruppe der Skinheads betrachtet wird, denn es kann infolge des Vergleichs der von uns vorgestellten Jugendstudien von einer Abnahme jugendlicher Skinheadsympathisanten gesprochen werden. Zudem müssen dabei auch die Anteilswerte der Jugendlichen vor Augen geführt werden, die gewaltbefürwortende Gruppierungen ablehnen. In der 12. Shell-Jugendstudie sprechen sich z.B. 84% der west- und ostdeutschen Jugendlichen gegen die Gruppe der Skinheads aus (demgegenüber stehen 3% BefürworterInnen). Höhere Ergebnisse der Ablehnung werden ersichtlich, wenn wir uns deutlich rechtsextremeren Gruppierungen zuwenden. 88% der Jugendlichen im vereinigten Deutschland lehnen faschistische und neonazistische Gruppierungen ab (demgegenüber stehen 2% BefürworterInnen). Diese Ergebnisse relativieren auch die teilweise hohen Zahlen, die die Jugendstudie von Obergfell-Fuchs/Fuchs 1993 v.a. für die ostdeutschen Jugendlichen in Bezug auf Ablehnung von Ausländern ermittelte. Ein weiteres Indiz für die Abnahme rechtsextremistischer Einstellungen kommt zudem durch

die Wahrnehmung der Polizeibeamten hinsichtlich fremdenfeindlicher Straftaten und damit auch die Fallzahlen insgesamt, so seine These.

214

den von der 12. Shell-Jugendstudie konstatierten Rückgang der Parteipräferenz Jugendlicher bezüglich der Partei 'Die Republikaner' zum Vorschein (nachdem 1992 die Untersuchung von Hoffmann-Lange (1995) einen Anstieg feststellen konnte). In Zahlen ausgedrückt, präferierten in der 12. Shell-Jugendstudie 2% der westdeutschen und 4% der ostdeutschen Jugendlichen die Partei 'Die Republikaner'. Demgegenüber ergaben sich aus der Untersuchung von Hoffmann-Lange für den Zeitraum Spätherbst 1992 noch doppelt so hohe Anteile in der Präferierung der Partei (West: 5,1%; Ost: 8%), wobei der 2. DJI-Jugendsurvey diesen rückläufigen Trend bestätigt. 1997 lagen die Anteile bezüglich der Partei 'Die Republikaner' bei 3% im Westen respektive 5% im Osten. 1999 kommt die 13. Shell-Jugendstudie hier auf 2% bezogen auf alle befragten Jugendlichen.

Es soll im Hinblick auf Kapitel II.B nochmals darauf hingewiesen werden, dass die rechtsextremistischen Einstellungen und Orientierungen Jugendlicher kein Beleg dafür sind, dass tatsächlich strafbare Handlungen durchgeführt werden, oder anders ausgedrückt: Die Jugendlichen, die die Minderheit der Gewaltbefürworter in der 'empirischen Wirklichkeit' bilden, werden dadurch nicht zwangsläufig zu einem Teil der 'statistischen Wirklichkeit'. Die Ergebnisse der 'empirischen Wirklichkeit' deuten vielmehr, entgegen dem in der Öffentlichkeit geführten Diskurs, darauf hin, dass die heutige Jugend nicht als 'extrem' bezeichnet werden kann und darf (vgl. Merten 1995), da nur ein sehr geringer Anteil der Jugendlichen vorhandene oder verfestigte rechtsextremistische Einstellungen aufweist.

Im nächsten Kapitel (Kap. III) beschäftigten wir uns weiterführend mit Ansätzen, die der Frage nachgehen, wie es zu rechtsextremistischen Straftaten (vgl. 'statistische Wirklichkeit') bzw. Einstellungen und Orientierungen (vgl. 'empirische Wirklichkeit') kommen kann, die also nach Entstehungsbedingungen suchen. Dazu zogen wir die beiden konträren 'theoretischen Wirklichkeiten' von Helmut Willems und Wilhelm Heitmeyer heran, die versuchen, mittels ihrer Theoriekonzeptionen den Weg hin zu rechtsextremem Handeln nachzuzeichnen. Dabei erschien es uns sinnvoll, die theoretischen Überlegungen der beiden Forscher anhand ihrer eigenen empirischen Untersuchungen zu fundieren, um aufzuzeigen, dass beiden Wissenschaftlern, wenigstens in ihren Grenzen, der Wirklichkeitsbezug ihrer Theorien wichtig ist, und damit, so wie wir es verstehen, von zwei 'theoretischen Wirklichkeiten' gesprochen werden kann.

Helmut Willems (Kap. III.A) argumentiert innerhalb seiner theoretischen Überlegungen zu den Entstehungsbedingungen rechtsextremistischer Gewalt mit dem konflikttheoretischen Ansatz, den wir in Kapitel III.A.1 dargestellt haben. Für seine These, dass die rechtsextremistische Gewalt der 1990er Jahre Ausdruck eines politischen Protests war, müssen Fragen der Entstehung von Handlungsbereitschaft (z.B. Unzufriedenheit etc.), der Genese von aktiver Handlung sowie der Dynamik und den Eskalationsbedingungen politischen Protests beantwortet werden. Dabei spielt das prozesshafte, situative und unvorhersehbare Moment in einer "komplexen, z.T. widersprüchlichen und oft auch unverständlichen sozialen Wirklichkeit" (Willems 1997, S.14) eine wichtige Rolle. Die Verbindung mehrerer relevanter Theorien soll bei Willems dieser Realität ein Stück weit gerecht werden.

Die Frage nach der Entstehung von Unzufriedenheit als Voraussetzung für Protesthandeln (Kap. III.A.1.1) erklärt Willems anhand makrosoziologischer, sozialpsychologischer und individualistischer Ansätze. Dabei favorisiert er besonders die Theorie der relativen Deprivation (Kap. III.A.1.1.2): Nicht die absolute Deprivation, sondern die relative, also die subjektiv empfundene, möglicherweise nicht objektiv bestehende Deprivation löst im Vergleichsprozess mit anderen Gruppen Gefühle des Neids und der Unzufriedenheit aus.

Die Genese von aktiver Handlung beschreibt der Autor anhand der im Rahmen der Theorien des symbolischen Interaktionismus entwickelten Theorien kollektiven Verhaltens (Kap. III.A.1.2). Dabei stützt er sich besonders auf die Ausführungen von Turner und Killian 1987 (Kap. III.A.1.2.2), die die Bildung spezifischer Normen in der Gruppe und den von ihnen ausgehenden Konformitätsdruck in den Mittelpunkt der Handlungsaktivierung sowie der Handlungsänderung stellen.

Theorien der Wahrnehmungs- und Kommunikationsforschung sollen die Dynamik und Eskalation politischen Protests verdeutlichen (Kap. III.A.1.3). So beruht nach Watzlawick/Beavin/Jackson 1969 (Kap. III.A.1.3.1) Interaktion zwischen Menschen auf fünf Axiomen, die bei Nicht-Beachtung zu einer gestörten Kommunikation und zu Konfliktspiralen führen und sich bis zur Gewalt steigern können.

Bei der empirischen Darstellung wurde auf zwei Studien zurückgegriffen, in denen Willems u.a. (1993, 1994) Aktenanalysen von Tatverdächtigen und verurteilten Straftätern mit fremdenfeindlichem Hintergrund vornahmen. Die Polizeiaktenanalyse (Kap. III.A.3.1) zeichnete ein biographisches Portrait der Täter und untersuchte die Tatstruktur. Die Analyse von Urteilsschriften (Kap. III.A.3.2) bestätigte dieses Bild weitestgehend. Um die Interaktions- und Eskalationsprozesse der fremdenfeindlichen Unruhen zu untersuchen, analysierte das Autorenteam Zeitungsartikel, Experteninterviews und andere Berichte von Gemeinden, in denen es zu gewalttätigen Übergriffen auf Ausländer gekommen war (Kap. III.A.3.3).

In einem letzten Schritt konnten wir die theoretischen Vorüberlegungen mit den empirischen Ergebnissen vergleichen (Kap. III.A.4), mit dem Ergebnis, dass sich beide Komplexe weitestgehend bestätigen, somit also von einer 'theoretischen Wirklichkeit' gesprochen werden kann.

Diese Wirklichkeit kann zusammenfassend folgendermaßen beschrieben werden: Helmut Willems begreift die fremdenfeindlichen Gewaltpotentiale und ihre politische Ausrichtung vor dem Hintergrund eines neuen gesellschaftlichen Konflikts. Diesen Konflikt beschreibt er als einen Konflikt "um die Immigration, der sich durch die Öffnung der Grenzen, insbesondere zu den östlichen Ländern und dem dadurch bewirkten starken Zustrom von Aussiedlern, Asylbewerbern und illegalen Einwanderern, vor allem nach Deutschland, entwickelt hat" (Willems/Eckert/Würtz/Steinmetz 1993, S.248). In seinen Ausführungen kommt der Autor zu dem Ergebnis, "dass die Asylverfahrenspraxis der letzten Jahre Interaktionsprozesse und Erfahrungen zwischen Asylbewerbern und der einheimischen Bevölkerung gefördert hat, die von vielen als Konflikte, Belastungen und Ungerechtigkeiten wahrgenommen wurden und oft Kristallisationspunkte für die Entwicklung von entsprechenden Einstellungen und Gewaltbereitschaften waren" (ebd., S.243).

Eine Abfuhr erteilt Willems allen Erklärungsversuchen, die die Gewalttäter als Opfer gesellschaftlicher Desintegrationserfahrungen und Individualisierung (vgl. Heitmeyer) ansehen. Dies widerspricht seiner Vorstellung einer biographischen Vielfältigkeit der rechten Szene, die zeigt, "dass neben dem explizit rechtsextremistisch motivierten politischen Gewalttäter auch ein Teil der 'Normalen' [...] im Kontext der Fremdenfeindlichkeit ein [...] politisches Betätigungs- und auch Bestätigungsfeld gefunden hat" (ebd., S.248).

Wilhelm Heitmeyer u.a. (Kap. III.B) stützen ihre theoretischen Überlegungen zur Klärung der Entstehungsbedingungen rechtsextremistischer Gewalttaten Jugendlicher auf die Sozialisationstheorie und versuchen damit, die Rolle des Subjekts innerhalb seiner Umwelt zu veranschaulichen. Die These lautet, dass sich infolge von Individualisierung ein Sozialisationsmodus entwickelt hat, der die subjektive Verarbeitung individueller Erfahrungen insoweit bestimmt, dass diese Verarbeitungsprozesse hauptsächlich der subjektiven Entlastung und Stabilisierung von Individuen dienen und damit zugleich auf Kosten anderer Individuen gehen (Kap. III.B.1.1). Um diese subjektiven Verarbeitungsprozesse aufzeigen zu können, bedarf es nach Heitmeyer u.a. 1995 der Betrachtung dreier ambivalenter Modernisierungsprozesse.

Zum einen wird das Spannungsverhältnis von Struktur und Kultur aufgrund der Ungleichzeitigkeit des strukturellen Wandels und sozialkultureller Veränderungen genauer betrachtet (Kap. III.B.1.1.1). Zum anderen richtet sich der Blick auf sozial-interaktive, interpersonale Prozesse, die gekennzeichnet sind durch Freisetzungen aus traditionalen und kollektiven Lebenszusammenhängen und dem damit verbundenen Verlust traditionaler Sicherheiten und Gewissheiten sowie durch die Re-Integration in neue soziale Formationen (Kap. III.B.1.1.2). Zuletzt wird der intrapersonale, identitätsstiftende Bereich detailliert dargestellt, um im Zuge von Modernisierungsprozessen die Probleme der Identitätsentwicklung zu verdeutlichen (Kap. III.B.1.1.3).

Diese ambivalenten Modernisierungsprozesse können nach Heitmeyer u.a. 1995 Auslöser für Desintegration sein, indem sie auf der gesellschaftlichen Ebene als Initiator von Desintegrationspotentialen auftreten und damit Einfluss auf die interpersonale Ebene nehmen, denn die subjektiv erfahrenen Freisetzungen können zu Desintegrationserfahrungen werden, die sich wiederum auf die intrapersonale Ebene und demzufolge auf die Handlungskompetenz (Pluralisierung und Subjektivierung) auswirken. Diese Verarbeitung von Desintegrationserfahrungen kann nun zu Verunsicherung führen (Kap. III.B.1.3).

Der Übergang von Desintegration hin zu Verunsicherung wird in Kap. III.B.1.3.1-1.3.3 detailliert dargestellt (Auflösung sozialer Beziehungen und Lebenszusammenhänge; Auflösung gemeinsam geteilter Werte- und Normvorstellungen; Auflösung der Teilnahmebereitschaft an gesellschaftlichen Institutionen), wobei unterschiedliche Verarbeitungsformen von Desintegrationserfahrungen zu unterschiedlichen Verunsicherungsqualitäten führen (Kap. III.B.1.4).

Dabei ist jedoch anzumerken, dass Verunsicherung eine empirisch schwierig zu erfassende Kategorie darstellt. Um Verunsicherung dennoch erfassen zu können, gehen Heitmeyer u.a. 1995 davon aus, dass Verunsicherung von Emotionalität und Handlungsunsicherheit gekennzeichnet ist (Zukunftsangst, schwaches Selbstwertgefühl, Unsicherheitsgefühle auf der einen, Orientierungs-, Entscheidungs- und Wirksamkeitsprobleme auf der anderen Seite).

Die Verunsicherungsqualitäten gehen nun mit unterschiedlichen Handlungsvarianten einher (Kap. III.B.1.5), wobei davon ausgegangen wird, dass bei einem größtmöglichen Verlust an sozialer Einbindung und Verankerung die größtmögliche Verunsicherung anzunehmen ist und infolgedessen die vehementesten

Selbstdurchsetzungspotentiale freigesetzt werden, die in diesem Fall auch Gewalt als Mittel zum Zweck akzeptieren.

Nun vorhandene Gewaltpotentiale können auf der interpersonalen Ebene gefestigt werden, indem sie Möglichkeiten des Rückgewinns stabiler Zugehörigkeiten offerieren (z.b. innerhalb gewalttätiger Gruppierungen) und somit Gewalt als funktional und sinnhaft erfahrbar werden lassen. Gewalterfahrungen wirken sich somit auf die intrapsychische Ebene aus und beeinflussen die individuelle Handlungskompetenz und den emotionalen Bereich. Aus diesem Verarbeitungsprozess können autoritäre und machiavellistische Einstellungen sowie Gewaltbereitschaft entstehen (Kap. III.B.1.6).

Die Richtung der Gewalt ist abhängig von den gewählten Zugehörigkeiten und lebenslagenspezifischen Problemen und ihrer Bewältigung.

In Kap. III.B.2 wurden die Zusammenhänge von Desintegration und Verunsicherung sowie von Verunsicherung und Gewalt bis hin zu rechtsextremistischer Gewalt mittels einer empirisch-analytischen Individualdatenerhebung fundiert. Es kann hier von einer weiteren 'theoretischen Wirklichkeit' gesprochen werden, die sich jedoch nicht mit der von Helmut Willems deckt.

Heitmeyer u.a. 1995 begreifen rechtsextremistische Gewalt als Resultat des gesellschaftlichen Prozesses der Individualisierung (hauptsächlich erzeugt durch soziale Ungleichheit), der in unterschiedlicher Ausprägung die sozialen Milieus beeinflusst und damit milieuspezifische Optionen und Ressourcen bestimmt. "Dies bedeutet [...], dass sich die 'Schattenseiten' der Individualisierung in Form von 'Desintegration', als eines der zentralen Probleme moderner Gesellschaften, verschieden zeigen. Die mehrfach gebrochene, asynchrone Entwicklung von kulturellen Optionen und sozialstrukturellen Bedingungen schafft jene Grundlagen für Desintegration, die Zugehörigkeiten wie soziale Zugänge in Frage stellen und emotionale Akzeptanz unterhöhlen, die Ausgrenzung nach sich ziehen und Abstieg für Angehörige fast aller sozialen Milieus potentiell bereithalten" (Heitmeyer u.a. 1995, S.410).

Die 'theoretische Wirklichkeit', wie wir sie anhand der Arbeiten von Helmut Willems und Wilhelm Heitmeyer dargestellt haben, zeichnet ein Bild, das unserer Vorstellung der Vielschichtigkeit sozialer Probleme entspricht. Die zwei unterschiedlichen Grundpositionen bzw. Wirklichkeiten bei der Beurteilung rechtsextremistischer Einstellungen und Gewalt müssen nicht bedeuten, dass einer der beiden Forscher falsch liegt (eine Bewertung beider Forscher entspricht zudem auch nicht unserem Arbeitsauftrag). Vielmehr wird ersichtlich, dass zum einen beiden Forschern (besonders durch die Fundierung der Theorien durch ihre empirische Arbeit) ein Wirklichkeitsbezug nicht abgesprochen werden kann und damit zum anderen - auch wenn dies in Zeiten kurzlebiger, monokausaler und einfacher Antworten auf soziale Probleme schwierig erscheint-eben nicht von nur einer 'theoretischen Wirklichkeit' der Entstehungsbedingungen des Rechtsextremismus' ausgegangen werden kann.

In der letzten Darstellung einer 'pädagogisch-praktischen Wirklichkeit' wollten wir grundlegende Positionen der Pädagogik in Bezug auf die Arbeit mit rechten Jugendlichen ('pädagogische Wirklichkeit') sowie handlungspraktische Ansätze und deren Kritik ('praktische Wirklichkeit') diskutieren. Dabei gingen wir davon aus, dass diese Wirklichkeit besonders von dem Selbstverständnis sowohl der Pädagogik als auch der Pädagogen und Pädagoginnen bestimmt wird. Dieses Selbstverständnis kann wiederum als ein Verbund aus mehreren Wirklichkeiten (z.B. statistischer, empirischer oder theoretischer) gedeutet werden, der "phasenweise eine Realität zweiter Ordnung" (Busche-Baumann 1997, S.15) produziert. "Hierdurch werden Einstellungen geprägt, bestätigt und Vorurteile produziert, nicht zuletzt bei den Pädagogen selbst" (ebd.).
Auf einige dieser im Selbstverständnis der Pädagogik liegenden Wirklichkeiten im Umgang mit dem Rechtsextremismus sind wir im Kapitel IV eingegangen.
Wir versuchten dabei, die 'pädagogische' von der 'praktischen Wirklichkeit' zu trennen, um sie im weiteren Verlauf, aufgrund ihres Bedingungsverhältnisses, wieder zusammenzuführen. Um die 'pädagogische Wirklichkeit' aufzeigen zu können, konzentrierten wir uns in Kap. IV.1 und IV.2 auf die Diskussion um Grundfragen im Umgang mit rechtsextremistischen Jugendlichen. Auf der einen Seite wurde hier auf die Thematisierung gesellschaftlicher Probleme als Jugendprobleme abgehoben, wobei die dieser Thematisierung inhärente Problematik der politisch-institutionellen Instrumentalisierung der Jugendarbeit als akute Problemlösungsinstanz dargestellt wurde: Eine Aufgabe, die die Pädagogik nicht zu übernehmen vermag oder imstande wäre zu erfüllen, da dies auch nur einer Umdefinition der Problematik gleichkäme. Auf der anderen Seite führten wir die pädagogische Perspektive vor Augen und stellten damit das Problem der Pädagogisierung gesellschaftlicher Probleme dar, welche einer Entpolitisierung des Problems Vorschub leisten würde und damit eine Verschiebung der Problembearbeitung zur Folge hätte (vgl. Scherr 1992a). Die wirklichen Ursachen wären dabei aus dem Blickpunkt verschwunden.
Als 'praktische Wirklichkeit' verstehen wir den eigentlichen Umgang, den direkten Kontakt mit rechtsextremistischen Jugendlichen. Um diese 'praktische

Wirklichkeit' darstellen zu können, konzentrierten wir uns in Kap. IV.3 auf das Konzept der akzeptierenden Jugendarbeit von Franz Josef Krafeld. Das Bedingungsverhältnis der 'pädagogischen' und der 'praktischen Wirklichkeit' wird hier deutlich, wenn die Kritik an diesem akzeptierenden Ansatz, Jugendliche dort abzuholen, wo sie gerade sind und mit ihnen, ungeachtet ihrer Einstellungen und Handlungen, ein Arbeitsverhältnis aufzubauen, dargestellt wird. Dann kommt die pädagogische Diskussion um Grundfragen im Umgang mit rechtsextremistischen Jugendlichen zum Tragen. Diese Diskussion nimmt auch Einfluss auf das Selbstverständnis der JugendarbeiterInnen sowie auf den persönlichen Umgang mit rechtsextremistischen Jugendlichen (Kap. IV.4). Die 'praktische Wirklichkeit' - das Umgehen mit - ist demnach geprägt von externen und internen Faktoren. Sie prägen das Bild, welches sich die JugendarbeiterInnen von ihrer Klientel machen, hinterfragen das individuelle Selbstverständnis (zumeist gekennzeichnet von Gewaltfreiheit, kommunikativer Konfliktaustragung usw.) und können bestehende Strukturen und individuelle Blockierungen verfestigen, die erst einmal überwunden werden müssen.

In Kap. IV.5 stellten wir mögliche Weiterentwicklungen der Jugendarbeit mit rechtsextremistischen Jugendlichen vor, da die Notwendigkeit des Aufbaus stabiler Strukturen, um qualifizierte, erfolgversprechende Arbeit leisten zu können, besteht. Hier schließt die 'praktische Wirklichkeit' den Bogen zur 'pädagogischen Wirklichkeit', denn Überlegungen hinsichtlich des quantitativen Ausbaus, der klareren Strukturierung und auch Begrenzung der Jugendarbeit mit rechtsextremistischen Jugendlichen, bedingen die pädagogische Diskussion.

Die 'pädagogisch-praktische Wirklichkeit' spiegelt - wie oben beschrieben - zum einen das pädagogische Selbstverständnis, zum anderen handlungspraktische Modelle wider. Dabei geht es zumeist um die Diskussion, wie angemessen auf die rechtsgerichteten Jugendlichen reagiert werden kann. Dass die Praktiker und Praktikerinnen, aber auch die TheoretikerInnen der Pädagogik ihre eigene Wirklichkeit besitzen, die, wie oben dargestellt, aus mehreren Wirklichkeiten besteht, legten wir dabei unseren Überlegungen zugrunde. Auch diese Wirklichkeit muss als aus verschiedenen Deutungen bestehendes Konstrukt verstanden werden, um der Diskussion in diesem Bereich der Pädagogik gerecht zu werden.

Zusammenfassend zu den vier oben genannten und kurz umschriebenen Wirklichkeiten und als vorläufiges Ergebnis dieser Arbeit kann festgehalten werden, dass nach unserer Auseinandersetzung mit amtlichen Statistiken, mit Befunden empirischer Studien, mit Theorien zum Extremismus und mit pädagogisch-praktischen Deutungen von mehreren Wirklichkeiten des Phänomens 'Rechts-extremismus' gesprochen werden muss. Bei der Betrachtung des Rechtsextre-mismus' als sozial-gesellschaftliches Problem, das u.E. niemals monokausal exi-stieren kann, müssen die Wirklichkeitskonstrukte möglichst vieler 'Konstrukteu-re' und 'Konstrukteurinnen' berücksichtigt werden, um einer vorschnellen Stig-matisierung, besonders der jungen Generation, vorzubeugen. Die kritische und fundierte Auseinandersetzung mit den einzelnen Wirklichkeiten - so wie wir es in dieser Arbeit versucht haben - sollte dabei die Grundlage der öffentlichen Diskussion bilden. Daneben zeigen die Entwicklungslinien, wie wir sie hier dar-gestellt haben, dass die Problematik 'Rechtsextremismus' auch im neuen Millen-nium eine Herausforderung für Gesellschaft und Politik darstellen wird.

Literatur

Adorno, T.W. (1969): Erziehung nach Auschwitz. In: ders.: Stichworte. Kritische Modelle 2. 2.Auflage. Frankfurt a.M. S.85-101

Ahlheim, K./Heger, B. (1998): Vorurteile und Fremdenfeindlichkeit - Handreichungen für die politische Bildung. Schwalbach/Ts.

Angermayer, M./Brähler, E. (2001): Rechtsextremistische Einstellungen in Deutschland – Ergebnisse einer repräsentativen Erhebung. Universität Leipzig. Unveröffentlichter Text

Arbeitsgruppe Polizeiliche Kriminalstatistik (1995): Kriminalität in der Bundesrepublik Deutschland. Ein Zerrbild der Statistik? Replik auf provokante Thesen. In: Der Kriminalist, 27.Jg., H.2, S.77-83

Arendt, H. (1986): Elemente und Ursprünge totaler Herrschaft. Antisemitismus, Imperialismus, totale Herrschaft. München

Asch, S.E. (1951): Effects of group pressure upon the modification and distortion of judgement. In: Guetzkow, E. (Hrsg.): Groups, leadership and men. Pittsburgh. S. 177-190

Backes, U. (1990): Nationalpopulismus und Rechtsextremismus im westlichen Deutschland. Kritische Betrachtungen zum neuerlichen Hoch in Politik und Literatur. In: Neue Politische Literatur, 35.Jg., H.3, S.443-371

Backes, U./Jesse, E. (1993): Politischer Extremismus in der Bundesrepublik Deutschland. Bonn

Baier, L. (1993): Die Gnade der richtigen Geburt. Neuer Rassismus und rasender Antirassismus. In: Freitag vom 20.8.1993

Bateson, G. (1935): Culture contact and Schismogenesis. In: Man: The journal of the Royal Anthropological Institute of Great Britain and Ireland, 35.Jg., S.178-183

Bateson, G. (1958): Naven. Stanford

Bateson, G. (1972): Steps to an ecology of mind. Collected essays in Anthropology, Psychiatry, Evolution and Epistemology. New York

Bateson, G. (1990): Ökologie des Geistes. Frankfurt a.M.

Bateson, G./Jackson, D.D. (1964): Some varieties of pathogenic organization. In: Rioch, D.M./Weinstein, E.A. (Hrsg.): Disorders of communication. Band 42: Research publications. Association for research in nervous and mental disease. Baltimore. S.270-283

Beck, U./Brater, M./Tramsen, E. (1976): Beruf, Herrschaft und Identität. Ein subjektbezogener Ansatz zum Verhältnis von Bildung und Produktion. Teil I: Die soziale Konstitution der Berufe. In: Soziale Welt, 27.Jg., H.1, S.8-44

Beck, U. (1983): Jenseits von Stand und Klasse? In: Kreckel, R. (Hrsg.): Soziale Ungleichheiten (Soziale Welt, Sonderband 2). Göttingen. S.35-74

Beck, U. (1986): Risikogesellschaft. Auf dem Weg in eine andere Moderne. Frankfurt a.M.

Beckmann, M. (1979): Theorie der sozialen Bewegung. Anwendung sozialpsychologischer Hypothesen zur Erklärung der Entstehungsbedingungen sozialer Bewegungen. München

Behnken, I. u.a. (1991): Schülerstudie '90: Jugendliche im Prozeß der Vereinigung. Weinheim/München

Behnken, I./Schulze, T. (1997): Tatort: Biographie. Spuren, Zugänge, Orte, Ereignisse. Opladen

Benz, W. (Hrsg.) (1989): Rechtsextremismus in der Bundesrepublik. Voraussetzungen, Zusammenhänge, Wirkungen. Frankfurt a. M.

Berger, P.A. (1991): Von Bewegungen hin zur Beweglichkeit von Strukturen. Provisorische Überlegungen zur Sozialstrukturanalyse im vereinten Deutschland. In: Soziale Welt, 42.Jg., H.1, S.68-92

Bertram, H. (1991): Soziale Ungleichheit, soziale Räume und sozialer Wandel. Der Einfluss sozialer Schichten, sozialer Räume und sozialen Wandels auf die Lebensführung von Menschen. In: Zapf, W. (Hrsg.): Die Modernisierung moderner Gesellschaften. Frankfurt/New York. S.636-666

Blank, T./Schmidt, P. (1994): Ethnizität, Nationalstolz und nationale Identifikation in Ost- und Westdeutschland. Ergebnisse einer quantitativen Studie. In: Kößler, R./Schiel, T. (Hrsg.): Nationalstaat und Ethnizität. Frankfurt a.M. S.201-232

Blank, T./Schmidt, P. (1997): Konstruktiver Patriotismus im vereinigten Deutschland? Ergebnisse einer repräsentativen Studie. In: Mummendey, A./Simon, B. (Hrsg.): Identität und Verschiedenheit. Zur Sozialpsychologie der Identität in komplexen Gesellschaften. Bern. S.127-148

Blath, R./Hobe, K. (1983): Linker Terrorismus und Strafrechtspflege. Ergebnisse einer empirischen Untersuchung. In: Kerner, H.-J./Kury, H./Sessar, K. (Hrsg.): Deutsche Forschungen zur Kriminalitätsentstehung und Kriminalitätskontrolle. Köln/Berlin/Bonn/München. S.1361-1379

Blumer, H. (1939): Collective Behavior. In: Park, R.E. (Hrsg.): Outline of the principle of sociology. New York. S.219-280

Blumer, H. (1969): Symbolic Interactionism. Perspective and method. Englewood Cliffs

Blumer, H. (1972): Soziale Probleme als kollektives Verhalten. In: Heinz, W.R./Schöber, P. (Hrsg.): Theorien kollektiven Verhaltens - Beiträge zur Analyse sozialer Protestaktionen und Bewegungen. Band 2. Darmstadt/Neuwied. S.149-165

226

Böhnisch, L./Winter, R. (1993): Männliche Sozialisation. Bewältigungsprobleme männlicher Geschlechtsidentität im Lebenslauf. Weinheim

Böllert, K. (1997): Jugend und Gewalt. Möglichkeiten einer gewaltpräventiven Jugendarbeit. In: Neue Praxis, 27.Jg., H.4, S.328-337

Bommes, M./Scherr, A. (1992): Rechtsextremismus: Ein Angebot für ganz gewöhnliche Jugendliche. In: Mansel, J. (Hrsg.): Reaktionen Jugendlicher auf gesellschaftliche Bedrohung. Weinheim. S.210-227

Bolay, E. (1996): Jugend - Von der Statuspassage zur Pluralität von Lebenslagen. Universität Tübingen. Unveröffentlichtes Manuskript

Breyvogel, W. (1995): Jugend und Gewalt. Die neue Gewalt gegen Fremde. In: Helsper, W./Wenzel, H. (Hrsg.): Pädagogik und Gewalt. Opladen. S.85-100

Brock, D. (1991): Die Risikogesellschaft und das Risiko gesellschaftlicher Zuspitzung. In: Zeitschrift für Soziologie, 20.Jg., H.1, S.12-24

Brock, D. (1993): Wiederkehr der Klassen. In: Soziale Welt, 44.Jg., H.2, S.177-198

Bundeskriminalamt (BKA) (Hrsg.) (1987-2000): Polizeiliche Kriminalstatistik. Wiesbaden

Bundesministerium des Innern (BdI) (Hrsg.) (1977): Innere Sicherheit. Mannheim

Bundesministerium des Innern (BdI) (Hrsg.) (1987-2000): Verfassungsschutzbericht. Bonn

Bundesministerium des Innern (BdI)/Bundesministerium der Justiz (BdJ) (Hrsg.) (2001): Erster periodischer Sicherheitsbericht. Berlin

Bundesministerium für Familie, Senioren, Frauen und Jugend (Hrsg.) (1994): Neunter Jugendbericht: Bericht über die Situation der Kinder und Jugendli chen und die Entwicklung der Jugendhilfe in den neuen Bundesländern. Bonn

Busche-Baumann, M. (1997): Das schaffen wir nie, die anzusprechen. Das Arbeitsfeld Jugend, Rechtsextremismus und Gewalt aus der Sicht der Sozialen Arbeit. In: Gisa, 51.Jg., H.1, S.15-29

Cherry, C. (1967): Kommunikationsforschung - eine neue Wissenschaft. Frankfurt a. M.

Cladder-Micus, A./ Kohaus, H. (1996): Integrative Arbeit mit gewalttätigen, rechten Jugendlichen und ambulantes Anti-Aggressivitätstraining. In: Stikkelmann, B. (Hrsg.): Zuschlagen oder Zuhören. Weinheim/München. S.101-125

Cornel, H. (1999): Untersuchung junger Täter in Brandenburg. In: Neue Kriminalpolitik, 11.Jg., H.2, S.14-18

Dahmer, H. (1993): Antisemitismus und Xenophobie. In: Otto, H.-U./Merten, R. (Hrsg.): Rechtsradikale Gewalt im vereinigten Deutschland. Jugend im gesellschaftlichen Umbruch. Bonn. S.80-87

Davies, J.C. (1969): The J-curve of rising and declining satisfactions as a cause of some great revolutions and a contained rebellion. In: Graham, H.D./Gurr, T.R. (Hrsg.): The history of violence in America 4. Historical and comparative perspectives. New York. S.690-730

Davies, J.C. (1973): Eine Theorie der Revolution. In: Beyme, K.v. (Hrsg.): Empirische Revolutionsforschung. Opladen. S.185-204

Decker, F. (1998): Jenseits von rechts und links? Zum Bedeutungswandel der politischen Richtungsbegriffe. In: Backes, U/Jesse, E. (Hrsg.): Jahrbuch Extremismus und Demokratie. 10 Jg. Baden-Baden

Dennhardt, R. u.a. (1990): Deutsche Schüler im Sommer 1990 - Skeptische Demokraten auf dem Weg in ein vereintes Deutschland. Deutsch-deutsche Schülerbefragung. DJI-Arbeitspapier. München

228

de Rijke, J. (2000): Anhang. In: Gille, M./Krüger, W. (Hrsg.): Unzufriedene Demokraten. Politische Orientierungen der 16- bis 29jährigen im vereinigten Deutschland (DJI-Jugendsurvey 2). Opladen. S.437-454

Deutsche Shell (Hrsg.) (2000): Jugend 2000. Band 1 und 2. Opladen

Deutschmann, C. (1995): Fremdenfeindlichkeit im vereinten Deutschland. In: Müller, S./Otto, H.-U./Otto, U. (Hrsg.): Fremde und andere in Deutschland. Nachdenken über das Einverleiben, Einebnen, Ausgrenzen. Opladen. S.61-74

Diewald, M. (1990): Der Wandel der Lebensformen - eine Entsolidarisierung der Gesellschaft durch Individualisierung? In: Gegenwartskunde, 39.Jg., H.2, S.165-176

Dollard, J.T. u.a. (1939): Frustration und Aggression. New Haven

Dudek, P. (1993): Zwischen Krise und Optimismus. Die neuen Jugendstudien zeichnen ein widersprüchliches Bild. In: Das Parlament, 43.Jg., H.11, S.14

Dudek, P. (1994): Die Auseinandersetzungen mit Nationalsozialismus und Rechtsextremismus nach 1945. In: Kowalsky, W./Schroeder, W. (Hrsg.): Rechtsextremismus. Opladen. S.277-301

Dünkel, F. (1999): Rechtsextremismus und Fremdenfeindlichkeit. In: Neue Kriminalpolitik, 11.Jg., H.2, S.21-22

Eckert, R. (1978): Terrorismus als Karriere. Einige Entstehungsbedingungen politisch motivierter Gewaltkriminalität. In: Geißler, H. (Hrsg.): Der Weg in die Gewalt. München/Wien. S.109-132

Eckert, R. (1987): Die Umweltfrage als Gesellschaftskonflikt. In: Themen, 4.Jg., S.16-18

Eckert, R. (1993): Vom 'Schläger' zum 'Kämpfer'. Jugendgewalt und Fremdenfeindlichkeit. In: Der Bürger im Staat, 43.Jg., H.2, S.135-142

Eckert, R. (2000): Marktfähigkeit und Marginalisierung. Jugendliche im Jahr 2000. In: Kind, Jugend, Gesellschaft. 45.Jg., H.2, S.47-50

Eckert, R./Willems, H. (1987): Jugendproteste im internationalen Vergleich – Jugendliche Subkulturbildung, städtische Gewaltpotentiale und staatliche Reaktion - eine vergleichende Untersuchung von Eskalationsbedingungen. Trier

Eckert, R./Willems, H. (1993): Fremdenfeindliche Gewalt. In: Neue Justiz, 47.Jg., H.11, S.481-485

Eckert, R./Willems, H. (1996): Eskalationsmuster der Gewalt bei ausländer-feindlichen Jugendlichen. In: Hilpert, K. (Hrsg.): Die ganz alltägliche Gewalt. Eine interdisziplinäre Annäherung. Opladen. S.45-70

Eckert, R./Steinmetz, L./Wetzstein, T. (2001): Lust an der Gewalt. In: Journal für Konflikt- und Gewaltforschung. 3.Jg., H.1, S.28-43

efms (Europäisches Forum für Migrationsforschung) (1997): Migration und Integration in Zahlen. Bamberg

Engels, F. (1988): Grundsätze des Kommunismus. Berlin

Etzioni, A. (1988): The moral dimension. Toward a new economics. New York

Faller, K. (1995): Prävention von Gewalt und Fremdenfeindlichkeit, Antisemitismus und Rechtsextremismus: Skizze zum Offenbacher Modellprojekt. Offenbach

Falter, J.W. (1994): Wer wählt rechts? Die Wähler und Anhänger rechtsextremistischer Parteien im vereinigten Deutschland. München

Falter, J./Gabriel, O.W./Rattinger, H. (Hrsg.) (2000): Wirklich ein Volk? Die politischen Orientierungen von Ost- und Westdeutschen im Vergleich. Opladen

Farin, K./Seidel-Pielen, E. (1992): Rechtsruck. Rassismus im neuen Deutschland. Berlin

Farin, K./Seidel-Pielen, E. (1993): Skinheads. München

Fischer, A. (1997): Engagement und Politik. In: Jugendwerk der Deutschen Shell (Hrsg.): Jugend '97. Zukunftsperspektiven, gesellschaftliches Engagement, politische Orientierungen. Opladen. S.303-342

Fischer, A. (2000a): Jugend und Politik. In: Deutsche Shell (Hrsg.): Jugend 2000. Band 1. Opladen. S.261-282

Fischer, A. (2000b): Jugendliche im Osten – Jugendliche im Westen. In: Deutsche Shell (Hrsg.): Jugend 2000. Band 1. Opladen. S.283-303

Fischer, A./Münchmeier, R. (1997): Die gesellschaftliche Krise hat die Jugend erreicht. Zusammenfassung der zentralen Ergebnisse der 12. Shell Jugendstudie. In: Jugendwerk der Deutschen Shell (Hrsg.): Jugend '97. Zukunftsperspektiven, gesellschaftliches Engagement, politische Orientierungen. Opladen. S.11-24

Förster, H.-J. (1986): Der Täterschwund zwischen der Polizeilichen Kriminalstatistik und der Strafverfolgungsstatistik am Beispiel der Raubkriminalität in Lübeck 1978 bis 1980. Karlsruhe

Frindte, W. (1995a): Vom deutschen Rechtsextremismus und seinen sozialwissenschaftlichen Erklärungen. In: ders. (Hrsg.): Jugendlicher Rechtsextremismus und Gewalt zwischen Mythos und Wirklichkeit. Münster/Hamburg. S.69-97

Frindte, W. (1995b): Anmutungen über die Gegenwart. In: ders. (Hrsg.): Jugendlicher Rechtsextremismus und Gewalt zwischen Mythos und Wirklichkeit. Münster/Hamburg. S.4-27

Frindte, W. (Hrsg.) (1999): Fremde. Freunde. Feindlichkeiten. Sozialpsychologische Untersuchungen. Opladen/Wiesbaden

Frindte, W./Funke, F./Jacob, S. (1999): Fremdenfeindlichkeit – eine komplexe Suche. In: Frindte, W. (Hrsg.): Fremde. Freunde. Feindlichkeiten. Sozialpsychologische Untersuchungen. Opladen/Wiesbaden. S.50-69

Fritzsche, Y. (1997): Jugendkulturen und Freizeitpräferenzen: Rückzug vom Politischen? In: Jugendwerk der Deutschen Shell (Hrsg.): Jugend '97. Zukunftsperspektiven, gesellschaftliches Engagement, politische Orientierungen. Opladen. S.343-378

Frövel, J. (1994): Bedingungsfaktoren 'rechtsextremer Gewalt bei Jugendlichen'. Eine Einführungsstudie bei jugendlichen Straf- und Untersuchungsgefangenen in der Jugendanstalt Halle im Jahr 1992. In: DVJJ-Journal, Nr.145, H.1, S.45-48

Fromm, R. (1994): Am rechten Rand. Lexikon des Rechtsradikalismus. Marburg

Fromm, R./Kernbach, B. (2001): Rechtsextremismus im Internet. Die neue Gefahr. Augsburg

Frommel, M. (1994): Alles nur ein Vollzugsdefizit? Warum die Strafjustiz nicht angemessen auf die Gewaltverbrechen gegen Ausländer reagiert. In: DVJJ-Journal Nr. 145, H.1, S.67-68

Frommel, M. (1995): Fremdenfeindliche Gewalt, Polizei und Strafjustiz. In: Schacht, K./Leif, T./Janssen, H. (Hrsg.): Hilflos gegen Rechtsextremismus? Ursachen, Handlungsfelder, Projekterfahrungen. Köln. S.129-155

Funk, A. (1993): Rassismus: Kein Thema für die deutsche Polizei? Gedanken zu einem Tabu. In: Bürgerrechte & Polizei, Cilip 44, Nr.1, S.34-40

Funk, A. (1994): Der erkenntnisarme Verfassungsschutz. Strukturelle Grenzen bei der Erfassung des Rechtsextremismus. In: Heitmeyer, W. (Hrsg.): Das Gewalt-Dilemma. Gesellschaftliche Reaktionen auf fremdenfeindliche Gewalt und Rechtsextremismus. Frankfurt a.M. S.340-365

Gaiser, W./de Rijke, J. (2000) : Partizipation und politisches Engagement. In: Gille, M./Krüger, W. (Hrsg.): Unzufriedene Demokraten. Politische Orientierungen der 16- bis 29jährigen im vereinigten Deutschland (DJI-Jugendsurvey 2). Opladen. S.269-323

Gaiser, W./Gille, M./Krüger, W./de Rijke, J. (2000): Politikverdrossenheit in Ost und West? Einstellungen von Jugendlichen und jungen Erwachsenen. In: Aus Politik und Zeitgeschichte. B 19-20/00. S.12-23

Geng, B. (1999): Befunde einer Schülerbefragung. In: Neue Kriminalpolitik, 11.Jg., H.2, S.32-35

Gessenharter, W. (1999): In die Mitte der Gesellschaft drängt die intellektuelle Neue Rechte in Deutschland. In: Erziehung und Wissenschaft, 51.Jg., H.10, S.10-14

Geulen, D. (1981): Zur Konzeptualisierung sozialisationstheoretischer Entwicklungsmodelle. In: Matthes, J. (Hrsg.): Lebenswelt und soziale Probleme. Verhandlungen des 20. Soziologentages. Frankfurt a.M. S.537-556

Gille, M. u.a. (2000): Forschungsleitende Perspektiven und Konzept des Jugendsurveys. In: Gille, M./Krüger, W. (Hrsg.): Unzufriedene Demokraten. Politische Orientierungen der 16- bis 29jährigen im vereinigten Deutschland (DJI-Jugendsurvey 2). Opladen. S.11-32

Gille, M./Krüger, W. (Hrsg.) (2000): Unzufriedene Demokraten. Politische Orientierungen der 16- bis 29jährigen im vereinigten Deutschland (DJI-Jugendsurvey 2). Opladen

Gille, M./Krüger, W./de Rijke, J. (2000): Politische Orientierungen. In: Gille, M./Krüger, W. (Hrsg.): Unzufriedene Demokraten. Politische Orientierungen der 16- bis 29jährigen im vereinigten Deutschland (DJI-Jugendsurvey 2). Opladen. S.205-265

Gilmore, D.D. (1990): Manhood in the making. Cultural concepts of masculinity. London

Goffman, E. (1967): Stigma. Über Techniken der Bewältigung beschädigter Identität. Frankfurt a.m.

Gurr, T.R. (1972): Rebellion - Eine Motivationsanalyse von Aufruhr, Konspiration und innerem Krieg. Düsseldorf/Wien

Habermas, J. (1988): Individualisierung durch Vergesellschaftung. In: ders.: Nachmetaphysisches Denken. Philosophische Aufsätze. Frankfurt a.m. S.187-241

Hafemann, H. (1994): 'Gewaltprävention' - eine Gratwanderung. In: Sozial Extra, 18.Jg., H.3, S.9-12

Hafeneger, B. (1993a): Einspruch gegen das Verstehen um jeden Preis. In: Sozial Extra, 17.Jg., H.1-2, S.2-3

Hafeneger, B. (1993b): Wider die (Sozial-)Pädagogisierung von Gewalt und Rechtsextremismus. In: Deutsche Jugend, 41.Jg., H.3, S.120-126

Hall, S. (1981): Summer in the city. In: New socialist, 1.Jg., H.9-10

Hartmann, G. (1992): "Hier ist jeder Außenseiter". Gemeinwesenarbeit mit rechten Jugendlichen. In: Scherr, A. (Hrsg.): Jugendarbeit mit rechten Jugendlichen. Bielefeld. S.62-95

Hasselbach, I./Bonengel, W. (1994): Die Abrechnung. Ein Neonazi steigt aus. Berlin/Weimar

Hassenstein, B. (1972): Soziale Bewegungen und Staat. Nicht-intendierte Folgen neokorporatistischer Politik. In: Soziale Welt, 35.Jg., S.294-312

Hauf, C.-J. (1992): Kriminalitätserfassung und Kriminalitätsnachweis auf polizeilicher Ebene. Eine Problemanalyse. Godesberg

Heiliger, A. (1995): Feministische Mädchenarbeit als Chance gegen Rechtsextremismus, Rassismus und Sexismus. In: Wlecklik, P. (Hrsg.): Frauen und Rechtsextremismus. Göttingen. S.112-126

Heitmeyer, W. (1987): Rechtsextremistische Orientierungen bei Jugendlichen. Empirische Ergebnisse und Erklärungsmuster einer Untersuchung zur politischen Sozialisation. Weinheim/München

Heitmeyer, W. (1991): Politische Orientierungen bei westdeutschen Jugendlichen und die Risiken von deutsch-deutschen Vergleichsuntersuchungen. In: Büchner, P./ Krüger, H.-H. (Hrsg.): Aufwachsen hüben und drüben. Deutschdeutsche Kindheit und Jugend vor und nach der Vereinigung. Opladen. S.243-254

Heitmeyer, W. u.a. (1992): Die Bielefelder Rechtsextremismus-Studie. Erste Langzeituntersuchung zur politischen Sozialisation männlicher Jugendlicher. Weinheim/ München

Heitmeyer, W. (1993): Gesellschaftliche Desintegrationsprozesse als Ursachen von fremdenfeindlicher Gewalt und politischer Paralysierung. In: Aus Politik und Zeitgeschichte, 43.Jg., B.2-3, S.3-13

Heitmeyer, W. (1994): Das Desintegrations-Theorem. Ein Erklärungsansatz zu fremdenfeindlich motivierter, rechtsextremistischer Gewalt und zur Lähmung gesellschaftlicher Institutionen. In: ders. (Hrsg.): Das Gewalt-Dilemma. Gesellschaftliche Reaktionen auf fremdenfeindliche Gewalt und Rechtsextremismus. Frankfurt a. M. S.29-69

Heitmeyer, W. u.a. (1995): Gewalt. Schattenseiten der Individualisierung bei Jugendlichen aus unterschiedlichen Milieus. Weinheim/München

Heitmeyer, H. (1999): Ist der rückständige Rechtsextremismus zukunftsträchtig? Bedingungen der Politisierung und Entpolitisierung Jugendlicher. In: Dollase, R./Kliche, T./Moser, H. (Hrsg.): Politische Psychologie der Fremdenfeindlichkeit. Opfer – Täter – Mittäter. Weinheim/München. S.187-198

Heitmeyer, W./Olk, T. (Hrsg.) (1990): Individualisierung von Jugend. Gesellschaftliche Prozesse, subjektive Verarbeitungsformen, jugendpolitische Konsequenzen. Weinheim/München

Heitmeyer, W./Sander, U. (1992): Individualisierung und Verunsicherung. In: Mansel, J. (Hrsg.): Reaktionen Jugendlicher auf gesellschaftliche Bedrohung. Weinheim. S. 38-58

Heitmeyer, W./Anhut, R. (Hrsg.) (2000): Bedrohte Stadtgesellschaft. Soziale Desintegrationsprozesse und ethnisch-kulturelle Konfliktkonstellationen. Weinheim/München

Held, J./Horn, H.W./Leiprecht, R./Marvakis, A. (1991): "Du mußt so handeln, dass du Gewinn machst..." - Empirische Untersuchungen und theoretische Überlegungen zu politischen Orientierungen jugendlicher Arbeitnehmer. In: Duisburger Institut für Sprach- und Sozialforschung (Hrsg.): DISS-Text Nr.18. Duisburg

Held, J./Horn, H.W./Marvakis, A. (1994): Politische Orientierung und Gewaltbereitschaft von Jugendlichen in Deutschland - Folgerungen für die Jugendarbeit. In: Deutsche Jugend, 42.Jg., H.11, S.475-487

Held, J./Bibouche, S. (2002): Die IG-Metall Jugendstudie. Neue Orientierungen und Engagementformen bei jungen Arbeitnehmer/innen. Erste Ergebnisse. IG-Metall

Heldt, U. (1999): Sozialpädagogische Arbeit mit rechtsextrem orientierten Jugendlichen in Vorpommern – Ein Praxisbericht. In: Dünkel, F./Geng, B. (Hrsg.): Rechtsextremismus und Fremdenfeindlichkeit. Bestandsaufnahme und Interventionsstrategien. Godesberg

Herz, T. (1993): Gegen eine Verständigung mit Rechtsradikalen. In: Neue Kriminalpolitik, 5.Jg., H.4, S.22-23

Hirschmann, A.O. (1974): Abwanderung und Widerspruch. Tübingen

Hirschmann, A.O. (1984): Engagement und Enttäuschung. Über das Schwanken der Bürger zwischen Privatwohl und Gemeinwohl. Frankfurt a. M.

Hoffmann-Göttig, J. (2000): Der Jugend eine Zukunft. Politische Herausforderung durch die nachwachsende Generation. In: Aus Politik und Zeitgeschichte. B 19-20/00. S.24-33

Hoffmann-Lange, U. (Hrsg.) (1995): Jugend und Demokratie in Deutschland. DJI-Jugendsurvey 1. Opladen

Hoffmann-Nowotny, H.-J. (1988): Gesamtgesellschaftliche Determinanten des Individualisierungsprozesses. In: Zeitschrift für Sozialreform, 34.Jg., H.11/12, S.659-670

Hurrelmann, K. (1983): Das Modell des produktiv realitätsverarbeitenden Subjekts in der Sozialisationsforschung. In: Zeitschrift für Sozialisationsforschung und Erziehungssoziologie, 3.Jg., H.1, S.91-103

Hurrelmann, K. (1994): Lebensphase Jugend. Eine Einführung in die sozialwissenschaftliche Jugendforschung. Weinheim/München

IPOS (Hrsg.) (1988-1992): Einstellungen zu aktuellen Fragen der Innenpolitik in Deutschland. Mannheim

Jacob, S. (1999): Jugend und Politik. In: Frindte, W. (Hrsg.): Fremde. Freunde. Feindlichkeiten. Sozialpsychologische Untersuchungen. Opladen/Wiesbaden. S.103-117

Jakubait, G./Schattenhofer, K. (1996): Fremdheitskompetenz. Ein Weg zum aktiven Neben- und Miteinander von Deutschen und Fremden. In: Neue Praxis, 26.Jg., H.5, S.389-408

Jaschke, H.-G. (1987): Rechtsextremismus. In: Fetscher, I./Münkler, H. (Hrsg.): Pipers Wörterbuch der Politischen Ideen. Band 5. München. S.487-495

Jaschke, H.-G. (1991): Streitbare Demokratie und innere Sicherheit. Grundlagen, Praxis und Kritik. Opladen

Jaschke, H.-G. (1994a): Rechtsextremismus, Fremdenfeindlichkeit und die Polizei. In: Institut für Sozialforschung (Hrsg.): Rechtsextremismus und Fremdenfeindlichkeit: Studien zur aktuellen Entwicklung. Frankfurt a.m. S.167-210

Jaschke, H.-G. (1994b): Rechtsextremismus und Fremdenfeindlichkeit. Begriffe, Positionen, Praxisfelder. Opladen

Joad, C.E.M. (1939): Why war? Harmondsworth

Jugendwerk der Deutschen Shell (Hrsg.) (1992): Jugend '92. Lebenslagen, Orientierungen und Entwicklungsperspektiven im vereinigten Deutschland, 4 Bände. Opladen

Jugendwerk der Deutschen Shell (Hrsg.) (1997): Jugend '97. Zukunftsperspektiven, gesellschaftliches Engagement, politische Orientierungen. Opladen

Kaiser, G. (1959): Randalierende Jugend. Eine soziologische und kriminologische Studie über die sogenannten 'Halbstarken'. Heidelberg

Kalinowsky, H.H. (1990): Rechtsextremismus und Strafrechtspflege. Bonn

Kalinowsky, H.H. (1993): Kampfplatz Justiz. Politische Justiz und Rechtsextremismus in der BRD 1949-1990. Pfaffenweiler

Kanther, M. (1997): Vorwort des Bundesministers des Innern. In: Bundesministerium des Innern (Hrsg.): Verfassungsschutzbericht 1997. Bonn. S.3-4

Karstedt, S. (1997): Alte Kämpfer - Junge Rechte. Rechtsextremismus und Gewalt in zwei Generationen. In: Kriminologisches Journal, 6. Beiheft, S.115-135

Kerner, H.-J. (1973): Verbrechenswirklichkeit und Strafverfolgung. München

Kerner, H.-J. (1993a): Kriminalstatistik. In: Kaiser, G./Kerner, H.-J./Sack, F./Schellhoss, H. (Hrsg.): Kleines Kriminologisches Wörterbuch. Heidelberg. S.294-300

238

Kerner, H.-J. (1993b): Ersttäter. In: Kaiser, G./Kerner, H.-J./Sack, F./Schellhoss, H. (Hrsg.): Kleines Kriminologisches Wörterbuch. Heidelberg. S.121-124

Kerner, H.-J. (1994): Kriminalität als Konstrukt. In: Universitas, 49.Jg., H.10, S.925-937

Kerner, H.-J./Kaiser, G./Kreuzer, A./Pfeiffer, C. (1990): Ursachen, Prävention und Kontrolle von Gewalt aus kriminologischer Sicht. In: Schwind, H.-D./ Baumann, J. u.a. (Hrsg.): Ursachen, Prävention und Kontrolle von Gewalt. Analysen und Vorschläge der Unabhängigen Regierungskommission zur Verhinderung und Bekämpfung von Gewalt (Gewaltkommission). Berlin. S.415-606

Kerner, S.R. (1994): Kriminologische Erklärungsansätze für Fremdenfeindlichkeit, Rechtsextremismus und Gewalt. In: Der Kriminalist, 25.Jg., H.3, S.147-151

Kersten, J. (1993): Hilft der Praxis eine Überdosis von Begriffsballaststoffen bei der Verdauung der 'neuen Jugendgewalt'? In: DVJJ-Journal, Nr.141, H.1, S.38-43

Kersten, J. (1994): Feindbildkonstruktionen und Gewalthandlungen bei Gruppierungen junger Männer. In: Bergmann, W./Erb, R. (Hrsg.): Neonazismus und rechte Subkultur. Berlin. S. 125-142

Kersten, J. (1995): Junge Männer und Gewalt. In: Neue Kriminalpolitik, 8.Jg., H.1, S. 22-27

Kersten, J. (1997): Gut und (Ge)schlecht. Männlichkeit, Kultur und Kriminalität. Berlin/New York

Kersten, J./Steinert, H. (1997): Einleitung: Kriminalität als Bewerkstelligung von Geschlecht. 'Starke Typen' mit Risiken und Nebenwirkungen. In: dies. (Hrsg.): Starke Typen. Iron Mike, Dirty Harry, Crocodile Dundee und der Alltag von Männlichkeit. Jahrbuch für Rechts und Kriminalsoziologie 1996. Baden-Baden. S.7-12

Kilian, H. (1971): Das enteignete Bewusstsein. Neuwied/Berlin

Klatetzki, T. (1993): Intergruppenverhalten als Grundlage sozialpädagogischen Handelns gegen Rassismus und Gewalt. In: Otto, H.-U./Merten, R. (Hrsg.): Rechtsradikale Gewalt im vereinigten Deutschland. Jugend im gesellschaftlichen Umbruch. Bonn. S. 356-364

Kleinert, C. (2000a): Nationale Identität. In: Gille, M./Krüger, W. (Hrsg.): Unzufriedene Demokraten. Politische Orientierungen der 16- bis 29jährigen im vereinigten Deutschland (DJI-Jugendsurvey 2). Opladen. S.325-354

Kleinert, C. (2000b): Einstellungen gegenüber Migranten. In: Gille, M./Krüger, W. (Hrsg.): Unzufriedene Demokraten. Politische Orientierungen der 16- bis 29jährigen im vereinigten Deutschland (DJI-Jugendsurvey 2). Opladen. S.355-397

Kleinert, C./Krüger, W./Willems, H. (1998): Einstellungen junger Deutscher gegenüber ausländischen Mitbürgern und ihre Bedeutung hinsichtlich politischer Orientierungen. Ausgewählte Ergebnisse des DJI-Jugendsurvey 1997. In: Aus Politik und Zeitgeschichte, B 31/98, S. 14-27

Klose, C./Rademacher, H./Hafeneger, B./Jansen, M. (2000): Gewalt und Fremdenfeindlichkeit – jugendpädagogische Auswege. Opladen

Kommission der Europäischen Gemeinschaft (Hrsg.) (1988; 1990-1992; 1997): Eurobarometer. Die öffentliche Meinung in der Europäischen Union. Brüssel

Kornhäuser, W. (1959): The politics of mass society. New York

Kowalsky, W. (1993): Nicht Antifaschismus, sondern Anti-Rechtsextremismus. In: Das Argument, 35.Jg., H.4, S.571ff

Kowalsky, W./Schroeder, W. (1994a): Rechtsextremismus - Begriff, Methode, Analyse. In: dies. (Hrsg.): Rechtsextremismus. Einführung und Forschungsbilanz. Opladen. S.7-22

Kowalsky, W./Schroeder, W. (1994b): Rechtsextremismusforschung: Desintegration, Deprivation und andere begrifflich-theoretische Dilemmata. In: Neue Soziale Bewegungen, 7.Jg., H.4, S.54-64

Krafeld, F.J. (1994): Kontroverse als Chance? Zum Streit um 'akzeptierende Jugendarbeit'. In: Sozial Extra, 18.Jg., H.3, S.2-4

Krafeld, F.J. (1996): Die Praxis akzeptierender Jugendarbeit. Konzepte, Erfahrungen, Analysen aus der Arbeit mit rechten Jugendlichen. Opladen

Krafeld, F.J./Möller, K./Müller, A. (1993): Jugendarbeit in rechten Szenen. Ansätze - Erfahrungen - Perspektiven. Bremen

Krafeld, F.J./Lutzebäck, E./Schaar, G./Storm, C./Welp, W. (1993): Akzeptierende Jugendarbeit mit rechtsextremen Jugendlichen? Konzeptionelle Grundlinien praktischer Erfahrungen. In: Heil, H./Perik, M./Wendt, P.-U. (Hrsg.): Jugend und Gewalt. Über den Umgang mit gewaltbereiten Jugendlichen. Berlin. S.91-100

Krause, F. (1992): Streetwork in Cliquen, Szenen und Jugend(sub)kulturen. In: Jugendhilfe, Heft 3, S. 98 ff.

Kraußlach, J./Düwer, F.W./Fellberg, G. (1978): Aggressive Jugendliche. Jugendarbeit zwischen Kneipe und Knast. München

Kubink, M. (1997): Fremdenfeindliche Straftaten. Polizeiliche Registrierung und justizielle Erledigung am Beispiel Köln und Wuppertal. Berlin

Kühnel, W. (1992): Orientierungen im politischen Handlungsraum. In: Jugendwerk der Deutschen Shell (Hrsg.): Jugend '92. Lebenslagen, Orientierungen und Entwicklungsperspektiven im vereinigten Deutschland, 4 Bände. Opladen. S.59-72

Kürzinger, J. (1978): Private Strafanzeige und polizeiliche Reaktion. Berlin

Kunkat, A. (1999): Rechtsextremistische Orientierung männlicher Jugendlicher. In: Neue Kriminalpolitik, 11.Jg., H.2, S.30-32

Kunstreich, T. (1996): In der Stadt erleben wir zur Zeit eine Art Krieg... Als AgAG-Berater in Rostock. Ein Praxisbericht in Dokumenten. In: Stickelmann, B. (Hrsg.): Zuschlagen oder Zuhören. Weinheim/München. S. 167-196

Laing, R.D./Phillipson, H./Lee, A.R. (1973): Interpersonelle Wahrnehmung. Frankfurt a. M.

Landeskriminalamt Baden-Württemberg (Hrsg.) (1999): Täterbezogene Untersuchung fremdenfeindlicher Straftaten in Baden-Württemberg 1991-1997. Stuttgart

Lau, T./Soeffner, H.-G. (1994): Fremdenfeindlichkeit und Rechtsradikalismus. In: Bergmann, W./Erb, R. (Hrsg.): Neonazismus und rechte Subkultur. Berlin. S.15-30

Lazai, E. (1993): Berliner Polizei und Rechtsextremismus. Versuch einer Situationsbeschreibung. In: Bürgerrechte & Polizei, Cilip 44, Nr.1, S.41-45

Lazarus, R.S./Kanner, A.D./Folkman, S. (1980): Emotions. A cognitive-phenomenalogical analysis. In: Plutchik, R./Kellermann, H. (Hrsg.): Emotion. Theory, research, and experience. Vol. 1: Theories of emotions. New York. S.189-217

Le Bon, G. (1897): The crowd. London

Le Bon, G. (1938): Psychologie der Massen. Stuttgart

Leggewie, C. (1993): Druck von rechts. Wohin treibt die BRD? München

Leiprecht, R. (1990): ... da baut sich in uns ja ein Haß auf. Zur subjektiven Funktion von Rassismus und Ethnozentrismus bei abhängig beschäftigten Jugendlichen. Hamburg/Berlin

Leiprecht, R. (1998): "Es ist doch näher dran..." Ethnizismus bei Jugendlichen in den Niederlanden und ein vergleichender Blick nach Deutschland. Eine empirische Untersuchung zu Diskursen, Repräsentationen und Umgangsweisen und eine theoretische Auseinandersetzung zu Konzepten der Rassismusforschung. Veröffentlichung voraussichtlich Frühjahr 1998

Levin, J./McDevitt, J. (1993): Hate Crimes. New York

Loeper, D.v./Loeper, A.v. (Hrsg.) (1998): Handbuch der Asylarbeit. Karlsruhe

Lukas, H./Krieter, U./Ayllon-Wriedt, B. (1994): Jugendarbeit – gewaltig gegen Gewalt? Vertiefende Untersuchung von Projekt- und Praxiserfahrungen zum Thema Gewalt. In: IFFJ des Vereins für Kommunalwissenschaften e.V. (u.a.) (Hrsg.): Bericht und Materialien zum AgAG. Berlin. Band 5. S.175-180

Mandl, H./Huber, G. L. (1983) (Hrsg.): Emotion und Kognition. München/ Wien/Baltimore

Marx, K. (1966): Der 18te Brumaire des Louis Bonaparte. ME-Studienausgabe. Band 4. Frankfurt a. M.

Marx, K. (1988): Das Elend der Philosophie. Antwort auf Proudhons 'Philosophie des Elends'. In: Engels, F.: Grundsätze des Kommunismus. Berlin. S.50-52

Marx, K./Engels, F. (1966): Manifest der kommunistischen Partei. ME-Studienausgabe. Band 2. Frankfurt a. M.

Maturana, H.R./Varela, F.J. (1985): Autopoietische Systeme: Eine Bestimmung der lebendigen Organisation. In: Maturana, H.R. (Hrsg.): Erkennen: Die Organisation und Verkörperung von Wirklichkeit. Braunschweig/Wiesbaden. S.170-235

Mayer, K.-U. (1991): Soziale Ungleichheit und die Differenzierung von Lebensverläufen. In: Zapf, W. (Hrsg.): Die Modernisierung moderner Gesellschaften. Frankfurt/New York. S.667-687

Melzer, W. (1992): Jugend und Politik in Deutschland. Gesellschaftliche Einstellungen, Zukunftsorientierungen und Rechtsextremismus-Potential Jugendlicher in Ost- und Westdeutschland. Opladen

Merten, R. (1995): Fremdenfeindliche Gewalt als ein Problem der Wertevermittlung? In: Schacht, K./Leif, T./Janssen, H. (Hrsg.): Hilflos gegen Rechtsextremismus? Ursachen, Handlungsfelder, Projekterfahrungen. Köln. S.43-69

Merten, R./Otto, H.-U. (1993): Rechtsradikale Gewalt im vereinigten Deutschland: Jugend im Kontext von Gewalt, Rassismus und Rechtsextremismus. In: Otto, H.-U./Merten, R. (Hrsg.): Rechtsradikale Gewalt im vereinigten Deutschland. Jugend im gesellschaftlichen Umbruch. Bonn. S.13-33

Merton, R.K. (1968): Continuties in the theory of Social Structure and Anomie. In: ders.: Social theory and social structure. Enlarged Edition. Glencoe. S.215-248

Merton, R.K. (1964): Social theory and social structure. Glencoe

Merton, R.K./Rossi, A.S. (1968): Contributions to the theory of reference group behavior. In: Merton, R.K.: Social theory and social structure. Enlarged Edition. Glencoe. S.279-334

Miles, R. (1992): Der Zusammenhang von Rassismus und Nationalismus: Die Perspektive des vereinigten Königreichs. In: Leiprecht, R. (Hrsg.): Unter anderen. Rassismus und Jugendarbeit. Duisburg. S.20-42

Mitscherlich, A. (1975): Zur Psychologie des Vorurteils. In: Hartmann, K.D. (Hrsg.): Vorurteile, Ängste, Aggressionen. Ausgewählte Beiträge aus der Reihe Politische Psychologie. Frankfurt a.M. S.9-18

Möller, K. (1991): Geschlechtsspezifische Aspekte der Anfälligkeit für Rechtsextremismus in der Bundesrepublik Deutschland. In: Frauenforschung, 9.Jg., H.3, S.27-49

Möller, K. (1992a): Von 'normaler' Ausgrenzung bis zu rigorosem Fremdenhass. Formen der Xenophobie. In: Sozialmagazin, 17.Jg., H.7/8, S.50-56

Möller, K. (1992b): Vortrag über Ursachen rechter Gewalt im Rahmen des Breuninger Kollegs Stuttgart. In: Stuttgarter Nachrichten vom 12.10.1992

Möller, K. (1995): Fremdenfeindliche Gewalt: Zwischen 'Ausländer raus!' und 'Nazis raus!'. In: Hurrelmann, K./Palentien, C./Wilken, W. (Hrsg.): Anti-Gewalt-Report: Handeln gegen Aggressionen in Familie, Schule und Freizeit. Weinheim/Basel. S.181-207

Möller, K. (1996): Gewalt und Rechtsextremismus. Konturen-Erklärungs-ansätze-Grundlinien politisch-pädagogischer Konsequenzen. In: Möller, K./Schiele, S. (Hrsg.): Gewalt und Rechtsextremismus. Ideen und Projekte für soziale Arbeit und politische Bildung. Schwalbach/Ts. S.12-50

Möller, K./Müller, J. (1992): Zwischen Befremden und Entfremdung. Bedro-hungsgefühle durch Zuwanderung von MigrantInnen. In: Mansel, J. (Hrsg.): Reaktionen Jugendlicher auf gesellschaftliche Bedrohung. Weinheim. S.228-245

Morrison, D.E. (1971): Some notes towards theory on relative deprivation, so-cial movements and social change. In: American Behavioral Scientist, 14.Jg., May/June, S.675-690

Morshäuser, B. (1992): Hauptsache Deutsch. Frankfurt a.M.

Morshäuser, B. (1993): Warten auf den Führer. Frankfurt a.M.

Muchow, H.H. (1956): Zur Psychologie und Pädagogik der Halbstarken I-III. In: Unsere Jugend, 8.Jg., H.9, S.388-394 (I), H.10, S.442-449 (II), H.11, S.486-491 (III)

Mücke, T./Korn, J. (1993): Miteinander statt Gegeneinander. Neue Wege in der Jugendarbeit - Dialogversuch mit rechtsextrem orientierten Jugendlichen. In: Heil, H./ Perik, M./Wendt, P.-U. (Hrsg.): Jugend und Gewalt. Über den Um-gang mit gewaltbereiten Jugendlichen. Marburg. S.101-125

Müller, S./ Otto, H.-U. (1986): Sozialarbeit im Souterrain der Justiz. Plädoyer zur Aufkündigung einer verhängnisvollen Allianz. In: dies. (Hrsg.): Damit Erziehung nicht zur Strafe wird. Sozialarbeit als Konfliktschlichtung. Biele-feld. S.VII-XXI

Münchmeier, R. (2000): Miteinander – Nebeneinander – Gegeneinander? Zum Verhältnis zwischen deutschen und ausländischen Jugendlichen. In: Deutsche Shell (Hrsg.): Jugend 2000. Band 1. Opladen. S.221-260

Muller, E.N. (1979): Aggressive political participation. Princeton

Mummendey, A. (1980): Aggressives Verhalten als soziale Interaktion. In: Universität Bielefeld (Hrsg.): Bielefelder Arbeiten zur Sozialpsychologie, Nr.67, S.1-15

Mummendey, A. u.a. (1984): Social Psychology of Aggression. Berlin

Mummendey, A./Linneweber, V. (1981): Systematisierung des Kontextes aggressiver Interaktionen: Beziehungen zum Behavior-Setting-Konzept. In: Universität Bielefeld (Hrsg.): Bielefelder Arbeiten zur Sozialpsychologie, Nr.78, S.1-16

Murck, M. (1995): Die Haltung der Polizei in den Konflikten mit Rechtsextremen. In: Schacht, K./Leif, T./Janssen, H. (Hrsg.): Hilflos gegen Rechtsextremismus? Ursachen, Handlungsfelder, Projekterfahrungen. Köln. S.156-176

Negt, O. (1968): Soziologische Phantasie und exemplarisches Lernen. Zur Theorie und Praxis der Arbeiterbildung. Frankfurt a.M.

Neidhardt, F. (1985): Einige Ideen zu einer allgemeinen Theorie sozialer Bewegungen. Köln

Neidhardt, F./Rucht, D. (1993): Auf dem Weg in die Bewegungsgesellschaft? In: Soziale Welt, 44.Jg., H.3, S.305-326

Neureiter, M. (1996): Rechtsextremismus im vereinigten Deutschland. Eine Untersuchung sozialwissenschaftlicher Deutungsmuster und Erklärungsansätze. Marburg

Nickolai, W./Walter, J. (1994): Rechtsorientierte gewalttätige Jugendliche in und außerhalb des Strafvollzuges - Wie reagiert die Sozialarbeit? In: Zeitschrift für Strafvollzug, 45.Jg., H.2, S.69-74

Nirumand, B. (1992): Der Deutsche hasst nicht die Fremden - eher hasst er sich selbst. In: Die Zeit vom 25.09.1992

Nunner-Winkler, G. (1990): Veränderte Wertorientierungen. Neue Identitätskonzepte. In: Evangelische Akademien in Deutschland (Hrsg.): Zukunftsforum Jugend 2000, Nr.3, S.3-8

Obergfell-Fuchs, J./Fuchs, I. (1993): Einstellungsmuster von Jugendlichen. Eine vergleichende Untersuchung in Jena und Freiburg 1991/92 und 1993. In: Kaiser, G./ Kury, H. (Hrsg.): Kriminologische Forschung in den 90'er Jahren. Band 1 u. 2. Freiburg. S.215-254

Oesterreich, D. (1993a): Autoritäre Persönlichkeit und Gesellschaftsordnung. Der Stellenwert psychischer Faktoren für politische Einstellungen - eine empirische Untersuchung von Jugendlichen in Ost und West. Weinheim/München

Oesterreich, D. (1993b): Leben die hässlichen Deutschen im Osten? Vergleich von Ost- und Westberliner Jugendlichen. In: Otto, H.-U./Merten, R. (Hrsg.): Rechtsradikale Gewalt im vereinigten Deutschland. Jugend im gesellschaftlichen Umbruch. Opladen. S.182-188

Oesterreich, D. (1994): Radikalisierung und Krise. Rechtsextremismus bei ost- und westberliner Jugendlichen. In: Newsletter des Forschungsnetzwerkes für multi-ethnische Konflikte, 2.Jg., H.1, S.12-19

Ohder, C. (1992): Gewalt durch Gruppen Jugendlicher. Berlin

Ohlemacher, T. (1993): Bevölkerungsmeinung und Gewalt gegen Ausländer im wiedervereinigten Deutschland. Empirische Anmerkungen zu einem unklaren Verhältnis. In: WZB discussion papers, 7.Jg., H.3, S.93-104

Olk, T. (1985): Entstrukturierung der Jugendphase. In: Zeitschrift für Pädagogik. Sonderband 1985. S.290-301

Olk, T./Otto, H.-U. (1981): Wertewandel und Sozialarbeit. In: Neue Praxis, 11.Jg., H.2, S.99-146

Opp, K.D. (1979): Das ökonomische Programm in der Soziologie. In: Albert, H./Zapf, K.H. (Hrsg.): Theorie und Erfahrung. Stuttgart. S.313-350

Opp, K.D. u.a. (Hrsg.) (1984): Soziale Probleme und Protestverhalten. Eine empirische Konfrontation des Modells rationalen Verhaltens mit soziologischen und demographischen Hypothesen am Beispiel von Atomkraftgegnern. Opladen

Parsons, T. (1964): Beiträge zur soziologischen Theorie. Neuwied/Berlin

Peuker, C./Gaßebner, M./Wahl, K. (2000): Fremdenfeindlichkeit: Taten, Täter, Trends. (Entwurf). München

Pfahl-Traughber, A. (1993a): Rechtsextremismus. Eine kritische Bestandsaufnahme nach der Wiedervereinigung. Bonn

Pfahl-Traughber, A. (1993b): Nur Modernisierungsopfer? Eine Kritik der Heitmeyer-Studien. In: Die neue Gesellschaft. Frankfurter Hefte, 40.Jg., H.4, S.329-336

Pfahl-Traughber, A. (1994): Rechtsextreme Subkulturen. Verbindungen und Divergenzen im westlichen und östlichen Deutschland. In: Löw, K. (Hrsg.): Terror und Extremismus in Deutschland. Berlin. S.65-82

Pfahl-Traughber, A. (1995): Rechtsextremismus in Deutschland. Bestandsaufnahme und Problemaufriß. In: Schacht, K./Leif, T./Janssen, H. (Hrsg.): Hilflos gegen Rechtsextremismus? Ursachen, Handlungsfelder, Projekterfahrungen. Köln. S.11-42

Piaget, J. (1983): Das moralische Urteil beim Kinde. Stuttgart

Pilz, G.A. (1993): Jugend, Gewalt und Rechtsextremismus. Möglichkeiten und Notwendigkeiten politischen, polizeilichen und (sozial-) pädagogischen Handelns. Hannover

Pilz, G.A./Schippert, D./Silberstein, W. (Hrsg.) (1990): Das Fußballfanprojekt Hannover. Ergebnisse und Perspektiven aus praktischer Arbeit und wissenschaftlicher Begleitung. Münster

Prüß, F. (1999): Schule und Rechtsextremismus – Möglichkeiten der Prävention. In: Dünkel, F./Geng, B. (Hrsg.): Rechtsextremismus und Fremdenfeindlichkeit. Bestandsaufnahme und Interventionsstrategien. Mönchengladbach. S.347-365

Puhl, R. (1993a): Der Sprung nach rechts. Interview mit Hans-Gerd Jaschke. In: Sozialmagazin, 18.Jg., H.2, S.17-20

Puhl, R. (1993b): Bloß nicht gleich rausschmeißen. Interview mit Dieter Kreft. In: Sozialmagazin, 18.Jg., H.2, S.22-25

Rammstedt, O. (1978): Soziale Bewegung. Frankfurt a. M.

Raschke, J. (1985): Soziale Bewegungen. Ein historisch-systematischer Grundriss. Frankfurt/New York

Reckling, P. (1997): Pädagogischer Umgang mit gewaltbereiten und rechtsradikalen Jugendlichen und jungen Erwachsenen in der Bewährungshilfe. (Projekt: Erlebnisorientierte Gruppenarbeit). Marburg

Reinecke, P. (1995): Ausgrenzen oder Integrieren? Zur Problematik rechtsextremer gewalttätiger junger Menschen. In: DVJJ-Journal, Nr.148, H.1, S.78-81

Rerrich, M.S. (1988): Balanceakt Familie. Zwischen alten Leitbildern und neuen Lebensformen. Freiburg i.B.

Retzer, A. (1992): Die Geburt der Gewalt aus dem Geist der Liebe. In: Schweitzer, J./Retzer, A./Fischer, H.R. (Hrsg.): Systemische Praxis und Postmoderne. Frankfurt a.m. S.297-329

Rössner, D./Bannenberg, B./Coester, M. (Hrsg.) (2002): Empirisch gesicherte Erkenntnisse über kriminalpräventive Wirkungen. Eine Sekundäranalyse der kriminalpräventiven Wirkungsforschung. Gutachten für die Landeshauptstadt Düsseldorf. Düsseldorf

Rommelspacher, B. (1991a): Rechtsextreme als Opfer der Risikogesellschaft. Zur Täterentlastung in den Sozialwissenschaften. In: 1999 - Zeitschrift für Sozialgeschichte des 20. und 21. Jahrhunderts, 6.Jg., H.2, S.75-87

Rommelspacher, B. (1991b): Heile, heile Nazi, es wird schon wieder gut. In: Konkret, H.9, S.52ff

Rommelspacher, B. (1993): Die Moschee neben der Kirche ist eine narzißtische Kränkung. In: Freitag vom 12.03.1993

Rotter, J. (1966): Generalized expectancies for internal and external control of reinforcement. In: Psychological Monographs, 80.Jg., H.1, S.1-28

Rump-Räuber, M. (1999): Ratlosigkeit muss nicht sein. In: Erziehung und Wissenschaft, 51.Jg, H.10, S.15-16

Runciman, W.G. (1966): Relative deprivation and social justice. London

Sander, W. (Hrsg.) (1997): Handbuch politische Bildung. Schwalbach

Schachter, S. (1971): Emotion, obesity and crime. New York

Scherr, A. (1992a): Gegen 'Leggewiesierung' und 'Heitmeyerei' im Antifaschismus. Antikritisches zur Debatte um eine Pädagogik mit rechtsorientierten Jugendlichen. In: ders. (Hrsg.): Jugendarbeit mit rechten Jugendlichen. Bielefeld. S.17-36

Scherr, A. (1992b): Anforderungen an professionelle Jugendarbeit mit ausländerfeindlichen und gewaltbereiten Jugendszenen. In: Neue Praxis, 22.Jg., H.5, S.387-395

Scherr, A. (1993a): Möglichkeiten und Grenzen der Jugendarbeit mit rechten Jugendlichen. In: Deutsche Jugend, 41.Jg., H.3, S.127-135

Scherr, A. (1993b): Stabile Strukturen statt kurzfristiger Programme. Neun Thesen zur Jugendarbeit mit rechten Jugendlichen. In: Sozialmagazin, 18.Jg., H.5, S.28-30

Scherr, A. (1994a): Politische Funktion und politische Funktionalisierung der sozialpädagogischen Arbeit mit 'rechtsextremen' Jugendlichen. In: Sozialmagazin, 19.Jg., H.11, S.46-53

Scherr, A. (1994b): Die Konstruktion des 'jugendlichen Gewalttäters'. In: Kriminologisches Journal, 26.Jg., H.3, S.162-169

Scherr, A. (1996): Antirassistische Bildungsarbeit mit Hauptschülerinnen und Hauptschülern. Ein Erfahrungsbericht. In: Deutsche Jugend, 44.Jg., H.7-8, S.310-315

Scherr, A. (1999): Forschungsbefunde zum Rechtsextremismus. In: Neue Kriminalpolitik, 11.Jg., H.2, S.23-29

Scherr, A./Walcher, P. (1992): Rechte Jugendliche - eine Herausforderung an die Jugendarbeit. In: Scherr, A. (Hrsg.): Jugendarbeit mit rechten Jugendlichen. Bielefeld. S.9-16

Schneider, H. (1995): Politische Partizipation - zwischen Krise und Wandel. In: Hoffmann-Lange, U. (Hrsg.): Jugend und Demokratie in Deutschland. DJI-Jugendsurvey 1. Opladen. S.275-336

Schneider, H.J. (1987): Kriminologie. Berlin/New York

Schneider, H.J. (1995): Haß auf das Fremde. Hassverbrechen: Eine neue kriminologische Deliktskategorie. In: Universitas, 50.Jg., H.12, S.1167-1181

Schneider, H. J. (2001): Opfer von Hassverbrechen junger Menschen: Wirkungen und Konsequenzen. Fremdenfeindlichkeit in viktimologischer Perspektive. In: Monatsschrift für Kriminologie und Strafrechtsreform. 84.Jg., H.5, S.357-371

Schoßig, B. (1993): Rechtsextremismus und Gewaltakzeptanz bei Jugendlichen als Herausforderung an Jugendarbeit und Jugendpolitik. In: Unsere Jugend, 45.Jg., H.10, S.416-426

Schubarth, W. (1999): Pädagogik und politische Bildung angesichts von Rechtsextremismus und Gewalt. In: Dünkel, F./Geng, B. (Hrsg.): Rechtsextremismus und Fremdenfeindlichkeit. Bestandsaufnahme und Interventionsstrategien. Mönchengladbach. S.329-345

Schumann, K.F. (1993): Nur jeder zehnte rechte Gewalttäter ist arbeitslos. In: Frankfurter Rundschau vom 1.7.1993

Schwagerl, H.J. (1985): Verfassungsschutz in der Bundesrepublik Deutschland. Heidelberg

Schwagerl, H.J. (1994): Rechtsextremes Denken. Merkmale und Methoden. Frankfurt a. M.

Schwind, H.-D. (1997): Erziehung aus kriminologischer Sicht. Inwieweit hat die Jugendkriminalität mit Erziehungsdefiziten zu tun? In: Böhm, A. u.a. (Hrsg.): Jugendkriminalität - Herausforderung für Staat und Gesellschaft. Sankt Augustin. S.7-17

Selg, H. (1971): Die Frustrations-Aggressions-Theorie. In: Selg, H. u.a. (Hrsg.): Zur Aggression verdammt? Ein Überblick über die Psychologie der Aggression. Stuttgart/Berlin/Köln/Mainz. S.11-37

Sherif, M. (1935): A study of some social factors in perceptions. In: Archives of Psychology, 30.JG., H.187, S.1-60

Sherif, M./Harvey, O.J. (1952): A study in ego functioning: elimination of stable anchorages in individual and group situations. In: Sociometry, 15.Jg., S.272-305

Simon, T. (1989): Rocker in der Bundesrepublik. Eine Subkultur zwischen Jugendprotest und Traditionsbildung. Weinheim

Simon, T. (1996): Raufhandel und Randale. Sozialgeschichte aggressiver Jugendkulturen und pädagogischer Bemühungen vom 19. Jahrhundert bis zur Gegenwart. Weinheim/München

Smelser, N.J. (1972a): Theorie des kollektiven Verhaltens. Köln

Smelser, N.J. (1972b): Fragen über Reichweite und Problembereiche einer Theorie kollektiven Verhaltens. In: Heinz, W.R./Schöber, P. (Hrsg.): Theorien kollektiven Verhaltens - Beiträge zur Analyse sozialer Protestaktionen und Bewegungen. Band 1. Darmstadt/Neuwied. S.79-88

SINUS-Institut (1992): Lebensweltforschung und soziale Milieus in West- und Ostdeutschland. Heidelberg

Solomos, J. (1984): Black youth in the 1980-81 riots: Official interpretations and political responses

Statistisches Bundesamt (Hrsg.) (1992): Statistisches Jahrbuch 1992 für die Bundesrepublik Deutschland. Wiesbaden

Steffen, W. (1976): Analyse polizeilicher Ermittlungstätigkeit aus der Sicht des späteren Strafverfahrens. Wiesbaden

Steger, P. (2000): Sportbezogene Ansätze: Einige Punkte zum Selbstverständnis gewaltpräventiver Arbeit mit rechtsorientierten Jugendlichen. In: DJI (Hrsg.): Rechtsextremismus und Fremdenfeindlichkeit – Aufgaben und Grenzen der Kinder- und Jugendhilfe. Leipzig. S.46-59

Stickelmann, B. (Hrsg.) (1996): Zuschlagen oder Zuhören. Jugendarbeit mit gewaltorientierten Jugendlichen. Weinheim/München

Stöss, R. (1994): Forschungs- und Erklärungsansätze - ein Überblick. In: Kowalsky, W./Schroeder, W. (Hrsg.): Rechtsextremismus. Einführung und Forschungsbilanz. Opladen. S.23-68

Stouffer, S.A. u.a. (1949): The American soldier. Adjustment during army life. Princeton

Streng, F. (1995): Fremdenfeindliche Gewaltkriminalität als Herausforderung für kriminologische Erklärungsansätze - Betrachtungen zu Anomie, Status, Subkultur und Heterophobie. In: Jura, 17.Jg., H.4, S.182-191

Tannenbaum, F. (1953): Crime and community. London

Tannenbaum, P.H. (1980): Entertainment as vicarious emotional experience. In: ders. (Hrsg.): The entertainment functions of television. New York. S.107-132

Tilly, C. (1978): From mobilization to revolution. Massachusetts

Treml, A.K. (1987): Einführung in die allgemeine Pädagogik. Stuttgart

Turner, R.H. (1964): Collective behavior and conflict: New theoretical frameworks. In: The Sociological Quarterly, 5.Jg., H.2, S.122ff

Turner, R.H./Killian, L.M. (1987): Collective behavior. 3rd edition. Englewood Cliffs

Veen, H.-J. u.a. (1994a): *Eine* Jugend in Deutschland? Orientierungen und Verhaltensweisen der Jugend in Ost und West. Opladen

Veen, H.-J. (1994b): Rechtsextrem oder rechtsradikal? Ein Plädoyer für mehr begriffliche Klarheit. In: Das Parlament, 44.Jg., H.4, 1994, S.1

Voß, S. (1993): Überlegungen zum Begriff der akzeptierenden Jugendarbeit. In: IFFJ (Hrsg.): Jugendarbeit mit Skinheads. IFFJ-Schriften 3. Berlin. S.93-112

Wagner, B. (1994): Gewaltaktivitäten und autonome rechtsextrem-orientierte Strukturen in den neuen Bundesländern. In: Bergmann, W./Erb, R. (Hrsg.): Neonazismus und rechte Subkultur. Berlin. S. 77-97

Wagner, B. (1999): Zu Möglichkeiten und Grenzen der Arbeit mit rechtsextrem orientierten jungen Leuten. In: Kalb, P./Sitte, K./Petry, C. (Hrsg.): Rechtsextremistische Jugendliche – Was tun? 5. Weinheimer Gespräch. Weinheim/Basel. S.122-128

Wahl, K. (1995): Fremdenfeindlichkeit und Rechtsextremismus. Forschungsergebnisse und Erklärungsversuche. In: Kriminologisches Journal, 27.Jg., H.1, S.52-67

Watzlawick, P./Beavin, J.H./Jackson, D.D. (1969): Menschliche Kommunikation. Formen, Störungen, Paradoxien. Bern/Stuttgart/Wien

Weber, M. (1980): Wirtschaft und Gesellschaft. Grundriss der verstehenden Soziologie. Tübingen

Weede, E. (1986): Konfliktforschung. Einführung und Überblick. Opladen

Weidner, J. (1990): Anti-Aggressivitätstraining für Gewalttäter. Bonn

Weidner, J./Kilb, R./Kreft, D. (Hrsg.) (1997): Gewalt im Griff. Neue Formen des Anti-Aggressivitätstrainings. Weinheim

Weihrauch, J. (1993): "Die Zukunft gehört den Bastarden". Notizen aus der offenen Arbeit mit 'unauffälligen' Jugendlichen. In: Heil, H./Perik, M./Wendt, P.-U. (Hrsg.): Jugend und Gewalt. Über den Umgang mit gewaltbereiten Jugendlichen. Marburg. S.126-145

Weinandy, R./Kraft, G. (1996): Soziale Gruppenarbeit mit rechtsorientierten, gewaltbereiten Jugendlichen. In: Stickelmann, B. (Hrsg.): Zuschlagen oder Zuhören. Weinheim/München. S.133-166

Weitekamp, E./Kerner, H.-J./Herberger, S.M. (1996): Right-Wing Violence, Xenophobia, and Attitudes Towards Violence in Germany. Unveröffentlichter Beitrag zur Konferenz 'International Study Group on Youth Violence and Control' in Haifa, Israel, 02.-04.12.1996

Weizsäcker, R.v. (1990): Rede anläßlich des Staatsaktes zum Tag der Deutschen Einheit in der Philharmonie zu Berlin am 3. Oktober 1990. Bonn

Wiesenthal, H. (1991): Absturz in die Moderne. Der Sonderstatus der DDR in den Transformationsprozessen Osteuropas. In: Zentrum für Sozialpolitik (Hrsg.): Arbeitspapier Nr.8/91. Bremen

Willems, H. (1992): Fremdenfeindliche Gewalt: Entwicklung, Strukturen, Eskalationsprozesse. In: Gruppendynamik, 23.Jg., H.4, S.433-448

Willems, H. (1993): Allgemeine Entwicklungen und Erklärungsansätze. Jugendgewalt in der modernen Gesellschaft. In: Bildung und Wissenschaft, 47.Jg., H.2, S.18-26

Willems, H. (1995): Development, patterns and causes of violence against foreigners in Germany: Social and biographical characteristics of perpetrators and the process of escalation. In: Terrorism and political violence, 7.Jg., H.1, S.162-181

Willems, H. (1996a): Mobilisierungseffekte und Eskalationsprozesse. Entwicklung und Diffusion der kollektiven Gewalt gegen Fremde. In: Berliner Debatte Initial, 7.Jg., H.1, S.34-42

Willems, H. (1996b): Kollektive Gewalt gegen Fremde. Entwickelt sich eine soziale Bewegung von Rechts?. In: Heiland, H.G./Lüdemann, C. (Hrsg.): Soziologische Dimension des Rechtsextremismus. Opladen. S.27-56

Willems, H. (1997): Jugendunruhen und Protestbewegungen. Eine Studie zur Dynamik innergesellschaftlicher Konflikte in vier europäischen Ländern. Opladen

Willems, H./Eckert, R. (1995): Wandlungen politisch motivierter Gewalt in der Bundesrepublik. In: Gruppendynamik, 26.Jg., H.1, S.89-123

Willems, H./Eckert, R./Würtz, S./Steinmetz, L. (1993): Fremdenfeindliche Gewalt. Einstellungen, Täter, Konflikteskalation. Opladen

Willems, H./Würtz, S./Eckert, R. (1994): Analyse fremdenfeindlicher Straftäter. Bonn

Winkler, J.R. (1997): Jugend und Rechtsextremismus in der Bundesrepublik Deutschland. In: Schumann, S./Winkler, J.R. (Hrsg.): Jugend, Politik und Rechtsextremismus in Rheinland-Pfalz. Frankfurt a. M. S.13-62

Witte, W. (1993): Umfrage: Wo sind die Grenzen? In: Sozial Extra, 17.Jg., H.1-2, S.4-8

Whorf, B.L. (1956): Science and linguistics. In: Caroll, J.B. (Hrsg.): Language, thought and reality. Selected writings of Benjamin L. Whorf. New York. S.207-219

Zinnecker, J. (1991): Jugend als Bildungsmoratorium. In: Melzer, W. u.a. (Hrsg.): Osteuropäische Jugend im Wandel. Weinheim. S.9-24

ZUMA (Hrsg.) (1980-1990): Allgemeine Bevölkerungsumfrage in den Sozialwissenschaften (ALLBUS). Mannheim

Anhang

Abb.1: Entwicklung der Mitglieder rechtsextremistischer
Organisationen nach Abzug der Mehrfachnennungen
Ganze Zahlen

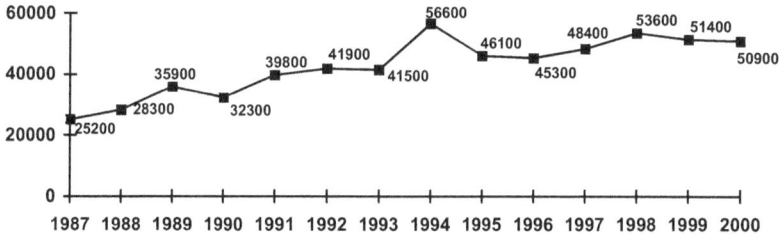

Quelle: Bundesministerium des Innern (Hrsg.) 1987-2000: Verfassungsschutzberichte

Abb.2: Entwicklung der rechtsextremistischen Organisationen
Ganze Zahlen

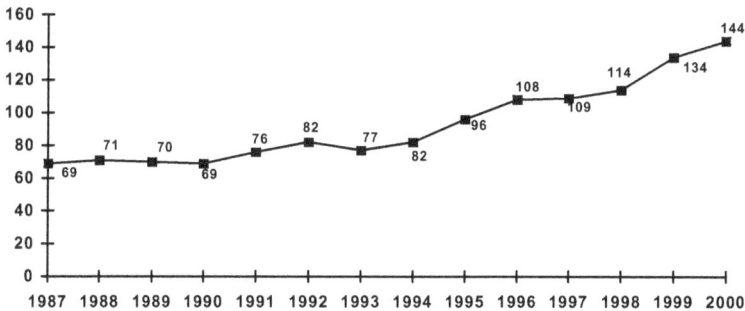

Quelle: Bundesministerium des Innern (Hrsg.) 1987-2000: Verfassungsschutzberichte

258

Abb.3: Entwicklung der Mitglieder der Subkultur der Skinheads
Ganze Zahlen

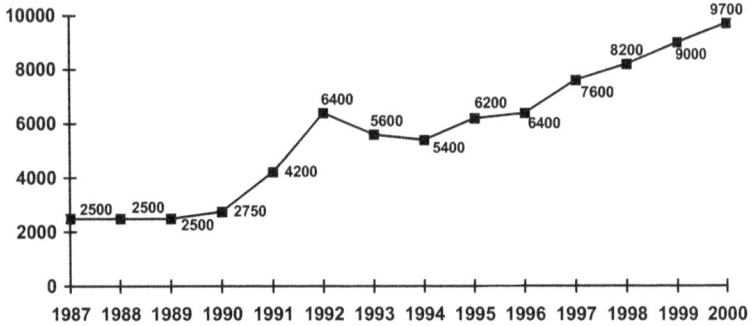

Quelle: Bundesministerium des Innern (Hrsg.) 1987-2000: Verfassungsschutzberichte

Abb.4: Entwicklung der Altersstruktur der mutmaßlichen
rechtsextremistischen StraftäterInnen

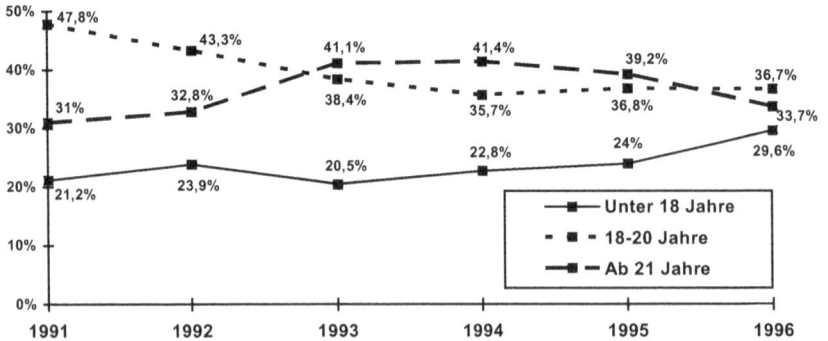

Quelle: Bundesministerium des Innern (Hrsg.) 1991-1996: Verfassungsschutzberichte

Abb.5: Entwicklung der Geschlechtsstruktur der mutmaßlichen
rechtsextremistischen StraftäterInnen

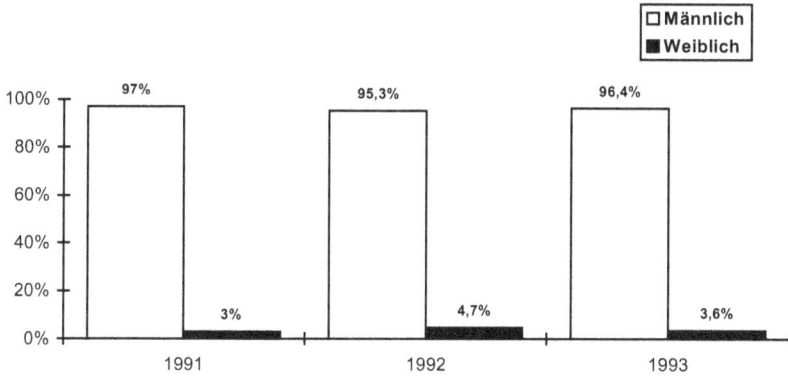

Quelle: Bundesministerium des Innern (Hrsg.) 1991-1993: Verfassungsschutzberichte

Abb.6: Entwicklung der Berufsstruktur der mutmaßlichen
rechtsextremistischen Straftäter

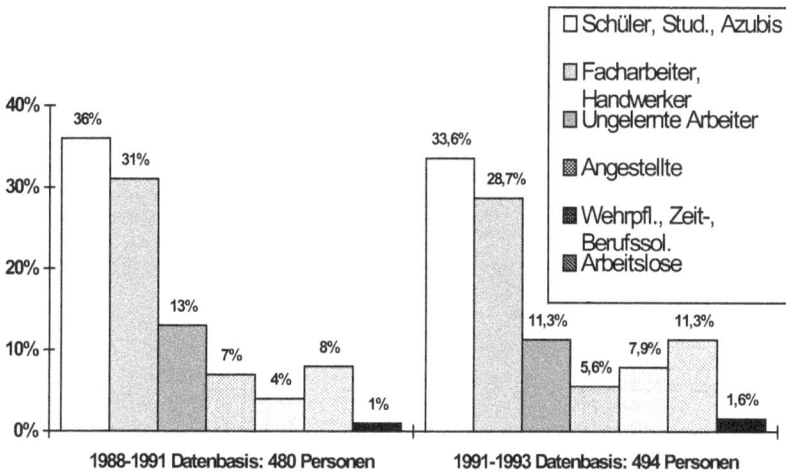

Quelle: Bundesministerium des Innern (Hrsg.) 1992,1993: Verfassungsschutzberichte

Abb.7: Entwicklung der Straftaten mit erwiesenem oder zu vermutendem
rechtsextremistischem Hintergrund insgesamt und gesplittet nach
Gewalttaten und sonstigen Straftaten
Ganze Zahlen

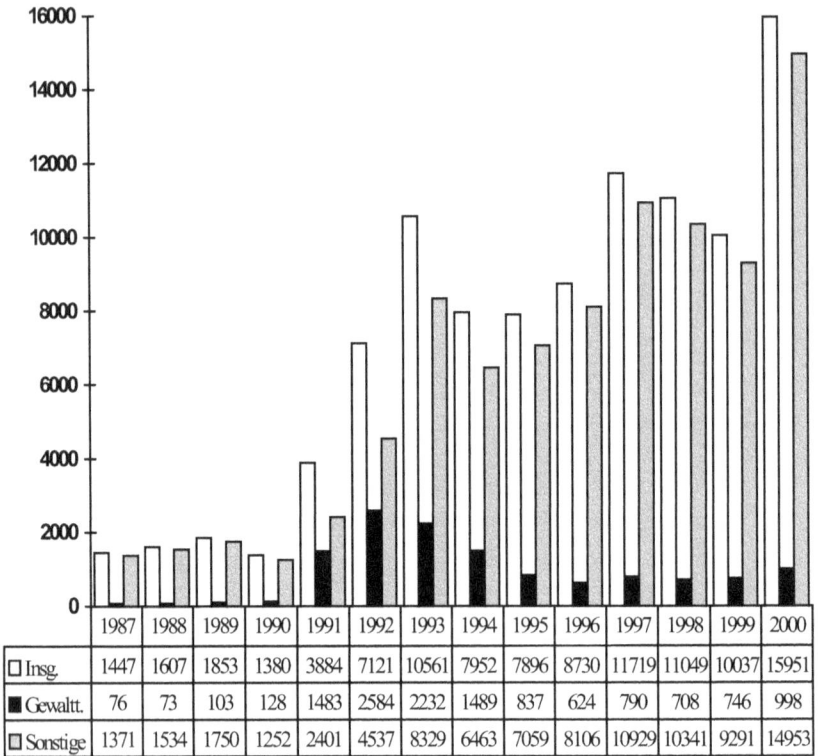

	1987	1988	1989	1990	1991	1992	1993	1994	1995	1996	1997	1998	1999	2000
☐ Insg.	1447	1607	1853	1380	3884	7121	10561	7952	7896	8730	11719	11049	10037	15951
■ Gewaltt.	76	73	103	128	1483	2584	2232	1489	837	624	790	708	746	998
☐ Sonstige	1371	1534	1750	1252	2401	4537	8329	6463	7059	8106	10929	10341	9291	14953

Quelle: Bundesministerium des Innern (Hrsg.) 1987-2000: Verfassungsschutzberichte

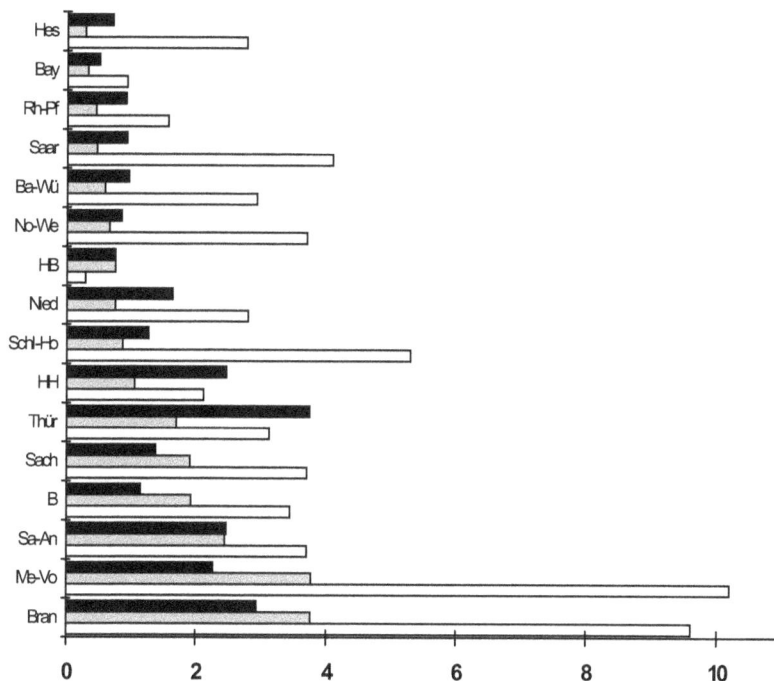

Abb.8: Entwicklung der Gewalttaten mit erwiesenem oder zu vermutendem
rechtsextremistischem Hintergrund
Je 100.000 Einwohner in den Ländern

	Bran	Me-Vo	Sa-An	B	Sach	Thür	HH	Schl-Ho	Nied	HB	No-We	Ba-Wü	Saar	Rh-Pf	Bay	Hes
■ 2000	2,93	2,27	2,47	1,15	1,38	3,74	2,47	1,27	1,64	0,75	0,85	0,96	0,93	0,92	0,50	0,71
▨ 1997	3,76	3,77	2,45	1,93	1,91	1,70	1,06	0,87	0,75	0,75	0,66	0,59	0,46	0,45	0,32	0,28
☐ 1992	9,60	10,19	3,70	3,44	3,70	3,12	2,12	5,29	2,80	0,29	3,70	2,93	4,09	1,57	0,93	2,78

Quelle: Bundesministerium des Innern (Hrsg.) 1992, 1997, 2000: Verfassungsschutzberichte

Abb.9: Entwicklung der Propagandadelikte (§§ 86 I4, 86a StGB) mit
erwiesenem oder zu vermutendem rechtsextremistischem Hintergrund
Ganze Zahlen

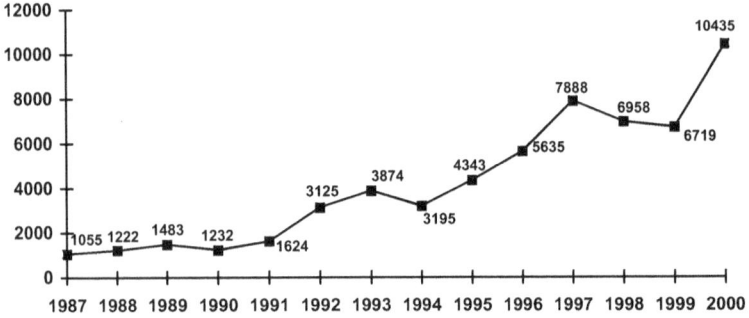

Quelle: Bundesministerium des Innern (Hrsg.) 1987-2000: Verfassungsschutzberichte

Abb.10: Entwicklung verschiedener Gesetzesverletzungen mit erwiesenem
oder zu vermutendem rechtsextremistischem Hintergrund
Ganze Zahlen

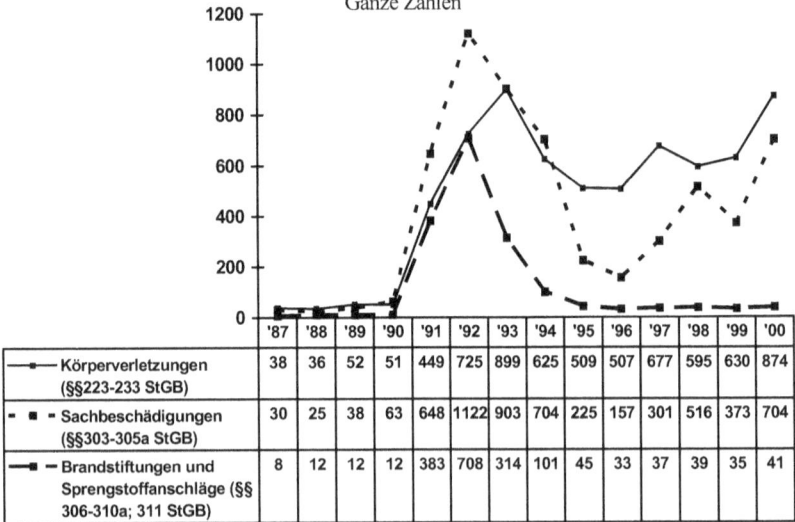

	'87	'88	'89	'90	'91	'92	'93	'94	'95	'96	'97	'98	'99	'00
Körperverletzungen (§§223-233 StGB)	38	36	52	51	449	725	899	625	509	507	677	595	630	874
Sachbeschädigungen (§§303-305a StGB)	30	25	38	63	648	1122	903	704	225	157	301	516	373	704
Brandstiftungen und Sprengstoffanschläge (§§ 306-310a; 311 StGB)	8	12	12	12	383	708	314	101	45	33	37	39	35	41

Quelle: Bundesministerium des Innern (Hrsg.) 1987-2000: Verfassungsschutzberichte

Abb.11: Entwicklung verschiedener Delikte mit erwiesenem oder zu
vermutendem rechtsextremistischem Hintergrund
Ganze Zahlen

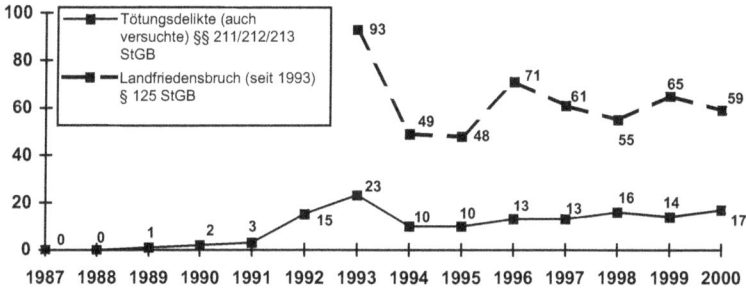

Quelle: Bundesministerium des Innern (Hrsg.) 1987-2000: Verfassungsschutzberichte

Abb.12: Staatsschutzdelikte insgesamt, alte und neue Bundesländer und
rechtsextremistische Strataten nach der PKS-S
Ganze Zahlen

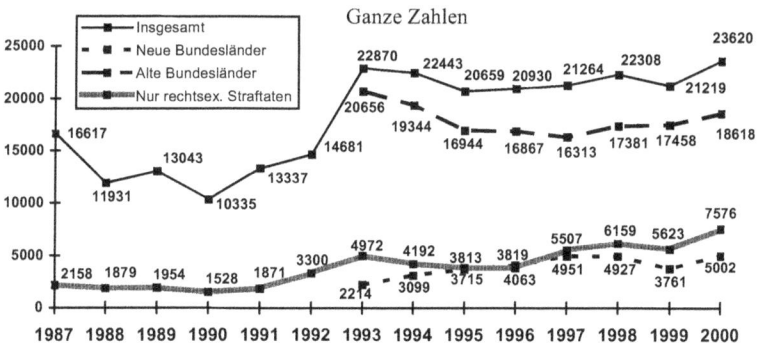

Quelle: BKA (Hrsg.) 1987-2000: PKS

Abb.13: Entwicklung der Staatsschutzdelikte insgesamt
Straftatenanteil in % in den Ländern

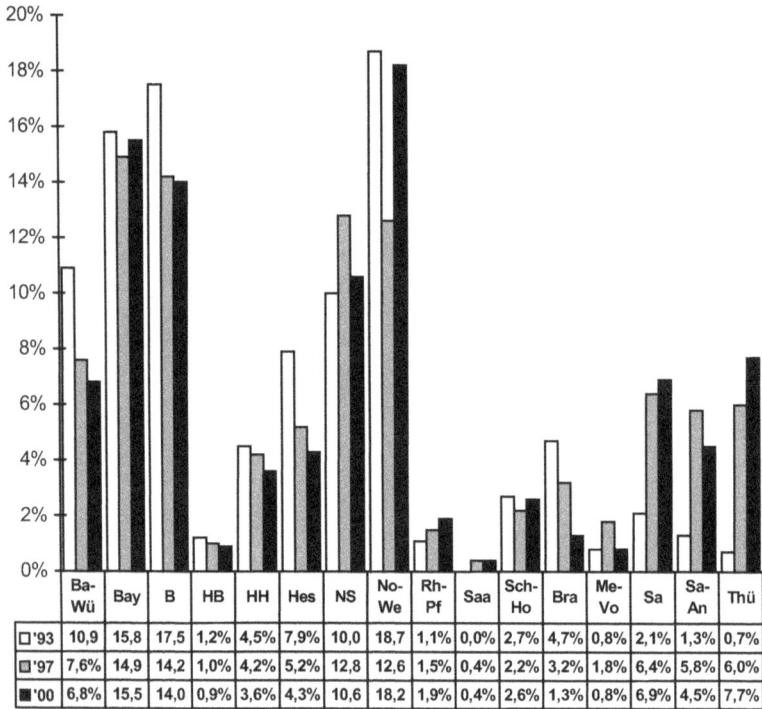

	Ba-Wü	Bay	B	HB	HH	Hes	NS	No-We	Rh-Pf	Saa	Sch-Ho	Bra	Me-Vo	Sa	Sa-An	Thü
□ '93	10,9	15,8	17,5	1,2%	4,5%	7,9%	10,0	18,7	1,1%	0,0%	2,7%	4,7%	0,8%	2,1%	1,3%	0,7%
▨ '97	7,6%	14,9	14,2	1,0%	4,2%	5,2%	12,8	12,6	1,5%	0,4%	2,2%	3,2%	1,8%	6,4%	5,8%	6,0%
■ '00	6,8%	15,5	14,0	0,9%	3,6%	4,3%	10,6	18,2	1,9%	0,4%	2,6%	1,3%	0,8%	6,9%	4,5%	7,7%

Quelle: BKA (Hrsg.) 1993, 1997, 2000: PKS

Abb.14: Staatsschutzdelikte insgesamt nach Alter und Geschlecht
Ganze Zahlen

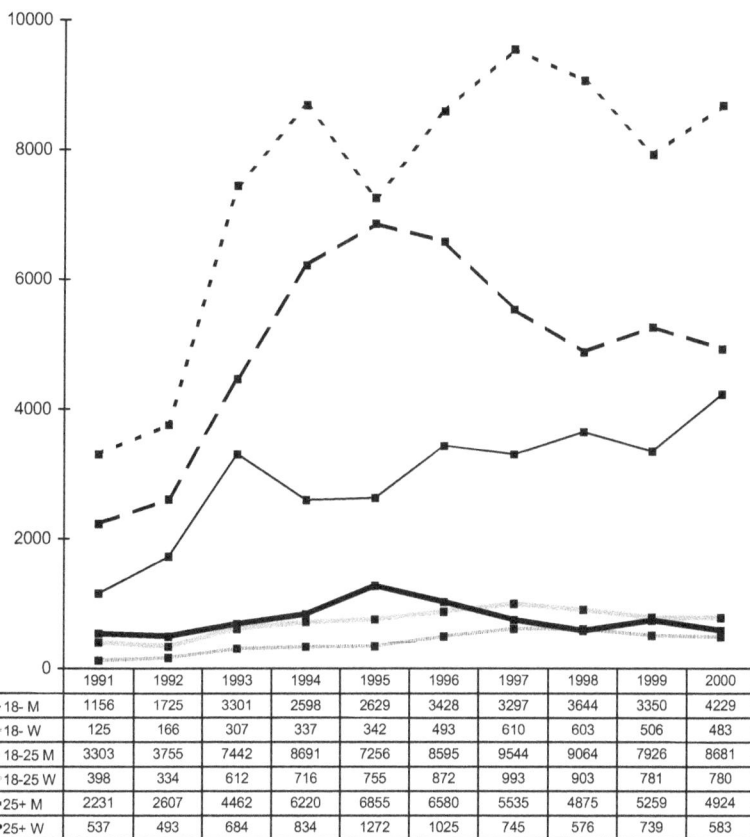

	1991	1992	1993	1994	1995	1996	1997	1998	1999	2000
18- M	1156	1725	3301	2598	2629	3428	3297	3644	3350	4229
18- W	125	166	307	337	342	493	610	603	506	483
18-25 M	3303	3755	7442	8691	7256	8595	9544	9064	7926	8681
18-25 W	398	334	612	716	755	872	993	903	781	780
25+ M	2231	2607	4462	6220	6855	6580	5535	4875	5259	4924
25+ W	537	493	684	834	1272	1025	745	576	739	583

Quelle: BKA (Hrsg.) 1991-2000: PKS

Abb.15: Häufigste Staatsschutzdelikte (insgesamt)
Ganze Zahlen

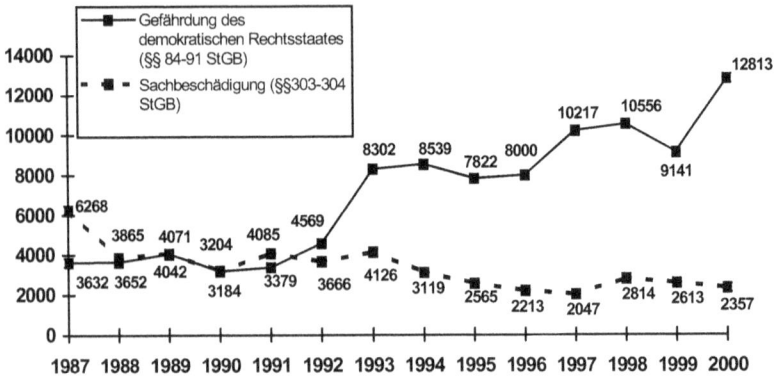

Quelle: BKA (Hrsg.) 1987-2000: PKS

Abb.16: Auswahl verschiedener Staatsschutzdelikte (insgesamt)
Ganze Zahlen

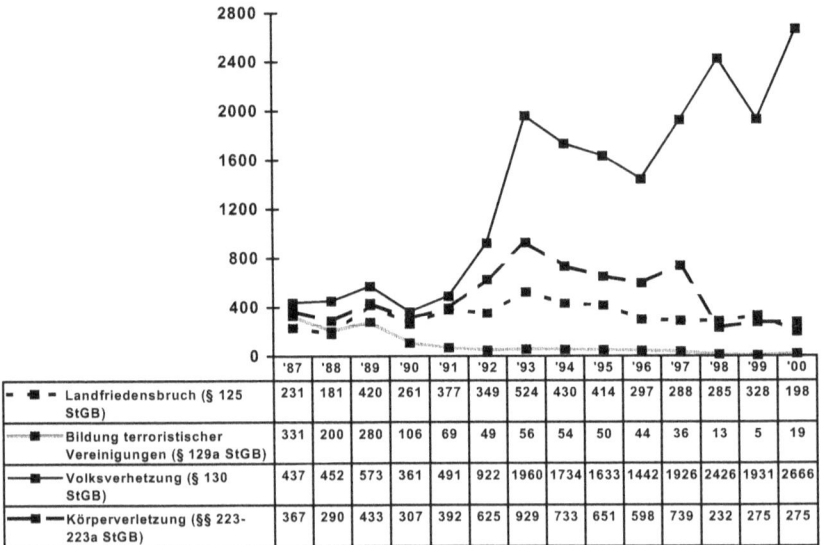

	'87	'88	'89	'90	'91	'92	'93	'94	'95	'96	'97	'98	'99	'00
- ■ - Landfriedensbruch (§ 125 StGB)	231	181	420	261	377	349	524	430	414	297	288	285	328	198
■ Bildung terroristischer Vereinigungen (§ 129a StGB)	331	200	280	106	69	49	56	54	50	44	36	13	5	19
■ Volksverhetzung (§ 130 StGB)	437	452	573	361	491	922	1960	1734	1633	1442	1926	2426	1931	2666
■ Körperverletzung (§§ 223-223a StGB)	367	290	433	307	392	625	929	733	651	598	739	232	275	275

Quelle: BKA (Hrsg.) 1987-2000: PKS

Abb. 17: Auswahl verschiedener Staatsschutzdelikte (insgesamt)
Ganze Zahlen

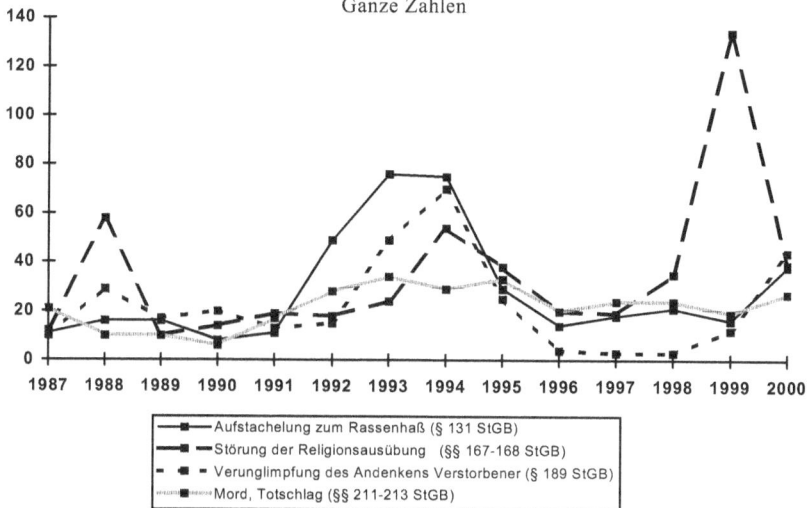

Quelle: BKA (Hrsg.) 1987-2000: PKS

Abb.18: Staatsschutzdelikt 'Brandstiftung' (insgesamt)
Ganze Zahlen

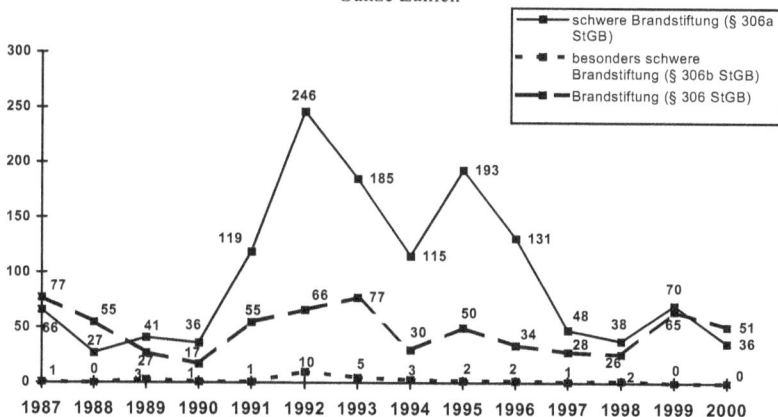

Quelle: BKA (Hrsg.) 1987-2000: PKS

Abb.22: Veränderung der Altersgruppen der Tatverdächtigen
in Prozent der gültigen Fälle

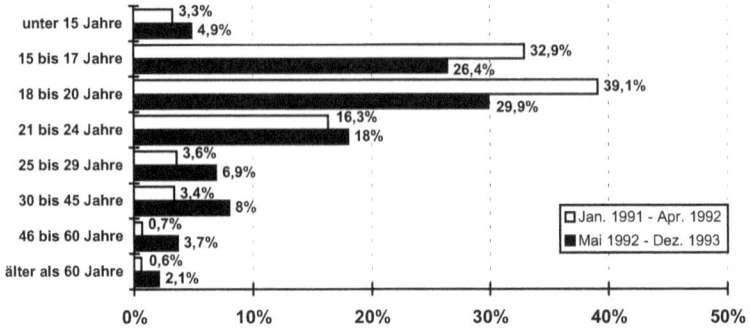

unter 15 Jahre	3,3% / 4,9%
15 bis 17 Jahre	32,9% / 26,4%
18 bis 20 Jahre	39,1% / 29,9%
21 bis 24 Jahre	16,3% / 18%
25 bis 29 Jahre	3,6% / 6,9%
30 bis 45 Jahre	3,4% / 8%
46 bis 60 Jahre	0,7% / 3,7%
älter als 60 Jahre	0,6% / 2,1%

☐ Jan. 1991 - Apr. 1992
■ Mai 1992 - Dez. 1993

Quelle: Willems/Würtz/Eckert 1994, S.24

Abb.23: Altersstruktur und Erwerbstätigkeit der Tatverdächtigen
in Prozent der gültigen Fälle

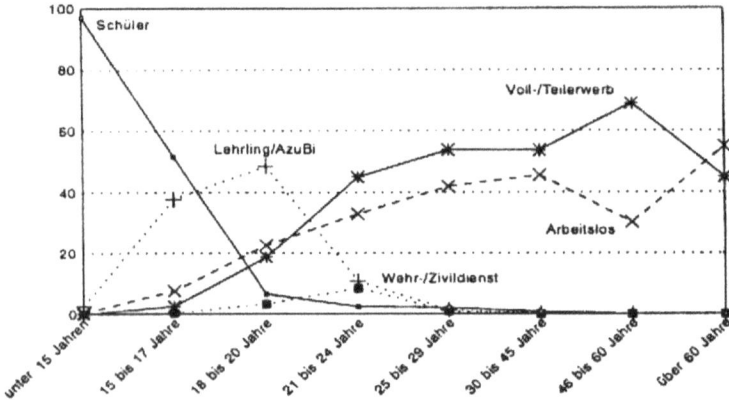

(n=3912)

Quelle: Willems/Würtz/Eckert 1994, S.37

Abb.24: Altersgruppen und Gruppenzugehörigkeit der Tatverdächtigen
in Prozent der gültigen Fälle

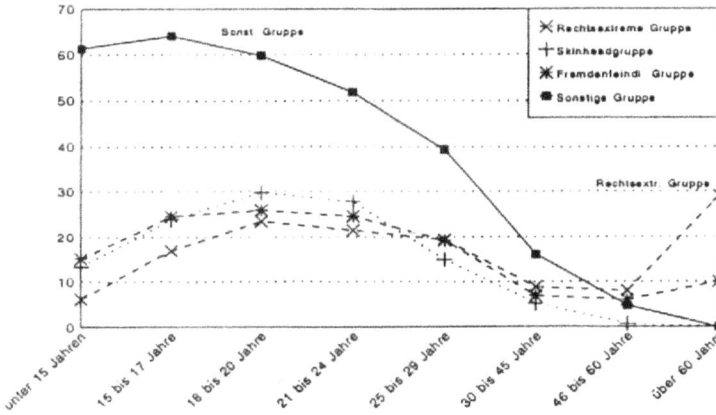

Quelle: Willems/Würtz/Eckert 1994, S.27

Abb.25: Geschlecht der Tatverdächtigen
in Prozent der gültigen Fälle

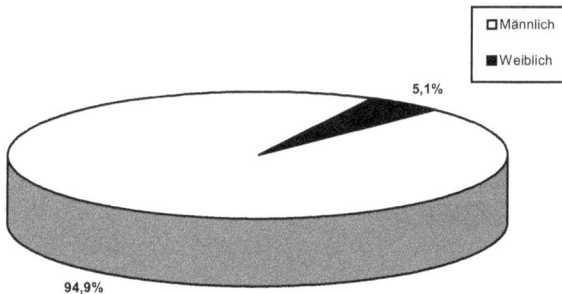

(n=5.191)

Quelle: Willems/Würtz/Eckert 1994, S.28

270

Abb.26: Familienstand der Tatverdächtigen
in Prozent der gültigen Fälle

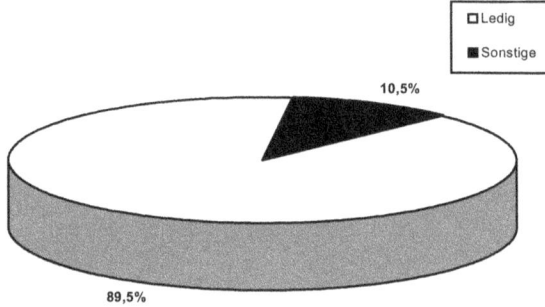

□ Ledig
■ Sonstige

10,5%

89,5%

(n=4.536)

Quelle: Willems/Würtz/Eckert 1994, S.31

Abb.27: Formaler Bildungsabschluss der Tatverdächtigen zur Tatzeit
in Prozent der gültigen Fälle

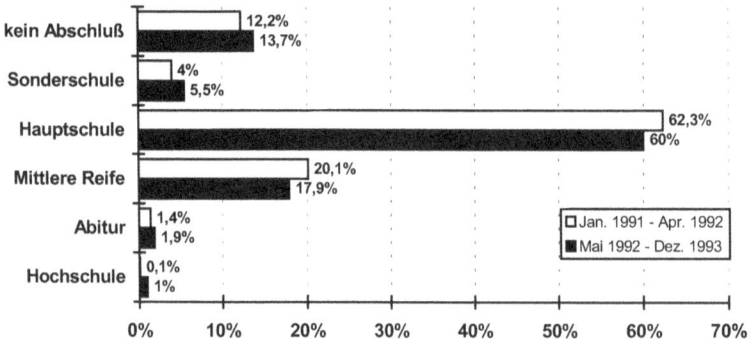

Quelle: Willems/Würtz/Eckert 1994, S.33

Abb.28: Formaler Bildungsabschluss nach Alter
in Prozent der gültigen Fälle

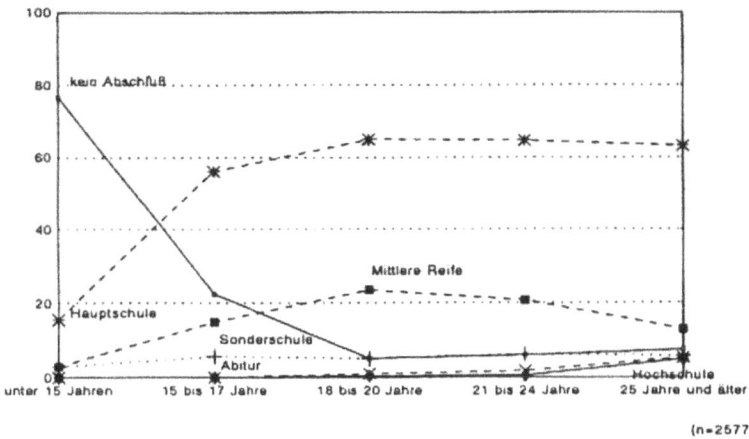

(n=2577)

Quelle: Willems/Würtz/Eckert 1994, S.34

Abb.29: Erwerbstätigkeit/Arbeitslosigkeit der Tatverdächtigen
in Prozent der gültigen Fälle

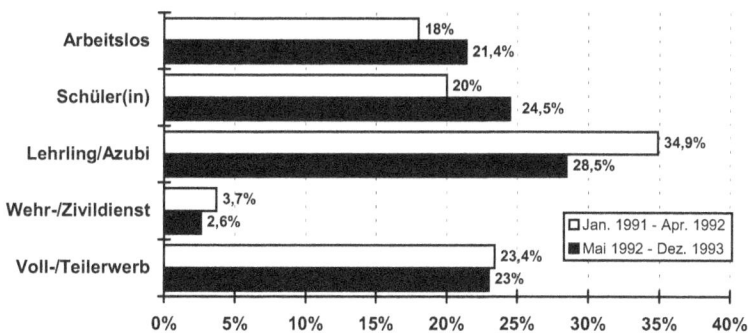

Quelle: Willems/Würtz/Eckert 1994, S.36

272

Abb.30: Altersstruktur und Erwerbstätigkeit der Tatverdächtigen
in Prozent der gültigen Fälle

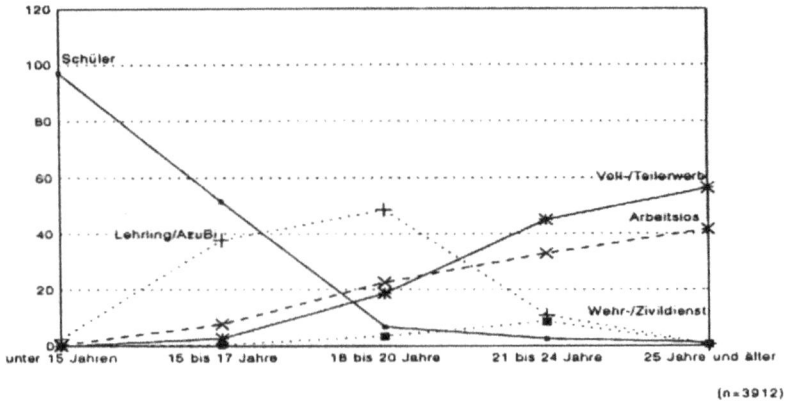

(n=3912)

Quelle: Willems/Würtz/Eckert 1994, S.25

Abb.31: Berufsstatus der Tatverdächtigen
in Prozent der gültigen Fälle

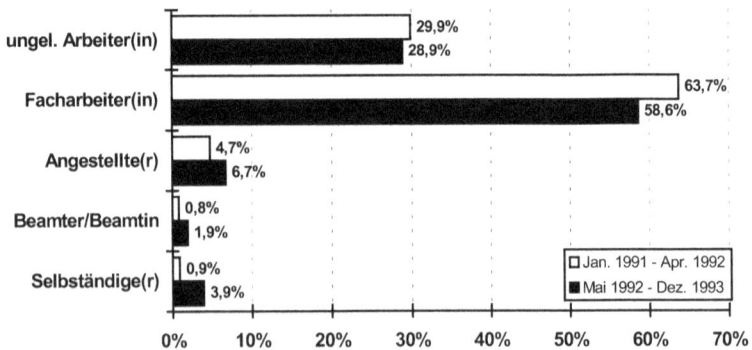

Quelle: Willems/Würtz/Eckert 1994, S.39

Abb.32: Familienstand der Eltern der Tatverdächtigen
in Prozent der gültigen Fälle

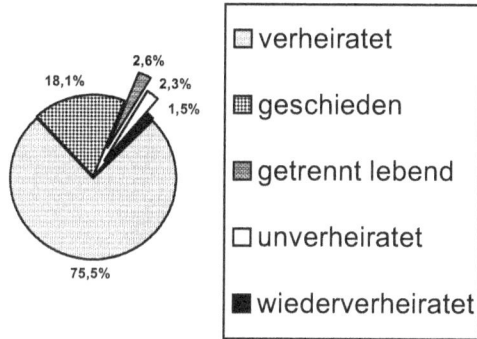

2,6%
18,1%
2,3%
1,5%

□ verheiratet

▦ geschieden

▨ getrennt lebend

□ unverheiratet

■ wiederverheiratet

75,5%

(n=2.631)

Quelle: Willems/Würtz/Eckert 1994, S.40

Abb.33: Beruf des Vaters der Tatverdächtigen
in Prozent der gültigen Fälle

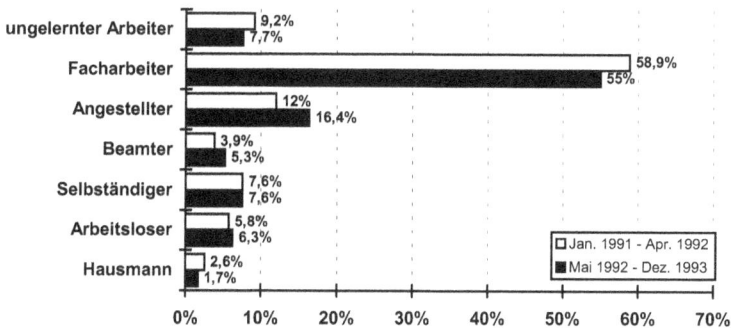

ungelernter Arbeiter 9,2% / 7,7%
Facharbeiter 58,9% / 55%
Angestellter 12% / 16,4%
Beamter 3,9% / 5,3%
Selbständiger 7,6% / 7,6%
Arbeitsloser 5,8% / 6,3%
Hausmann 2,6% / 1,7%

□ Jan. 1991 - Apr. 1992
■ Mai 1992 - Dez. 1993

0% 10% 20% 30% 40% 50% 60% 70%

Quelle: Willems/Würtz/Eckert 1994, S.41

Abb.34: Einzel- oder Gruppentat
in Prozent der gültigen Fälle

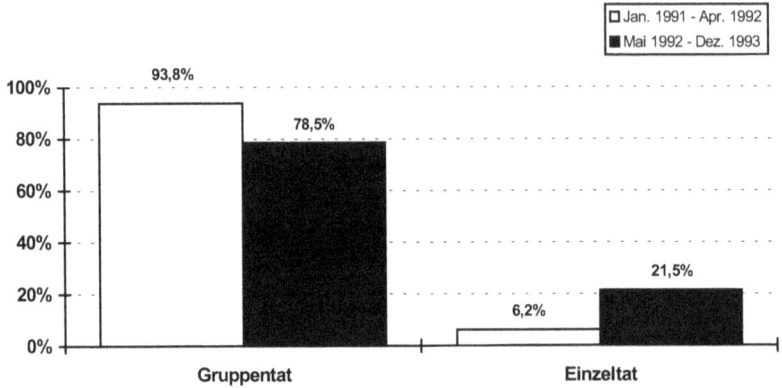

Quelle: Willems/Würtz/Eckert 1994, S.43

Abb.35: Gruppenzugehörigkeit der Tatverdächtigen
in Prozent der gültigen Fälle

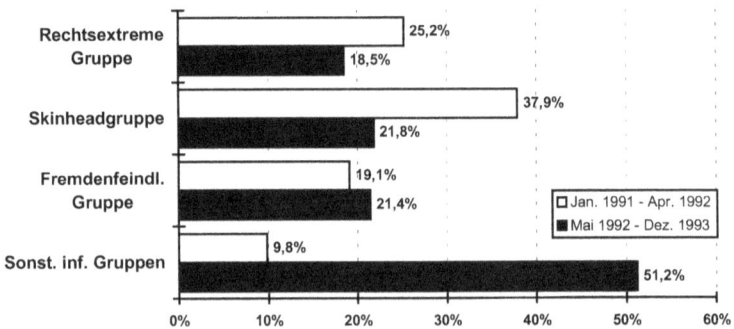

Quelle: Willems/Würtz/Eckert 1994, S.43

Abb.36: Vorbelastungen der Tatverdächtigen
in Prozent der gültigen Fälle

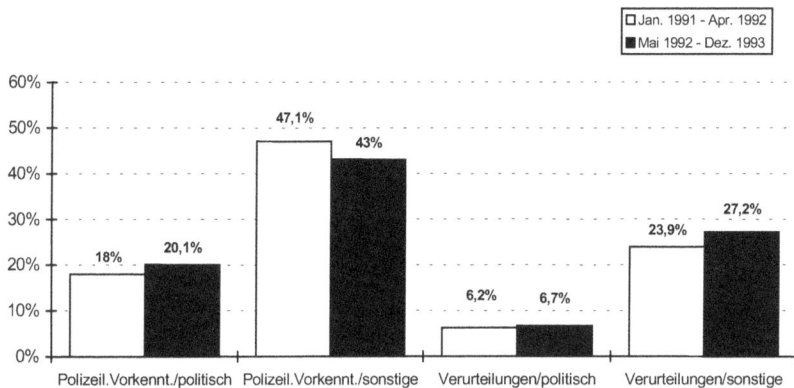

Quelle: Willems/Würtz/Eckert 1994, S.48

Abb.37: War die Tat von Dritten organisiert bzw. gesteuert?
in Prozent der gültigen Fälle

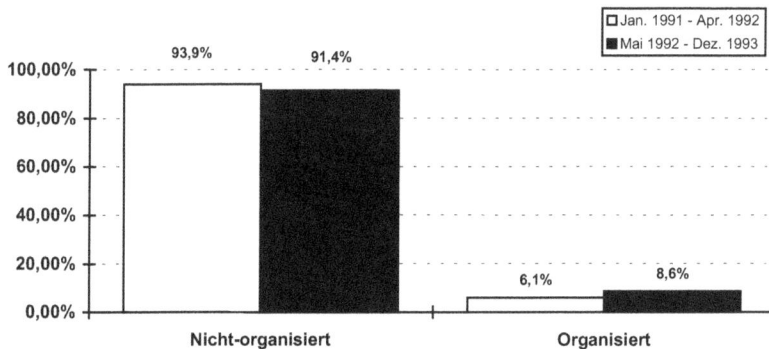

Quelle: Willems/Würtz/Eckert 1994, S.54

276

Abb.38: War der Tatverdächtige zur Tatzeit alkoholisiert ?
in Prozent der gültigen Fälle

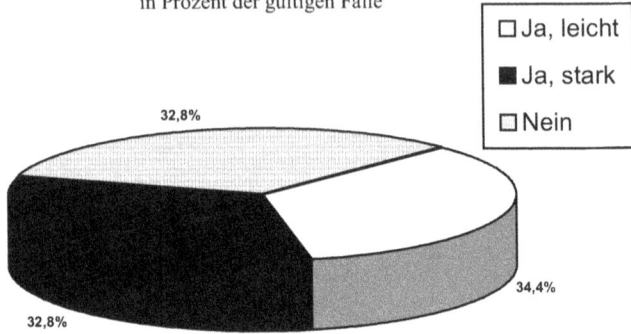

☐ Ja, leicht
■ Ja, stark
☐ Nein

32,8%

32,8%

34,4%

(n=3.364)

Quelle: Willems/Würtz/Eckert 1994, S.55

Abb.39: Herkunft der Tatverdächtigen - bezogen auf den Tatort
in Prozent der gültigen Fälle

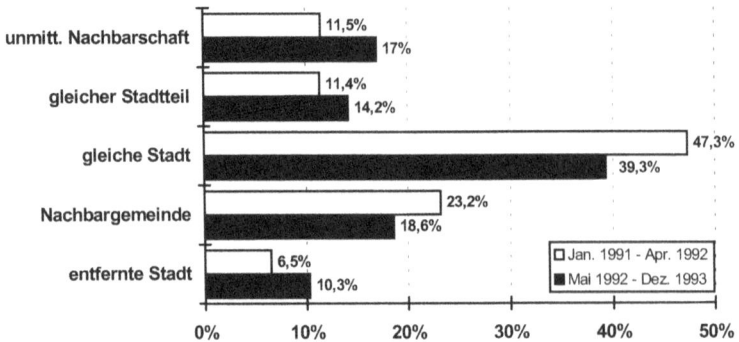

Quelle: Willems/Würtz/Eckert 1994, S.55

Abb.40: Erwerbstätigkeit und die Herkunft der Tatverdächtigen
in Prozent der gültigen Fälle

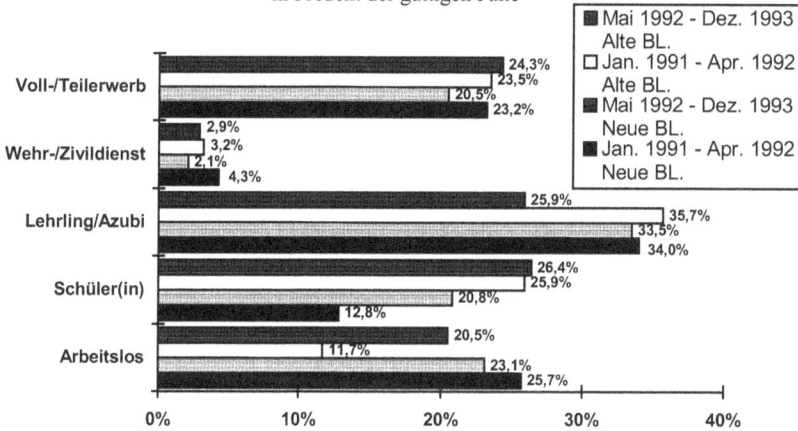

Quelle: Willems/Würtz/Eckert 1994, S.60; Willems/Eckert/Würtz/Steinmetz 1993, S.142

Abb.41: Monatliche Verteilung der fremdenfeindlichen Straftaten
Zeitraum: Januar 1991 bis Oktober 1995

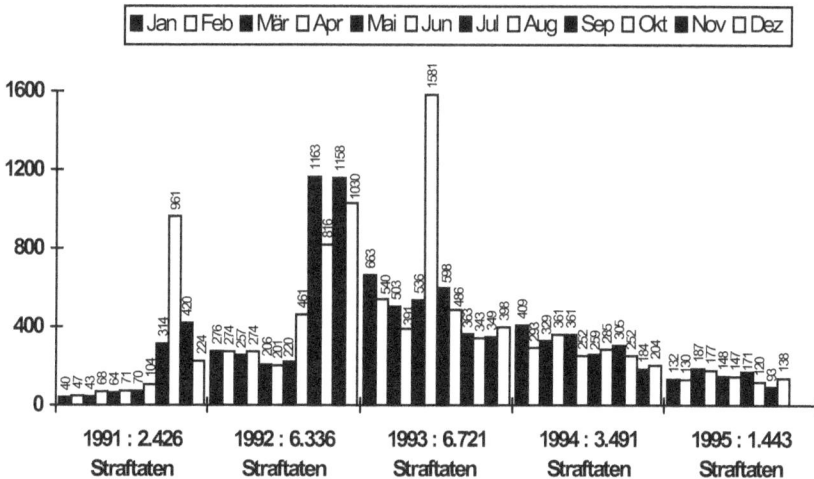

Quelle: Willems 1997, S.403

Abb.42: Machiavellistische Einstellungen

"Man kann ein Versprechen ruhig brechen, wenn es für einen selbst vorteilhaft ist."	West (gesamt)		Ost (gesamt)	
Zustimmung	10,8%		17,3%	
Ablehnung	87,5%		80,6%	
	m	w	m	w
Zustimmung	10,8%	10,7%	20,1%	14,5%
Ablehnung	86,7%	88,3%	77%	84,4%

Anmerkung: m=männlich; w=weiblich; N: 1.709 (West); N: 1.692 (Ost); an 100 fehlende Prozent: "keine Angabe".
QUELLE: HEITMEYER U.A. 1995, S.128

Abb.43: Körperliche Gewalt gegen Fremde

"Ich bin bereit, mich mit körperlicher Gewalt gegen Fremde durchzusetzen."	West (gesamt)		Ost (gesamt)	
stimmt völlig	3,1%		6,6%	
stimmt eher	9,8%		12,9%	
stimmt eher nicht	23,4%		29,4%	
stimmt gar nicht	61,3%		49,1%	
	m	w	m	w
stimmt völlig	4,8%	1,5%	11%	2,6%
stimmt eher	13,2%	6,5%	19,9%	6,5%
stimmt eher nicht	29,2%	17,7%	30%	28,9%
stimmt gar nicht	49,3%	73,1%	35,6%	61,3%

Anmerkung: m=männlich; w=weiblich; N: 1.709 (West); N: 1.692 (Ost); an 100 fehlende Prozent: "keine Angabe".
Quelle: Heitmeyer u.a. 1995, S.137

Abb.44: Gewalttätigkeit in den letzten 12 Monaten (Angaben in Prozent)

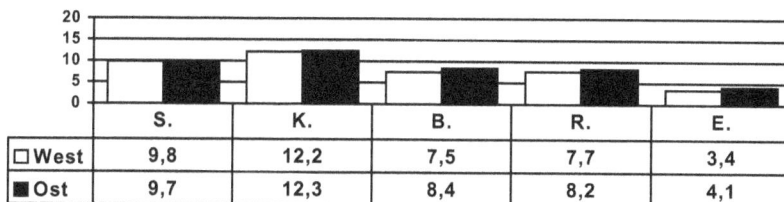

	S.	K.	B.	R.	E.
☐ West	9,8	12,2	7,5	7,7	3,4
■ Ost	9,7	12,3	8,4	8,2	4,1

Anmerkung: N: 1.709 (West); N: 1.692 (Ost); S.: Sachbeschädigung; K.: Körperverletzung; B.: Bedrohung; R.: Raub; E.: Einbruch.
Quelle: Heitmeyer u.a. 1995, S.140

Abb.45: Strukturelle Desintegration und Verunsicherung (Gesamtkonstrukt)

		Anzahl der Zugehörigkeiten				F	p	eta^2
		0	1	2	3			
Verunsi-cherung	West	2.26	2.14	2.06	2.05	13.69	.000	3%
Verunsi-cherung	Ost	2.25	2.18	2.14	2.10	7.36	.000	2%

Anmerkung: Verunsicherung wird auf einer Skala von 1 bis 4 gemessen.
QUELLE: HEITMEYER U.A. 1995, S.145

Abb.46: Familienkonstellationen und familiäre Unterstützung (West)

Familienkonstellationen	Emotionale Unterstützung durch Familie		
	hoch	mittel	gering
vollständige Familie	31,3%	40,8%	27,9%
Ein-Eltern-Familie aufgrund Scheidung oder Trennung	20,1%	39,0%	40,9%
Ein-Eltern-Familie aufgrund Todesfall	27,1%	41,7%	31,3%
Familie mit dauerhaftem neuem Lebenspartner	33,3%	27,5%	39,1%
Familie mit mehreren wechselnden Lebenspartnern	20,0%	40,0%	40,0%

Quelle: Heitmeyer u.a. 1995, S.148

Abb.47: Fehlende Unterstützung durch Familie/Freunde und Verunsicherung
(Gesamtkonstrukt)

		Unterstützung durch Familie und Freunde:			F	p	eta²
		gering	mittel	hoch			
Verunsiche-rung	West	2.22	2.07	1.98	109.24	.000	11%
Verunsiche-rung	Ost	2.28	2.14	2.05	102.36	.000	11%

Anmerkung: Verunsicherung wird auf einer Skala von 1 bis 4 gemessen.
Quelle: Heitmeyer u.a. 1995, S.146

Abb.48: Korrelationen familiärer Unterstützung mit spezifischen Verunsiche-rungen

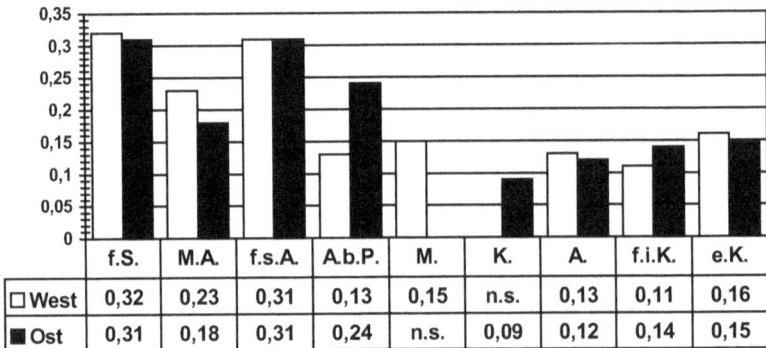

	f.S.	M.A.	f.s.A.	A.b.P.	M.	K.	A.	f.i.K.	e.K.
□West	0,32	0,23	0,31	0,13	0,15	n.s.	0,13	0,11	0,16
■Ost	0,31	0,18	0,31	0,24	n.s.	0,09	0,12	0,14	0,15

Anmerkung: Nur signifikante Korrelationen sind angegeben (alpha = .001; n.s.: nicht signifi-kant).
f.S.: fehlender Selbstwert; M.A.: Manifeste Angst; f.s.A.: fehlende soziale Akzeptanz; A.b.P.: Aufgeben bei Problemen; M.: Misstrauen; K.: Kritikabwehr; A.: Anomie; f.i.K.: fehlende internale Kontrollüberzeugung; e.K.: externale Kontrollüberzeugung.
Quelle: Heitmeyer u.a. 1995, S.149

Abb.49: Korrelationen freundschaftlicher Unterstützung mit spezifischen Verunsicherungen

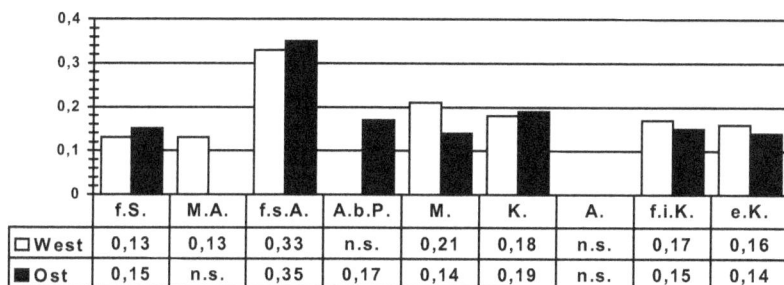

	f.S.	M.A.	f.s.A.	A.b.P.	M.	K.	A.	f.i.K.	e.K.
West	0,13	0,13	0,33	n.s.	0,21	0,18	n.s.	0,17	0,16
Ost	0,15	n.s.	0,35	0,17	0,14	0,19	n.s.	0,15	0,14

Anmerkung: Nur signifikante Korrelationen sind angegeben (alpha = .001; n.s.: nicht signifikant).
f.S.: fehlender Selbstwert; M.A.: Manifeste Angst; f.s.A.: fehlende soziale Akzeptanz; A.b.P.:
Aufgeben bei Problemen; M.: Misstrauen; K.: Kritikabwehr; A.: Anomie; f.i.K.: fehlende
internale Kontrollüberzeugung; e.K.: externale Kontrollüberzeugung.
Quelle: Heitmeyer u.a. 1995, S.151

Abb.50: Korrelationen von Konformitätsdruck mit spezifischen
Verunsicherungen

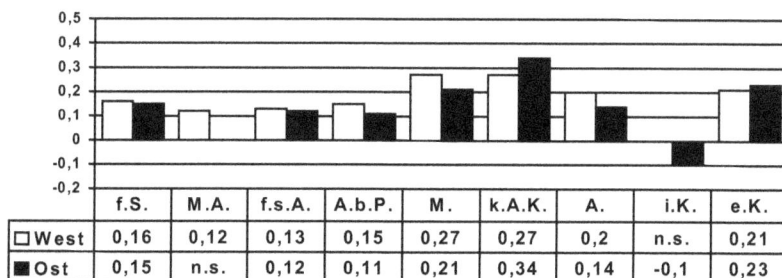

	f.S.	M.A.	f.s.A.	A.b.P.	M.	k.A.K.	A.	i.K.	e.K.
West	0,16	0,12	0,13	0,15	0,27	0,27	0,2	n.s.	0,21
Ost	0,15	n.s.	0,12	0,11	0,21	0,34	0,14	-0,1	0,23

Anmerkung: Nur signifikante Korrelationen sind angegeben (alpha = .001; n.s.: nicht signifikant).
f.S.: fehlender Selbstwert; M.A.: Manifeste Angst; f.s.A.: fehlende soziale Akzeptanz; A.b.P.:
Aufgeben bei Problemen; M.: Misstrauen; k.A.K.: keine Annahme Kritik; A.: Anomie; i.K.:
internale Kontrollüberzeugung; e.K.: externale Kontrollüberzeugung.
Quelle: Heitmeyer u.a. 1995, S.152

Abb.51: Zufriedenheit mit materieller Situation und Verunsicherung (Gesamtkonstrukt)

		Jugendliche:						
		die alles haben	die schon eine ganze Menge haben	denen einiges fehlt	denen sehr viel fehlt	F	p	eta^2
Verunsiche-rung	West	2.01	2.08	2.19	2.28	24.18	.000	4%
Verunsiche-rung	Ost	2.10	2.13	2.23	2.33	22.69	.000	4%

Anmerkung: Verunsicherung wird auf einer Skala von 1 bis 4 gemessen.
QUELLE: HEITMEYER U.A. 1995, S.154

Abb.52: Antizipierte Statusinkonsistenzen und Verunsicherung (Gesamtkonstrukt)

		Sicherheit, die berufliche Stellung der Eltern zu erreichen			
		hoch		niedrig	
		niedrige Wichtigkeit	hohe Wichtig-keit	niedrige Wichtigkeit	hohe Wichtigkeit
Verunsiche-rung	West	2.06	2.02	2.18	2.19
Verunsiche-rung	Ost	2.11	2.10	2.24	2.25

Anmerkung: Verunsicherung wird auf einer Skala von 1 bis 4 gemessen.
Quelle: Heitmeyer u.a. 1995, S.157

Abb.53: Aktuelle Statusinkonsistenzen und Verunsicherung (Gesamtkonstrukt)

		Jugendliche,			
		die mehr erreicht haben als Freunde		die weniger erreicht haben als Freunde	
		niedrige Wichtigkeit	hohe Wichtigkeit	niedrige Wichtigkeit	hohe Wichtigkeit
Verunsicherung	West	2.03	2.09	2.20	2.28
Verunsicherung	Ost	2.11	2.12	2.27	2.35

Anmerkung: Verunsicherung wird auf einer Skala von 1 bis 4 gemessen.
Quelle: Heitmeyer u.a. 1995, S.157

Abb.54: Belastung durch einen Schulabbruch und Verunsicherung (Gesamtkonstrukt)

		Abbruch Schulausbildung					
		nicht erlebt	erlebt, aber geringe Belastung	erlebt und hohe Belastung	F	p	eta^2
Verunsicherung	West	2.09	2.18	2.30	10.32	.000	1%
Verunsicherung	Ost	2.15	2.24	2.21	2.98	n.s.	-

Anmerkung: Verunsicherung wird auf einer Skala von 1 bis 4 gemessen; 'n.s.' steht für nicht signifikant.
Quelle: Heitmeyer u.a. 1995, S.155

Abb.55: Belastung durch Schwierigkeiten, einen Ausbildungsplatz zu finden, und Verunsicherung (Gesamtkonstrukt)

| | | Schwierigkeiten, Ausbildungsplatz zu finden: | | | | | |
		nicht erlebt	erlebt, aber geringe	erlebt und hohe Belastung Belastung	F	p	eta^2
Verunsiche-rung	West	2.08	2.14	2.20	12.98	.000	1%
Verunsiche-rung	Ost	2.13	2.18	2.21	8.15	.000	<1%

Anmerkung: Verunsicherung wird auf einer Skala von 1 bis 4 gemessen.
Quelle: Heitmeyer u.a. 1995, S.156

Abb.56: Mitgliedschaften und Verunsicherung (Gesamtkonstrukt)

| | | Integration über Mitglied-schaften | | t | p | r^2 |
		ja	nein			
Verunsiche-rung	West	2.06	2.14	5.33	.000	1%
Verunsiche-rung	Ost	2.12	2.18	3.98	.000	1%

Anmerkung: Verunsicherung wird auf einer Skala von 1 bis 4 gemessen.
Quelle: Heitmeyer u.a. 1995, S.153

Abb.57: Beurteilung des Erfahrungswissens der älteren Generation und Verunsicherung (Gesamtkonstrukt)

		Gruppe				F	p	eta²
		1	2	3	4			
Verunsiche-rung	West	2.16	2.12	2.17	2.05	13.23	.000	2%
Verunsiche-rung	Ost	2.23	2.19	2.21	2.12	14.52	.000	3%

Anmerkung: Verunsicherung wird auf einer Skala von 1 bis 4 gemessen.
Gruppe 1: Jugendliche, die die Erfahrungen der Älteren für unwichtig halten, weil "sie sich
eingeengt fühlen" und "sich alles so schnell ändert".
Gruppe 2: Jugendliche, die die Erfahrungen der Älteren für unwichtig halten, weil "sich alles
so schnell ändert".
Gruppe 3: Jugendliche, die die Erfahrungen der Älteren für unwichtig halten, weil "sie sich
eingeengt fühlen".
Gruppe 4: Jugendliche, die die Erfahrungen der Älteren für wichtig halten.
Quelle: Heitmeyer u.a. 1995, S.160

Abb.58: Mangelnde soziale Orientierung und Gewaltbefürwortung

		Ge-schlecht	mangelnde soziale Ori-entierung:			F	p	eta²
			gering	mittel	stark			
Gewaltbe-fürwortung	West	weiblich	1.62	1.69	1.78	12.6	.000	2.5%
		männlich	1.76	1.89	2.10	41.6	.000	8.1%
Gewaltbe-fürwortung	Ost	weiblich	1.75	1.84	1.98	24.3	.000	5.2%
		männlich	2.11	2.09	2.29	14.2	.000	3.5%

Anmerkung: Gewaltbefürwortung wird auf einer Skala von 1 bis 4 gemessen.
Quelle: Heitmeyer u.a. 1995, S.161

Abb.59: Mangelnde soziale Orientierung und Gewalttätigkeit

		Ge-schlecht	mangelnde soziale Orientierung:		chi²	p
			gering	stark		
Gewalt-tätigkeit	West	weiblich	13.8%	18.3%	2.5	n.s.
		männlich	25.3%	43.4%	23.9	.000
Gewalt-tätigkeit	Ost	weiblich	10.5%	16.3%	4.4	n.s.
		männlich	23.2%	34.3%	6.7	.000

Anmerkung: Die Prozentwerte geben an, wie hoch der Anteil der Jugendlichen in der jeweiligen Gruppe ist, die sich im letzten Jahr mindestens einmal gewalttätig gegen andere Menschen verhalten haben; 'n.s.' steht für nicht signifikant.
Quelle: Heitmeyer u.a. 1995, S.161

Abb.60: Anteil der Jugendlichen, die im letzten Jahr Gewalt gegen Menschen ausgeübt haben

Verunsiche-rung	Ost		West	
	weiblich	männlich	weiblich	männlich
niedrig	11%	22%	10%	22%
hoch	17%	37%	20%	42%

Quelle: Heitmeyer u.a. 1995, S.163

Abb.61: Einfluss internaler/externaler Kontrollüberzeugung auf gewaltbefürwortende Einstellungen

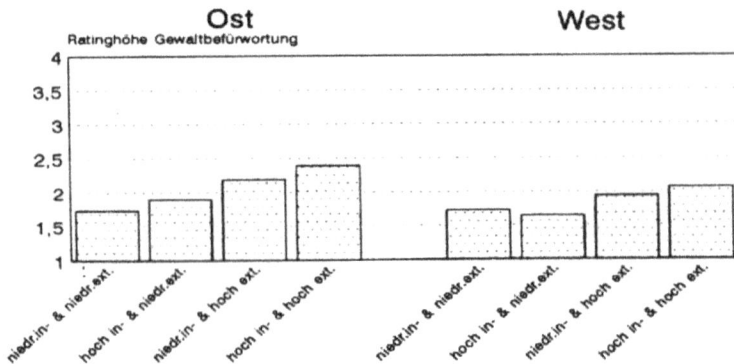

Quelle: Heitmeyer u.a. 1995, S.171

Abb.62: Einfluss internaler/externaler Kontrollüberzeugung auf gewalttätiges Verhalten

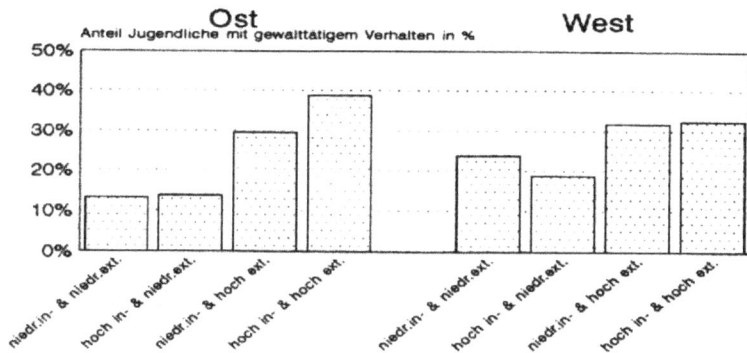

Quelle: Heitmeyer u.a. 1995, S.171

Abb.63: Ausmaß der Zustimmung niedrig/hoch Verunsicherter zu unterschiedlichen Gewalteinstellungen (West)

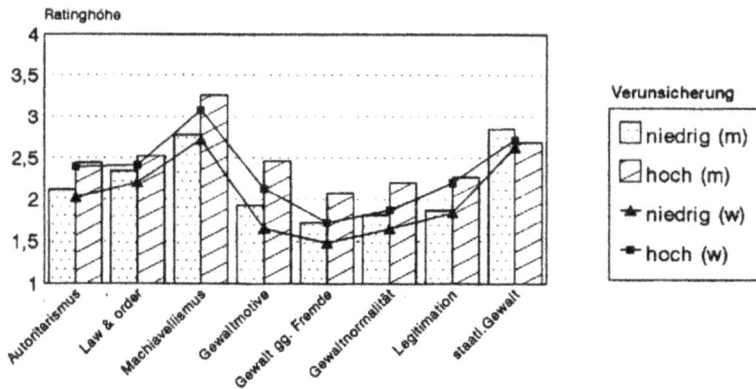

Quelle: Heitmeyer u.a. 1995, S.174

288

Abb.64: Verbreitung psychischer Formen der Erniedrigung und physische Formen der körperlichen Verletzung Fremder

	Ost		West	
	gele-gentlich	oft	gelegent-lich	oft
Ich habe im letzten Jahr Fremde erniedrigt, damit sie nicht meine Interessen einengen.	6.6%	1.5%	8.0%	1.2%
Im letzten Jahr habe ich körperliche Gewalt gegen Fremde angewendet, um mich durchzusetzen.	8.5%	2.0%	6.8%	1.6%

Quelle: Heitmeyer u.a. 1995, S.378

Abb.65: Gewaltaffine Grundlagen in Bezug auf machiavellistische und nicht-
machiavellistische Einstellungen (West)

Gesamtsample: 1.709 westdeutsche Jugendliche

Niedriger bzw. kein Machiavellismus (1.397; 81,7%)			
Keine gewaltbereite Fremdenfeind-lichkeit (1.263; 73,9%)		Hohe gewaltbereite Fremdenfeindlich-keit (119; 7,0%)	
Keine Gewalt (983; 57,5%)	Gewalt (239; 14,0%)	Keine Gewalt (40; 2,3%)	Gewalt (65; 3,8%)
HOHER MACHIAVELLISMUS (301; 17,6%)			
Keine gewaltbereite Fremdenfeind-lichkeit (208; 12,2%)		Hohe gewaltbereite Fremdenfeindlich-keit (87; 5,1%)	
Keine Gewalt (130; 7,6%)	Gewalt (59; 3,5%)	Keine Gewalt (38; 2,2%)	Gewalt (46; 2,70%)

Quelle: Heitmeyer u.a. 1995; S.368

Abb.66: Männliche Jugendliche, die innerhalb ihrer Gruppe mit Gewalttaten
konfrontiert wurden (West)

Alte Bundeslän-der	Gewalthandlungen ge-genüber Gruppenmitglie-dern begangen		Von Gruppenmitgliedern erniedrigt worden	
	ja	nein	ja	Nein
"allgemeine"[*] Gewalttaten begangen				
ja (120)	42.2%	57.8%	50.6%	49.4%
nein (448)	20.7%	79.3%	29.7%	70.3%
fremdenfeindliche[**] Gewalttaten begangen				
ja (237)	50.0%	50.0%	55.0%	45.0%
nein (333)	24.3%	75.7%	33.9%	66.1%

[*] Eine der folgenden Gewalthandlungen wurde innerhalb der letzten 12 Monate mindestens einmal begangen: Körperverletzung, Sachbeschädigung, Drohung, Diebstahl.

[**] Eine der folgenden Gewalthandlungen wurde innerhalb der letzten 12 Monate mindestens einmal begangen: Erniedrigung von Fremden, Körperverletzung von Fremden.
Quelle: Heitmeyer u.a. 1995, S.356

Abb.67: Zusammenhang gewaltaffiner Einstellungen und sozial-emotionaler
Probleme (West)

	Mittelwert		
	Gruppe 1	Gruppe 2	Gruppe 3
fehlende emotionale Unter-stützung, Familie	1.92	1.90	2.19
Kritikabwehr	2.43	2.60	2.86
fehlende soziale Orientierung	2.14	2.40	2.60
instrumentalistische Arbeits-orientierung	3.06	3.25	3.42
Konformitätsdruck	1.81	2.09	2.51

Gruppe 1: Machiavellistische Einstellungen.
Gruppe 2: Machiavellistische Einstellungen und gewaltbereite Fremdenfeindlichkeit.
Gruppe 3: Machiavellistische Einstellungen, gewaltbereite Fremdenfeindlichkeit und Ge-
walttätigkeit.
QUELLE: HEITMEYER U.A. 1995, S.381

Über die Autoren

Marc Coester, Jg. 1972, Diplom-Pädagoge, ist wissenschaftlicher Mitarbeiter am Institut für Kriminologie der Universität Tübingen. Forschungsschwerpunkte: Jugendlicher Rechtsextremismus, Kriminalprävention, Viktimologie. Daneben arbeitet er als Honorarkraft in der Jugendkulturarbeit (Kulturwerkstatt Reutlingen e.V.). Veröffentlichung:

Rössner, D./Bannenberg, B./Coester, M. (Hrsg.) (2002): Empirisch gesicherte Erkenntnisse über kriminalpräventive Wirkungen. Eine Sekundäranalyse der kriminalpräventiven Wirkungsforschung. Gutachten für die Landeshauptstadt Düsseldorf. Düsseldorf

Uwe Gossner, Jg. 1972, Diplom-Pädagoge, ist hauptberuflich in der sozialpädagogischen Familienhilfe des Oberlin-Jugendhilfeverbundes der Gustav-Werner-Stiftung zum Bruderhaus, Reutlingen tätig.

www.ingramcontent.com/pod-product-compliance
Lightning Source LLC
Chambersburg PA
CBHW022302280326

41932CB00010B/956